乔长虹　主编

重塑
Chongsu

学校整体运用信息技术促进师生共成长的十五年实践

上海科技教育出版社

图书在版编目(CIP)数据

重塑：学校整体运用信息技术促进师生共成长的十五年实践 / 乔长虹主编. -- 上海：上海科技教育出版社，2024.11. -- ISBN 978-7-5428-8292-9

Ⅰ. G632.0-39

中国国家版本馆 CIP 数据核字第 20244FX045 号

责任编辑　焦婧茹
封面设计　李梦雪

重塑——学校整体运用信息技术促进师生共成长的十五年实践
乔长虹　主编

出版发行	上海科技教育出版社有限公司	
	（上海市闵行区号景路159弄A座8楼　邮政编码 201101）	
网　　址	www.sste.com　　www.ewen.co	
经　　销	各地新华书店	
印　　刷	常熟市兴达印刷有限公司	
开　　本	787×1092　1/16	
印　　张	20.5	
版　　次	2024年11月第1版	
印　　次	2024年11月第1次印刷	
书　　号	ISBN 978-7-5428-8292-9/G·4963	
定　　价	88.00元	

主　编：乔长虹

副主编：杨中秀　郭　蕾　唐时雨

编　委：（按姓氏笔画排序）
　　　　陈秋波　张　亮　徐秋实
　　　　殷国平　赵　颖

前言

在当今信息化快速发展的时代背景下,教育领域正经历着前所未有的变革。华东理工大学附属闵行科技高级中学(原闵行二中,以下简称"华理科中")一直秉承"科技引领、技术赋能、数据驱动、智慧育人"的办学理念,始终紧跟信息时代教育变革步伐,走教育信息化特色之路。2022年,"学校整体运用信息技术促进师生共成长的十五年实践"项目荣获上海市基础教育优秀教学成果特等奖,《重塑——学校整体运用信息技术促进师生共成长的十五年实践》这本书呈现了我们的思考与探索。从《柠檬课堂》《新柠檬课堂》再到本书,这一系列教育作品不仅展现了我们教育教学改革的智慧,更是学校推进"双新"落实、教育数字化转型的实践例证。

教育的根本是人,学生的发展是学校教育的出发点和归宿,而教师的发展是学生发展的前提和保障。为了使师生能够适应信息时代的发展,使教师具备运用信息技术开展教学活动、支持自身发展的意识与能力,使学生能够成为社会主义的接班人和建设者并更好地胜任这一角色,我们的实践最终指向师生的共成长,旨在通过融合现代信息技术与教育教学活动,有效化解"如何运用信息技术赋能师生共成长"这一难题。具体而言,围绕如何发挥好信息技术在育人中的作用、如何做好信息技术与教学的深度融合、如何持续整合新兴技术服务于师生成长这三个问题开展实践与研究。

"学校整体运用信息技术促进师生共成长的十五年实践"经历三个阶段,即信息技术与整校教学融合探索阶段、技术与数据赋能分层分类教学阶段、人技协同支持体系下重塑教与学阶段,书名中"重塑"一词由此而来。本次编撰的参与对象是学校全体教师,收录92篇文章,内容丰富,形式多样,充分展示我们在课程建设、教学变革、教研转型、师生成长四个方面的探索思考以及经验做法。

课程是育人的主载体。基于"双新"改革的要求,学校积极寻找、开发与自身办学思想相匹配的课程,从信息化特色出发,对学校课程进行系统性和结构化架构,积极探索国家课程和学校特色发展的融合。从"学、行、品"三个维度整体设计学校课程体系,横向形成九大模块,纵向分成"普及—高阶—拔尖"三个层级,形成一系列低结构、有梯度、可选择的课程群。"智·学"课程立足必修、选择性必修课程中与升学考试相关学科课程,强调运用技术,智慧学习;"智·行"课程立足选修课程中学校特色课程,强调掌握技术,个性发展;"智·品"课程立足五育并举,强调融合技术,全面发展。

重塑

课堂是育人的主阵地。技术赋能课堂教学,基于实践,我们凝练"柠檬课堂"教学理念,重塑"三步五环"教学流程,构建"虚拟走班"教学样态。"三步五环",对于教师来讲,课前,诊断分析发现问题;课中,精准教学解决问题;课后,个性跟进反馈问题。对于学生来讲,通过自主、合作、探究学习来发现、分析和解决问题。五环,借用"学、问、思、辨、行"构建教与学的五个环节。立足不同课型要求、不同平台特点,形成新授课同班分组互动、复习课跨班双师融合、讲评课年级虚拟走班三种教学样态,其核心和本质都是基于学生差异,结合教师数据智慧,实施精准分组、分班,精准备课、施教,精准测评、辅导,是数据驱动下大规模因材施教的创新探索。

教研是教师成长的主渠道。基于学校平台和数智教研空间,我们实施"课型分析,打磨内功—挖掘数据,精准教研—同屏教研,聚力突破",从个人自我反思到教研组集中探讨,再到实践解决问题的教研三部曲,形成数据采集分析、教研探讨、实践跟进、质量评估的精准教研模式。

师生共成长是教育的真追求。从师生成长出发,依托伴随式采集、智能分析、即时反馈等技术,我们分别构建了学生和教师的数字画像。学生方面,围绕核心素养培育,创建"四维评价"系统,从学业表现、核心能力、信息素养、职业倾向四个维度,形成四张雷达图,详细记录学生的成长轨迹;教师方面,则从信息技术能力、教学风格、教学成果、科研能力四个方面着力提升教师的专业素养。

好的教育是师生彼此成就,共同成长。本书正是基于这样的思考,全面展现学校在课程、教学、评价等方面的最新变革及师生所获得的成长与发展。我们相信,随着信息技术的不断进步和教育理念的更新,教育教学将迎来更加美好的未来。本书也是对这一美好未来的展望和期待。希望它能为智慧教育、"双新"落实提供一些有益的参考和启示,共同推进教育数字化的转型和教育新质生产力的培育。

在此,非常感谢专家的精心指导和全体教师的努力付出。面向未来,华理科中将坚定地以党的二十大精神为指引,勇毅前行,不断探索和深化从教育信息化向教育数字化的全面转型,致力于实现育人全过程的深度优化融合,推动教育教学的高质量发展。展望未来,华理科中将继续秉承"以人为本"的教育理念,为每位学生提供最适合的教育,让每位师生都能在华理科中这个大家庭中成就生命的精彩。我们期待与您携手共进,共同书写华理科中更加辉煌的未来!

2024 年 6 月

2021年基础教育上海市优秀教学成果报告 ………………………………… 1

课程建设

信息特色助推学生"数字化学习与创新"核心素养培育
  ——以"K-近邻算法解决鸢尾花分类"课程为例 / 赵 颖 ……… 12
格律诗词创作课程也能"开快车" / 黄 冬 …………………………… 16
思维导图在高中语文阅读教学中的运用研究 / 王丽娜 ………………… 20
基于几何画板技术融合的教学设计与思考
  ——以"函数 $y = A\sin(\omega x + \varphi)$ 的图像"为例 / 毛六明 ……… 23
利用 Origin 和 GeoGebra 软件优化高中数学课堂教学
  ——以"正态分布"为例 / 吴陈华 ………………………………… 27
基于 AI 听说设备的多模态教学提高高中生英语听说能力和传统文化意识的
  实践探索 / 施俐娜 …………………………………………………… 32
语料库辅助高中英语词汇精准教学 / 李 峰 …………………………… 35
利用信息技术培养学生的科学思维 / 张 亮 …………………………… 39
以神奇的生物电"塑"化学核心素养 / 闫雅倩 …………………………… 42
技术赋能"大思政课"视域下的高中思政活动型课程实践 / 薛福荣 …… 46
"地理3S技术探究学习"拓展课程建设 / 宋桂琴 ……………………… 49
以"运传射"为例,落实"学—练—赛—评"一体化 / 俞昭彬 …………… 53
信息技术在教育戏剧教学中的应用与建议 / 刁莉莉 …………………… 58
VR沉浸式职业体验与现实职业体验在生涯教育中的对比分析 / 马 琴 … 61

教学变革

华理科中"三步五环"教学模式 / 杨中秀 ………………………………… 66

新柠檬课堂
　　——让历史核心素养充分表达／徐秋实 …………………………………………… 70
基于多屏互动教学的个性化学习模式探究／刘凤玲 ……………………………………… 73
多屏互动促进高中历史课堂教学有效性的实践研究
　　——以"启蒙运动"复习课为例／杨好环 …………………………………………… 77
技术赋能打造高效互动英语课堂／杜　鹃 ………………………………………………… 82
数据驱动下高中语文学科跨班分组帮学实践探究／许文洁 ……………………………… 86
线上线下融合的跨班分组英语阅读教学实践
　　——以"Rosalind Franklin"为例／文力玉 ………………………………………… 92
多模态教学下的信息技术教学重塑
　　——以智慧笔应用为例／乐晓茜 ……………………………………………………… 98
高中思想政治直播教学的实践与思考／林秀梅 ………………………………………… 104
科技赋能双校联动，多元共享智慧互通
　　——以《鸿门宴》人物形象思辨分析"为例／夏　敏 ……………………………… 108
利用"闵智作业"平台开展高中数学在线直播教学
　　——以"简单的指数方程"为例／范书娟 …………………………………………… 112
"双新"背景下高中数学教学方式的变革
　　——以"一元二次不等式的求解"为例／张朝霞 …………………………………… 115
数据驱动下的高中物理精准教学实践
　　——以"电路专题复习"为例／王　美 ……………………………………………… 119
以数字化赋能促精准教学
　　——以"离子反应"为例／陈丹丹 …………………………………………………… 122
基于智慧笔的高中英语中译英精准教学实践／王慧敏 ………………………………… 126
信息技术助力高三作文精准教学／王艺睿 ……………………………………………… 129
利用智慧教育手段促进高中思想政治课精准教学的实践研究／雷玉芳 ……………… 133
智慧纸笔在高中数学精准教学中的应用／刘英丽 ……………………………………… 136
运用智慧纸笔优化高中语文写作的思维路径／高菊香 ………………………………… 140
智慧笔在英语教学中的应用／沈丹丹 …………………………………………………… 145
基于智慧纸笔的"城乡空间结构"教学过程性评价研究／李　萍 ……………………… 150
数字化教学平台助力课堂的有效性
　　——以"氨基酸与蛋白质"为例／俞　兰 …………………………………………… 154

基于"闵智作业"平台的高中物理复习教学实践
　　——以"牛顿运动定律"单元复习课为例／代　芮 ………………………… 158
大数据背景下的高中化学教学变革
　　——以"卤素单质的性质"为例／吕文秀 …………………………………… 163
浅谈教育信息化2.0背景下中学体育课堂教学变革路径／夏良珍 …………… 167
基于信息技术的情境驱动式教学探究
　　——以《项脊轩志》为例／魏绮蔓 …………………………………………… 171
浅析高中历史数智化教学新模式及策略／唐晓奇 …………………………… 175
基于信息技术的高中物理教学实践
　　——以"牛顿运动定律单元复习"为例／甘凤玲 …………………………… 178
信息技术赋能议题式教学研究／张馨月 ……………………………………… 181
数字技术赋能思政课教学
　　——以重塑思政课教学实践为例／宋铭航 ………………………………… 185

教研转型

精准教研：实现有深度的智慧教育／何　剑 ………………………………… 190
以智探索，以慧赋能
　　——智慧笔在语文教学上的探索与改进／俞　芳 ………………………… 194
高中数学学科教学与信息技术深度融合的实践与研究／徐　珊 …………… 198
基于"闵智作业"平台的高中数学虚拟走班分层教学探究／张伟军 ………… 205
信息技术助力打造"智教·智研·智评"教师团队／李　雪 …………………… 209
融合信息技术的高中英语课堂教学探究／瞿燕娇 …………………………… 213
精准化教学模式下高中英语智慧课堂初探／赵　轶 ………………………… 218
浅谈基于闵智平台的英语单元作业设计／刘　方 …………………………… 223
基于数据驱动下的高中化学差异化教学有效性策略研究／李芬培 ………… 228
技术赋能智慧课堂，打造生物教研新样态／张　甜 …………………………… 234
智慧笔助力高中思想政治课精准教学／刘　霞 ……………………………… 238
智能时代促进智慧教研
　　——高中历史组的教研转型与教研组建设／刘　美 ……………………… 243

融合创新,实践发力
　　——华理科中地理教研组教育信息化建设 / 顾　英 ……………………… 247
信息助力,体育增辉
　　——体育学科应用信息技术提升课堂教学实效 / 孙志平 ……………… 252

师生成长

数智四维评价助推学生成长精彩 / 钱慧青 ……………………………………… 256
以信息技术为桨,向教学更深处漫溯 / 李星霖 ………………………………… 259
智慧笔助力微写作项目:跨越选题、实践、反思的个人发展之旅 / 李　敏 …… 263
依托四维评价,做智慧型师长 / 张艳芳 ………………………………………… 268
借数字之力,做智慧之师 / 胡晓婷 ……………………………………………… 272
信息技术助力体育教师专业成长 / 李　艳 ……………………………………… 276
迷茫时的指路明灯
　　——数智"四维","评价"助推 / 任志红 …………………………………… 280
因材施教,精准定位 / 陈秋波 …………………………………………………… 282
四维评价助推学生个性化成长的实践探究 / 胡利平 …………………………… 286
合理运用四维评价,应对学生心理多重变化 / 陈　艳 ………………………… 290
四维评价助推学生成长之路 / 顾鸿渊 …………………………………………… 293
好风凭借力,助尔上青云 / 余淑琴 ……………………………………………… 296
四维评价助力学生发展 / 殷国平 ………………………………………………… 301
新高考背景下四维评价系统在高中生涯规划中的实践与应用 / 李雪丽 ……… 304
利用数智空间进行高三毕业生生涯指导的实践研究 / 王艳红 ………………… 308
家校携手,成就梦想 / 陈　然 …………………………………………………… 312
四维评价体系在促进有效家庭教育中的应用研究 / 苏小青 …………………… 316

2021年基础教育上海市优秀教学成果报告

成果名称：学校整体运用信息技术促进师生共成长的十五年实践

所属类别：中小学教育技术教学应用与资源建设

研究时间：2006年9月—2021年10月

实践时间：2016年9月—2021年10月

2021年11月29日

重 塑

一、问题的提出

学校历经十五年开展聚焦信息技术支持下的教与学的方式转变,以"科技引领、技术赋能、数据驱动、智慧育人"为办学理念,不断深入开展学校整体运用信息技术促师生共成长的实践探索,以《国家中长期教育改革和发展规划纲要(2010—2020年)》提出的高中阶段教育"全面提高普通高中学生综合素质、推动普通高中多样化发展"为目标,如何运用信息技术赋能师生共同成长这个核心问题,从三个方面开展实践和探索。

1. 技术赋能实现数据收集分享诊断与评价,搭建数字化生态

以学习者为中心,以信息技术为支撑,按照"教学变革—技术赋能—融合空间"模型,构建虚实结合、开放的学习空间,形成学校数字化生态环境并服务于学校教育教学。建成统一管理、统一认证、统一存储的空间,全方位支持服务学校教学、管理、评价。

教学板块:师生课堂教学、作业与评测、资源等系统,用于个性化教与学的过程实施和数据积累。

诊断分析:基于言语—非言语表征识别技术,构建教师教学和学生学习行为识别系统,及时自动判断教师的教学状态和学生的课堂学习专注度,加强技术与教育教学贴合的程度,实现课堂效果即时分析与评价。

评价系统:主要汇集学生学业表现、信息素养、核心能力、职业素养四个维度的综合评价,以实现教与学过程的分析、诊断、评价、纠正、指导的闭环效果。

综合管理:智能排课系统提供控制学校课堂教学自动录播、电子班牌等系统的数据服务;一卡通系统应用于师生图书借阅、餐饮和校园行为轨迹等分析;可视化"智脑"系统,汇集众多系统生成的数据,形成直观易用的不同类型可视化界面及分析结果,为学生、教师及教育管理者全局决策提供灵活的数据支撑服务。

我们正积极探索实践数据汇集无痕化、分析诊断自动化、数据应用智能化、指导反馈智慧化,全员、全学科、全过程、全媒体、全育人的常态化应用态势,数据驱动下的教学组织和判断的技术创新,适合大规模因材施教的教学组织方式创新。

2. 数据驱动教与学方式变革,大规模因材施教成为可能

根据《国家中长期教育改革和发展规划纲要(2010—2020年)》中提出的"强化信息技术应用。提高教师应用信息技术水平,更新教学观念,改进教学方法,提高教学效果。鼓励学生利用信息手段主动学习、自主学习,增强运用信息技术分析解决问题能力",学校运用科技手段,利用行为数据采集系统,采集真实学习数据,发现和寻找教学质量优化方式,从而加强科学技术与教育教学贴合的程度,在教育大数据的基础上帮助师生寻获教、学最佳模型与最短路径。在技术支持下实现师生之间、生生之间多向、立体式的多对多交流,课堂的组织形式多样,以尊重学生的个人学习兴趣和能力为前提,形成无处不在的学习空间,使随时随地学习成为可能。同时,运用技术工具对过程和结果进行追踪和分析,进行智能推送,用于指导更有效的教与学行为,教师更可以结合评测做出分析和诊断,助力教师实行差异化的教学,在班级授

课制下实施差异化教学。实现教育大数据与人工智能的深度融合,精准提升"教""学"实效。

3. 技术融入学生过程性管理,关注学生发展和增值性评价

利用信息技术,改进结果评价,强化过程评价,探索增值评价,健全综合评价,提高评价的科学性、专业性、客观性。利用人工智能、大数据等现代信息技术,创新德智体美劳过程性评价办法,完善综合素质评价体系,探索开展学生学习情况全过程纵向评价、德智体美劳全要素横向评价。完善评价结果运用,发挥导向、鉴定、诊断、调控和改进的作用。支持学生的智能学习过程、科学评价及诊断性服务,支持学生制订个性化的课程学习与活动计划。

二、解决问题的过程与方法

1. 总体思路

着力构建基于信息技术的新型教育教学、教育服务供给方式以及教育治理新模式。促进信息技术与教育教学深度融合,充分利用信息技术开展人才培养模式和教学方法改革,逐步实现信息化教与学应用师生全覆盖。创新信息时代教育治理新模式,开展大数据支撑下的教育治理能力优化行动,推动以互联网等信息化手段服务教育教学全过程,从而实现师生共同成长。

2. 过程与方法

根据2012年举行的第一次全国教育信息化工作电视电话会议提出的"坚持育人为本,以教育理念创新为先导,以优质教育资源和信息化学习环境建设为基础,以学习方式和教育模式创新为核心,着重推进信息技术与教育教学深度融合"的会议精神,按照"整体规划、实践反馈、系统迭代"的思路,分三阶段进行实践探索。

(1) 信息技术与整校教学融合探索阶段(2006—2017年)

自2006年引进毕博教学管理平台等技术起,全校就将技术定位于服务师生的发展,陆续建成44间多媒体、混合式学习空间,配置纳米黑板、三机定位摄像系统、多屏互动系统等设备设施。同时探索信息技术常态化应用,鼓励教师运用技术采集并分析学情,建设课程资源、开展教学反思;为学生专门开设信息素养进阶课程,使他们能够适应校园内的新技术和新系统。

(2) 技术与数据赋能分层分类教学阶段(2012—2019年)

聚焦课堂教学模式的改变,探索运用技术和数据赋能教师的差异化教学和学生的个性化学习。前期主要以成绩数据尝试向不同学习水平的学生推荐资源,随着伴随式行为采集系统的应用,逐步固化了数据驱动的常态化教学模式:"基于问题",实现课程资源的差异化选择;"基于任务",实现课内的分层教学;"基于学情",实现作业差异化推送。并且在数据积累与聚类分析的基础上,2019年探索出新授课同班分组互动、复习课跨班双师融合、讲评课年级虚拟走班三种模式。

(3) 人技协同支持体系下重塑教与学阶段(2018—2021年)

以人工智能、大数据等信息技术为支撑,形成了能够覆盖全教学流程、支持全学科教与学

过程的人工智能技术支持系统;随着教师智能助手、学生智能学伴的整校普及与应用,构建了更加科学的评价体系,实现了教师与学生发展的数据诊断、智慧推荐;探索出了"教学变革—技术赋能—融合空间"的人技协同模型,促进融合创新、强化数据应用,使教师可以充分发挥技术和数据的作用来支持学生及自身的发展,使学生也可以运用数据开展自主学习和职业规划。

三、成果的主要内容

(一)成果概要

全校整体规划与推进信息化工作,以信息技术有效进入课堂教学为着力点,以人技协同的教学诊断为突破口开展个性化学习,实现了智能化时代的教师、学生的共同成长,为信息化促进教育高质量发展探索出一条新路径,并形成以下三个方面的成果。

1. 人技协同的教与学支持体系

构建虚实结合的空间,为教师差异化教学和学生个性化学习提供环境基础;根据国家课程方案,重组课程内容,以"智学·智行·智评"课程体系为师生营造发展空间;形成了"教学变革—技术赋能—融合空间"的人技协同方案,为教师运用智能技术和数据促进学生及自身发展,为学生自主运用数据开展学习和职业规划提供系统支持。

2. 数智结合的教学模式

围绕学生成长,基于数据诊断和教师判断,形成了"三步五环"的课堂教学模式。根据学生知识发展规律和数据聚类分析后发现的规律,创新了差异化教学方法,形成了新授课同班分组互动、复习课跨班双师融合、讲评课年级虚拟走班三种模式。

3. 师生共成长的评价模型

聚焦师生核心素养,依托伴随式采集、智能分析、即时反馈等技术,从核心能力、信息素养、学业表现、职业倾向四个方面着力促进学生的发展,从信息技术能力、教学风格、教学成果、科研能力四个方面着力提升教师专业素养。

本成果基于信息技术支撑,强化教育与技术的融合发展,将促进主动学习与终身学习作为常态。由"以教为中心"向"以学为中心"转变,由外驱向内驱回归,学习资源、学习途径、学习方式、学习内容、学习评价呈现开放、灵活和系统性,为实现未来学校智慧教育提供案例和范式。简而言之,本成果实现了基于信息技术的教与学轻负高质发展,为普通高中特色发展提供了鲜活的案例和范式。

(二)成果在理论和实践上的创新点

1. 技术开发应用创新:人技协同

以学习者为中心,通过 AI 赋能的"教学变革—技术赋能—融合空间"人技协同方案。整体构建虚实结合、开放的学习空间,为教师差异化教学和学生个性化学习提供软、硬件环境基础;为教师运用智能技术和数据促进学生及自身发展,为学生自主运用数据开展学习和职业规划提供系统支持。

根据国家课程方案,重组课程内容,以"智学·智行·智评"课程体系为师生营造发展空间,为师生营造发展动力和条件;教学法为技术与学习空间相结合提供了行动指南,学习空间促进了教学法并使信息技术手段内嵌于其中,而信息技术反过来增强了教学法的效果,拓展了学习空间的范围,逐步形成开放、共建、共享、互联互通的数字化生态环境的雏形。

数据生成、采集的无痕化、诊断分析自动化,采集学生的学习过程数据,精确了解学生的认识结构和个性特征,通过教与学过程性设计,推送个性化学习资源,提供私人定制学习途径,实现立体、个性化学习和精准化教学,让因材施教成为自然行为。

在常态的数字化课堂中,教师随时布置习题,学生在线提交答案。教师根据反馈的数据进行讲解、点评。教师与学生通过截屏、小组讨论、拍照上传、课堂问答、提问、质疑、点评、实录、保存等,真正实现了大范围的学习互动。教师通过数据实现对课堂教学情况的真实掌控,对课堂教与学的情况进行实时的保存与记录,留下学生过程性学习的足迹,方便学生随时查阅自己的学习情况,方便教师随时回顾课堂教学情况。通过在线测试及时精准掌握每位学生的学习状况。目前,每周使用学校数字化资源的学生占比为83.53%。

2. 数据应用创新:数据诊断+教师判断

(1) 教学理念更新

多年教学改革实践,凝练出少教多学、精教善学的教学理念,以数据为支撑实施精准教学,强调师生、生生更多的互动,以开放的观念,探索虚拟与现实、线上与线下的融合教学,打造新的课堂结构。

构建"三步五环"教学流程,依托学校构建的数字化空间,构建以问题解决为主线的"三步五环"教学流程。三步,课前,诊断分析发现问题;课中,精准教学解决问题;课后,个性跟进反馈问题。五环,借用"学、问、思、辨、行"构建教与学的五个环节。"三步五环"渗透在每一节课中,整体突出课堂的"思""辨"。"学""问""行"可以在课前、课中、课后某一个或多个环节。在教学决策上,强调数据诊断与教师诊断相融合,对数据的分析、挖掘与应用;在教学组织上,加强学生的自主、合作、探究学习。

以数据为支撑,实施精准教学,推进差异化教学和个性化学习,形成了新授课同班分组互动、复习课(或主题研讨课)跨班双师融合、讲评课年级虚拟走班三种可复制可推广的教学样态,并做到常态化实施,让个性化学习真实发生,促进学生的主动学习、探究学习和智慧学习。

对常态教学中特殊情况不能到校的学生,支持线上学习,特别是在新型冠状病毒感染疫情期间,师生转入线上学习体现出高速度、高质量和高效率。

(2) 人技协同的教与学实践

人技协同的教与学体系,实现平台数据融通,推动精细化管理,聚焦课堂教师教学和学生学习。

① 数据分析,分层备课

课前,利用空间平台的质量分析:呈现出四率(优秀率、良好率、合格率、低分率)帮助教师基于数据对学生初步感知,再把错误率高的进行知识归纳和迁移,准备课上进行讲解,试图扫除学生知识盲点,同时通过课堂在线学习模块分层推送课前预习资源、预习任务,有效前测,把握学情,全面了解学生的预习效果、知识储备、学习兴趣和需求等,掌握学生在学习过程中存在的困难和问题。

② 因材施教,各取所需

课中教师在课堂上扮演引领者和组织学生解决问题的实施者,关注分层,以活动形式来串联起整个课堂。如在建构某一块知识思维导图时,对于基础薄弱的学生,让学生完成简单的知识卡片内容,进行简单的知识梳理和归纳;对于基础相对扎实且思维活跃的学生,可让他们在知识梳理的基础之上,建构简单的逻辑关系;对于基础扎实又有自我探究欲望的学生,引导他们除了建构简单又清晰的逻辑关系之上,还要完善知识之间的细微关系,实现向更高发展区的跨越。

③ 智能推送,个性学习

教师充分根据在线课堂教学系统和作业系统的数据反馈,分析学生基础知识点的掌握情况以及在学习过程中普遍存在的困难和问题;教师根据数据和评测结果进行分析,为不同学生推送适合的学习资源,充分满足不同学生的学习需求;学生利用智能终端随时随地完成相应的练习,及时查看错题解析或者相应的视频讲解,达到自主学习掌握知识的目的,这样就打破学习的时间和空间的限制。实现具有针对性、私人定制的个性化辅导与指导,使每个学生都能在原有基础上取得更大的进步。

(3) 形成基于高效学习的"数智"教学样态

① 新授课同班分组互动教学

新授课以班级为单位的分组互动教学。课前,教师根据学生的作业情况或者学生的学业质量表现或发展需求、兴趣差异等对学生进行分组,确定对应目标并开展差异备课。

课中,创设情境,从不同角度、不同难度设计活动任务驱动学生探究学习,从不同题量、不同难度设计课堂练习检测学生学习效果。采用截屏提问统一推送或分组推送方式,教师通过融合平台快速获取学生课堂表现数据,精准把握学情。借助多屏直观呈现学生学习成果,通过交流互动充分暴露问题,帮助学生精准找出自己的不足,有针对性地落实提升。课后,学生利用平台自主选择适合自己的学习资源,利用多屏随时随地对问题开展学习交流和讨论等。教师根据学生的答题数据,录制解析,学生自主选择观看、矫正,借助同类错题的推送,举一反三,既促进了学生学习的主动性,又实现了数据支持下的精准教学,从而提高课堂效率。

② 复习课跨班双师融合教学

复习课或主题研讨课主要为线上线下双师跨班融合教学。课前,学科教师对学生阶段性或单元主题学习数据进行跟踪分析,根据班级学业质量、学科知识掌握情况等,划分类别,确认主讲和助教,针对性备课。课中,同类班级或者全部班级同时教学,一位教师在班级主讲,利用智慧教室与其他班级甚至校外师生进行线上直播互动教学,做到适时、同步、同屏;一位教师在班级作为助教,组织线下互动、答疑解惑等。课后,学生根据需求,可选择回看直播课程,进一步巩固提升。线上线下跨班融合教学,充分发挥优秀教师的力量,实现优质资源的共享。

③ 讲评课年级虚拟走班分层教学

创新后疫情下常态课堂教学,不打破行政班级结构的虚拟"班级",利用作业、测试及直播系统,在统一测评、流水批阅、精准备课的基础上,通过教学过程数据应用智能化分析,虚拟分层;多位教师同时进行不同层次的教学,学生在原有知识基础上,根据自我定位和发展需求,自主选择分层后的虚拟班级开展线上学习。师生各取所需双向选择,学生自主动态流动,满足大规模因材施教的差异化教学和个性化学习,让虚拟教学成就更多可能。

以数学学科为例,我们将学生分成2G、3G、4G、5G四个不同的"虚拟班级":2G班定位梳理讲解基础知识,3G班专注强化基础知识,4G班聚焦错题分析再做适当提高,5G班深化拓展知识点。

学生在课前预选班级,对相应试题开展分析和反思,做好知识储备和问题诊断。课中学生不必更换教室,个别学生担任助教,根据预选或系统推荐进入相匹配的虚拟班级学习,中途根据实际情况可以灵活切换班级。课后根据自己的实际情况,查看本班课程回放,选择需要的片段和内容,及时解决课堂上遗留的问题;也可以查看其他班级课程回放,学有余力的,自主学习高阶课程,晋级提升,学习有困难的,选择低阶课程拾遗补缺。

教师在课前通过数据分析了解学生的学习困惑,分层备课;课中,四位教师同时在不同场所直播教学,借助聊天区、答题器、学生画面共享等实现师生、生生之间的互动,及时了解学生听课参与度、知识掌握程度。同时通过身边的小助教,近距离观察学生的课堂反应,实现线下和线上、教师与学生、学生与学生的互动融通。课后,通过作业批阅反馈,查漏补缺。

3. 教学评价创新:数字画像式评价

(1) 积极开发"四维评价"体系,着眼学生全面而有个性的发展

借鉴"上海市高中学生综合素质评价信息管理系统"大数据管理的理念,开发了支持实践、伴随记录、数据贯通、方向引领的"四维"评价体系,对学生的学业表现、信息素养、核心能力、职业倾向进行阶段性综合评价,形成"四维"雷达图,详细记录学生的成长轨迹。并形成数据驱动的校本化学生综合素质评价数据及其处理系统,引领教育教学从单一走向综合,从注重结果走向过程与结果兼顾,从"一统性全面发展"走向"个性化健康成长"。

一是学业表现维度,记录语数英等11门学科成绩,依托AiClass互动课堂系统,记录学生课堂学习行为,运用学生学习过程和结果表达的数据,提供精细化学习分析和个性化学习辅导。

二是信息素养维度,根据国家课标要求的信息素养与能力标准,结合学校、学生的实际,确立信息运用、交流协作、技术应用、创新变革能力和数字公民意识五大评价指标,三个层次的能力水平,学生在学校设置的特色课程学习及各类相关活动中获得评价。

三是核心能力维度,依据新课标提出的六大素养、十八个基本要点,结合学校、学生的实际,确立人文情怀、科技创新、体育健身、艺术审美、实践探究等校本化指标。学生在各类课程、社会实践、展示活动中得到评价。

四是职业倾向维度,借鉴"霍兰德职业兴趣倾向测试""卡特尔16种人格因素倾向测试"等测试量表,从内在因素包括人格、兴趣的角度出发,在职业能力、职业性格、职业兴趣三个方面探索生涯发展方向。

四个维度按照一定比例赋分,形成四张雷达图,以可视化的形式为学生画像,帮助学生认识自我,据此提供个性化的教育资源,设计个性化的学习方式,同时,优化学校管理和教育

质量检测。

"四维"评价数据形成的背后是学校、教师、学生"有意"的规划,四张雷达图则在"无意"间得以呈现,使教育视角从宏观群体走向微观个体,为学生定制专属的成长路径,也使其生涯发展有了更加客观的依据。实现"有意"规划人生,"无意"成就精彩。

(2) 落实综合评价,实现教师专业素养不断提升

构建数据融通的大数据中心,采集并集成教师各类教学状态数据,从信息技术能力、教学风格、教学成果、科研能力四个方面对教师进行综合评价。信息技术能力通过校本研修考核、资源建设、平台活跃度等数据自动生成。课堂教学行为采集系统,通过对每节课教学行为的采集,系统自动生成课堂分析报告,并利用 S-T 模型,对所有课型进行统计分析,对教学过程及其分析进行定量的处理和评价,形成教师教学风格评价。教学成果根据任教班级学生的学业表现动态生成。科研能力采集教师课题、论文、案例等校内外分享、获奖情况等相关信息,生成画像式评价。教师综合评价既利于教师自身或者研究者对案例进行客观、快捷的分析和反思,把握、完善教学,逐步实现自身的专业发展,又利于学校管理者进行客观公正的评价,实现教学的智慧管理。

(三) 应用价值

1. 成果应用范围

(1) 承办"构建信息生态变革学习方式"智慧传递、"四维评价助推学生成长精彩"等区级展示活动 5 次,"信息化助推学生生涯教育的实践探索"等市级展示活动 2 次。

(2) 成果被国家教育行政学院纳入全国培训课程,被市教委纳入全市校园长暑期培训课程。学校参与各类市级以上主题发言 20 多次,100 多批次全国校长参访团交流学习。

(3) 成果被《文汇报》、《中国教育报》、市教育频道等十多家主流媒体报道。

(4) 教育部科技司、市教委、区政府、区教育局主要领导到校工作调研 22 次。

2. 成果应用效果

(1) 促进学生综合素养提升。作为本市一所普通高中学校,数字化智慧课程的实施与推进使学生在信息素养提升的同时,学生的学业表达效果也远超同类学校;德智体美劳实现全面发展,近三年学生在国际、全国和区市各类创新大赛、未来杯等比赛中获奖达千余项并产生多名市三好学生、明日科技之星等优秀学生。

(2) 促进教师专业化发展。教师信息技术运用能力和教学实效显著提升。出版发行《柠檬课堂》《新柠檬课堂》教学案例集;区级学科带头人 4 人,智慧教育特色骨干教师 2 人、骨干教师 15 人,市区级工作室、基地主持人 2 人;"全国一师一优课,一课一名师"活动入选部优 2 节,市优 4 节;信息化优秀实验教师 17 个,信息化课例 18 个,在接受市教委督导过程中教师好课率达 94%;教育部重点课题"AI 赋能的未来学校的数智教学模式研究"及市区级以上信息技术类课题结题近 30 个,相关论文、课例、案例、发表及获奖超百篇(个)。

(3) 特色课程辐射全市。课程资源创建完成 25 大类 51 个主题资源,创建词条版本总数 15 664 条;课程 16 552 门,试题资源 172 767 套,试卷资源 3 900 套,素材资源 40 568 条。数

学变式训练、物理经典例题等合计500多项被区教育学院向全区学生推广、共享。编写网络虚拟机器人的虚实融合、智能机器人创新实验等11门课程，35个资源入选市学生慕课平台，供全市学生学习共享。

（4）信息化应用引领示范。被评为市教育信息化应用标杆创建学校、教育部2020年度网络学习空间应用普及优秀学校、市城市数字化转型市级标杆场景学校。多次荣获中央电教馆在线教育应用创新典型案例奖、市"能力提升工程"2.0校本研修实施优秀案例奖等。

3．其他成果收获

2014年，被评为区开展数字化课程环境建设与学习方式变革实验整体推进优秀学校；

2015年，被评为市首批信息科技特色高中项目校、区数字化建设优秀学校、区科技教育示范学校；

2016年，获批区知识产权示范单位、市青少年科学创新实践工作站实践点、区创客教育联盟基地学校；

2016年，"数字化环境下高中学生学习方式转变的实践研究"获区科研成果二等奖、市科研成果评选三等奖；

2017年，"以创新实验室为载体，推进普通高中特色发展的实践研究"获区科研成果良好评级；

2017年，入选市教委"英特尔数字化环境下的课堂教学变革创新"优秀项目；

2018年，"'四维评价'有效指导学生生涯发展的实践研究"获区科研成果良好评级；

2018年，《柠檬课堂》由东北师范大学出版社出版发行；

2018年，"信息科技主动参与式课堂学习有效组织策略研究"获区科研成果二等奖；

2018年，获批市新科学新技术创新课程平台试点学校；

2019年，获批市教育信息化应用标杆培育校、全国智慧教育示范区试点学校；

2019年，《让课堂还原个性学习生命形态》在《上海教育》刊发；

2020年，《人工智能赋能未来学校数智校园守正出新》在《教育传播与技术》刊发；

2020年，《新柠檬课堂》由上海科学普及出版社出版发行。

四、效果与反思

信息技术虽然在一定程度上改变了传统的教与学的方式，为学生自主、合作、探究学习搭建了新的平台，促进了学生核心素养的提高，促进了教师专业素养的提升，但是也相应带来一些不利因素，如出现网络安全、手机沉迷、电子产品对眼睛的伤害等问题。面对这些问题我们不回避，应积极正视，采取相应的措施加强对电子产品使用的正面引导和有效管理，培养学生使用电子产品的良好行为习惯和学习习惯，做到趋利避害。

整校运用信息技术探索实践大规模因材施教和学生个性化学习，为技术赋能促进师生共成长提供了一个借鉴和参考。未来，我们将不断探索新型教学方式、完善评价机制，从全面育人的角度深入有效地运用信息技术推进差异化教学，面向未来，开拓前行，成就每个师生生命的精彩。

课程建设

信息特色助推学生"数字化学习与创新"核心素养培育
——以"K-近邻算法解决鸢尾花分类"课程为例

赵 颖

在当前"双新"教育背景下,如何有效利用学校的信息技术特色,在数字化环境中开展高效教学,并切实落实学科核心素养的培养,成为我们亟待探讨的课题。接下来本文将以"K-近邻算法解决鸢尾花分类"课程为例,深入解析如何培养学生的"数字化学习与创新"核心素养,以期为此类问题的解决提供有益的思路与方案。

一、案例设计

(一)研究方案

《普通高中信息技术课程标准(2017年版2020年修订)》(以下简称《2020修订版课标》)对数字化学习与创新核心素养有了明确的定义:个体通过评估并选用常见的数字化资源与工具,有效地管理学习过程与学习资源,创造性地解决问题,从而完成学习任务,形成创新作品的能力。通俗来讲就是学生能够在给定的数字化环境下,合理运用数字化学习工具和学习资源,通过自主学习、合作探究等活动进行知识的学习、分享和创造,最终解决学习问题。如何测评教师在课堂教学中落实"数字化学习与创新"核心素养,关键在于营造数字化学习环境、创建数字化学习机会、引导数字化学习成果。教师可依据解决实际问题的需求,创设良好的数字化学习环境和学习情境,鼓励学生合理运用数字学习工具,如计算机设备、移动终端、学习管理平台等,选择合适的数字学习资源,通过学习、合作、探究等一系列活动,形成问题的解决方案,从而创造性地解决问题。

(二)课堂活动设计

本课题"K-近邻算法解决鸢尾花分类"属于华东师大版高中信息技术新教材第一册第四单元"走近人工智能"的内容,教学的主要内容是K-近邻算法的原理以及基本过程。作为经典的机器学习的算法,该算法思想原理相对简单,容易被高中生理解,但在算法实现上还是有一定的难度。本课例采用项目活动的设计,使学生通过项目活动掌握K-近邻算法的思想与原理,初步形成一个解决项目的方案,同时在项目活动中不断提升学生的学科核心素养。本节课作为数字化学习与创新素养的观测课例,主要从数字化学习环境、数字化学习工具、数字化学习情境、数字化学习活动进行初步的设计。

1. 数字化学习环境

授课环境为学校电脑机房,同时配有极域电子教室管理系统,能进行教学课件的同步广播、资源的实时传输等。

2. 数字化学习工具

(1) 数字化学习工具：计算机、教学平台 A。

(2) 数字化学习资源：Iris 数据集、课堂在线检测、K-近邻算法思想程序、K-近邻算法原理排序程序、K 值验证拓展学习资源、鸢尾花分类项目程序代码。

3. 数字化学习情境

根据教材的项目实践活动案例，结合学校校园花卉植物的辨识活动，设计一个鸢尾花分类项目情境，激发学生的学习热情。

4. 数字化学习活动

(1) 活动 1：运行设计 K-近邻算法程序，组织学生开展小组合作、探究 K-近邻算法的基本思想

(2) 活动 2：运行设计 K-近邻算法程序，组织学生开展自主探究、了解 K-近邻算法的基本原理

(3) 活动 3：AiClass 推送 K 值验证拓展学习资源，鼓励学生在课后开展自主学习、认识 K 值的重要性，辩证地看待机器学习预测结果的准确性。

（三）案例评价方案

数字化学习与创新的课堂观测与评价主要从教师和学生角度进行综合评价。评价方案主要包括以下五个方面。

(1) 数字化学习问题情境的创建。结合生活实际问题创设数字化学习情境，激发学生的学习兴趣，营造数字化学习机会。

(2) 数字化学习工具、资源的设计与使用。根据教学环境、教学内容、学生学习特点等设计、整合数字化学习工具和数字化学习资源，并能熟练地应用于课堂教学，发挥数字工具与数字资源的优势。

(3) 数字化学习过程的组织与引导。能够合理并高效地组织、引导学生利用数字化学习工具、数字化学习资源开展自主学习、合作探究等活动。

(4) 数字化环境下的问题解决。能够有效利用数字化工具、数字化学习资源、数字化技术解决生活或学习中的问题。

(5) 数字化学习创新能力。学生有意识地利用数字化技术、数字化工具、数字化资源创造性地完成任务，形成并分享创新作品，拥有一定的数字化创造的习惯。

二、案例实施与评价

（一）数字化学习问题情境的创建

本课例为"走近人工智能"单元中机器学习的内容。教师通过校园花卉辨别活动，结合

生活中的智能应用,引入了机器学习的应用,同时结合教材项目实践活动创设了鸢尾花分类的项目情境。该情境与生活实际问题相关,又有生活实际智能应用的认识,更能激发学生学习机器学习算法的意愿,在潜移默化中自然引发学生开展数字化学习。

(二)数字化学习工具、资源的设计

在课例中,教师充分运用了计算机、极域电子教室管理系统以及教学平台 A,实现了数字化教学的目标。其中,极域电子教室管理系统通过屏幕共享功能,解决了机房布局导致学生无法关注到教室大屏的问题,同时其文件传输功能也确保了数字化学习资源能够迅速、准确地传输到学生电脑,便于学生学习。此外,教学平台 A 为课后学习资源的推送提供了便利,使学生能够在课后继续深入学习。在教学内容方面,教师精心设计了包括 K-近邻算法思想程序、K-近邻算法基本原理程序、鸢尾花分类代码程序以及课堂在线测试等数字化学习资源。其中如图 1 所示的 K-近邻算法思想程序通过动画演示,生动形象地展示了 K-近邻算法的核心思想,不仅提高了学生的学习兴趣和参与度,还有助于他们更直观地理解 K 值的含义及其对预测结果的影响。K-近邻算法基本原理程序则通过拖拽选项完成基本原理排序的方式,让学生在实践中加深对算法原理的理解,同时也能够即时检测学生的学习效果,激励他们进一步学习和挑战。鸢尾花分类代码程序则作为教师演示案例,帮助学生理解并体验如何利用 K-近邻算法解决实际的鸢尾花分类问题。在线测试则作为课堂检测的重要手段,有助于教师及时了解学生的学习情况和认知程度,从而调整教学策略,提升教学质量。

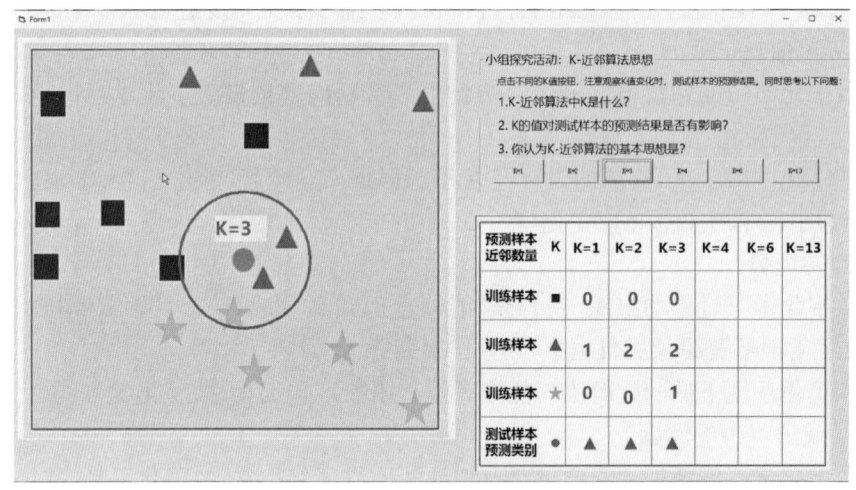

图 1　K-近邻算法思想程序

(三)数字化学习过程的组织与引导

课前,教师在 AiClass 教学中心精心组织了学生的分组,并鼓励他们积极参与数字化合作学习与探究学习。以活动二为例,教师采用小组合作的形式,指导学生运行 K-近邻算法思想程序。通过这一实践环节,学生深入探讨了 K-近邻算法中 K 值的认识,分析了 K 取值对预测结果的影响,并初步理解了K-近邻算法的基本原理。在小组内,成员们积极讨论、分享心得,并总结了学习成果,形成了对K-近邻算法思想的初步认识。同时,教师充分利用教学平台A的小组评价功能,对积极参与探讨的小组给予正面评价和鼓励,进一步激发了学生开展数字化合作学习的积极性,促进了知识的分享与交流。在活动三中,教师引导学生利用K-近邻算法基本原理程序进行自主探究学习。通过程序的实践练习与自动检测,学生得以独立完成基本原理的学习任务,进一步巩固和拓展了所学知识。

(四) 数字化环境下的问题解决

经过一系列渐进深入的数字化学习活动,学生逐步深化了对K-近邻算法的理解,全面掌握了其特性和基本原理。通过探究K-近邻算法的思想与原理,学生已能够较好掌握该算法的核心思想及特点。在此基础上,学生能够自然地补充和完善鸢尾花项目的流程图算法,从而形成针对鸢尾花分类项目的全面解决方案。

(五) 数字化学习中的创新能力

在活动一中,教师借助教学平台A,精心组织学生开展小组协作与深入讨论。学生围绕测试样本的预测结果展开分析,并阐述各自的理由。小组成员积极参与,能够有理有据地预测样本结果,展现出一定的创新成果。例如,小组A提出,测试样本的预测结果偏向方形类别,主要是因为在该样本群体中,方形类别的数量最多。小组B认为,预测结果为三角形类别的主要原因是,三角形样本与测试样本的距离最近。小组C则认为,预测样本为星形类别,因为星形类别是离测试样本最近的族群。通过此次小组讨论活动,学生们的思维得到了充分的碰撞与交流,同时,在网络空间内,每个小组都获得了公平的展示机会。这不仅增强了小组成员间的协作能力,也在讨论中帮助学生们形成了多元而深刻的认识。

三、总结与反思

《2020修订版课标》对信息技术教育提出了新的要求与期待,强调在解决问题与完成任务的过程中,需将知识构建、技能培养及思维发展有机融合。这意味着信息技术课堂之上,学生不仅需学习理论知识,还需通过实践操作与实际应用来提升自身技能与能力。同时,《2020修订版课标》也倡导了要为学生创设运用信息技术进行沟通、分享与合作的机会。通过这些信息化学习活动,学生能深刻体会到知识的社会性建构,认识到信息技术在现实生活中的应用价值,从而更加积极地投入学习。信息技术教师更应充分发挥学科优势,积极创设数字化学习环境和资源,积极引导学生运用信息工具开展学习。这不仅有助于学生解决实际问题,还能培养他们的创新思维和自主学习能力,为他们的终身学习奠定坚实基础,帮助他们更好地应对数字信息社会挑战。与此同时,教师需不断更新教育观念和教学方法,以适应科技快速发展,为学生提供更好的教学服务,满足学生的个性成长,助力学生成为适应时代发展的合格公民。

格律诗词创作课程也能"开快车"

黄 冬

一、背景分析

(一)格律诗词创作教学效率亟待提高

格律诗词在格式上具有要求多、限定严的特点,使其对于今天的广大学习对象来说,在学习尤其是实践创作上显得极其困难。

格律诗词创作困难的原因主要有三点,具体为:① 对每个字的平仄不熟悉;② 对平水韵不熟悉;③ 对对仗不熟悉。

受此影响,作为语文教学之一的格律诗词创作教学也很难开展和普及。一般的格律诗词创作教学通过指导学习对象查阅多部工具书来达到写诗填词的教学目标。这样做的弊端是效率低下,同时也不能保证没有疏漏和错误。有鉴于此,如何让格律诗词创作走上"快车道"就成了我们亟待解决的问题。

(二)信息技术为提高教学效率提供支持

1. 信息技术提供解决思路

信息技术具有准确、智能、交互快捷的特点。信息技术的出现为格律诗词创作教学带来了福音。参考表1,可见信息技术能够有针对性地解决格律诗词创作教学中存在的效率低下问题。

表1 格律诗词创作教学问题与对应的信息技术解决思路

格律诗词创作教学问题	信息技术解决思路
对平仄、平水韵、对仗不熟悉	提供这方面的查询或备选
对单首诗词的平仄、用韵、对仗位置不熟悉	提供创作界面和提示
写作中出现失粘、失对、押错韵的问题	检查并发出错误警告
对拗救不熟悉	当出现拗的时候,在该救的地方提示并检查

信息技术对格律诗词写作的支持突出表现为两点:一是可靠,二是便捷。可靠,能使学习对象准确地切合格律诗词的格式,将学习对象从以前对格式的关注中解放出来,把学习精力更多地投入内容中去,从而在创作学习中做到省心。便捷,就能使学习对象在写作时及时

迅速地发现问题,高效率地修改和完成,做到省时。因此,利用信息技术作为辅助手段来教学创作格律诗词,可以大大地降低学习对象的学习强度,提高教学效率,让格律诗词创作教学变得更容易。

2.信息技术提供教学软件

信息技术催生了一大批教学软件,"格律诗词创作辅助软件"(以下简称"诗词软件")就是其中的佼佼者。表2介绍了诗词软件的技术特点。

表2　诗词软件的技术特点

平台	Windows 2000/XP
软件开发定位	创作辅助
程序开发软件	VFP 9.0
汉字数据库	目前只有简体字库
功能分块	创作、录入、查询
界面设计	互动型
主程序支持	1. 支持用格律诗词的正格标准式创作 2. 支持用平水韵创作 3. 支持新韵查询、诗对查询、平水韵查询 4. 支持录入已完成的格律诗词 5. 支持查找录入的格律诗词

诗词软件只是作为利用信息技术帮助学习对象进行格律诗词创作的手段之一,需要同格律诗词创作课程相结合,在实践中检验并继续探索和改进。

二、教学实践研究

我校组织了38名学员开展教学实践研究。学员分为A、B两个对照组,每组19人。开始时,两个组一同上课,均由外聘专家向学员系统地传授格律诗词的创作要求和相关古典文学文化知识。经过8个学时的培训,38名学员全部达到理解并熟记创作要求的程度,并且学员对相关知识的掌握,在个体间也已不存在明显的差异。因此,就格律诗词创作的知识基础来看,38名学员基本站在了同一起跑线上。

从这时开始,A组学员在教师的指导下学习运用诗词软件;作为对照的B组学员则在不接触诗词软件的前提下开展创作训练。两个组经过相同学时的学习,由专家命题,组织A、B组学员参加格律诗词创作考试。

考试分两个场地同时进行,A组学员运用诗词软件,B组学员则配备传统的工具书,并被允许携带之前的学习笔记。两组学员在考试过程中,都可就格律诗词的创作问题向在考试现场的专家寻求指导。因此,这一考试过程实质上也是指导学员创作格律诗词的教学过程。

考试分为两场,第一场的考试内容为创作合格的格律诗词;第二场的考试内容为将题目给出的诗词修改为合格的格律诗词。考试过程中,每名考生都有专人计时,其创作或修改的格律诗词如被判定为不合格,则考试和计时继续进行,直到被判定为合格为止。判定时间不计入考试时间。另外,有专门针对考生寻求指导的计时。

评价数据主要有两项,一项是表3记录的小组成员达到全部合格时的个人平均用时,另一项是表4记录的指导的平均用时。

表3 全部合格时的个人平均用时

考试内容	A组	B组
第一场:创作格律诗词	64分钟	165分钟
第二场:修改格律诗词	32分钟	97分钟

表4 指导的平均用时

考试内容	A组	B组
第一场:创作格律诗词	6分38秒(398秒)	28分18秒(1 698秒)
第二场:修改格律诗词	2分57秒(177秒)	15分10秒(910秒)

从表3可以看出,诗词软件辅助下的教学(A组)与常规教学(B组)相比,第一场的教学时间缩短了101分钟,教学效率提高了61.21%;第二场的教学时间缩短了65分钟,教学效率提高了67.01%。这说明在整个格律诗词创作教学过程和重点教学过程中,诗词软件辅助下的教学都能使教学效率得到明显提高。

从表4可以看出,诗词软件辅助下的教学指导(A组)用时更少,第一场平均节约21分40秒(1 300秒),教学效率提高了76.56%;第二场平均节约12分13秒(733秒),教学效率提高了80.55%。如果不考虑学员提问和教师解答的个别差异,直接将师生互动的必要时间与学员的提问量以及教师的解答工作量挂钩的话,可以得出如下结论:诗词软件辅助下的教学能减少学员的提问量,减轻学员的学习负担;同时还能减少教师的解答工作量,减轻教师的教学负担。需要师生互动的必要时间得以缩短,使教学变得更有效率。

之后,我校对B组的学员进行了诗词软件的使用培训。2个学时之后,我们又组织了一次考试。这次考试中,A、B两组学员在同等条件下进行创作和修改,结果两组学员的平均用时相差不大。其中有一个突出的例子就是:来自B组的某学员运用诗词软件在修改格律诗词时,发现错误只用了1分钟,而据他说上一次考试时,在没有诗词软件的情况下花了半小时才在教师的指导下找到错误,而且修改之后还是错了。从中可以看出,这两种教学方式在教学效果上也存在着差异。

培训中,由于诗词软件广泛运用,使得一些原来要求学员记忆并掌握的数量浩大的创作知识点,现在只需要学员适度了解,即可放心地让其进行创作。因此,我们同授课专家经过研究,调整了原来的教学方案,将部分格律诗词创作知识点排除在要求记忆并掌握的范围之外,其中包括平水韵部、平仄变化、入声字表、粘对格式、拗救模式和词牌格式等以前必须掌握的知识点。经过调整,从三维目标的角度看,合理地降低了知识与技能维度上的教学难度,极大地简化了过程与方法维度上的教学要求。

在格律诗词专家的指导下,在诗词软件的帮助下,上述38名学员在格律诗词创作方面已崭露头角,大大提高了格律诗词创作的效率,打破了格律诗词创作难这一困境。38名学员共创作出了147首合格的格律诗词。大量的创作为出精品创造了条件,147首诗词作品中有12首被评为优秀作品。

三、进一步思考

通过实践,我们对信息技术支持下的格律诗词创作课程形成以下初步的认识。

(一)在信息技术支持下的格律诗词创作课程具有优势

参加培训的学习对象在诗词软件辅助教学下,能以比传统课程的教学进度快得多的速度迈入格律诗词创作的门槛,很快熟练创作出了数量较多的格律诗词,一改之前在教学中存在的少慢差费现象,教学效率得到明显提高。同时,还实现了运用诗词软件来使学生在格律诗词创作学习中减负提质的预期目标;展现了信息技术在格律诗词创作课程领域的应用价值和广阔的应用前景。

(二)要有针对性地使用信息技术解决课程中面临的问题

信息技术不是万能的,有其自身的特点,那就是准确、智能、交互快捷。只有面对有准确、智能、交互快捷要求的这类特定问题时,才能充分发挥信息技术的优势,收到明显的效果。因此,在运用信息技术解决课程问题的时候,一定要综合考虑,分析信息技术解决问题的可行性和有效性,切忌在课程中为了用信息技术而用。

(三)要摆正信息技术在课程中的地位

信息技术只是辅助手段,诗词软件只是辅助工具,它可以使格律诗词的创作化繁为简,使传统文化的传承锦上添花,但我们不能脱离基本的文学素养来使用它。信息技术在影响人们生活、改变人们生活的同时,也会使人们对信息技术产生一定程度的依赖,这就需要我们把握好主次关系,合理运用信息技术,才能够在传承传统文化过程中发挥积极的作用。

思维导图在高中语文阅读教学中的运用研究

王丽娜

高中语文阅读教学存在教学方法单一、学生课堂主体性地位不强、个性化需求不能得到满足等方面的问题,这些问题在一定程度上影响了学生的阅读能力和兴趣。针对如何利用思维导图丰富语文阅读教学课堂形式,提高语文教学实效,笔者进行了思考研究和实践探索。

一、思维导图在高中语文阅读教学中的意义

语文核心素养对阅读教学有多方面的要求。首先,它强调在阅读教学中要注重培养学生的思维能力,这包括通过引导学生去比较现实生活和文学作品的差异与相似之处,鼓励他们表达独到的见解。同时,也要关注对学生审美能力的培养,让学生受到美的熏陶,从而提升他们的学习积极性。学生可以积累语言材料,提高语言表达能力,拓宽视野,丰富思维,培养审美鉴赏和文化传承的能力。

思维导图是一种可视化的思维工具,它以图形化的方式展示思维过程,帮助学生更好地组织、理解和记忆信息。在阅读教学中,思维导图具有独特的功能和优势,能够有效地促进学生的学习和思维发展。它能够将复杂的信息进行梳理和整合,以清晰的结构和层次展示出来,帮助学生更好地理解和记忆阅读内容。通过思维导图,学生可以将自己的思维过程以图形化的方式呈现出来,从而更直观地观察和理解自己的思维路径。思维导图的非线性结构还鼓励学生进行联想和发散性思维,有助于激发学生的创新思维和创造力。

二、数字化支持下思维导图在高中语文阅读教学中的运用方法

数字化教学是指教师在数字化教学环境中,遵循现代教育理论和规律,运用数字化的教学资源,以数字化教学模式培养适应新世纪需要的、具有创新意识和创新能力的复合型人才的教学活动。在高中语文教学中,思维导图在阅读教学板块的有效实践,不仅可以促进学生梳理语文阅读知识,督促学生形成有效阅读思维,还有助于增加阅读课堂的逻辑性,推动语文阅读内容的有效拓展。如何利用数字化平台,根据学生的阅读基础,结合思维导图的实践特性,深入开展阅读教学工作,笔者进行了实践研究。

(一)梳理行文思路,总结阅读内容

思维导图的作用之一在于展现阅读知识之间的联系,引导学生阅读思维的活跃发展。思维导图促进阅读教学的本质在于根据阅读板块之间的关系构建阅读思维框架,促进阅读课堂内容形成一个知识网络,为学生的阅读思考与学习服务。教师可以将思维导图作为学

生与阅读环节之间的媒介,加强学生对阅读学习流程的认知,引发学生在阅读课堂中的积极思考。上海卷第一篇现代文常常是社科文,阅读时需要以理清行文思路为前提,在学生阅读总结环节教师可以引导学生利用智慧纸笔,课堂生成思维导图,反馈对整篇文章行文思路的把握情况。通过思维导图,学生可以将文章的主题和各个段落的主题、要点以及它们之间的关系清晰地呈现出来,从而帮助学生更好地理解和构建文章的结构和内容。

(二)设置相关问题,厘清文章内容

在学生具备阅读思考技能的前提下,教师可以根据阅读思维导图设置相关问题,促进学生在思维导图的引导下锻炼阅读思维,提高学生展开阅读思考的灵活性,加强阅读教学的实践效用,促进学生在阅读思考方面的进步。如在整本书《红楼梦》的阅读教学中思维导图大有可为。《红楼梦》在我国文学史上是一部常读常新的书,它是中国封建社会的一部文学性百科全书,书中既有对人情世故、服装配饰的描写,也有园林建筑、房间摆件的刻画;既有对人物形象的塑造,也有对贵族生活的揭露;针黹烹调,巨细无遗;诗词歌赋,内涵丰富;折射社会,书写人生,具有非常大的文学价值、文化价值和教学价值。然而,对于《红楼梦》的整本书阅读教学状况却不甚理想。当下,教师如果仍然采用"单篇精讲"的方式进行教学,忽视整体,就会导致学生依旧读不完整本书,被整本书阅读的第一步——通读难倒。除此之外,书中复杂的人物关系、精细的环境布置、漫长的时间跨度等精巧之处均会成为学生阅读的"拦路虎"。这时教师借助思维导图,引导学生将复杂的人物关系、跌宕的情节发展、典型的人物性格以及主题内涵、艺术成就、创作意义条分缕析地梳理出来,如图1所示。并将学生在梳理内容构建思维导图过程中有疑问或迷惑的地方设计成选择问答等题型,提前上传到"闵智作业"平台,作为课前作业布置给学生,课上就可以运用作业讲评的功能,对学生存疑的内容进行整体性讲解。这样不仅可以促进学生在阅读课堂中及时调整学习状态,便于教师将各个阅读环节串联起来,形成较为完整的阅读课堂,更能深化学生对阅读内容的印象,提高学生的自主阅读学习能力,引导学生对阅读问题的积极思考,有效锻炼学生形成阅读思维的能力,促进学生阅读技能的不断优化。

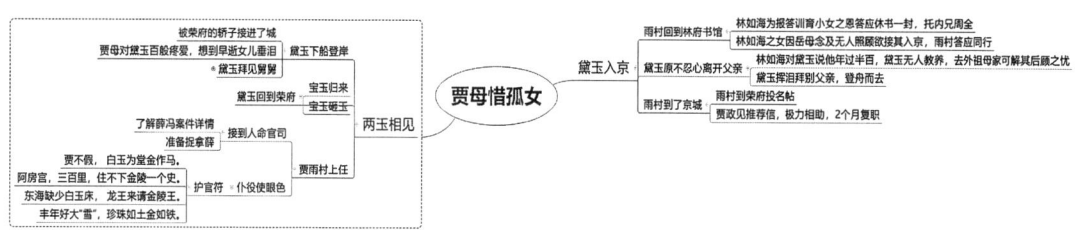

图1 《红楼梦》思维导图

(三)组成阅读小组,激发个性生成

在学生展开阅读实践学习的环节中,教师可以根据思维导图的形成特性,结合小组合作教学方法展开阅读教学,推动学生组成语文阅读小组,引导学生合作完成阅读思维导图,有

效提高学生的阅读思考技能与合作学习能力。例如,在《乡土中国》整本书阅读教学的过程中,教师可以预先让学生以阅读小组的形式完成各个章节的思维导图,如图2所示。让学生在小组合作过程中相互交流思维导图的构建经验,然后在交流中确定小组最后的商讨结果,上传到"闵智作业"互动课堂的授课资源中,在课堂上点击这些共享文档,组际间进行点评交流、更正补充等活动,这样不仅活跃了课堂气氛,有效激发学生个性化阅读体验的生成和表达阐述能力,学生也在互评交流中深化了对文章内容的理解和分析。

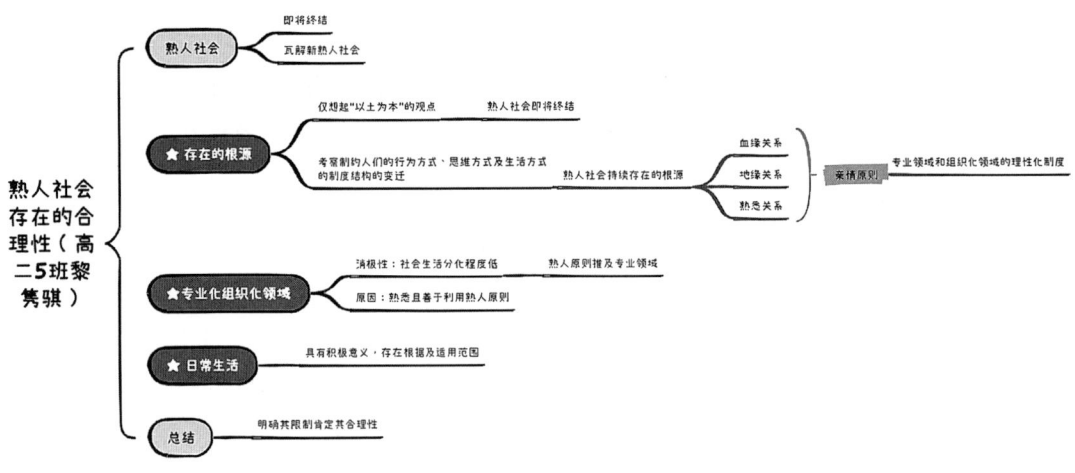

图2 《乡土中国》思维导图

三、教学反思

在高中语文教学过程中,通过梳理行文思路、厘清文章内容、形成阅读小组等实践活动,发现思维导图在阅读教学中存在诸多优势。它不仅可以促进学生梳理语文阅读知识,督促学生形成有效阅读思维,还有助于增加阅读课堂的逻辑性,极大提高学生参与课堂的积极性,体现学生的课堂主体地位,从而推动语文阅读教学的有效落实。

但教师应注意的是,并非所有阅读内容的分析和呈现都适用于思维导图,需要提前进行阅读内容筛选,促进阅读内容和思维导图之间的相互配合,提高阅读教学的合理性。在教师具备一定教学经验的前提下,思维导图可以在阅读方法的推动下,逐步演变成为一种全新的阅读模式,促进阅读教学形式的多样化,为学生的有效阅读学习提供更多途径,推动学生对阅读知识的及时总结,有效激发学生的阅读潜能。

基于几何画板技术融合的教学设计与思考
——以"函数 $y = A\sin(\omega x + \varphi)$ 的图像"为例

毛六明

《普通高中数学课程标准（2017年版2020年修订）》（以下简称《2020修订版课标》）指出，"互联网＋"时代，信息技术的广泛应用正在对数学教育产生深刻影响。在数学教学中，信息技术是学生学习和教师教学的重要辅助手段，为师生交流、生生交流、人机交流搭建了平台，为学习和教学提供了丰富的资源。《2020修订版课标》非常重视信息技术的教学应用，肯定信息技术对促进知识理解有着传统教学无法替代的作用：基于技术环境下教学，能优化课堂教学，转变教学与学习方式。对学生理解概念创设背景、探索规律、启发思路、解决问题提供途径，引导学生自主获取资源都有重要意义。

但"双新"背景下，"使用现代数学软件，优势到底在何处？""如何实现传统教学手段难以达到的效果，达到数学概念和原理性知识的深度理解，提升数学素养？""教师使用信息技术融合数学教学的原则又是什么？"等问题亟须在理论上进行系统思考探究。

几何画板软件，因其易学性、动态性和交互性为探讨式教学的开展提供了强大的技术平台，一直受到高中数学教师的青睐。2023年4月，笔者上了一节区级公开课，内容是沪教版高一数学教材必修2的"7.3 函数 $y = A\sin(\omega x + \varphi)$ 的图像"，使用几何画板进行教学，整个教学过程中贯穿了由简单到复杂、特殊到一般的化归数学思想。同时借助信息技术，深层次展示观察、归纳、类比、联想等数学思想方法，揭示知识产生和发展的过程，让学生体验数学的思维过程。笔者结合此次课堂实践，基于几何画板技术融合，阐述教学设计思路以及个人的一些思考。

一、案例设计

（一）教学内容分析

本节教学内容主要讨论 A、ω、φ 在函数 $y = A\sin(\omega x + \varphi)$ 的图像中所起的作用。教材采用变量控制法，分别研究三个参数的各自作用，即在讨论 A 的作用时，令 $\omega = 1, \varphi = 0$；在讨论 ω 的作用时，令 $A = 1, \varphi = 0$。在具体讨论时，先是有选择地举几个特殊的例子，展示它们的图像，通过对照让学生从感性上认识有关量的作用，再分析、总结出一般结论。

（二）教学目标设计

能借助计算机课件，通过探索、观察参数 A, ω, φ 对函数 $y = A\sin(\omega x + \varphi)$ 图像的影响，并能概括出三角函数图像各种变换的实质和内在规律；通过对探索过程的体验，培养学生的

重 塑

观察能力和探索问题的能力,以及数形结合的思想;领会从特殊到一般,从具体到抽象的思维方法,从而达到从感性认识到理性认识的飞跃。通过学习过程培养学生探索与协作的精神,增强合作学习的意识。

(三) 教学过程

1. 问题情境

形如 $y = A\sin(\omega x + \varphi)(A > 0, \omega > 0)$ 的图像在实际中应用广泛,如弹簧振动,波的传递等一些周期性变化的现象,可以用该函数来刻画。最典型的是单摆摆动现象,例如单摆摆动时相对平衡位置的位移(y)随时间(x)的变化关系,就用它来刻画(见图1和图2)。和函数 $y = \sin x$ 的图像相似,两者之间有着什么联系?

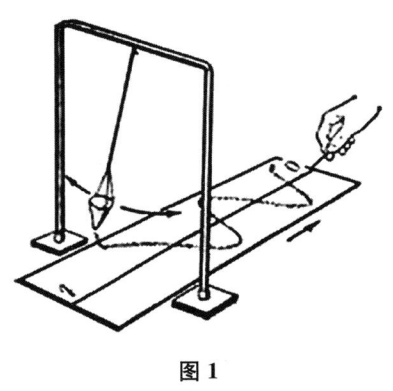

图1

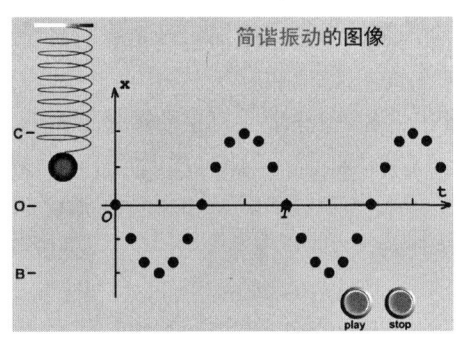

图2

2. 学习新课

探究一:探索 φ 对 $y = \sin(x + \varphi), x \in \mathbf{R}$ 的图像的影响。

问题1:借助几何画板绘图功能作函数 $y = \sin(x + \dfrac{\pi}{3})$ 和函数 $y = \sin x$ 的图像,它们之间有着怎样的关系?那么函数 $y = \sin(x - \dfrac{\pi}{4})$ 和函数 $y = \sin x$ 的图像又有怎样的关系?观察它们的图像(见图3),你会得到哪些结论?

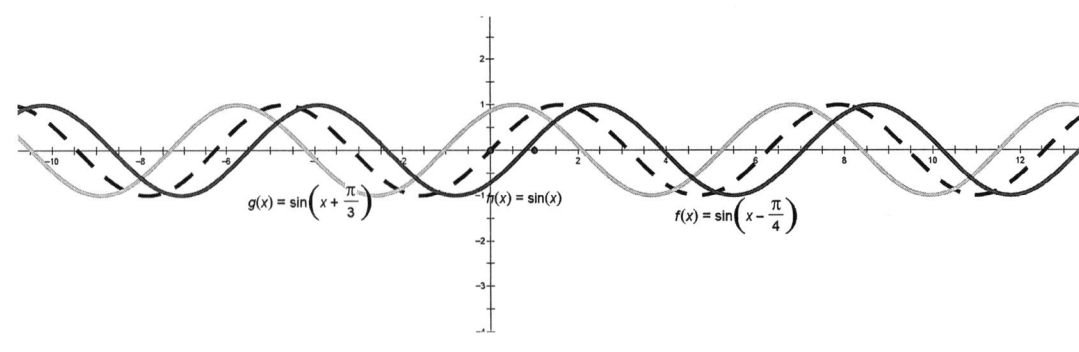

图3

问题2：函数 $y=\sin(x+\varphi)$ 和函数 $y=\sin x$ 的图像之间又有着怎样的关系？

归纳结论：函数 $y=\sin(x+\varphi)$ 的图像，可以看作是将函数 $y=\sin x$ 上所有的点_____（当 $\varphi>0$ 时）或_____（当 $\varphi<0$ 时）平行移动_____个单位长度而得到。

探究二：探索 $\omega(\omega>0)$ 对 $y=\sin(\omega x+\varphi)$ 的图像的影响。

问题3：借助几何画板绘图功能，作函数 $y=\sin(2x+\dfrac{\pi}{3})$ 和函数 $y=\sin x$ 图像（见图4），函数 $y=\sin(\dfrac{1}{2}x+\dfrac{\pi}{3})$ 与 $y=\sin x$ 的图像又有什么样的关系？你会得到哪些结论？

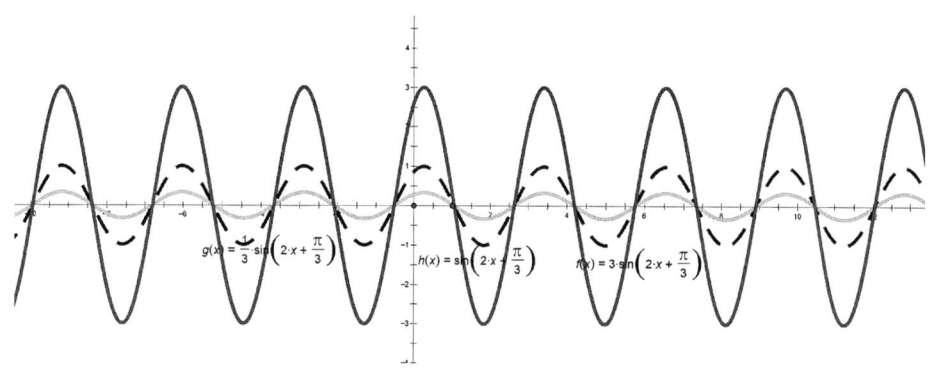

图 4

问题4：思考函数 $y=\sin(\omega x+\varphi)$ 和函数 $y=\sin x$ 的图像之间有着怎样的关系？

归纳结论：函数 $y=\sin(\omega x+\varphi)$ 的图像，可以看作是把 $y=\sin x$ 上所有点的横坐标_____（当 $\omega>1$ 时）或_____（当 $0<\omega<1$ 时）伸长到原来的____倍（纵坐标不变）而得到。

巩固训练2

将函数 $y=\sin(x-\dfrac{\pi}{6})$ 的图像上所有点的纵坐标不变，横坐标伸长为原来的 2 倍得到的函数解析式是_____。

探究三：探索 $A(A>0)$ 对 $y=A\sin(\omega x+\varphi)$ 图像的影响。

问题5：借助画板，绘制函数 $y=3\sin(2x+\dfrac{\pi}{3})$ 和函数 $y=\sin x$ 的图像（见图5）。思考函数 $y=\dfrac{1}{3}\sin(2x+\dfrac{\pi}{3})$ 与 $y=\sin x$ 的图像又有着怎样的关系？你会得到哪些结论？

问题6：思考函数 $y=A\sin(\omega x+\varphi)$ 和函数 $y=\sin x$ 的图像之间有着怎样的关系？

归纳结论：函数 $y=A\sin(\omega x+\varphi),x\in\mathbb{R}(A>0$ 且 $A\neq 1)$ 的图像，可以看作是把函数 $y=\sin(\omega x+\varphi)$ 上所有点的纵坐标_____（当 $A>1$ 时）或_____（当 $0<A<1$ 时）伸长到原来的 A 倍（横坐标不变）而得到的，函数 $y=A\sin(\omega x+\varphi)$ 的值域为_____，最大值为_____，最小值为_____。

重 塑

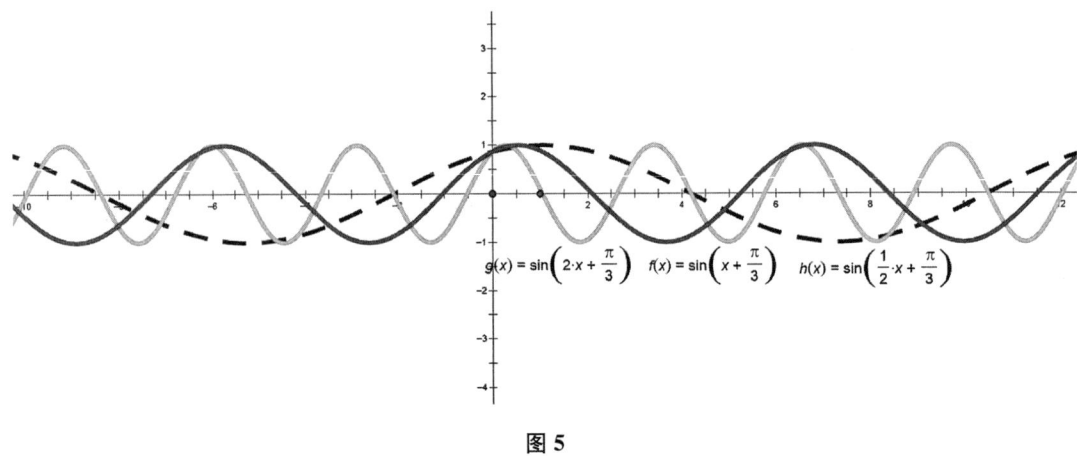

图 5

二、设计反思

对上述 6 个问题讨论,让学生对参数赋值,观察具体函数图像的特点,获得对变化规律的具体认识,然后让参数"动起来",看看是否还保持这个规律。使用了几何画板帮助学生更好地观察规律,最后形成对图像变化的具体认识,然后再推广到一般情形。这样安排既分散了难点,又使学生形成清晰的讨论线索,能使学生学习如何将复杂的问题分解为简单的问题并"各个击破",然后"归纳整合"的思想方法,培养有条理地思考的习惯,有利于培养学生的逻辑思维能力。

函数图像的变换是个复杂的过程,所以学生对它的认识不可能一下子就十分深刻。因此,进行教学时,除了用几何画板动态地演示和板书讲解外,还要参与交流讨论,让学生暴露出问题,进一步加深理解。

现代信息技术在数学的教学过程中运用越来越广泛,能够利用计算机进行一些简单的数学实验也将成为数学教学的一个发展趋势。在本节授课过程中,笔者共设计使用了多次计算机演示操作,将授课过程中的难点一一化解,尤其是在探索参数 ω 对函数 $y = \sin\omega x$ 的图像的影响过程中,画板的使用使本来非常难处理的问题简单化、直观化,给学生提供一种验证猜想合理性的途径。

总之,信息技术融入数学教学,是未来发展的一个趋势。几何画板作为一款强大的数理教学软件,"如何用"是一个时论时新的问题。先进教育技术的开发研讨,必将促进教师的授课方式和学生的学习方式发生巨大而根本性的改变,助力"双新"课改,助力数学理解。

利用 Origin 和 GeoGebra 软件优化高中数学课堂教学
——以"正态分布"为例

吴陈华

当今世界,信息化是各行各业发展的大势所趋。随着以多媒体和网络技术为核心的信息技术的不断发展,人们的学习和交流打破了过去的时间和空间的限制,信息化正在越来越深刻地改变着我们的生产方式、生活方式、工作方式和学习方式。而信息技术与课程教学的有效整合,正是我国面向 21 世纪中小学教育教学改革的一个新途径。利用信息技术所提供的自主探索、多重交互、合作学习、资源共享等学习环境,把学生的主动性、积极性充分调动起来,使学生的创新思维与实践能力在整合过程中得到有效的锻炼,对发展学生主体性和创造性,培养学生创新精神和实践能力都有着十分重要的意义。Origin 数据处理绘图软件和 GeoGebra 数学绘图软件就能很好地优化高中数学课堂教学。

一、问题提出

每一个数学问题都是由数据组成的,提高学生的数据处理能力包含多个方面的内容,它要求学生在正确审题的基础上能运用相关的数学方法分析数据,能利用图像和数字等整合数据,同时能够熟练应用计算机等辅助工具处理数据,并能够通过计算准确得出结果。本节课将 Origin 和 GeoGebra 的软件技术优势与高中数学学科进行有效整合,将信息技术作为媒体、手段和方法来帮助师生解决教学中的问题,把信息技术作为构建自主、探究学习环境的要素来支持学生的学习,激发学生探求新知的欲望,调动学生的积极性,帮助学生更好地掌握所学内容,进一步培养他们的数学核心素养。

Origin 数据处理绘图软件在科学数据分析和统计方面具有重要作用,能够帮助学生在短时间内进行数据的分析和可视化呈现。通过直接导入 Excel 数据,可以自动对数据进行批量处理和分析,并生成生动、直观的科学数据图形。除了强大的图形绘制功能外,Origin 软件还具有强大的数据分析和统计功能,支持多种数据分析方法和统计指标,如线性回归、非线性拟合、方差分析等,可帮助学生更加深入地分析和理解数据。GeoGebra 是一款动态化的数学教学软件,它集代数、几何、微积分于一体,实现动态交互式的数学探究和可视化呈现,使抽象的数学知识变得直观形象。还可以利用 GeoGebra 软件进行数学模拟实验,培养学生的数学直观意识,并在学习过程中简化思路,提升学生的直观洞察能力。

二、教学探索

（一）学情分析与目标设计

"正态分布"是沪教版高中数学教材选择性必修 2 中的第七章"概率初步（续）"第三节"常用分布"中的第三课时。通过前两个课时"二项分布"和"超几何分布"的学习，学生初步掌握了离散型随机变量及其分布。在此基础上，学生进一步研究"正态分布"。正态分布的随机变量是一种连续型随机变量，正态分布也是高中学习内容中唯一的一种连续型分布，它反映了连续型随机变量的分布规律。离散型随机变量的概率分布规律用分布列描述，而连续型随机变量的概率分布规律用分布密度函数（曲线）描述，这让学生对随机变量由离散到连续有一个深入的认识。

教材内容安排基本符合我校学生的学习认知规律，先是通过研究频率分布直方图、频率分布折线图、总体密度曲线，引出拟合的函数式，进而得到正态分布的概念、分析正态曲线的特点，最后研究了它的应用。

但教材采用直接给出正态分布密度函数表达式的方法，这使学生在学习过程中不能很好地理解正态分布的来源。所以利用高尔顿板引入正态分布的密度曲线更直观，易于解释曲线的来源。通过高尔顿板数学实验，观察和理性分析并归纳小球分布的规律，感知引入正态曲线、正态分布的意义，借助图像认识正态曲线的特点及曲线所表示的意义。通过画频率分布直方图和频率分布折线图以及图形计算器的探究活动，经历正态分布概念的形成过程，体验从具体到抽象研究问题的方法，尝试用数据和图形理性分析问题、用规律推断解决问题。通过数学史介绍正态分布密度函数，感受数学文化。通过数据的分析，能对客观事物中蕴含的数学模式进行思考和做出判断。

基于学生实际学情以及学生思维从具体形象到抽象逻辑的特点，借助 Origin 数据处理绘图软件和 GeoGebra 软件进行辅助教学。学生利用 GeoGebra 软件进行高尔顿钉板模拟实验，借助模拟实验结果画频率分布直方图和频率分布折线图的活动。高尔顿板实验需要小组合作来完成，画频率分布直方图和频率分布折线图需要借助图形计算器，正态曲线特点及所表示的意义需要在教师的指导下小组讨论交流，因此为了更好地让学生认识正态曲线的特点及表示的意义，本节课借助信息技术实现应用问题探究式教学方法，给不同认知基础的学生提供了自主探索、动手实践、合作交流的学习方式，充分发挥学生的主动性。

（二）教学过程再现

（1）教学片段 a：学生在进行 100 户居民用水量数据处理时，运用 Origin 数据处理绘图软件的高效性和实时性，帮助学生将已经学过的频率分布直方图和即将要学的正态分布曲线形象地串联在一起。学生通过操作最终得到一条利用原始曲线数据的平均值和标准差生成的正态分布曲线（见图 1）。

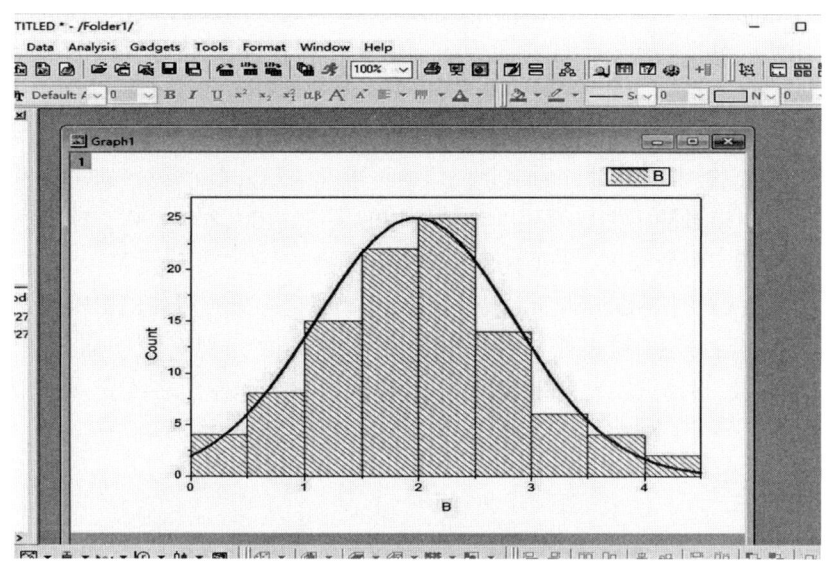

图 1 由 100 户居民用水量数据得到的拟合曲线

【设计意图】正态分布对学生来说是个相对抽象的概念,从正态分布对应的正态曲线入手符合学生知识的建构过程。利用信息技术回顾的形式,使得学生再次熟悉正态分布曲线。讲述知识的过程直观且自然,学生也容易从已学的知识上感受正态曲线的形状。分析形状特征的过程对学生接下来理解及分析正态曲线的概念与性质,有很好的铺垫作用。信息技术在此处的作用非常明显,使得知识直观具体生动形象,利于学生观察及理解知识。

(2) 教学片段 b:运用 GeoGebra 软件进行高尔顿钉板模拟实验。

高尔顿钉板实验是英国生物统计学家高尔顿设计的用来研究随机现象的一个实验模型。在一块木板上钉着若干排各自平行但相互错开的钉子,它们彼此的距离均相等,相互之间留有适当的空隙作为通道,上一层的每一颗的水平位置恰好位于下一层的两颗正中间。从入口处放进一个直径略小于两颗钉子之间的距离的小圆玻璃球,当小圆球由于重力向下运动,在向下降落过程中,碰到钉子后皆以 1/2 的概率向左或向右滚下,于是又碰到下一层钉子。如此继续下去,直到滚到底板的一个格子内为止。实验设定数量且同样大小的小球不断从入口处放下,研究随着试验次数的增多,落在各个球槽内的小球分布情况。我们以球槽的编号为横坐标,以小球落在各个球槽内的频率值为纵坐标,可以画出频率分布直方图。随着重复次数的增加,这个频率直方图的形状会越来越像一条钟形曲线,只要球的数目相当大,它们在底板将堆成近似于正态分布的密度函数图形(中间高,两边低,左右对称)

虽然高尔顿板实验的原理非常简单,但利用 GeoGebra 的高尔顿钉板模拟实验让学生更能根据分布图形直观感知和体验正态分布曲线特征。教师借用 GeoGebra 展示曲线由有限到无限的生成过程,由实际模型到数学模型的转化过程。利用信息平台,学生自主个性选择问题,分组讨论互相交流,并读出图形中的数学信息,同组学生讨论分析图形,将数学模型转化为实际模型,最后小组逐一发言,突破难点,也训练学生协作、表达的能力。

【设计意图】教学片段 a 和 b 的两个情境设置,虽然让学生认识了正态曲线的图像特点,但是并没有让学生意识到正态曲线在我们生活中大量存在的事实。GeoGebra 的高尔顿板模拟实验就做了一个很好的补充,而且为后面分析生活中什么类型的变量符合正态分布起到了良好的铺垫作用。在制作 GeoGebra 课件时,将右边的频率条形图做成频率分布直方图,更是将前后知识做了一个很好的串联。信息技术在这里起到了很好的实验模拟作用,省去了课前制作实验模具的工夫以及课上分别模拟放入 50、100、200、300 个球等的实验时间,并且在实验观察及实验效果上,丝毫不逊色于实体实验。

(3) 教学片段 c:利用 GeoGebra 软件分析 μ,σ 对正态分布图像的影响。

通过 GeoGebra 软件,利用控制变量法研究两个参数分别对正态曲线图像的影响,GeoGebra 软件通过移动点实现变量控制,右侧的正态分布图像随之改变,非常方便而且直观,如图 2 所示。

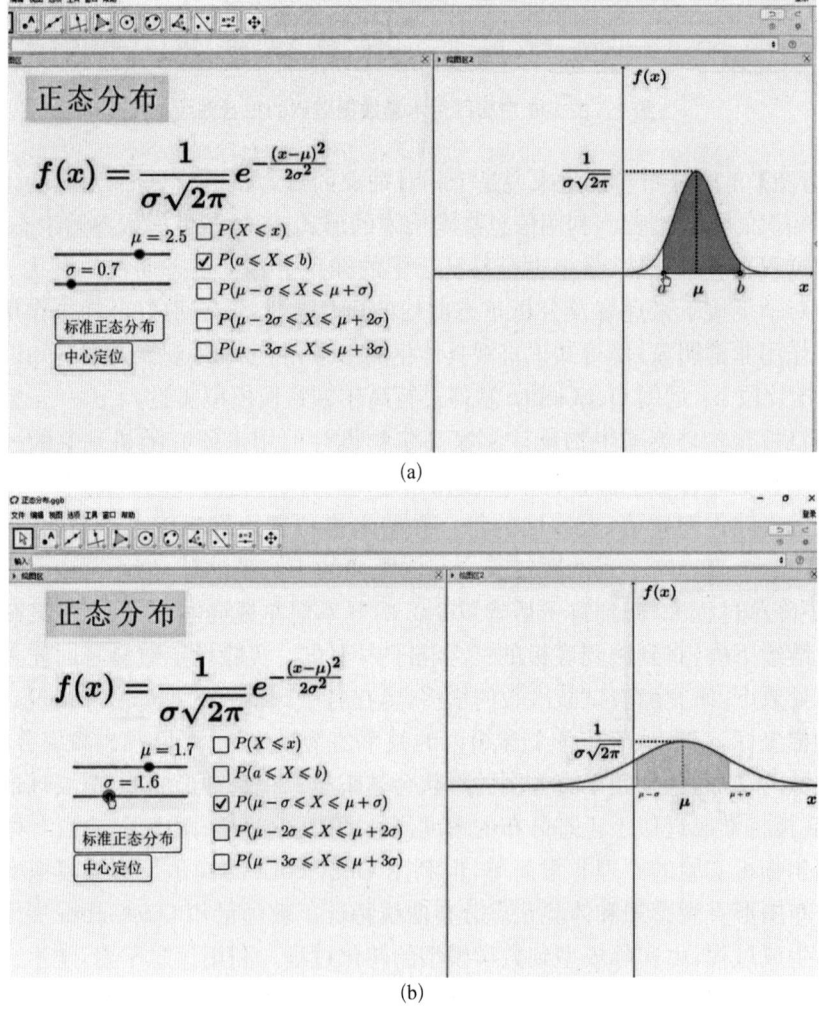

图 2　GeoGebra 软件通过移动点实现变量控制

学生通过操作观察得出在 σ 不变的情况下,随着 μ 值变大,图像沿 x 轴正方向移动;在 μ 值不变的情况下,随着 σ 的增大,图像由"高瘦"变得"矮胖"。

GeoGebra 软件的信息技术不仅使知识直观化,还能让学生体会变换过程,通过学生自己操作参数变化,观察图形变换,小组讨论得出结论,这种学习方式比观察教材上的固定图形更为自然生动,也比教师直接阐述结论更为积极主动。

三、结论与反思

(1)学生通过 Origin 数据处理绘图软件实现了总体密度曲线的呈现,通过 GeoGebra 软件模拟高尔顿板实验使学生在理解难点问题时,有直观的图像与动态的图像对照分析,找到影响曲线的关键要素,对正态分布 μ 和 σ 两个参数进行定量实验分析,得到关于 μ 和 σ 这两个参数的相关性质。在这两款软件的辅助教学帮助下,学生能顺利学习完正态分布这一高中数学教材中唯一一个对连续性随机变量进行分析的教学内容,优化了课堂教学的数学实验可操作性和可复制性。

(2)对于教师而言,想要实现信息技术和数学教学的有效整合甚至是深度整合,就必须围绕基于信息技术的教学设计能否突出数学问题的本质展开。通过信息技术和软件辅助,为学生创建自主学习拓展研究的技术平台,他们能把所想所惑通过实践操作进行思考提炼和归纳总结,从而获得成就感。但如果只是用信息技术进行简单的 PPT 课件呈现,表象上虽然热热闹闹,但内在理解不会深刻,无法做到理解技术以及理解数学。Origin 数据处理绘图软件和 GeoGebra 软件操作提供的是使科学严谨的研究方式得以进行的可能性。"不太精确的形→不太精确的数→精确的数→精确的形→实际生活应用",正态分布的教学各个环节对学生来说都不是一个容易的过程。本着科学及严谨的研究精神,从定性到定量,从了解到应用,Origin 数据处理绘图软件和 GeoGebra 的高尔顿板模拟实验都发挥了极大的作用。生活中有大量的连续型随机分布的例子,结合正态分布密度曲线特点进行与正态分布有关的概率计算问题,显得简洁很多。

(3)新课程应更多地让学生去思考和理解本质,学会提出问题,通过对现实问题的解决和抽象概括,从而达到帮助学生更深入地思考数学、应用数学的目的。在各类软件和平台进入数学课堂时,必然导致教学方法与模式的改变,在探索新的教学模式与方法时,应当着眼于由学生根据自己的兴趣、态度和能力,自我设计和选择学习情境进行学习,通过设置环境来帮助学生提出问题并进行探索。计算机强大的处理能力为数学的实验式学习提供了可能,它的动态情境可以为学生"做数学"提供必要的工具和手段,使学生可以自主地通过数学实验进行问题研究,而教师可以将更多涉及探索、分析、思考的任务交给学生去完成。

基于 AI 听说设备的多模态教学提高高中生英语听说能力和传统文化意识的实践探索

施俐娜

一、问题提出与解决思路

在上海高考英语中,听说是重要一环。而随着信息技术和基础教育的发展,在多模态情境中培养中学生的多元识读能力变得愈发重要。相比传统的讲授教学,多模态教学利用声、视频等多种媒介为学生创设多模态环境,能调动学生多种感官协同参与到信息的获得、处理和传输中来,提高学习的参与度。与此同时,多模态教学模式也对学生的多元识读能力提出了更高的要求。如何利用各种符号资源调动学生的学习积极性,培养其多元识读能力以适应信息时代的发展,成为新时期教育工作者需要解决的问题。在外语教学中,英语听说课是开展多模态教学的有效途径。

笔者在一年的实际教学中,发现在平时的学习中,学生更多地把精力放在语言知识本身,或是对听和说进行单独练习,进行听说系统训练的机会较少。而我校作为信息科技类见长的学校,实现了信息化全覆盖,在日常学习中,学生也会利用各类信息化平台进行自主探究和拓展。笔者在一学年的听说拓展课教学中,所使用的 AI 听说平台操作简单,学生端设备方便快捷,学生能很快上手,在短时间内配合教师完成朗读、问答等活动并实现数据的采集。

笔者所教授的高一年级 1 班、2 班学生思维活跃,具有良好的学习习惯和良好的思辨能力,在笔头方面较为扎实稳定,但在口语方面较为薄弱;在平时的听说练习和阅读课中具备了一定的朗读能力,但对语音语调的训练和围绕话题进行专题练习的机会较少。因此,笔者基于 AI 听说设备,旨在围绕有关"传统话题",设置开展有层次的听说训练活动。

二、实施过程

笔者以所教授的一节"A Bite of China"(《舌尖上的中国》第一集《自然的馈赠》)为例(教学流程如表 1 所示)。本节课围绕大自然的礼物,片中的解说词不仅是对美食的解说与介绍,其背后更有文化认同的支撑,指向文化认同的引导与暗喻,这也使得每一位学生在看见美食的同时,自然体会到所要倡导的美德。作为一节听说课,利用英语听说教考平台和学生端设备完成听、读、说一体化教学。本节课旨在帮助学生梳理并巩固已经学习过的词汇并完成口头输出,在授课过程中借助教学平台对学生的语音语调进行纠正和指导。

表 1 教 学 流 程

流程	教学内容	教师活动	学生活动	技术支持	三步五环	信息素养要求
听前	朗读词汇	播放单词	朗读词汇	英语听说教考平台	学、行	借助听说教考平台朗读单词
读前	观看视频	播放视频	观看视频,完成选择	英语听说教考平台,手持学生端	思、辨、行	用学生端提交选择
读中	朗读句子	布置朗读,纠正发音	朗读句子,纠正发音	英语听说教考平台,手持学生端	思、行	借助听说教考平台朗读句子
读中	朗读段落Ⅰ,录制音频	布置朗读,纠正发音	朗读段落,纠正发音	英语听说教考平台,手持学生端	学、思、辨、行	用学生端录制音频
读中	朗读段落Ⅱ,录制音频	词义复现,纠正发音,做出评价	朗读短文,比较评价	英语听说教考平台,手持学生端	学、思、辨、行	借助听说教考平台进行展示
读后	展示小组成果	查看学生的完成情况,展示学生成果	学生展示	英语听说教考平台,手持学生端	学、思、辨、行	借助听说教考平台进行展示
读后	布置课后作业	布置作业	查看作业	手持学生端	学、思、行	用学生端录制任务

本课通过听前预测,培养学生预测信息的能力,发展学生的推断式思维;通过听中记录,培养学生判断重要信息和次要信息的能力,发展学生的逻辑思维;通过听后输出,培养学生知识运用和迁移的能力,发展学生的批判性思维和创新性思维。

教学平台的数据采集和分析能够实时记录学生的口头表达情况,即时生成的数据画像能够对学生进行准确剖析。利用该数据,教师可以对学生进行更全面的监控和个性化的指导。AI听说在线设备能够有效帮助教师。① 全角色学情分析:提供学生、教师、校/区/市教研;② 个性化推荐学生学习、指导教师分层教学(如图1所示)。在数字化环境中,学生也能够利用多媒体资源进行自主学习和探究,并对自己的表现主动纠正,进一步落实学生在教学中的主体地位,让学生树立主动学习、终身学习的观念。

《普通高中英语课程标准(2017年版2020年修订)》提出,"高中英语课程要建立旨在促进学生全面发展的多元化评价体系。要采用形成性评价和终结性评价相结合的方式,着重评价学生的综合语言运用能力以及在学习过程中表现出的情感、态度和价值观"。因此,笔者通过"AI听说课堂"信息素养评价指标将形成性评价机制引入高中英语课堂日常的听力教学中。一方面,形成性评价有利于高中生英语听力成绩的提高;另一方面,也有利于激发学生学习听力以及学习英语的兴趣,培养学生的调控策略。

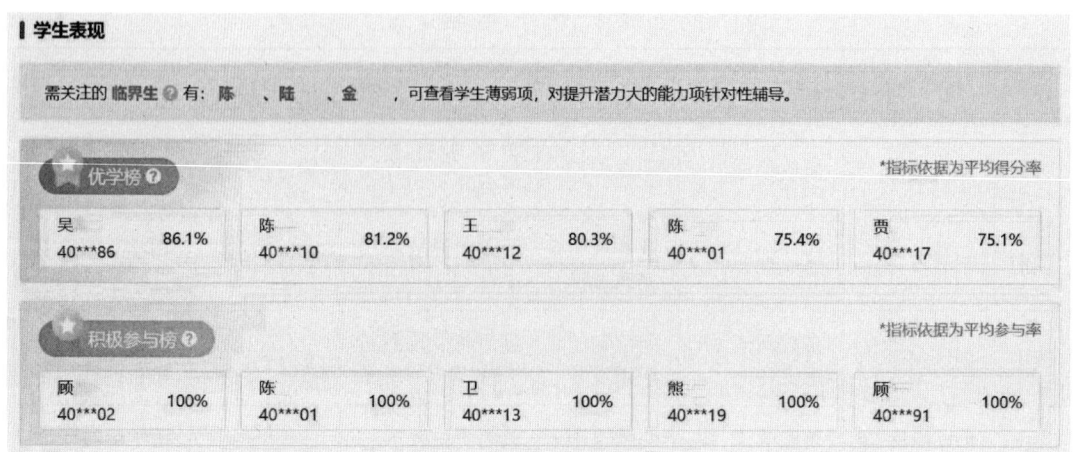

图1　英语听说精准教学

三、效果与反思

一方面,对于听说课堂而言,AI听说课堂为教师提供多模态的教学资源,比如中国传统节日和相关风俗等资源,教师将听、看、感知等资源进行有机整合。而在听后拓展环节中,即课后作业上传,需要体现情境化和实用性。其主要包括如下几个方面的内容:① 要求高中生以小组为单位,选择其中一个传统节日,收集和整理这个节日的相关资料,进行精简,然后撰写节日介绍卡片,将其张贴在实际传统文化宣传墙面上,营造良好的传统文化宣传格局;② 以中国传统节日为主题,在英语角的活动中向外教老师介绍自己国家的传统节日,需要将这个节日的来历、这个节日的文化、这个节日中需要做什么等信息传输出去,由此使得学生运用英语语言去诠释传统文化,进行构建对传统文化的自信氛围;③ 开展课前演讲活动,要求学生以传统文化为主题,自主选择对应的角度,利用多媒体平台向大家讲述自己对于传统文化的感受,使得课前几分钟成为增强学生传统文化体验感的重要渠道。当然在此过程中也需要注意其他方面的问题:要尽可能地将对应的实践活动常态化,也就是说这不是临时性、短暂性的教育改善,而是长期性的调整,这对于不断增强高中生传统文化体验是很有必要的;鼓励高中生在实践活动中讲述自己的感受,甚至可以将其意见和建议纳入活动设计中,继而不断完善实际的传统文化实践活动。

另一方面,基于AI听说课堂来探究传统文化在高中英语教学中的渗透,是需要长期积累的。学生的主动表达、真实学习、深度学习都将基于此。高中英语教育工作者需要从课堂文化资源挖掘、主题活动设计和实践活动优化三个维度来进行,处理好课堂内与课堂外传统文化教育板块之间的关系,促使高中英语传统文化教育体系臻于至善。

语料库辅助高中英语词汇精准教学

李 峰

精确教学（Precision Teaching）以斯金纳的操作性条件反射理论为基础，指教师以频率（Frequency）为主要数据，观测记录学习者完成任务的流畅度，根据其测量结果，针对教学策略和课程进行评估和调整，最大限度地提高学习效果。

精准教学依托于数据质量和数据管理。数据的精准首要取决于数据的颗粒度。数据颗粒度（Granularity）指数据被划分或记录的细致程度。需要注意的是：并非颗粒度越小数据越精准，最佳颗粒度应出现在数据分析和专业判断的结合处，即数据能定位学生错误的真实原因，这些原因是个人感性经验无法获知或容易忽略的。这样的数据才是有价值的。这就需要我们基于学科特点和教学目标，确定所需数据的颗粒度，做到数据的学科化。

要增加数据的颗粒度，需要学科教师的深度参与和数据指标体系的构建。一方面要确定哪些数据是本学科教学最需要的；另一方面是弄明白这些数据通过怎样的途径被生产出来。基于上述思考，笔者通过自建语料库辅助高中英语词汇教学，作为探索数据学科化的一次尝试。

一、词汇学习，难在哪里？

在语言教学过程中，词汇的作用和地位有复杂性和特殊性。

（1）词汇的特殊性。词汇学习至少涉及三个方面：① 结构，即词的句法结构特征和词的搭配问题；② 词义，包括核心意义及在语境中的延展；③ 语篇，关注词在语篇中的关联手段和意义的变化。从布鲁姆的认知分类角度，词汇学习涉及认识、记忆、理解、应用、分析和综合等多个阶段。

（2）学习者的困境。对学生来说，词汇学习难在"记不住"，记住了"用不上、用不对"。记忆需要重复，这考验学习者的意志力、自控力和目标与规划能力。遗忘的反复发生很容易让学生产生挫败感。另一个不容忽视的原因是社交媒体的影响。研究显示：持续接触大量信息和刺激人们的短时记忆系统可能会感到疲劳和过载；数字工具带来的多任务处理，会分散注意力、降低效率，并对记忆力产生负面影响。

（3）教师的困境。抓学生背单词、怕挤占听说读写的时间；多花时间在听读上，又怕学生不自觉、词汇遗忘快。有限的课时、大班制教学、追求教学进度的现实，与学生学习条件、学习时限和学习经验的差异性，常常让教师顾此失彼、手忙脚乱，先进的理念、科学的方法，似乎总是在现实中屡屡碰壁。

二、破解之道，在于取舍

按照 Paul Nation 的统计，一种语言中的前 2 000 个高频和中频词汇涵盖了典型文本中的 70% 至 90% 的词汇，首先学习这些词汇，能够为学习者带来最大的回报。我们参照 JACET 8000 词频列表，将课标 3 000 个词加高考上海卷 200 词做了粗略统计，结果发现：在这 3 200 个词中，属于 1st 1 000 的大约有 900 个词（占比 28%）；2nd 1 000 约 800 个词（25%）；3rd 1 000 约 700 个词（22%）；4th 1 000 约 450 个词（14%）；其余的是词频在 5 000 个以上的，有大约 350 个词（占 11%）。事实上，学生感到词汇记忆有负担，其实更多来自后面的低频词汇，以及前 2 000 中那些他们尚未学习的词义或搭配。

教学内容应选择精华、避免堆砌，关注学生未来学习最需要的核心知识和技能。这些知识和技能，就是解决问题杠杆的支点。只有在这些内容上"加负"，才能为后阶段的学习"减负"。如果这个支点找不到、找错了，就会加入过多的冗杂知识，造成学生理解不深入或遗忘。语料库辅助教学可以帮助我们准确定位这个支点。

三、基于词频的句子语料库

JACET 8000 是日本大学英语教师协会（JACET）制定的词频表，包含了 8 000 个最常用的英语单词，是日本英语教学和学习中广泛认可和经常使用的词频表。我们以此为主，参考雅思学术词汇表（AWL）、课标 3 000 个词等，最终筛选出 5 000 个词，按照 JACET 8000 的词频排序。

在此基础上，为每个单词配句子。这些句子主要来源于历年的高考模考卷、各种版本的教材以及部分报刊。一词对应至少一句，并在其他句子中尽可能多地复现，以兼顾词在不同语境下的意义和词性变化。句子的选取遵循一定标准，如：① 含常用词组搭配例子（或叫作 word chunk）；② 包含中学阶段所要学习的语言结构或现象；③ 句中有和目标词形成的衔接与连贯现象（如目标词 afford 和句中 budget 的同现）；④ 和当下社会常识以及词条、词汇本身相关的知识；⑤ 句子的词数、结构层次、信息载量等。这些基本指标作为标签项。

四、语料库的教学应用场景

该语料库可用于词汇、句法、语篇、写作以及测试评估等方面。

（一）语料库用于词汇教学

以词汇为例，语料库为词汇提供了丰富、灵活的应用范例，利用 5 000—8 000 个句子，对应中学阶段需要掌握的 3 000—5 000 个词，充分利用好有意记忆和无意记忆的规律，通过大量、反复的语境呈现，有助于学生在减轻记忆负担的同时深度认知词汇，提升搭配质量、自我纠错能力、发现特定文体的语言特征。

我们任意选择 30 个词作为一个学习单位，在语料库中调取对应的 30 个句子。编写选词填空练习。选项全部是这30个单词的组合,分别以正确项/干扰项的方式,不断重现。样本如下。

【1】Open University course materials are of the highest quality and come in a variety of forms, including video and audio _____ as well as texts.

　　A. tapes　　　　B. souls　　　　C. divisions　　　D. pupils

【2】Money is only clam shells or metal discs of paper, and there are treasures of the heart and _____ which money cannot buy.

　　A. soul　　　　B. pupil　　　　C. defense　　　　D. climate

【3】When we can see well, we do not think about our eyes often. It is only when we cannot see _____ that we come to see how important our eyes are.

　　A. perfectly　　B. elderly　　　C. mostly　　　　D. originally

【4】A great deal of attention is being paid today to the so-called digital divide-the _____ of the world into the info (information) rich and the info poor.

　　A. election　　　B. revolution　　C. division　　　D. defense

【5】The opponents of the examination system suggest that examinations are an evil force because they show differences between _____.

　　A. actors　　　　B. poets　　　　C. delivers　　　D. pupils

借鉴双盲对照的方式,我们在实验组和对照组之间进行了七次测试(见图1)。

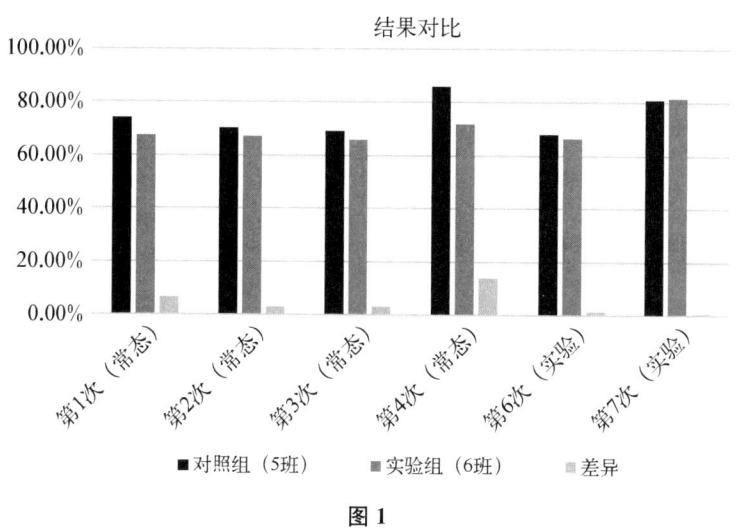

图1

图1中的数据,是连续七次针对不同组别单词的检测结果。

(1)第1—4次测试:在传统的背单词、默写单词的方式下,次日两个班级的默写表现。连续四次数据均表明对照组(5班)的日常表现明显优于实验组(6班)。

(2)第5次测试:在不告知学生情况下,提前一天给实验组(6班)提供了一份上述练习,但不做任何要求(比如必须提交)。这次实验组得分反超并明显高于对照组(11.69%)。

这时我们考虑一个变量：假设能够完成课前练习、以此方法准备单词的学生，更加自觉自律。也就是说，无论他们用什么方法，默写的成绩都会更好。因此，在第6次测试前，我们给两个班学生同时提供练习但不做硬性完成的要求。

第6次测试中，原本基础较差的实验组（6班）和对照组之间的差异缩减到最小；在第7次测试给予同样干预的情况下，则出现了得分的反超。

有趣的是，我们后续进行了第8次测试，恢复常态方式（不使用这个练习），结果对照组得分又高于实验组。

（二）语料库在句法教学中的应用

五种基本句型结构的教学，往往是投入多、见效慢。这是因为，它的原理、规则看似简单，但在真正应用中，则既需要跨越文化差异、培养语境意识这样的"内功"，更需要足够的词汇量和充分的刻意训练这样的"外功"。

我们选取动词为目标词的25个例句，编制练习让学生限时完成。针对不同的学生样本，经过5次测试，结果发现：有近50%的错误和动词的及物性相关。

显然，真正导致上述"理解不深入和遗忘"的关键，在于更多学生没有能够掌握常见动词的"及物性"特征。换言之，他们在 allow、let、show、happen 这类动词上，和 cucumber、lamp 这类词的学习投入上没什么太大区别，都仅仅是记住词义，只是多背了几个"搭配"（比如 expect sb. to do）而已。由此可见，撬动句型成分这个问题的杠杆支点，还在于词汇。

有鉴于此，针对"基本句型"这个教学内容，我们把着眼点放在"50个及物和不及物动词"和"50个系动词"上，重点解决：① 熟练记住这些动词的结构特征；② 在此基础上，学习3个最具英语特点的句型：SVOO（双宾语）、SVOC（复合宾语）、SVC（主系表）。这样做的好处是在有限时间内，针对已经认识但缺乏深入理解的100个初中动词，进行大量反复的训练，将认知、记忆、理解、分析整合为一体。在此过程中，学生可以观察、发现、总结和理解英语句子的构成关键，其实都在谓语动词的变化和搭配特征上。这就给后期的教学，提供了一个杠杆的支点。

（三）语料库用于定量分析

语料库可以帮助教师更好地理解学生的语言水平和需求，从而提供更加个性化的教学。通过分析学生的语料，教师可以调整课程内容，以满足学生的特定需求，从而真正将"数据驱动下的个性化教学"落到实处。

例如，对于某个语法填空题，系统给出数据，表述为"语言点是状语从句连词 before，错误率是50%"。这种直观数据的作用有限，因为它是能通过个人经验获得的。我们能就此认为学生没有掌握 before 的用法吗？当然不能。因为学生错误的原因很复杂：可能是因为句子结构过于复杂、生词太多（语言技能维度）或话题过于陌生（课程资源维度），学生根本看不懂句子；也可能和学生答题的状态有关，比如投入不足、时间不够（学生特征维度），等等。

综上所述，将词频词表和语料库原理应用在教学中，我们将定量分析（测试数据）和定性分析（教学经验）结合起来，可以将教学难点化整为零、精准发力，实现"降维打击"。

利用信息技术培养学生的科学思维

张 亮

物理核心素养包括物理观念、科学思维、科学探究、科学态度与责任四个方面。物理观念是基础,科学思维是灵魂,科学探究是核心,科学态度与责任是关键。"科学思维"主要包括模型建构、科学推理、科学论证、质疑创新等要素。高中物理是一门知识具有抽象性的严谨学科,对学生的逻辑思维有较高的要求,因此其中的很多重难点知识是学生难以理解的。基于这样的情况,笔者利用信息技术手段将这些抽象的知识变得形象具体,直观地展示在学生面前,从而突破教学的重难点。为此,笔者结合自己在利用信息化教学中的实践,阐述如何利用信息技术培养学生的科学思维,促进学生核心素养的落实。

一、创设情境,建构模型

情境认知理论认为,学习是学习者基于特定的情境对知识主动建构的过程,情境是一切认知活动的基础,而知识则镶嵌于产生它的情境之中。力的平衡的内容从生活中的情境出发,提炼物理模型,通过对模型的深入挖掘,从常见的力转换到电场力、磁场力等情境,促使学生关注前后联系,推动学生建立完整的力学知识体系。

情境一:展示学生总结力学三个基本受力分析图的受力情况。

情境二(动画):光滑的小球静止在斜面和竖直放置的木板之间,已知球重为 G,斜面的倾角为 θ,现使木板沿逆时针方向绕 O 点缓慢移动。问题:小球受到的弹力怎样变化?

情境三:在倾角为 θ 的光滑斜面上,放着一质量为 m 的点电荷,电量大小为 q 的正电荷。为使该电荷在斜面上静止,可加一匀强电场。问题:电场的最小值和方向是什么?

情境四:在间距为 L、倾角为 θ 的光滑倾斜导轨上,水平地放着一质量为 m 的通电导体棒 ab,电流大小为 I。为使导体棒 ab 在斜面上静止,可加一匀强磁场。问题:可能有哪些磁场方向?

从情境一到情境四的转换过程,主要采用纵向深入的方式,把弹力换成电场力再到磁场力,从有形到无形;从判断力的最小值到磁场强度的最小值,从最小力的方向大小到可能静止的磁场方向范围,从静态到动态再回到静态(临界态),问题逐步发散,学生的思维能力不断螺旋式上升,借助动画,力的动态变化非常明显,学生理解就更加容易。

在电功率教学设计中,笔者设计一个任务:有两个小灯泡 L_1、L_2,灯泡 L_1 标有"8 V、1 A",灯泡 L_2 标有"4 V、0.5 A",现将 L_1、L_2 两灯接在电源电压恒为 12 V 的电路上,要使两灯均正常发光,设计你的电路图(电阻的个数和阻值任意选择)

问题:如何利用串并联电路的特点设计电路?思辨设计电路的合理性以及分析哪个电路最省电。

重 塑

设计电路这种开放性的问题,可以让学生思维在发散开的同时聚焦,信息化多屏终端互动教学呈现学生的成果,激发学生的兴趣,营造良好的课堂环境。在调动其思维积极性方面,这些信息化情境资源可以达到"润物细无声"的效果,从而促进学生科学思维的发展。

二、科学推理,科学论证

对物理现象进行分析和推理是重要的科学思维过程。通过由简单到复杂、感性到理性的问题呈现过程,引导学生透过现象看到事物本质。

例如,在对受力分析图中相等的两个力模型中,笔者精心设计例题以及变形,引导学生进行以下分析,现象分析一:如图1所示,两竖直杆 MN、PQ 相距4m,一根长5m的细绳的两端拴在两杆上,第一次令两拴点等高,第二次两拴点不等高,用一光滑的钩子把一重物 $G=12N$ 挂在绳子上。问题:第一次时绳子上拉力为多大,第二次稳定后拉力如何变化?图2把左侧 A 点固定,右侧固定点上移到 B、C,或者外移到 D 点,稳定后。问题:拉力如何变化?

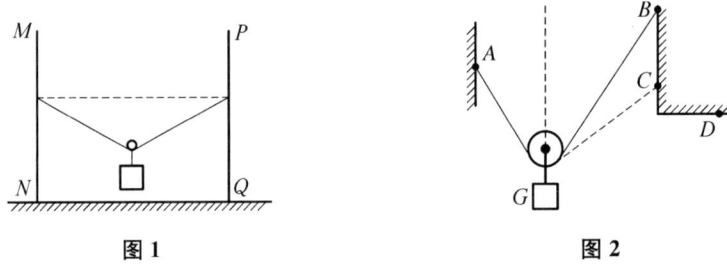

图1　　　　　　　　　图2

学生对静态力的计算理解还好,但对于上提、下移、左右移动,学生会主观认为夹角变大变小,导致力大小也在变化。在处理这个问题时,笔者利用力传感器将这个问题的情境演示一遍,如图3所示,让学生看到力的大小只与两根杆之间的距离有关,上下移动接触点,绳上力的大小是不变的,这与学生平时的认知不符。由此会激发学生的探究欲望,笔者再让学生分析原因,这样就可以把一个纯粹的物理练习题演变成一个物理情境。以后学生再遇到这个问题时,首先想到的就是教师做的情境演示,而不是一个单纯的物理练习题。

现象分析二:如图4所示,一根不可伸长的细绳两端分别连接在固定框架上的 A、B 两点,细绳绕过光滑的轻小滑轮,重物悬挂于滑轮下,处于静止状态。若缓慢移动细绳的端点,问题如下。

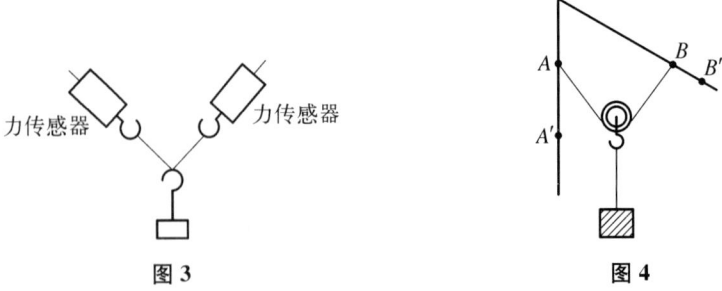

图3　　　　　　　　　图4

(1) 只将绳的左端移向 A' 点,则绳中拉力的大小如何变化?
(2) 只将绳的右端移向 B' 点,则绳中拉力的大小如何变化?

从现象分析一到现象分析二,以问题链的形式,力传感器的应用,让模型从理论到实际实验呈现,让学生直观通过力的大小变化感受不变的力学模型。同中求异,动中寻静,从而使学生分析问题的科学思维水平不断提升。

三、寻找证据质疑创新

证据意识是科学思维的重要特征,是指具有实验数据、图像图表、生活实例和故事、学生活动与操作记录、语言和文字表达等证据的良好习惯,据此得出初步结论并能清晰表达自己的观点。

在电路的动态分析设计中,笔者通过任务单的形式,逐层深入,不断变化,让学生的科学思维逐渐严密。

任务单一:如图 5 所示,各用电器正常工作,电源电压 U 不变,调节滑动变阻器滑片 P 的位置,使 L_1、L_2 灯发光,若将 P 稍向左移动,则两灯亮度变化情况会怎样?讨论:若在滑动变阻器之路上,串联灯泡 L_3,改变滑动变阻器阻值,则 L_3 的亮度变化情况如何?

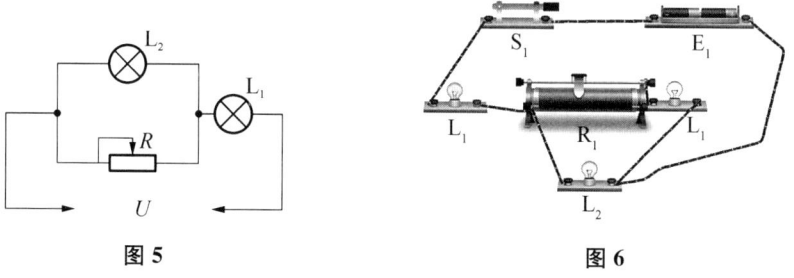

图 5　　　　　图 6

学生在电路现象分析一中,L_3 亮度的变化是学生利用数学推导的难点,因为学生按照逻辑进行分析,发现滑动变阻器支路的两端电压变化,支路的总电阻也变化,对于比值电流大小如何变化,从数学的角度都有可能发生。但电路的变化一定是唯一的,这样引起学生认知的冲突,激起学生探究的欲望。这时利用 NB 虚拟实验平台演示该电路(见图 6),随滑动变阻器阻值变化,对电压和电阻都变化的情况下 L_3 灯泡的亮度变化情况。如果通过实际电路连接的实验演示,花费时间较大,而且效果不明显。利用虚拟平台演示,可以快速显示 L_3 灯泡的亮度变化。视觉冲击较大,从理论的茫然到实验的真实演示,更加激发学生探究的欲望。这时教师及时抛出问题:难道理论真的解决不了吗?提示学生从电压电阻的变化到关注总电路和支路电流的变化,看看能否得出结论。学生会发现从一个角度考虑解决不了问题,但换个角度看问题,就柳暗花明,进而让学生从理论上解决问题,产生顿悟,解决学生的困惑,极大地增强学生的成就感。

质疑和创新是科学发展的动力,也是科学思维的重要特征。从设疑到质疑再到释疑,感性到理性,从理论到实践,研究的问题不断深化,学生解决问题的科学思维水平也不断提高,享受到了科学思维的乐趣,体验到了物理学科的独特魅力,通过应用体验增强了创新意识。

以神奇的生物电"塑"化学核心素养

闫雅倩

一、课程背景

学科核心素养是学科育人价值的集中体现,是学生通过学科学习形成正确价值观、必备品格和关键能力的具体体现。在化学学科教学中要注重以学生为本,在宏观辨识与微观探析、变化观念与平衡思想、证据推理与模型认知、科学探究与创新意识、科学态度与社会责任五个方面落实学生化学核心素养的培育,促进学生适应未来发展需求。

"神奇的生物电"是基于国家对普通高中课程结构的设置及学校特色化建设而面向高一学生开设的一门选修课程,主要面向对生物、化学及实验有兴趣的学生。该课程以大自然中的生物电现象为载体,激发学生对生物电的兴趣。学生在课程学习过程中通过运用在必修课程和选择性必修课程中学到的生物电知识设计出功能性产品的模型或概念,从而提升解决实际问题的综合能力,促进学科核心素养的培育,满足自身个性化发展的需求。

基于我校的信息化特色,在教学过程中不断探索数字化与课堂教学的有效融合,运用多媒体教学的数据收集分析与留存,分析学生的多方面表现,形成有效的评价反馈。

二、课程设计

由于环境、教育与个体主观努力程度不同,学生个体之间总是存在着或多或少的差异,他们在知识经验能力基础、家庭背景、兴趣爱好、性格特征等方面均存在着一定的差异,开设丰富多样富于特色的选修课,能够拓宽学生的知识视野,促进其潜在能力和个性特长的充分发展。

必修课程关注学生基本的文化素质,追求知识与技能的基础性、全面性、系统性、完整性,为学生的一般发展奠定知识技能与情感态度基础。选修课程是对必修课内容的拓展或深化,也是发展学生技能特长的平台,它扩宽了学校课程的种类与范围,使学校课程生机勃勃,充满活力,强化了学校课程与知识世界的动态联系。

(一)课程内容

该课程中"生物电"需要多学科的知识融合,属于跨学科课程。笔者从自身的化学学科特点出发,对该课程进行了深入的思考,将学科特点融入选修课程中,注重学生化学核心素养的培育。高一化学教材中与"生物电"有关的是必修二第五章"化学反应中的能量变化"中化学能与电能的转化,因此生物电侧重将原电池、燃料电池等融入该课程,培养学生从化学视角解决问题的能力。

（二）课程教学模式

在"设计"模块需要学生具备一定的科学研究能力及工程设计思维。与生物电知识的讲授式教学模式不同,此阶段更强调学生的合作及动手能力。项目化教学模式、STEAM 模式能够更加有效地促进课程的开展,因此在课堂教学模式上将采用学生小组合作,问题或项目驱动的形式开展"设计"模块研究。

（三）课程评价标准

依托学校信息化特色五大信息素养评价指标的评价机制,收集数据、分析学生的综合表现,在课程中学生将在汇报小课题研究进展,交流与展示环节中有更多通过信息化媒介表达自我的机会,在提升探究能力、促进学生核心素养培育的同时,全面发展学生的信息化能力。

三、课程实施

基于对选修课程"神奇的生物电"的文本解读及学生学情的分析,将该课程分为三个阶段,每个阶段的内容不同,对学生素养培育的侧重点不同。

（一）聚焦生物电,丰富学生基本理论知识储备

此阶段以"闪电""水果电池中的电""人体生物电"的主题互动教学,促使对本门课程有兴趣的学生多角度了解电的形成及各种电学现象。例如在"水果电池中的电"的课时学习中,高一学生在课堂实验"制作水果电池"中感受到电的魅力,在教师的引导下,运用氧化还原基本理论认识原电池装置,课堂上的交流互动加深了对化学能与电学的转化的认识。"人体生物电"课时学习中学生将认识到生物电是生命活动的基本现象,是生物细胞、组织或器官在进行生命活动过程中,产生的电位变化和电流传导现象。这些既是对必修课内容的拓展和深化,也是促进学生的学科核心能力综合发展的平台。

（二）突出项目化教学理念,提升学生解决问题的能力

在前期的理论铺垫下,此阶段以"电鳗的名称由来""捕蝇草之谜""可爱的含羞草"激发学生的探索欲,开启小组任务,由查阅资料完成对某一动植物中的生物电现象产生的认识报告。在此阶段运用项目化教学理念,以导师身份协助学生分组合作完成对某一问题或现象的溯源认证。在开展过程中发现学生的科学探究能力普遍较弱,动手能力亦有待提升。

课程再"利用生物电（脑电波、心电波、肌电波）设计产品",帮助学生认识科学研究的一般过程和工程设计一般流程,学生能初步认识到如何利用知识及动手设计解决生活中的真实问题,提升探究能力。此阶段课时安排较多,学生将分次进行进度汇报,将遇到的问题摊开寻求办法解决。

在教学中发现学生更喜欢开展化学或生物实验研究,控制变量法被反复提及。研究的主体越来越多样化,如向日葵、大闸蟹、微电流护肤仪、流浪猫、牛蛙、酵母菌等,也有学生萌生了实际可行的想法,如"基于生物电的不同硬度的物体对捕蝇草触发捕食闭合的研究"等,不仅锻炼了科学探究能力,也为高二年级的小课题研究打下基础。

(三)依据学校信息化特色,双向反馈信息素养提升有效途径

学校普通教室中配备的纳米黑板、无线投影等设施,以及学校多个平台、"闵智作业"平台等,使得备课、上课更加便捷。多技术使用过程中留下的数据,使得课后反馈更加有效,在平台上根据每届学生学情的不同,对教学内容进行不断优化。学生处在数字化教学环境中,在运用多媒体熟练表达自我方面有极大的优势。以我校五大信息素养指标中学生表现评价的依据(见表1)为例,经过一学期课堂记录反馈,发现很多学生在资料查阅、课件制作与表达、报告撰写、小程序软件使用等方面均有很大的进步,且在师生互评的反馈中均表达良好。

表1 "神奇的生物电"信息素养评价指标

信息素养	信息素养分层指标	评价点	学生表现评价依据
信息运用能力	C级:具备运用多种媒体处理信息、报告结果的能力 B级:具备从多种信息源中组织、分析、评价并符合道德规范地使用信息的能力 A级:具备使用数字化工具有效、高效获取信息的能力	研究对象的文献资料的整理	1.信息的准确性(通过查阅资料,能够准确找到与研究对象相关的资料) 2.信息的科学性(通过权威的网站如知网等获取资料) 3.信息的相关性(获取的资料与研究对象紧密相关)
交流协作能力	C级:能够在数字化环境下运用多种媒体和方式通过创作原创性作品或解决问题为项目团队贡献自己的力量 B级:能够在数字化环境下运用多种媒体和方式与其他人进行交流协作并发表原创性作品 A级:能够在数字化环境下运用多种媒体和方式与他人有效地交流信息与思想	小组小课题汇报,口头表达	1.主要汇报人的表达能力(声音洪亮、表述清晰有条理) 2.课堂互动效果(能够激起其他同学的兴趣) 3.小组成员之间的分工协作(每个成员都有明确的任务)
技术应用能力	C级:能够用已有知识学习新技术 B级:能够对技术系统和应用软件进行检修和维护 A级:能够有效、高效、熟练地使用应用软件	课题实验数据的处理;问卷星等小程序软件的应用	1.多媒体熟练度(熟练使用办公软件制作表格、PPT等) 2.图文编排的合理性、美观性(图文并茂、清晰美观) 3.内容的科学性(引用的图文有准确的出处,具有科学性)

续 表

信息素养	信息素养分层指标	评价点	学生表现评价依据
创新变革能力	C级：能够在数字化环境下探究复杂系统和解决问题 B级：能够把创作原创性作品作为个人和团队的自我表达方式 A级：能够在数字化环境下运用技术工具构建新知识、开发新产品、产生新思想	课题报告	1. 小课题的新颖性、创新性（内容、方法新颖,具有一定的独创性） 2. 信息技术对课题的帮助（借助信息技术,使研究成果及过程更可视化） 3. 获取有效信息、整合信息的能力（将文献资料、图表有效地使用起来,完成课题报告）
数字公民意识	C级：能够建立起终身学习的个人责任感；能对个人信息进行安全保护 B级：能够遵守网络伦理道德、合法负责地使用网络 A级：能够对技术用于支持协作、学习和提高效率持积极态度	口头表达、作品展示	1. 小组成员的总体课堂表现（比较积极活泼,严格按照进度完成任务） 2. 研究过程中使用手机等上网的文明性（网络用语文明,注重保护个人隐私） 3. 终身学习意识（学习无止境,乐于分享阶段性研究成果的经验）

四、课程收获与反思

选修课的开设对教师提出了新的要求和挑战。不同于一般的专业教学,选修课程的开设教师不仅要不断更新课程意识、教学观念,还必须掌握课程所必备的知识、技术和能力,吸收当代知识研究的新成果,以更好地应对各种超越自身专业范围内的问题。然而,该选修课程受限于本体生物电知识,在后续的开展中可供学生研究的热点越来越少,因此需要拓宽研究范围。教学相长,在不断地反思自己的教育实践中,选修课的教学也提升了教师的专业发展,为国家培育高素质水平的学生。

技术赋能"大思政课"视域下的高中思政活动型课程实践

薛福荣

在信息时代,信息技术已经成为推动教学革新和提高教育质量的重要力量。2022年教育部等十部门印发的《全面推进"大思政课"建设的工作方案》指出:全面推进"大思政课"建设,坚持开门办思政课,强化问题意识、突出实践导向,充分调动全社会力量和资源,建设"大课堂"等,推动思政小课堂与社会大课堂相结合。作为思政课一线教师,如何践行"大思政课"建设方案,让以习近平新时代中国特色社会主义思想为核心的课程内容,通过有效的教学活动,入学生脑,更润学生心呢?这是每一名思政教师需要深刻思考并探讨实践的任务。

一、"大思政课"理念引领思政活动型课堂

思政小课堂是育人主渠道,上好思政小课堂是落实立德树人根本任务的关键。

当今社会各种思潮交织,各种思想观念和价值观并存。学生接受信息的渠道多元化,思想也日益活跃多变。思政课堂假如仍然停留在演示固定的理论教条,很明显难为当今学生所接受,甚至适得其反。笔者认为以"大思政"理念为引领,借助现代信息技术开展活动型课程,有利于让学生将党的理论内化于心,外化为行,落实立德树人的根本任务。

活动型学科课程是《普通高中思想政治课程标准(2017年版2020年修订)》的要求,有助于落实思政课政治认同、科学精神、公共参与、法治意识的学科核心素养。所谓活动型学科课程就是学科课程的内容采取活动设计的方式呈现,包括社会实践活动,即"课程内容活动化",或者说学科内容的课程方式就是一系列活动及其结构化设计,即"活动设计内容化"。活动型课程通过课程内容活动化设计,让学生作为学习的主体,通过亲历亲为的思维和操作活动,内化党的理论思想,认同国家的道路、理论、制度、文化。

二、现代信息技术赋能思政活动型小课堂

现代信息技术譬如"闵智作业"平台可助力课堂内容活动化设计。"闵智作业"平台是一种教学管理系统,它通过高效的数据分析和管理功能,支持教师和学生在教学和学习过程中的各种需求。智慧笔作为"闵智作业"平台的重要组成部分,采用先进技术实现手写内容的数字化录入,通过内置摄像头捕捉书写轨迹,智慧笔能够将学生的手写笔记和作业即时转换为数字格式,上传至平台进行分析和存储,为学生构建一个更加开放、互动和个性化的学习环境。这不仅为教师提供了实时的教学数据,也极大地方便了学生的学习过程,使得教学和学习活动更加灵活、高效,提高学生的学习主动性和参与感,增强学生的学习兴趣,从而促进

课堂内容活动化的有效开展。

接下来以"国家安全,人人有责"为例,探讨技术如何赋能高中思政活动型课程。

国家安全教学内容是统编教材选择性必修1"当代国际政治与经济"模块的综合探究内容,同时也属于高中学校德育主要内容之一。学校德育亦为"大思政"课堂。思政教师参与学校德育活动实践,开门上思政课,思政小课堂走进学校德育大课堂,两者相辅相成,相互促进,全面落实党的教育方针,培养新时代中国特色社会主义事业合格建设者和可靠接班人。在教学内容活动设计上,可以充分利用"闵智作业"平台与智慧笔,让学生以更自然的方式参与课堂活动,正确理解和把握总体国家安全观,认同国家安全利益是国家的最高利益,能够辨析损害国家安全的行为,提出解决问题的方案,彰显维护国家安全的责任与担当。

首先,技术助力了解学情,进行教学设计。课前教师需要研究课程标准和教学基本要求,分析教学内容,但最终教学方法的确定还要基于学情,符合学生的认知起点。那么怎么了解学情呢?在传统的教学中,教师一般就是通过课堂提问或者课后询问了解情况,或者通过印制发放问卷的形式了解学生的认知起点,然后基于自己的教学经验设定学情。课堂提问或者课后询问的不足之处是,教师受制于时间精力的限制导致了解的学生面不够广,不能全面了解学生的情况。通过印制问卷的形式可以避免这种片面的不足,但是后期教师的批改量大,经常性使用不符合现实情况。但是如果借助智慧笔设计一份简单的调查问卷,然后发送给学生,最后的相关统计数据以及问题答案都会自动生成。这样便于教师全面了解学生的认知起点,确定教学内容与环节,从而避免与学生认知发展水平不适应的教学设计。譬如在设计"国家安全 人人有责"这节课前,先在"闵智作业"平台发放一个简单的调查问卷,最后的相关统计数据以及问题答案都会自动生成。这样便于教师全面了解学生的认知起点,确定教学内容与环节,从而避免出现与学生认知发展水平不适应的教学设计。

其次,技术为课堂活动设计提供可视化的参与过程,为学生提供互动性强、反馈即时的学习体验,能够显著提高思想政治教育的吸引力和教学效果。譬如,在关于国家安全内涵和概念的理解环节,通过观看北京市国家安全局发布的动漫视频,设计思考如下问题:① 哪些行为会危害国家安全?② 国家安全包括哪些方面?学生可以利用智慧笔记录,课堂可以实时展示学生的思维成果。教师可以查看所有学生的答案,了解学生对此问题的掌握情况。

如何让学生真正体会维护国家安全的意义是教学的难点和重点。鉴于空洞的说教难以奏效,教师可利用平台展示古今中外真实历史事件的对比,启发学生思考。例如,教师让学生观看一组照片并介绍照片的背景。照片分别是:第一张是中国抗日战争时期清华救国会告全国民众书中的一句非常有名的话:华北之大,已经安放不下一张平静的书桌。南开大学被炸成一片废墟,北大、清华等高校被迫南迁。第二张是叙利亚男孩艾兰为躲避国内战争,偷渡过程中不幸溺亡。第三张是误把照相机当成武器的叙利亚哭泣投降的小女孩。通过古今中外的对比,让学生深刻地体会"覆巢之下安有完卵?",真正明白我们每一个人的命运都与国家息息相关,没有国就没有家,国家的强大是我们幸福生活的保障,也是我们尊严的源泉。维护国家安全、人人有责,这也是宪法赋予每个公民的义务。

维护国家安全如此重要,国家为此做出了很多努力。譬如成立专门的安全机构国家安全委员会,出台一系列的法律如国家安全法,加强军队建设,设立全民国家安全教育日等。

让学生思考并讨论,作为普通公民的我们,可以为维护国家安全做些什么?通过随堂练习的形式发布任务,展示学生的思考成果。

最后,借助现代信息技术,对课堂内容进行活动化设计。学生主动动起来,这样获得的知识印象会更为深刻。凡是网上发布的维护国家安全的做法,学生基本上都可以查询到。譬如勿拍照、定位军事基地;不造谣、不传谣;不泄露国家机密、拨打12339举报危害国家安全的行为……除此之外,在讨论的过程中,学生还会产生一些思想的火花,譬如有的学生就提到了依法服兵役、安全上网等与自身密切相关的行为。为了进一步加深学生维护国家安全的印象,在自己主动维护国家安全的同时,也要给身边的人做好宣传,让更多的人有维护国家安全的意识并学会主动维护国家安全。最后请学生设计一份维护国家安全的标语或者海报,智慧笔可视化地展示学生作品。学生充满了自豪感,也进一步深化了维护国家安全的责任感。

信息技术支撑下的高中思政活动型课堂可以主动回应学生诉求,丰富教学供给。教师借助现代信息技术开展活动型课程,提高课堂的互动性和学生的参与度,让学生将党的理论内化于心,外化为行,落实立德树人的根本任务。

"地理3S技术探究学习"拓展课程建设

宋桂琴

一、指导思想

《普通高中地理课程标准(2017年版2020年修订)》指出,要创新培育学生地理核心素养的学习方式,充分利用地理信息技术,营造直观、实时、生动的地理教学环境。地理学是一门实践性很强的学科,实验、调查和野外考察等是获取地理信息的重要手段。地理信息技术从根本上改变了传统的地理研究方法,在广度和深度上拓展了地理认知视野,成为现代地理学研究的重要支撑。

二、课程简介

"地理3S技术探究学习"是一门结合地理常用知识来了解和学习地理3S技术的课程。3S技术是遥感技术(RS)、地理信息系统(GIS)和全球导航卫星系统(GNSS)的统称,是空间技术、传感器技术、卫星定位与导航技术和计算机技术、通信技术相结合,多学科高度集成的对空间信息进行采集、处理、管理、分析、表达、传播和应用的现代信息技术。自20世纪60年代以来,地理3S技术被广泛应用于地理空间分析,如同望远镜发明引发天文学的革命一样,这些新兴技术推动了地理科学的研究范围、内容和方法的重大变革,中学阶段,了解地理信息技术及其应用方法,已成为新时代对中学生的基本要求。本课程采用任务驱动教学,通过对课题任务探究分析,采用ArcGIS软件完成相关地图的制作及相关成果的展示。

三、课程目标

课程从地图的基础知识和地理3S技术的基本操作出发,通过课程活动让学生体验绘制地理要素的过程,探索并熟练掌握绘制地图所用到的工具,初步认识地理信息技术,通过利用ArcGIS作为制图工具制作校园地图的基本操作过程,激发学生的学习主动性和设计创新性,感受电子地图制作的基础程序及数字地图在新时代中的应用必然性,使其能够利用地理3S技术的基本操作来自行设计并制作校园创意地图,进而能够有效利用ArcGIS应用程序自行制作其他相关创意地图,帮助学生提高探索力、实践性与创新能动性,感受GIS的强大之处,感受新时代地理信息技术的发展为地图制作提供的无限活力,培养学生的动手操作能力、技术应用能力、实践探究能力和创新应用能力。

四、课程内容

（一）学习地图基本知识

引导学生调用初中地理知识储备，熟悉地理类型及方向标、比例尺等基本要素，通过具体实例了解传统地图与数字地图的区别、联系及应用，熟悉数字地图的内涵，明确数字地图制作的实质，鼓励学生探索生活中数字地图背后的制作过程，了解如何结合自身感受去设计创意地图。

（二）3S 技术软件系统基本操作

结合高一地理教材"走进地理学"篇章中有关"地理信息技术及其应用"的教学内容，明确了解地理 3S 技术的具体内容，通过课堂活动引导学生熟悉 ArcGIS 软件界面，探索绘制校园地图所要用到的工具，感受软件的界面划分，尝试使用各个界面的功能，明确 ArcGIS 在校园地理信息表达中的作用，尝试利用 ArcGIS 作为制图工具制作校园地图。

（三）校园数字地图的制作

通过课堂活动学会获取地理事物的简单遥感影像图，能够将遥感与 GIS 知识简单结合到一起，掌握在 ArcGIS 软件中加载遥感影像图的方法，探索绘制校园地图所要用到的工具，学会辨别不同类型地物所属的图层类型，掌握在 ArcGIS 软件中构建存储图层、编辑要素和地图整饰的方法，学会为地图插入指北针、图例和注记、比例尺等要素，并能够使用北斗定位仪测定校园关键点地理坐标，完成地图配准工作，进行地图整饰并完成校园地图的制作，尝试进行 3D 校园地图的展示。

（四）自行设计并制作相关创意数字地图

参考校园地图制作过程，利用 ArcGIS 作为主要制图工具，通过小组合作，自行选择主题，完成小组或个人个性化创意地图的制作。

五、课程结构时间安排

本课程总学时为 18 学时，具体内容结构如表 1 所示。

表 1 地理 3S 技术探究学习课时内容安排

主　题	内　容
1.走进地理 3S 技术	地理 3S 技术概述
2.地图基本知识与创意	地图的前世今生；地图的基本要素； 地图创意展示

续 表

主 题	内 容
3. 北斗与北斗定位仪	北斗卫星导航系统(BDS);北斗的应用领域;组装北斗定位仪
4. 测定校园关键点地理坐标	获取地理坐标的意义;确定关键点的技巧;校园关键点地理坐标测定
5. 数字地图及其制作	赋予地图的意义;数字地图的制作; 数字地图的进阶
6. GIS 软件之 ArcGIS	地理信息系统(ArcGIS);ArcGIS 软件界面; ArcGIS 的应用程序
7. 获取并加载校园遥感影像图	遥感影像在制图中的作用; 快速获取遥感影像图
8. 构建地理信息存储图层	地图数字化;地理信息存储图层;构建地理信息存储图层;加载遥感影像至 ArcGIS
9. 校园主题要素设计与编辑	明确设计主题;区分主题要素与其他; 校园主题要素编辑
10. 编辑校园其他要素	总结编辑要素操作;完善主题要素编辑;完成校园其他要素编辑
11. 完善校园地图数字化结果	完善地理要素在制图中的作用; 修改不恰当的要素节点; ArcGIS 符号库与个性化表达
12. 校园地理信息的个性化表达	ArcGIS 符号库;地理信息个性化表达; 完成地理信息的个性化表达
13. 赋予地图地理位置信息	加载关键点位置;完成地图配准工作
14. 个性化校园创意地图整饰	校园地图整饰;完成创意地图整饰工作
15. 导出并打印个性化校园创意地图	导出与打印地图; 完成个性化校园创意地图制作
16. ArcGIS 3D 校园地图制作	校园平面图拉伸与颜色设置; 3D 校园展示
17. 个性化 ArcGIS 地图制作	例:中国行政区划图、城乡规划图等
18. 个性化 ArcGIS 地图制作	例:中国行政区划图、城乡规划图等

课程的阶段性目标计划时间大致安排如下。

(1) 第1—4周:了解地图基本知识,对比分析传统地图与数字地图之间的联系与区别,明确数字地图制作的实质。

(2) 第5—6周:了解地理 3S 技术具体含义及应用,熟悉 ArcGIS 软件系统基本操作,探索绘制地图所要用到的工具。

(3) 第7—17周：能够以 ArcGIS 软件系统作为制图工具，构建存储图层、编辑要素和地图整饰，自主完成校园地图的制作及整饰。

(4) 第18周、课余时间（如周末、假期等）：在校园地图制作的基础上，指导学生发挥学习主动性和设计创新性，利用 ArcGIS 自行设计并制作其他相关个性化数字地图。

六、课程建设成果形式

(1) 通过学习和实践，在教师的指导下通过小组合作，完成课堂活动学习活动单、记录表等，如表2为课堂学习过程中的一次记录表。

小小发明家：参考对某一创意地图的评价，结合你身边的生活细节，开动脑筋思考下还可以有哪些俏皮可爱的"奇怪"地图，它们的设计亮点、颜色搭配、功能用途又是什么呢？请大家交流分享，尝试填充表格。

表2 第1节 创意地图发明与设计记录表

创意地图名称	设计亮点	颜色搭配	功能用途
火锅地图	作为火锅地图，它将重庆所有大中型火锅店的位置都标注了出来，以主打菜品作为位置标志，可以快速锁定目标	地图花花绿绿，色彩斑斓，以火锅配色为主色调，符合"火锅地图"的主题	不仅可以指引大家快速找到重庆市大中型火锅店的位置，还可以使大家清楚地了解到每家火锅店的主打菜品

(2) 学生在教师指导下，小组互相合作，利用 ArcGIS 自行完成校园地图的制作。

(3) 学生自主设计并制作相关创意地图，如中国行政区划图、城乡规划图等。此项任务需要学生结合校园地图制作过程中对 ArcGIS 制图软件 Arcmap 基本操作的领悟与熟练掌握，所以相对来讲难度稍微大一些，需要的时间也长一些，也是学生结合自己的兴趣所在自主创新的过程，能够充分地培养学生的合作交流及创新能力，培养学生的动手操作能力，从而培养学生的地理实践力。

以"运传射"为例,落实"学—练—赛—评"一体化

俞昭彬

高中学段是学生形成稳定的兴趣爱好的敏感期,是培养体育意识、养成终身体育特长的关键阶段。高中校园足球已逐渐走向大单元、专项化的模式,笔者将聚焦双新,精准教学,在以倡导培养学生核心素养为目标的新课标背景下,深耕高一足球专项化,以模块化为基础,设计大单元结构;以解决问题为突破,提高足球能力水平。在体育课上进行专项的足球战术训练,提高足球竞技水平。

一、以模块化为基础,设计大单元结构

《中小学体育与健身单元教学设计指南》中建议高中体育"专项化"课程单元规模以不小于9课时的大单元为宜,单元学习活动设计要以"解决问题"为导向,单元教学目标设计应契合学科核心素养。笔者结合本校高一学生的足球学情,首先确立了以培养学生运动能力、健康行为和体育品德三个方面的学科核心素养为教学总目标,以模块化教学为基础,将大单元教学足球专项教学内容按水平等级划分了理论知识、战术运用、专项体能、比赛展示四个主要教学内容以及多个分支单项具体教学内容(见表1)。

表1 大单元教学足球专项教学内容

主要内容	分 类	具 体 内 容
理论知识	基本知识	足球文化内涵;战术基本原理;战术发展趋势等
	安全防护	防护方法与技能;准备活动要点与方法;消除疲劳的知识与方法等
	基本规则	足球运动基本规则、足球赛事组织、足球赛场礼仪等
	比赛欣赏	战术打法、风格、裁判员的执法、胜负原因分析;统计数据分析与评价等
战术运用	有球技术	运球、传球、接球、射门、抢截球、界外球等
	无球技术	启动、跑、急停、转身、假动作等
	战 术	个人战术、小组战术、定位球战术等
专项体能	速 度	反应速度、动作速度、移动速度等
	力 量	绝对力量、速度力量;下肢力量、核心力量等

重塑

续表

主要内容	分类	具体内容
专项体能	耐 力	力量耐力、有氧耐力、无氧耐力等
	柔 韧	主、被动柔韧性；动力性柔韧、静力性柔韧等
	灵 敏	一般灵敏素质、专项灵敏素质、平衡素质等
比赛展示	趣味比赛	个人有球技术、接力趣味比赛等
	对抗比赛	有条件限制、战术渗透对抗比赛等
	实战比赛	技战术运用、职业转换等实战比赛等

二、以解决问题为突破，提高足球能力水平

《〈体育与健康〉教学改革指导纲要（试行）》提出要实现"享受乐趣、增强体质、健全人格、锤炼意志"的改革目标。根据《义务教育体育与健身课程标准（2022年版）》提出的"掌握所学项目主要的基本动作技术和组合动作技术，参与班级内较为正式的教学比赛，并运用简单的技战术配合，能描述动作技术要领和基本比赛规则"，笔者以促进学生健康成长、积极参与运动为基本理念，借助多种教学辅助器材，结合教学内容及特点，利用多种体能练习方式，设置多种练习方法和手段，聚焦"学—练—赛—评"的教学思路，进行技术组合教学并运用形式多样的比赛，培养学生主动观察、积极思考和灵活运用的能力，提升对足球运动的整体认识，享受足球项目的魅力。在教学过程中力求脚背外侧运球的内容系统化、过程合理化，同时让学生在练习中学会自主学习、合作学习、探究学习，逐步领悟每个动作的知识和要领，掌握动作的技术和技巧，真正体验到足球脚背外侧运球带来的乐趣。以下以足球"运传射"为例展开大单元教学内容，如图1所示。

（一）以"教会"为抓手，提高运动能力水平

1. 上传"教学"资料

教师通过Classin平台上传教学资料包。学生通过Classin平台，在课前、课中、课后观看视频来学习上课内容，完成相关作业。在单元教学过程中，以信息化辅助教学提高学生的运动技能认知水平。

2. 创设"情境"教学

通过创设"情境"，合理设置不同层级的学练内容，如"二过一战术"中的"边路二过一""中路二过一"等局部二过一战术配合。运用"脚内侧""脚背内侧""脚背外侧""头顶球"等足球基本技术，结合"直传斜插""斜传直插""墙式二过一""回传反切二过一"等足球基本技战

课程建设

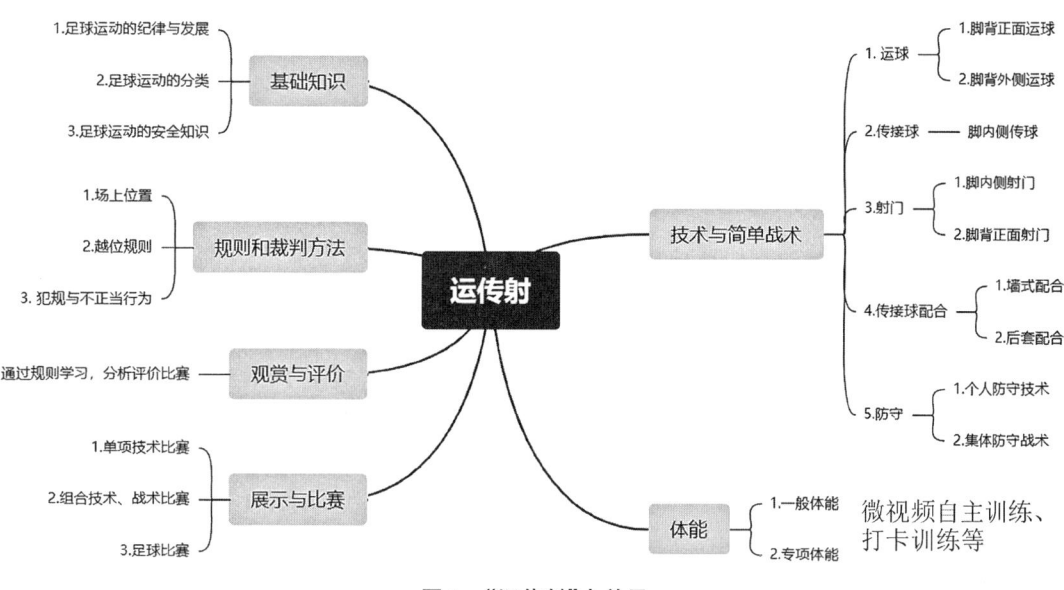

图1 "运传射"大单元

术,创造足球比赛中的真实"情境",以引起学生一定的技术体验、情感体验和态度体验等,从而帮助其理解战术、掌握技术、运用技能。

3.设计"问题"导向

配合不同的"情境",设计以解决足球实战问题为导向的教学问题链,鼓励学生主动尝试和探究解决问题的过程和方法。如足球"个人持球进攻遭遇防守,队友适时跟进形成局部二打一"情境时,持球队员该"如何利用队友的跑位组织有效进攻""是坚决突破还是适时传球""往哪里突破?""向哪里传球?"等一系列问题。在探究效果和方法的过程中,再由教师讲解技术动作要领和示范。"问题链"式的探究性学习能有效提高学生的学练积极性和学习兴趣,增强学生自主解决问题的学习能力,同时培养学生的思维能力和探究意识。

(二)以"勤练"为根基,提升竞技能力水平

1.真抓"体能"训练

体能不仅是运动员竞技能力的重要构成因素,更是促进健康、预防疾病和增进日常生活工作效率所必需的基础。然而,无论是力量、柔韧、耐力、身体成分等健康体能,还是灵敏、平衡、协调、速度等各专项运动所需的竞技体能,其学练时枯燥乏味且易疲劳的特点是以往学生"喜欢体育却不喜欢体育课"的主要原因之一。培养学生的运动能力、健康行为和体育品德三个方面学科核心素养的关键因素皆与体能相关。因此,笔者认为校园足球的首要目的是提升学生的体能及健康水平,更将"勤练"体能的思想落实到专项教学单元模块的每节课中(见表2)。

重　塑

表2　运传射具体课时与内容

课时	内　容	课时	内　容
1	运球——脚背正面运球(一) 1.直线运球练习 2.运球急停急起练习 3.运球搬家比赛	10	挑战赛(二) 1.运球射组合技术比赛 2.V2比赛 3.4V4比赛
2	运球——脚背正面运球(二) 1.运球变速练习 2.运球观察练习 3.运球速度比赛	11	运球——脚背外侧运球(一) 1.运球变向练习 2.运传射组合练习 3.3V2比赛
3	传接球——脚内侧传接球(一) 1.标志盘支撑定点练习 2.一停一传练习 3.四人一组传球比赛	12	运球——脚背外侧运球(二) 1.运球连续变向练习 2.运传射组合技术练习 3.3V3比赛
4	传接球——脚内侧传接球(二) 1.弹力带大腿外展的纠正练习 2.传球准确性比赛 3.传接球穿透防线比赛	13	运球——脚背外侧运球(三) 1.2V1运传球组合练习 2.2V2运传射组合技术练习 3.5V5实战比赛
5	传接球——脚内侧传接球(三) 1.移动中传接球的学练 2.2V1移动中传球比赛 3.2V2运传控球比赛	14	挑战赛(三) 1.运球变向射门比赛 2.3V3实战比赛 3.5V5实战比赛
6	传接球——脚内侧传接球(四) 1.4V1抢圈传接球 2.2V1运传球比赛 3.3V3运传控球比赛	15	射门——脚背正面射门(一) 1.运球射门练习 2.运球过障碍射门练习 3.3V2比赛
7	挑战赛(一) 1.运球比快比赛 2.运球攻防比赛 3.3V3运传控球比赛	16	射门——脚背正面射门(二) 1.运球射练习 2.2V1射门练习 3.3V3比赛
8	射门——脚内侧射门(一) 1.脚内侧射门练习 2.运球射门练习 3.运传射比赛	17	冠军赛(一) 1.2V1比赛 2.3V2比赛 3.5V5比赛预赛
9	射门——脚内侧射门(二) 1.运传射准练习 2.2V2运传射练习 3.2V2运传射比赛	18	冠军赛(二) 1.2V1比赛 2.3V2比赛 3.5V5比赛决赛

每节课上连续完成1000米跑以提高学生的有氧耐力水平,将足球的传接球全部改为移动后或移动中的练习以增加运动密度,设计多样结合球或运用多种器械与器材的力量、灵敏等体能练习以提高练习兴趣,每课必设对抗环节以提高运动强度。而且在身体条件允许的情况下,教师尽量和学生一起参与体能练习以提升学练热情。

2. 激发"对抗"热情

足球技能是人们在比赛中合理利用足球规则、灵活运用足球技术的一种能力。作为身体对抗性极强的一种运动,足球运动的魅力也在于此。增强足球教学中的"对抗性",提高学生在学练中的对抗强度,增强抗挫折能力刻不容缓。为此,笔者采用了"三对抗原则",即在每种学练方法设计中皆融入对抗元素。一用"分赛场对抗"提升无防守状态下的运动技术水平;二用"有条件对抗"提高或巩固限制防守状态下的运动技能水平;三用"同赛场对抗"模拟正常比赛,体验真实对抗强度。

(三)以"常赛"为基石,提高体育品德发展

积极进取、勇敢顽强、挑战自我、遵守规则、团结一致等体育品德是体育学科核心素养的培养目标之一,也是体育学科"立德树人""以体育人"的重要体现。

1. 遵循科学的教学原则

第一,趣味性原则。没有一门学科可以如体育那般让人同时经历生理的挑战与心理的煎熬,也没有一种方法能够像比赛那样让人同时品尝参与的乐趣与失败的痛苦。教师要在遵循趣味性原则的前提下组织学生比赛训练,提高他们参与比赛的积极性,使其更好地学习和掌握足球知识。在体育课内课外建立有效的"常赛"机制不仅能提高学生的学练兴趣,养成健康运动的行为习惯,还能增强运动的对抗强度,提高身体素质,更能磨炼学生的意志品质,提升体育品德发展。第二,教育性原则。不管使用什么样的教学方法,最终指向都是提升教学实效性,更好地服务学生,教师在组织学生进行教学比赛时,应密切关注学生的运动情况,及时发现他们的不足,给予科学有效的指导,以提升足球训练质量。

2. 建立多元的常赛机制

在课内外建立课课赛、单元赛、学期赛、学年赛的常赛机制。课课赛:以足球"抢圈游戏"为基础,根据不同的学练主题,配合不同的场地、器材与规则,设计有针对性的传抢球游戏。单元赛:不同的"分赛场对抗"技能比赛和5人以内的"有条件对抗"比赛。学期赛:同专项不同班的学生分班赛,采用标准的足球规则与场地,同时要求所有专项班学生共同参与赛事的组织、宣传、裁判等工作。学年赛:在体育节期间举办,全校学生皆可参加,以行政班为单位进行5人制或7人制班赛。同时,优秀学员代表校队参加区级比赛。

在体育课上可以看见学生追逐的身影,在运动会上可以看见学生技能的展现,在体育节里可以看见学生激烈的对抗,在区域比赛中可以看到学生团结的信念。笔者将为了足球文化在课程改革的新时期能够焕发出新的光彩而不懈努力。

信息技术在教育戏剧教学中的应用与建议

刁莉莉

信息技术应用于教育戏剧,是指利用计算机、网络、多媒体、虚拟现实(Virtual Reality,简称 VR)等技术手段,将戏剧方法运用于日常教学中。信息技术应用于教育戏剧,可以跨越不同的学科领域,如语文、历史、音乐、美术等,也可以结合不同的教学主题,如文化、社会、环境等,实现教育戏剧的多元化和综合化。

一、教育戏剧的理念和目标

教育戏剧是一种将戏剧方法运用于教育和课堂教学中的教学策略,它不同于戏剧教育,不以专业的戏剧知识和技能为目的,而是以戏剧作为人学习的媒介,通过戏剧的形式来传递教育的主要内容。

教育戏剧的理念是以学生为中心,以体验为基础,以创造为核心,以合作为方式,以反思为目的。

(1)以学生为中心。这意味着教育戏剧的教学要以学生的需求、兴趣、特点和发展为出发点和归宿,尊重学生的主体地位,关注学生的个性化和差异化,激发学生的主动性和积极性,促进学生的全面和均衡发展。

(2)以体验为基础。这意味着教育戏剧的教学要以戏剧活动和实践作为主要的教学手段,让学生在戏剧中亲身参与、感知、体验和表达,通过戏剧的形式来学习和探索各种知识、技能、情感、态度和价值,通过戏剧的内容来反映和呈现自己的生活、社会和文化。

(3)以创造为核心。这意味着教育戏剧的教学要以戏剧的创造为主要的教学目标,培养学生的创造力和创新能力,让学生在戏剧中发挥自己的想象力、创造力和表达力,创造出有意义和有价值的戏剧作品,通过戏剧的创造来展示和实现自己的思想、感受和理想。

(4)以合作为方式。这意味着教育戏剧的教学要以戏剧的合作为主要的教学方式,培养学生的合作能力和社交能力,让学生在戏剧中与他人沟通、协商、协作和共享,建立和维持良好的人际关系,通过戏剧的合作来增进自己与他人的相互理解、尊重和支持。

(5)以反思为目的。这意味着教育戏剧的教学要以戏剧的反思为主要的教学目的,培养学生的反思能力和评价能力,让学生在戏剧中对自己的行为、思想、感受和价值进行反思、评价和改进,通过戏剧的反思来提高和完善自己的戏剧素养和核心素养。

二、信息技术在教育戏剧教学中的作用和价值

信息技术是一种为教育戏剧提供支持和拓展的工具,它可以丰富教育戏剧的教学资源,

创设多样化的教学情境,改善教育戏剧的教学模式,提高教育戏剧的教学效果。信息技术在教育戏剧教学中的作用和价值主要体现在以下三个方面。

(1) 丰富教育戏剧的教学资源。信息技术可以为教育戏剧提供丰富的教学资源,如网络、多媒体、电子白板、平板电脑、智能手机等,这些资源可以为教育戏剧提供各种类型、形式、风格、主题的戏剧作品、戏剧素材、戏剧理论、戏剧评论等;也可以为教育戏剧提供各种音乐、图片、视频、动画、特效等,这些资源可以为教育戏剧的教学内容和教学过程提供丰富的素材和灵感,也可以为教育戏剧的教学评价和教学反馈提供便利的工具和平台。

例如,教师可以利用多媒体展示戏剧的经典作品、名家风采、舞台效果等,激发学生的兴趣和欣赏能力;也可以利用网络搜索和下载戏剧的相关资料、视频、声频等,为学生提供丰富的学习材料和参考资料;还可以利用电子白板进行互动教学,让学生在观看、听取、模仿、演练等过程中,掌握戏剧的基本知识和技能。

(2) 创设多样化的教学情境。信息技术可以为教育戏剧创设多样化的教学情境,如虚拟现实、增强现实(Augmented Reality,简称 AR)、混合现实(Mixed Reality,简称 MR)等,这些情境可以为教育戏剧提供不同的时间、空间、角色、事件等,以及不同的感官、情感、认知、行为等,还可以为教育戏剧的教学目标和教学方法提供多元的选择和组合,为教育戏剧的教学过程和教学效果提供真实的体验和反馈。

例如,教师可以利用虚拟现实技术,让学生进入不同的时代、地点、场景等,感受戏剧的背景和氛围,激发学生的想象力和情感投入;也可以利用增强现实技术,让学生与虚拟的人物、道具、特效等进行互动,增强学生的参与感和沉浸感;还可以利用这些技术,让学生自主或协作地创作戏剧的剧本、角色、对话等,提高学生的表达能力和创造能力。

(3) 改善教育戏剧的教学模式。信息技术可以改善教育戏剧的教学模式,如翻转课堂、混合学习、协作学习、项目化学习等,这些模式可以为教育戏剧提供不同的教学角色、教学环节、教学策略、教学评价等;也可以为教育戏剧提供不同的教学资源、教学情境、教学互动、教学反馈等,这些模式可以为教育戏剧的教学质量和教学效果提供保障。

例如,教师可以利用翻转课堂模式,让学生在课前通过网络自主学习戏剧的理论知识,课堂上进行戏剧的实践活动,课后通过网络进行反馈和交流,实现教学的个性化和差异化;也可以利用混合学习模式,结合线上和线下的教学资源和教学方式,让学生在不同的时间和空间进行戏剧的学习和表演,实现教学的灵活性和多样性;还可以利用项目化学习模式,以戏剧的主题或问题为导向,让学生以小组为单位,进行戏剧的研究和创作,实现教学的问题化和综合化。

三、信息技术在教育戏剧教学中的缺点

信息技术在教育戏剧教学中应用的缺点主要有以下三个方面。

(1) 技术依赖。信息技术在教育戏剧教学中的应用,可能导致教师和学生过分依赖技术,忽视戏剧的本质和精神,失去戏剧的创造性和表现力,降低戏剧的艺术水平和审美价值。

(2) 技术障碍。信息技术在教育戏剧教学中的应用,可能遇到技术的障碍和故障,如设

备的缺乏和损坏、网络的不稳定和中断、软件的不兼容和更新等，影响教育戏剧教学的顺利进行和效果达成。

（3）技术干扰。信息技术在教育戏剧教学中的应用，可能引起技术的干扰和分散，如信息的过多和杂乱、媒体的刺激和诱惑、游戏的吸引和沉迷等，影响教师和学生的注意力与专注力，降低教育戏剧教学的效率和质量。

综上所述，信息技术在教育戏剧教学中虽然可以为教育戏剧教学提供丰富的教学资源、多样化的教学情境、灵活的教学模式和有效的教学评价，从而提高教育戏剧教学的效果和质量。但是，信息技术在教育戏剧教学中可能会导致教师和学生过分依赖技术、遇到技术的障碍和故障、受到技术的干扰和分散，从而影响教育戏剧教学的顺利进行和效果达成。针对信息技术在教育戏剧教学中的作用和缺点，我们提出以下建议。

（1）教师和学生应该正确使用信息技术，不要忽视戏剧的本质和精神，保持戏剧的创造性和表现力，提高戏剧的艺术水平和审美价值。

（2）教师和学生应该注意技术的更新和维护，及时解决技术的障碍和故障，保证教育戏剧教学的顺利进行和效果达成。

（3）教师和学生应该避免技术的干扰和分散，控制信息的过多和杂乱，抵制媒体的刺激和诱惑，提高教育戏剧教学的效率和质量。

VR沉浸式职业体验与现实职业体验在生涯教育中的对比分析

马 琴

随着社会生产力和科学技术的不断发展,各行各业对虚拟现实(Virtual Reality,简称VR)技术的需求日益旺盛。VR技术也取得了巨大进步,并逐步成为一个新的科学技术领域。VR是通过构建3D虚拟环境,从而制造出身临其境的体验,也就是沉浸式体验。我校自2018年起引进VR职业视界体验设备,内含64个职业。学生可以以主角身份身临其境,体验人机互动过程,可以沉浸于仿真的职业场景中"化身"为旅游作家、药剂师、中医等不同职业从业者,模拟工作流程,感受职业角色,与各种虚拟道具进行互动,与各色虚拟人物进行对话,了解各种职业,体验各类职业。

《上海市教育委员会关于加强中小学生涯教育的指导意见》指出,中小学生涯教育是运用系统方法,指导学生增强对自我和人生发展的认识与理解,促进学生在成长过程中学会选择、主动适应变化和开展生涯规划的发展性教育活动。普通高中阶段的生涯教育侧重于生涯规划。在选学择业的过程中,指导学生了解高等院校的专业设置和社会的职业需求等信息,是其中必不可少的内容。基于此,我们在开展生涯教育中引入VR沉浸式职业体验,与现实中的职业体验相结合,为学生的生涯教育服务。

一、相关概念简述

(一)VR沉浸式职业体验

VR沉浸式职业体验是一种利用VR技术来模拟真实职业环境,让个人身临其境地体验各种职业活动的新型教育或培训方式。VR技术可以创建高度逼真的虚拟工作环境,让个人仿佛置身于真实的职业场景中,从而更深入地了解并体验各种职业的特点和要求。

(二)现实职业体验

现实职业体验是一种让个人亲身参与并了解各种职业活动的方式。通过现实职业体验,人们可以深入了解不同职业的工作内容、工作环境、所需技能以及可能面临的挑战。这种体验有助于个人更好地认识自己的兴趣、能力和潜力,并为未来的职业规划做出更明智的决策。

二、VR 沉浸式职业体验与现实职业体验在生涯教育中的优势分析

(一) VR 沉浸式职业体验优势作用

1. 身临其境,互动感强

VR 沉浸式职业体验的核心优势在于其高度逼真的模拟效果。通过 VR 头盔、手柄等设备,学生可以与虚拟环境进行互动,执行各种职业任务,感受到职业操作的真实感和沉浸感。这种体验方式不仅可以帮助学生更好地了解职业特点,还可以提升学生的职业技能和素养,为未来的职业发展打下坚实的基础。有学生说,"原来我一直以来向往的宇航员生活是这样的,感觉真的到太空漫游了一番,太逼真了"。

2. 安全可控,风险系数低

VR 沉浸式职业体验在于它可以为学生提供一个安全、可控的环境,使他们能够在不承担真实世界中可能存在的风险和压力的情况下,进行各种职业实践。例如,在医学培训中,学生可以使用 VR 技术进行手术模拟,从而提高操作技能和决策能力,减少可能的错误。此外,VR 技术还可以模拟应对危险和紧急情况的方法,提高应变能力,降低事故的发生率。

3. 应用广泛,操作性强

VR 沉浸式职业体验的应用范围非常广泛,可以涵盖各个行业和领域。例如,在医学领域,可以通过 VR 技术模拟手术操作,让医学学生或医生进行实践操作和体验;在机械制造领域,可以模拟复杂的机械操作过程,提升工人的操作技能和安全意识;在服务行业,可以模拟客户服务场景,提升服务人员的服务质量和沟通能力。

(二) 现实职业体验优势分析

(1) 真实感。相比之下,现实职业体验则为学生提供了真实的、基于工作的学习机会。这种体验可以让学生直接接触到职业环境,了解实际工作的流程和要求,从而更好地理解职业的本质和要求。现实职业体验的优势在于它的真实性和直接性,可以帮助学生建立对职业的真实认知,并为他们提供实践和反思的机会。

(2) 实际操作。在现实职业体验中,学生可以亲自动手操作,进行实际的工作实践。通过实际操作,学生可以更好地理解和掌握职业技能。

(3) 人际交往。在现实职业体验中,学生可以与其他真实的人进行交流和合作。通过与他人的交流和合作,学生可以学习如何在职场中与人相处,提高自己的沟通和协作能力。

(4) 即时反馈。在现实职业体验中,学生的表现可以得到即时的反馈,这种反馈可以是来自同事、上级或客户的评价和建议。而在 VR 职业体验中,反馈通常需要经过系统处理,无法提供即时的反馈。

三、VR沉浸式职业体验与现实职业体验在生涯教育中的实践对比

（一）学生进行VR沉浸式职业体验与现实职业体验的实践对比

学生在VR沉浸式职业体验中戴上VR头盔，通过头盔内的显示器和传感器，仿佛置身于一个真实的医院环境中，在VR中成为一名急诊科医生，正面对一个因车祸受伤的病人。VR技术模拟了紧张的急诊环境，学生感受到医生在紧急情况下的冷静和果断，需要在VR指导下进行初步检查，如心率、血压、伤口处理等，然后做出初步的诊断和治疗方案。学生反馈通过这次VR沉浸式职业体验，对医学有了更深入的了解，不仅了解了医生的工作内容和所需技能，还体验到了医生在紧急情况下的冷静和果断，以及在日常工作中的耐心和细心。但在整个操作中根据VR的指示一步步地操作，自己的思考较少，遇到情况也没办法与周围人交流，只能根据设定一步步地进行。

有位学生的母亲是医生，带其到医院感受急诊科的忙碌。这位学生的反馈是：当我第一次踏入急诊科的大门，心中充满了既兴奋又紧张的情绪。急诊科，一个充满未知与变数的领域，每一天都上演着生与死的较量。有一次，一位因车祸受伤的患者被紧急送入抢救室。患者脸色苍白，血流不止。医生和护士迅速展开救治，各种医疗设备的声音交织在一起，形成了一首紧张而有序的交响曲。我站在一旁，感受到那种与时间赛跑的紧张氛围。经过一个多小时的抢救，患者终于脱离了生命危险。那种真实感是真实存在的，也深刻体会到医生的不易。

（二）教师进行VR沉浸式职业体验与现实职业体验的组织实践对比

1. 体验环境的差异

（1）VR沉浸式职业体验：教师利用虚拟现实技术，为学生创造一个高度仿真的职业环境。学生可以通过头戴式显示器、手柄等交互设备，身临其境地感受职业场景，与虚拟环境进行实时互动。

（2）现实职业体验：教师则更多地依赖于实地考察、企业合作等方式，为学生提供真实的职业环境。学生可以直接参与实际工作，与职场人士交流，了解职业的真实状况。

2. 教学方法的不同

（1）VR沉浸式职业体验：教师需要熟悉虚拟现实技术，掌握相关的教学资源和课程设计。在教学过程中，教师需要引导学生正确使用交互设备，帮助学生理解职业知识，提高学生的技能水平。

（2）现实职业体验：教师需要与企业合作，安排学生参观、实习等活动。教师需要关注学生的安全，确保学生在实践过程中得到充分的指导和帮助。同时，教师还需要与企业沟通，确保实践活动的顺利进行。

3. 学生互动与反馈的差异

（1）VR沉浸式职业体验：学生可以在虚拟环境中进行角色扮演、团队协作等活动，与

虚拟人物互动。教师可以通过数据分析、学生反馈等方式,了解学生的学习情况和技能掌握程度,以便及时调整教学策略。

(2)现实职业体验:学生可以直接与职场人士交流、合作,了解职业的真实需求和挑战。教师可以通过观察、交流等方式,了解学生在实践中的表现和问题,为学生提供有针对性的指导和建议。

4.教学效果的评估

(1)VR沉浸式职业体验:教师可以通过学生的参与度、任务完成情况、技能提升等指标,评估VR沉浸式职业体验的教学效果。同时,教师还可以收集学生的反馈意见,以便优化教学资源和课程设计。

(2)现实职业体验:教师可以通过学生的实习报告、企业评价、技能考核等方式,评估现实职业体验的教学效果。此外,教师还可以邀请企业代表参与评价,以便更全面地了解学生在职场中的表现和发展潜力。

教学变革

华理科中"三步五环"教学模式

杨中秀

我校近年来积极探索数字化环境下的教学方式变革,以"LEMON 课堂"理念为引领,打造"三步五环"教学模式,在教育信息化和学生个性化学习方面积累了一定的经验。LEMON 课堂,即英文 Less-teaching、Essentialized-teaching、More-interaction、Open-concept、New-structure 首字母的缩写,提倡"少教多学、精教善学"的教学原则,以数据为支撑实施精准教学,强调师生、生生更多的互动,以开放的观念,探索虚拟与现实、线上与线下的融合教学,打造新的课堂结构。三步,依托学校构建的融合平台(教学互动平台、评价分析平台、智慧管理平台,如图 1 所示),探索与实践"自主、合作、探究"三种学习方式。推送资源库引导学生自主学习,正视差异化开展学生合作学习,构建问题链驱动学生探究学习。五环,在课前、课中、课后,加强线上线下融合,有效落实"学、问、思、辨、行"五个教学环节。

教学互动		评价分析	智慧管理
柠檬课堂	作业辅导	诊断分析	排课系统
知识管理	互动家园	质量分析	一卡通系统
视频微课	精品录播	一起学	校园直播

图 1 学校融合平台

一、课前:基于资源的自主学习

(一)资源推送,自主预习

自主构建校本课程资源,开展线上预习。学校自行搭建 wiki 构架的知识管理平台和视频微课平台,形成具有校本特色的系列课程资源。目前知识管理平台创建一级分类 16 个,二级分类103个,创建学习资源词条总数8 130个,资源版本总数15 942条。词条类型主要包括主题式资源、素材型资源、生成性资源等。比如"一组一品"主题性知识课程,语文学科"读写结合"、数学学科"变式训练"、英语学科"主题性阅读"、地理学科"图穷识现",以学科专项化为突破口,强化知识结构,帮助学生更好地理解掌握学科本质。视频微课平台,创建微课1 000节。理科突出重点难点分析、典型例题解析,文科突出核心概念解读、重点题型分析,帮助学生更好地落实核心知识。教师根据课程体系有计划地构建和选择校本课程资源,通过LEMON课堂平台将资源推送给学生,组织学生开展线上预习,如图2所示。

图 2　LEMON课堂平台学习任务

合理选择市区教学资源,辅助线下教学。上海微校空中课堂,闵行区闵智学堂、云录播平台,提供了大量的数字化课程资源,教师根据学生实际与需要,选择部分资源,推送给学生,统一组织或自主选择学习,为线下教学做好辅助补充,优化资源配置,满足学生个性化需要。

(二)目标引领,任务驱动

精心设计预习导学任务,提高预习实效。教师设计科学合理的预习任务,并发布在柠檬课堂平台,引导学生参与预习。在具体实施过程中,采用线上线下结合的模式。一方面加强目标引领,学校创建的课程资源,会在词条的首项或微课的首页明确学习目标,让学生在线上学习过程中有的放矢;线下将学习目标进一步分解,具体化,引导学生有目标、有针对性、有重点地开展预习。另一方面根据课程资源内容,设计形式多样、难易适中的学习活动,激发学生预习的兴趣和积极性,驱动学生带着任务、带着问题学,真正让预习落地生根,避免漫无目的、囫囵吞枣地学,不断提高学生自主学习的意识和能力。

二、课中:基于问题的探究学习

(一)有效前测,把握学情

课堂上,教师利用几分钟时间,通过柠檬课堂平台发布不同形式的任务,开展教学前测

重 塑

活动,全面了解学生的预习效果、知识储备、学习兴趣和需求等,精准把握学情。目前,学校课堂前测主要有在线检测式、问题对话式、调查反馈式三种方式:① 在线检测式,针对预习内容和重点知识5道选择题,通过平台快速检测基础知识点的掌握情况;② 问题对话式,针对基本概念、基本原理、基本规律设计2—3个简答题,通过师生对话检测学生对其理解的程度;③ 调查反馈式,通过对预习作业完成情况的检查,收集普遍存在的问题,或通过平台问卷调查,掌握学生在学习过程中普遍存在的困难和问题。

(二)有的放矢,因材施教

根据前测结果,调整课堂教学重心和难点。合理的前测内容,有效的前测方式,能较好地反映学生原有的认知基础和能力水平,有利于教师真实地了解学情现状,发现学生的共性问题和短板,从而调整教学的重心和难点,实施有针对性的教学,真正做到有的放矢、对症下药。同时,有效的前测也能较好地呈现学生在认知、能力、水平、情感等方面的差异,为分类分层学习提供依据。

根据学生差异,设计分组形式和探究问题。依据课前预设和课堂前测调整后的教学重点,教师创设有利于激发学生探究的问题情境,通过问题来启发和引导学生的思维活动,以问题为主线来组织和调控课堂教学。在课堂实施过程中,根据学生差异,采用分组学习方式,从不同情境、不同角度或不同层次引导组织学生开展分组学习,加强师生、生生之间的互动、交流。文科的教学,多采用同质分组或自主选择分组。教师围绕同一个知识点,提供不同的学习资源或情境,创设不同角度的问题或话题,通过平台推送给学生。学生根据教师分配或兴趣点、擅长方向自主组建学习小组,从某一个问题深入开展探究,加强小组内和小组间的合作互动学习。理科的教学,多采用同质或异质分组,教师围绕同一个知识点,设计不同层次的题目,由易到难,通过平台个性推送给不同梯度的小组,使不同层次水平的学生各有所获,在小组交流中,不断提升思维的深度;或围绕同一个知识点,精心设计一个问题,改变不同的变量,即"一题多变",通过平台推送给不同的小组,在探究中不断培养思维的宽度;或围绕同一个问题,选择一种解题方法或思路开展探究学习,即"一题多解",在互助启发中提高思维的广度。

(三)适时反馈,精准施教

开展适时测评,调整教学节奏。课堂上,教师充分借助 LEMON 课堂平台,适时开展评价,及时发现问题,精准施教,同时根据反馈信息调整教学节奏。通过在线测试,快速准确掌握学生的学习效果。教师可以在完成一个知识点的教学后或在新课结束后,推送以选择题为主的测试,系统自动评分,教师快速诊断,针对共性问题,在全班进行详细解答,重点讲解;针对个性问题,开展点对点的精确指导,提高教学的针对性。或者通过投票调查,即时回答,及时反馈学生学习状况。教师根据学生的知识掌握情况、课堂学习状态、实际接受能力等,及时调整教学节奏,改进教学方法,优化教学策略。

挖掘课堂生成,优化互动形式。课堂上,教师将探究问题、讨论话题等学习任务发布在 LEMON 课堂平台,组织学生开展学习活动,能获取很多的生成性资源。学生将研究结果线上提交或拍照上传，教师快速浏览对比，捕捉反馈信息，挖掘学生的闪光点，发现学生的错误点，再根据学生的具体表现，确定选择互动对象。学生不能解决的，采用师生对话，启发引导；学生能解决的，采用生生互动或组间互动。讨论区，学生可以充分言论，发表见解或质疑，教师浏览学生观点，快速归类，根据课堂需要，确定互动形式。需要学生深入思考的，或为了提高学生参与度，采用线上点评、补充或互评、启发；需要学生发散思维的，或为了课堂活跃度，采用线下辩论、补充。

三、课后：基于数据的个性辅导

分层分类推送作业，满足学生个性化需要。学校各学科按照课程与教学要求，精心设计作业，其中加三学科按照学业水平要求分"合格考"和"等级考"两个层次的作业，录入作业辅导平台，并按照知识点与难易程度进行归类。平台进行智能化组卷，实现不同难度层次的组卷，教师将学生进行分组，将不同难度的试题发送给不同组别的学生，充分满足不同学生的学习需求。另外，学生在完成作业后可以拍照搜索解答过程，查看相应的视频讲解并自动推送1—5道变式题，辅助学生巩固落实相关知识点。

积累各类测验数据，实现学生个性化辅导。LEMON课堂平台在线测试、作业辅导平台课后作业、一起学平台各类测验，积累了大量的数据，快捷生成日报表、周报表、月报表等数据，为学生把知识点自动归类为"盲点、基本功、弱点、优势、难点、强项"等，由此，教师可以清晰跟踪了解学生学习情况，并进行适时、适度干预，实现针对性、个性化的辅导与指导。

LEMON课堂改变了传统的教与学的方式，为学生自主、合作、探究学习搭建了新的平台。信息技术与课堂教学深度融合既可以提高教学质量，也可以提升师生的信息素养。信息技术与课堂教学深度融合是改变传统教学结构、实施创新人才培养的一条有效途径，这为智能教学中"大规模因材施教"的推进奠定了基础。

新柠檬课堂
——让历史核心素养充分表达

徐秋实

"双新"背景下,各学科教学的重点之一便是培养学生学科核心素养。核心素养具体来讲就是学生解决问题的本领,或学生通过学科学习而逐渐形成的正确价值观、必备品格和关键能力。以往的历史教学,主要作用往往注重的是让学生记住很多知识,核心素养下的历史教学则是教会学生怎样全面、辩证、客观、发展地看待人类的过去。教育是保证核心素养培养的必要途径,培养学生历史学科的核心素养,就是要使历史课程的教学设计、课堂教学等都围绕核心素养的培养来进行。

一、以教学目标为指引,有的放矢培养学生核心素养

"精教善学"是新柠檬课堂的教学原则之一。实现"精教"的关键首先就是要设定好教学目标。一个完整教学工作要以具体的教学目标为指导,是实施课堂教学的出发点。因此,学生核心素养的培养与发展,与教学目标的设计有着直接的关系。在设计教学目标前,教师就要梳理、把握核心素养与具体教学目标之间的内在关联,设计好每一个目标的实践与达成方式,并尽可能地将其落实到每一个知识点的教学之中。在具体的实践中会发现,培养学生核心素养的过程是循序渐进、不断深化的,要使学生养成稳固的核心素养,就要将核心素养与具体知识进行融会,两者融会得越密切,学生的感悟就越自然,其核心素养的养成也就越稳固。这一过程不是一蹴而就的,所以也就不能期望用一节课的时间将所有的核心素养的培养目标全部完成,不然就会有牵强附会之感,难免事倍功半,对学生核心素养的养成和发展起不到有效作用。因此,判断教学目标的设置对培养学生的核心素养能否起到积极的推进作用,首先要看贴切与否,即教学目标的设计既要与教学的内容相吻合,又要与学生的学情如心理特征和认知水平相契合;其次要看是否具体,即要把教学目标的设置和阐述细化到具体的知识点,做到既层次设置合理,又符合学生的心智发展规律,不同层次之间还能够自然衔接;最后要把握好度,即目标与学生发展的内在需求是否相符合,能否做到将学生已有的知识水平和思维能力实现合理衔接,使之处在学生的最近发展区。

例如,在设计华东师大版高中历史教材第二分册"大一统中央集权国家的形成"和"汉武帝时代"这两课的教学目标时,笔者就将时空观念和历史价值观这两项核心素养的培养融入其中。因此,教学目标就不再是简单的回顾历史过程,而是要通过所学的历史知识,让学生能够了解并运用秦朝疆域图和西汉疆域图,明确秦汉疆域的四至,从而确立一定的时空观念;梳理和概括秦始皇在统一全国后为巩固政权所采取的措施,以及在了解汉武帝开拓疆土、独尊儒术等重要史实的基础上,使学生能够认识到作为大一统国家的秦汉王朝建立的重

要意义。如此,就为学生历史价值观的确定作铺垫和打好基础。这样设计教学目标,把时空观念和历史价值观进一步具体化、明确化,实现了将学科知识与核心素养的相融贯通,并且在方便对学生进行锻炼和检测的基础上,促进了学生核心素养的培养。

二、借助问题情境创设,促进核心素养培养的具体化实现

培养核心素养就要将其融入具体的教学知识点中,从而实现将核心素养进行"内化",那又怎样将其"外显"出来,使学生都能够具体感知到呢?一个很好的办法就是依靠信息化手段,通过"新柠檬课堂"中"三步五环节"的"问",来实现借助"质疑问难",借助"问题情境"设计引导学生进行思考。所谓"问题情境"是指以具体目标为指引,教师有目的、有意识地创设各种情境,促使学生去质疑问难。在进行问题情境的创设时,要首先确保学生探究问题和解决问题的积极性能够得到有效激发,促使学生的创造性思维积极活动,实现从"要我学"到"我要学"的转变,由"学会"向"会学"的转变。这个转变既符合培养学生核心素养的要求,又在具体方法和过程中提升学生的核心素养。在课堂教学设计时,要达成促使学生展开思考、提高学生的探究能力的目的,就要结合课堂实际,创设形式多样的问题情境,从而培养学生的核心素养。如教师可合理设计问题,让学生在解答问题的过程中锻炼和培养史料实证意识和历史解释等能力。

如在讲述"太平天国运动"时,笔者以主题式教学来进行授课环节的设计,进而引导学生学习这节课。并在讲述太平天国失败的原因之前,将整个太平天国运动的发生、发展过程做成微课视频,上传到学校的"互动园地"供学生提前进行学习。学生看到洪秀全和他领导的太平天国运动自兴起以来,一路势如破竹,从1851年到1856年东征胜利,即达到了顶盛时期。但随后太平天国迅速走向灭亡,可谓"兴衰转瞬"。在学生课前自主学习的基础上,教师在课上提出准备好的问题"到底是什么原因导致太平天国迅速灭亡?"。在这个问题的引导下,学生就会较容易地查找课本相关知识,获得正确答案。由此,学生的思维能力和探究能力在问题的启发下得以带动和发展,在自主获取知识的同时,也适时地锻炼和提升了自身的核心素养。

在教学中,笔者还通过创设问题情境来引发促使学生思考,培养其历史理解能力。以"大一统中央集权国家的形成"一课为例,课堂结束之前,纳米黑板屏幕上赫然出现大字:"如果你是秦始皇,现在正在召开记者招待会,请问你将如何在记者会上回答记者的提问:秦王你会采取什么措施来巩固自己的皇权统治?"笔者顺便提示:现在的穿越剧这么多,如果你们真的穿越回去了,并且有幸穿越成为一代君王,你将如何实现你的人生目标?虽然这是个课后问题,但是学生颇感兴趣,下课后大家的兴致不减,各抒己见。有不少学生阅读教材,并结合查阅资料,想出自己的施政措施。这一过程既能帮助学生理解深化历史知识,又能培养学生从现实和历史角度出发、既设身处地又"身临其境"地理解历史问题的素养。

三、合作探究学习助力,实践学生核心素养培养的创新尝试

历史核心素养包括唯物史观、时空观念、史料实证、历史解释、家国情怀五个方面,是学

科育人价值的集中体现,而培育和发展学生核心素养离不开创新精神和实践能力。积极实践"合作、探究学习",是使学生创新精神和实践能力提升的重要手段。合作、探究学习作为新课改以来大力提倡的一种学习方式,是通过学生和教师一起选择和确定研究主题,依托学习小组以群体的分工合作为基础,强调问题导向,借助阅读思考、讨论交流等形式,以探究、发现的方式来习得知识和技能,以此来培养和提高学生的合作、探究、创新精神及学习能力。

基于"新柠檬课堂"的"三步五环"教学模式,笔者选定将"统一多民族国家的建立和巩固"作为一段时间的学习主题,课前一周将学习主题公布给大家,让大家利用教室内的平板电脑等信息设备查找、搜集、整理相关学习资料。课中,探究活动开始:教师让学生围绕核心问题,根据自己的观点和喜好自主分组,制订计划,确定分工;各组在分析、提炼所搜集的资料基础上,结合问题开展组内交流讨论,在遇到不能解决的问题时可以向教师寻求帮助。经过这一流程后,形成每组的解决方案和研究报告;各组派代表展示解答问题的方法过程和研究成果,这一过程中其他小组可适时质疑,各组再根据交流之后的情况和反馈对本组研究报告作进一步修改、完善。最终,教师对探究成果再进行总结,并将各组修改确认好的研究报告汇编成册。

在整个合作探究过程中,学生的资料查找分析等实践能力得到了锻炼、信息素养和创新意识也有了增强。在同伴交流过程中学生的思维能力得到了发展,同时探究问题的方法、技能也在一定程度上有了提升。学生对材料的搜集整理、辨析提炼也在一定程度上有助于自身形成史料实证的意识。

四、构建多元评价体系,确保学生核心素养的不断发展

学科核心素养的形成和发展并不是一蹴而就的过程,在循序渐进的培育和发展过程中要结合实际情况给学生确定近距离的阶段完成目标,让学生步步为营地发展。基于此,教学评价就成为培育与发展核心素养过程中,鼓励和促进学生继续发展的一个支撑点。为了方便教师更加实际、准确地了解学生,也为了促进学生全面发展,评价模式就需要进行科学多元的设计,即评价目标的多元化,评价主体、评价方式和评价标准的多元化等。

评价目标的多元化,即除考核评价学生知识掌握情况外,更重视评价学生学习能力和解决问题的能力;评价主体的多元化,即除班主任进行评价外,也要通过学生自评和同学之间互评,使学生在评价过程中发挥进一步的主体作用,同时任课教师、家长等也可吸纳进来参与评价;评价方式的多元化是指除日常的正规测试外,利用更灵活的方式,如可结合学生课堂表现适时作出评价并记录,也可利用撰写历史小论文、小调查、考察笔记等活动的方式进行评价,同时应侧重于进行过程性评价,即把学生对知识的掌握情况、在学习过程中的体悟以及所形成历史情怀的评价;因学生个体的不同,所以在评价中还要尊重其个体差异,对不同学生提出不同要求,如对缺乏自信的学生要适当地进行鼓励,以实现评价标准的多元化。

总之,通过不断的尝试实践,基于"新柠檬课堂"的新教学模式和教学方法,在使自身专业能力和教学水平不断提升的同时,也让历史核心素养的培养进一步渗透于日常教学。由此,与核心素养相应的学生主体地位、学习能力的养成、优秀品格的培养也得到了进一步的彰显。相信在"新柠檬课堂"理念下的教学模式转变,一定会促使学生更加全面地发展。

基于多屏互动教学的个性化学习模式探究

刘凤玲

一、研究背景

我校作为上海市信息技术特色化建设学校，数智化的硬件以及软件设备都是比较成熟的。在硬件设施方面，我校四间 AiClass 未来教室，每间教室都师生人手配备 Pad，同时有供教师上课使用的双屏幕：主屏＋副屏。主屏的主要功能是播放课件，并且应用 AiClass 平台中的手写、截屏提问、倒计时、发布各项任务（分组讨论、在线测试）等功能促进教学的有效互动；副屏的主要功能可实现教学资源（如视频、图片、Word 等）的播放，与主屏形成呼应，也可将课堂上的重要知识点复制到副屏，帮助学生回顾本节课的重要知识点。除此之外，未来教室还配备了 4 台希沃电子白板。电子白板的配备能够将我们一直提倡的小组讨论更加全面化。课堂教学中，每个小组一个电子白板，教师发布不同的讨论问题，小组在自己的电子白板上将讨论过程进行展示，将讨论结果在班级中进行分析，促进学生之间的合作。在软件方面，课堂教学上有 AiClass 教学云平台，它可以实现随时随地进行备课，同时课件以及教学过程可以实现共享；课前预习和课后作业方面，有乐冲刺作业辅导可以即时反馈学生的学习效果，帮助教师和学生及时发现问题，有针对性地解决问题；还有"一起作业"网，可对学生的学习进行过程性评价。在数智化方面，学生已经熟悉 AiClass 教学平台的使用，能够进行在线视频拍摄，利用 Pad 完成在线测试和小组讨论，同时能够在希沃白板上利用 GeoGebra 数学软件作出函数的图像。

二、多屏互动教学的内涵

多屏互动是指在不同的终端设备（智能手机、智能平板、电脑、电视、投影等），不同的操作系统（Wac OS，Windows，IOS，Android，Windows Phone8 等）之间通过协议（DLNA、WIDI、闪联、Miracast 协议等）并用无线网络（WiFi、WLAN、Bluetooth 等）连接的方式实现同步不同屏幕的显示内容，可以相互兼容跨越操作，利用智能终端实现控制设备，实现数字多媒体内容（视频、声频、图片）的传输等一系列操作。

互动式教学模式是在教师启发和引导下，师生之间、学生之间采用对话、研讨和交流等学习方式，形成互动学习机制，调动学生学习的主动性，开发学生的创造性思维，培养学生学习能力的一种教学模式。多屏互动教学模式采用全新的网络化、信息化的教学环境，同时满足全班交互式教学、小组协作学习、学生个性化学习等多种教学环境。多屏互动课堂教学模式可以有效解决小组合作学习和学生个性化自主学习方面存在的问题。本文的案例中，主要借助 AiClass 未来教室，将 Pad、希沃白板、双屏三者进行有效结合，借助 AiClass 教学平

重 塑

台,有效实现合作学习和个性化学习,提高课堂教学效果。

三、多屏互动课堂教学模型在高中数学教学中的案例分析

以沪教版教材高一年级上册函数中的"函数的值域(最值)"为例,基于 AiClass 教学平台,学生使用 Pad 和希沃白板进行学习的云课堂探究多屏互动课堂教学模型的应用实践课。课堂教学中,教师借助 AiClass 教学平台,将 Pad 与电脑主屏相连接,实现推送功能、投票功能、计时功能、课堂即时提问功能以及在线测试实时监测功能等设计环节,突破本节课的教学重难点,让学生理解函数值域(最值)的求解方法,并能灵活地应用。多屏互动课堂教学能够激发学生学习数学的热情,通过小组合作,GeoGebra 图形计算器在希沃白板上的动态演示,让学生在探究中发现,在发现中求知,同时在教学中给予学生主动权,充分展现"以学生为主体"的教学理念,师生在合作中体验和实践,构建和谐的教与学的关系。

(一)课程的设计理念

本节课的设计理念是在《2020 修订版课标》指导下,力求实现以下教学理念。① 学生发展为本,立德树人,提升素养。面向全体学生,实现人人都能获得良好的数学教育,不同的人在数学上得到不同的发展。② 优化课程结构,突出主线,精选内容。强调数学与生活及其他学科的联系,提升学生应用数学解决实际问题的能力,注重数学文化的渗透。③ 把握数学本质,启发思考,改进教学。提倡独立思考、自主学习、合作交流等多种学习方式,激发学习数学的兴趣,养成良好的学习习惯,促进学生实践能力和创新意识的发展。④ 重视过程评价,聚焦素养,提高质量。关注数学核心素养的形成和发展,开发合理的评价工具,建立目标多元、方式多样、重视过程的评价体系,提高学生学习兴趣,帮助学生认识自我,增强自信;帮助教师改进教学,提高质量。

(二)教材及学情分析

1. 教材地位及作用

函数是高中数学学习的重点和难点,函数的思想贯穿于整个高中数学。作为构成函数三大要素之一的"函数的值域",其在函数问题的解决中具有非常重要的意义,它也是将数学问题与实际生活问题紧密联系的纽带。本节课是在学生已掌握的常见函数图像与性质的基础上,进一步研究复合函数的值域问题,一方面进一步加深学生对函数知识的理解,另一方面让学生发现解决函数问题的思想方法,也为后续数列最值的学习打下坚实的基础。

2. 学情分析

学生已经学习了一次函数、二次函数、幂函数、指数函数,会画它们的图像,初步了解函数的性质及其应用,但是在函数值域的学习中,思维不够灵活,无法准确地计算所给函数的值域,因此还需要进一步系统地学习。在信息技术的使用上,学生能熟练地应用 GeoGebra

作出简单函数的图像,能借助 Pad 和 AiClass 平台进行课堂互动。

3. 教学重难点及解决措施

(1) 教学重点:图像与换元相结合求函数的值域;

(2) 教学难点:数形结合思想方法的有效渗透。

【解决措施】在例题详解环节,引导学生从所学函数类型出发,促进学生思维的发散,引导学生将已有知识进行迁移,以小组合作帮助学生有效学习。同时,在借助图像求函数值域的过程中,借助 GeoGebra 图形计算器辅助学生的思考,从而突出重点,突破难点。

4. 教学设计

(1) 课前自主学习

教师录制微课,并提前推送给学生,布置预习任务,学生课外自主学习、交流、分享,以任务驱动方式促进学生的自主学习,同时设置课前在线测试,学生利用 Pad 即时完成,实时反馈学习的预习情况,为教学策略做好有针对性的准备,实现面向学生的个性化交流和辅导,真正做到面向全体学生的个性化教学。

(2) 课中自主学习与合作学习相结合

【教学环节 1】情境引入,激发学习兴趣

由校园生活中的实际问题进行引入,引导学生发现数学与实际生活的密切联系,感知数学建模的魅力,在解决问题中,引入新知。运用 AiClass 教学平台的屏幕广播功能,学生在自己的 Pad 上能清晰地看到教师的讲解结果。同时,学生也能使用希沃白板将自己的学习成果在班级进行分享交流。

【教学环节 2】复习回顾,构建知识体系

给出 4 个具体的函数,由学生做出其函数图像并求给定区间上的值域。完成后,小组分享成果,组长借助 GeoGebra 图形计算器在 4 个侧屏上进行展示,帮助学生对已学函数的图像与性质进行回顾,促进学生小组合作的意识,锻炼学生借助数学软件解决数学问题的能力。

【教学环节 3】典例详解,促进师生互动

推送复合函数模型求函数值域的过程中,通过设置问题链激发学生的认知冲突,提高学生的学习兴趣,激活学生的学习思维,引导学生思考并分享自己的解题思路,师生合作借助 AiClass 教学平台的屏幕广播功能清楚地展示板书效果,同时引导学生对解题思路的总结、反思。

【教学环节 4】变式演练,深入自主探究

为锻炼对新知的掌握情况,设计一题多变,让学生在感受变化的同时发展其中不变的规律。设计 4 个变式训练,班级分为 4 个小组,教师利用 AiClass 教学平台的分组推送功能推送给不同的小组,学生可在 Pad 上直接书写解题过程,也可在草稿纸上书写过程,通过拍照的形式上传作品,小组之间可对组员的成果进行评价,同时每个小组可选派学生在班级分享组内作品。分享完成后,教师引导学生发现 4 个变式之间的变化关系,并发现其中不变的解决方法,促进学生的合作探究意识以及发现问题、解决问题的能力。

【教学环节5】在线测试,即时反馈教学效果

通过 AiClass 教学平台的测试功能,推送在线测试练习,学生利用 Pad 完成教师推送的试卷任务。教师可在线监测、实时关注到每个学生的结果反馈。其一,教师能够了解学生对课堂知识的掌握情况,深化练习,及时校准答案;其二,教师能根据掌握的情况及时调整教学,向个别重难点薄弱的学生有针对性地推送相关的问题,实现分层练习,关注每一位学生的发展。

(3)课后分层作业凸显学生个性化学习

根据学生课堂在线测试的反馈结果,设计基础练习、能力提升、拓展探究三个层次的作业,由学生的学习能力以及对知识的灵活运用能力来分层完成上述作业任务,注重学生的深化学习,要促进学生思维和认知的可视化,助力学生自主学习、合作学习,从而实现个性化学习,同时要利用信息技术关注生成的数据辅助学生学习。

5.教学流程(见图1)

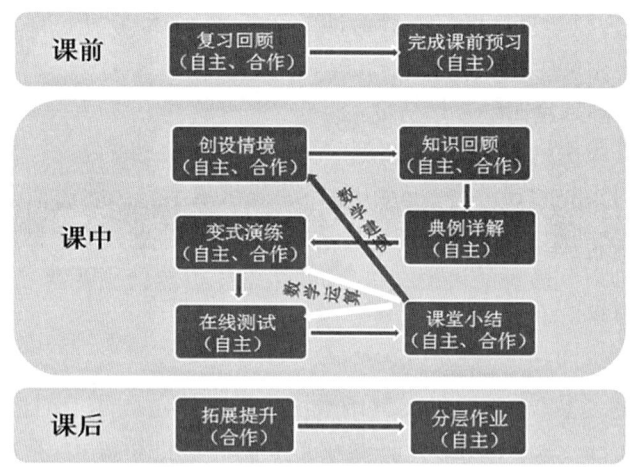

图1 教学流程

四、总结

多屏互动课堂教学为教师的教带来了新的思考,它能让课堂变得快速、便捷,开启了教师对新教学方法的不断尝试和思考,促进教师在今后的教学过程中不断探索、尝试新技术在不同的课型教学中的应用。多屏互动在教学中的应用,在促进教师新技能学习的同时,也为教师的教带来了丰富的教学资源,使得教学手段更加多样化,有效提高课堂教学的效率,促进学生的创新合作意识;对学生来说,多屏互动学习模式提供了在玩中学的情境,师生在互动的过程中让学生掌握知识,增强了学生的自主学习能力和动手实践能力,也增强了师生之间的交流,有助于教师及时发现学生在学习以及生活中存在的问题,有效地给予学生更好的关注。多屏互动教学的设计理念符合当今大多数学生的需求,能够真正实现"少教多学、精教善学"的教学理念,关注每一位学生的个性化发展。

多屏互动促进高中历史课堂教学有效性的实践研究
——以"启蒙运动"复习课为例

杨好环

近年来,飞速发展的信息技术在改变人们生活的同时,也在冲击着传统的教育教学模式。由中共中央、国务院印发的《中国教育现代化 2035》中提出要借助信息技术,大力开展实施智能教育,构建"五化"教育体系,建设"三学"社会,真正走出具有中国特色的教育信息化发展道路。在此时代背景下,各种信息化教育教学手段不断出现,多屏互动即是其中之一。

何为多屏互动技术呢?近年来,随着此项技术的发展与完善,人们所公认的是:多屏互动是指在不同的操作系统(IOS、Android、Win7/8),以及不同的终端设备(智能手机、智能平板、电脑、电视、投影)之间通过无线网络连接的方式可以相互兼容跨越操作,实现数字多媒体(视频、声频、图片)内容的传输,可以同步不同屏幕的显示内容,可以通过智能终端实现控制设备等一系列操作。我校在未来教室中,通过智能终端控制,提供了前屏、侧屏及后屏的多屏设置。这为我们使用多屏互动这种信息化教学手段促进教学提供了契机。

一、问题提出

近年来,在"双新"背景下,教学模式的转变与升级成为一种趋势。如何通过信息技术的运用提高课堂效率与容量成为教师必须考虑和解决的问题。《普通高中历史课程标准(2017年版 2020年修订)》中也提到,"应围绕学生的学习现状和学习要求,改变过去教师满堂灌的方式;应着眼于学科能力的培养,从史实和史料出发;同时,利用网络、多媒体等技术,适应信息化时代的需要"。在高中历史教学中,我们常会遇到的一个问题是课时较为紧张。如何在有限的课时里高质量地完成教学任务,将丰富的历史知识呈现在学生面前,是我们每一个历史教师需要思考的问题。

为了解决这个问题,笔者关注了近年来一些教育教学的最新动态。在范玲、李桂红的《多屏互动专利技术分析》,李波、王媚的《一种基于 Android 平台的多屏互动系统设计》,赵良福、付光涛、李小雨的《多屏互动技术的发展和应用现状》等文章中,笔者关注到了多屏互动这一技术在教学中的应用。多屏互动的教学手段丰富了课堂的教学多样性,同时也增强了教学的趣味性和互动性。这对于解决笔者提高课堂效率这一问题有很大的帮助。因此,依托学校提供的多屏互动平台,笔者进行了相关课堂实践,将多屏互动技术应用于高中历史课堂,以提升高中历史课堂教学的有效性。

二、实践探索

为更好地进行多屏互动促进高中历史课堂教学有效性的实践探索,笔者在课堂教学中努力将多屏互动技术手段融入历史教学设计的各个环节。接下来笔者将以"启蒙运动"复习课为例,探究多屏互动在促进高中历史课堂教学有效性方面的应用。

(一)教学设计思路

"启蒙运动"复习课是高三历史等级考复习中的内容。经过高一、高二阶段的历史学习,学生对于启蒙运动已有了较丰富的知识积淀。到了高三,如何进行启蒙运动这一部分内容的复习,才能使学生对这一重要的思想解放运动有更深刻的认识,并提升学生的思维层次,为等级考做好积淀,成为笔者必须思考的问题。面对复习内容多,且需要提升学生对知识理解深度的复习课,课堂教学的有效性显得至关重要。因此,结合本节课的课程教学内容,笔者将多屏互动技术应用到教学环节中,以促进课堂教学的有效性。

本节课前,笔者布置学生完成启蒙运动思维导图的整理,这样可以帮助学生理清启蒙运动的相关基础知识,也可以为课堂节省出更多的时间,进行综合题目的讲与练。本节课的教学设计主要分为三个环节:第一个环节为启蒙运动与文艺复兴、宗教改革的对比,厘清三场运动在近代欧洲思想解放过程中的作用;第二个环节为随堂选择题,通过学校平台即时得到练习反馈的数据,便于有针对性的习题讲评;第三个环节为综合题目的讲与练,通过多屏实现分组讨论,完成对比性史料分析,提升学生的思维能力。接下来,我们通过课堂教学过程来看一下多屏互动对于提升高中历史课堂教学有效性的作用。

(二)教学过程

在本节课中,笔者主要将多屏互动技术应用在课堂情境创设、课堂任务完成和分组讨论环节。

1. 利用侧屏创设情境

启蒙运动这部分内容学生在高二、高三阶段通过第四分册第6课、高三拓展教材第七单元已学过相关基础知识。因此,在本节复习课中,夯实基础是基本,提升学生能力是核心。关于基础的夯实,本节课主要以课前任务的形式完成。学生通过课前启蒙运动思维导图的制作,完成了启蒙运动基础知识的梳理与回顾。课堂上,对于基础知识的夯实,笔者主要通过利用多屏互动技术创设课堂情境,完成知识巩固。具体来说,笔者利用教室的侧屏呈现启蒙运动的背景、启蒙运动的影响的文字和图片材料。这样既可以让学生置身于启蒙运动的情境之中,又可以让他们通过图片和文字材料回顾启蒙运动的相关基础知识。

教室侧屏的图片中,一张展现了启蒙运动的背景:18世纪末处于波旁王朝统治下的法国社会矛盾尖锐,第一、第二等级享有特权,第三等级的平民承担着沉重的赋税负担。而以牛顿力学为代表的近代自然科学的发展为启蒙思想家们的理性思考提供了前提。另一张则展现了启蒙运动的影响:启蒙运动推动了欧美资产阶级革命和改革。法国国王路易十六正是在法国大革命中被推翻,这也使他发出了"原来,是伏尔泰、卢梭亡了法国"这样的感叹。这样通过教室侧屏呈现出启蒙运动背景与影响的相关材料,既创设了课堂情境,也便于学生根据侧屏呈现的材料回顾启蒙运动的背景、影响等基础知识,节省了复习课上回顾基础知识的时间,为提升学生能力提供了更多的时间,有效地提升了课堂的有效性。

2. 利用前屏完成课堂任务

在本节复习课中,为了深化学生对启蒙运动在近代欧洲思想解放运动中作用的认识。笔者在教学设计中将启蒙运动纵向地与文艺复兴、宗教改革相比较,并设计了比较表格,如表1所示。

表1　文艺复兴、宗教改革与启蒙运动的对比

名　称	文艺复兴	宗教改革	启蒙运动
时　间		16世纪	世纪
发源地			
核　心		"因信称义"	

在课堂上,笔者将此表格通过学校平台截屏提问功能推送给班级每位学生。学生通过Pad终端完成启蒙运动对比表格后,即可上传至学校平台。笔者即可通过教室前方屏幕实时地看到学生的完成情况。多屏互动技术即时反馈学生学习成果的方式,可以使教师快速掌握学生学习中的问题,进而可以进行有针对性的课堂讲评。同时,多屏互动技术的即时呈现,也有助于提升学生上课的专注度,有效地提高学生课堂学习的效率。图1则为学生提交课堂任务过程的实时截图。

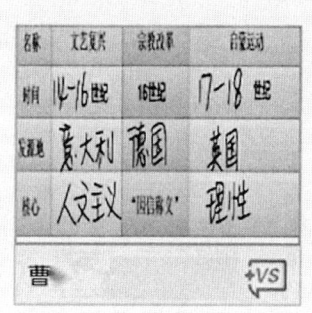

图1　学生提交课堂任务的实时截图

通过以上图1所呈现出的学生课堂任务的实时截图,我们可以清楚地了解到学生对于这三场运动的基本知识点的掌握情况,进而可以有的放矢地选择是否要在此问题上花更多的时间进行讲解。在本节课实际课堂中,通过实时截图可以看到学生对于该问题的掌握情况很不错,所以可以直接进入下一教学环节,提高了课堂的效率。

3. 利用前屏和侧屏分组讨论

通过历史的纵向对比,学生感悟了人类思想解放的艰难历程。在接下来的教学环节中,笔者通过学校平台分组讨论功能,完成综合题目的讲与练。

(1) 分组

在本节课课前,完成对班级学生分组。因本节课内容涉及两组材料的对比,课前将班级学生分为两组,并在学校平台中设置好班级分组情况、分配好对应材料。同时,在课前将分

重 塑

组情况告知班级学生,以便学生熟悉自己的同组同学。

(2) 对比材料呈现

通过学校平台,在教室左、右两侧上呈现出两组不同的材料,一组为清末民初的"卢梭热"的材料,一组为18世纪法国的"中国热"的材料。每则材料下设置了相关问题。图2和图3则为教室多屏上呈现的两则材料。

A组材料:清末民初的"卢梭热" 史料拓展研读

清末民初的政治语境中出现了"卢梭热"现象,中国人对卢梭的认知态度折射出当时的救国思潮。阅读下列材料,回答问题。

材料一:
　　世人皆曰杀,法国一卢骚。民约昌新义,君威扫旧骄。
　　力填平等路,血灌自由苗。文字收功日,全球革命潮!
　　　　　　　　　　　　　　　　　　——蒋智由《卢骚》

材料二:
　　晚清精英除了以文字来表达自己对法国大革命和卢梭的崇拜外,还利用图片的形式,比如1905年《民报》刊出"世界第一民权主义大家卢梭"的画像,1908年《竞业旬报》刊出"法国卢骚像",1910年《民声日报》刊出"卢骚"像等。
　　　　　　　　　　　　　——颜德如《卢梭与晚清革命话语》

(1) 据材料一,指出作者称赞卢骚(即卢梭)的哪些思想?社会契约;自由平等

(2) 据材料二和所学知识,指出20世纪初"卢梭热"的原因。
　　卢梭的思想适应当时救亡图存的社会潮流,符合民主革命的需要。

图2　分组讨论环节A组材料

B组材料:18世纪法国的"中国热" 史料拓展研读

阅读下列材料,回答问题:

材料一:
　　"我全神贯注地读了孔子的这些著作,我从中吸取了精华,除了最纯洁的道德之外我从未在其中发现任何东西,并且没有些许的假充内行让的蒙骗的味道。……在这个地球上曾有过的最幸福的、并且人们最值得尊敬的时代,那就是人们尊从孔子法规的时代。……在道德上欧洲人应当成为中国人的徒弟。"
　　　　　　　　　　　　　　　　——伏尔泰《哲学辞典》(1764年)

材料二:
　　这场震撼人心的运动(启蒙运动),受儒家思想影响很大。……德国学者利奇温在论及中国与欧洲文化的接触时,说:"孔子成了18世纪启蒙时代的保护神……也成为欧洲的兴趣中心。"狄德罗这样赞美儒学:"只需以理性或真理便可以治国平天下。"——叶匡政《儒家是欧洲启蒙运动的一种力量》

(1) 根据材料一、二,欧洲启蒙思想家对以孔子为代表的儒家思想持什么态度?高度推崇
(2) 结合所学知识,分析启蒙思想家们持此态度的原因。
　　启蒙思想家们欲借儒家思想的道德(哲学)作为武器来抨击欧洲封建制度和教会,宣传启蒙思想,为反封建革命作舆论准备。

图3　分组讨论环节B组材料

(3) 多屏互动、分析材料

学生在自己的Pad终端上可以看到以上图片中所呈现的材料。经过小组讨论后,各组

完成自己小组的题目,并由每个组的组长在教室中自己组对应的屏幕上,进行分析材料的圈画与答案的书写。

由此,通过教室两侧屏幕上两组材料的呈现,展现了不同时代在东西方出现的关于彼文化的热潮。通过笔者的设问与引导,这样一种东西方思想变革的横向对比下,学生在阅读、分析材料、完成相关题目后,能够对不同文化的交流有更深刻的感悟。同时,在小组讨论过程中,学生直接在屏幕上对本小组的材料进行圈画、分析,便于将学生的思维过程呈现出来,进而有助于教师了解学生材料分析过程中存在什么漏洞,进而展开有针对性的指导。这样的材料分析方式也有助于提升学生的史料实证与历史解释能力。这样一种通过多屏互动技术进行分组讨论的方式,也可以提高学生的课堂参与度,使课堂中的生生互动、师生活动更加流畅、有效。

三、成效反思

综上,以"启蒙运动"复习课为例,我们可以看到多屏互动技术的使用有助于提升高中历史课堂的有效性,具体表现为以下几点。

(一)激发学习兴趣,提高课堂参与度

多屏互动技术可以帮助我们创设更为多样的历史教学情境,有助于激发学生的学习兴趣。该技术也便于教师分屏呈现多组材料,引导学生进行分组讨论与展示,极大地提高了学生的课堂参与度。同时,多屏互动技术使历史课堂教学的方式更加多样化,生生互动、师生互动更有效,学生课堂参与度的提高也有效地改变了过去高中历史课堂中存在的教师满堂灌的方式。

(二)精准把握学情,提高课堂针对性

通过本案例,我们可以发现,多屏互动技术可以即时地呈现出多位学生课堂任务的完成情况,便于教师快速、精准地了解学生的学习情况,进而进行有针对性的课堂讲解,提高课堂教学的有效性。

(三)增加课堂容量,提高课时利用率

多屏互动技术可以同时呈现多组史料。相较于传统历史课堂教学,这种方式可以在同样的课堂时间中,完成更多史料的分析与讲解,增加课堂容量,提高课时的利用率。同时,多屏互动技术在历史课堂的运用中,也便于教师引导学生对于历史上朝代、国家疆域演变情况进行分析,有助于培养学生时空观念这一历史核心素养。

总体而言,在教学实践中,我们可以非常直观地看到多屏互动技术的使用有助于提升高中历史课堂的有效性。但是,多屏互动技术在高中历史课堂的应用中也要注意:任何技术的使用都是让技术服务于课堂,而非课堂为技术所驱动。因此,在多屏互动技术与高中历史课堂教学的结合方面,我们要找到适合的切入点,进而使多屏互动技术更好地服务于高中历史课堂教学。

技术赋能打造高效互动英语课堂

杜 鹃

上海市闵行区自2019年成为国家级首批智慧教育示范区以来,立足"1258"工程,构建区域教育云平台,积极探索大规模开展基于数据驱动大规模因材施教实践。随着闵智作业平台在我区和各校的全面铺开,各科教学都将信息技术应用其中,呈现出信息技术与学科教学深度融合的现象,如此便出现了智慧课堂。智慧课堂互动反馈系统,本质上为一种应用于课堂的互动媒体、一种教学辅助工具,目的是提高课堂教学互动参与度,满足学生个性化的学习需求。遵循多元化、数据化、即时性、便捷性的设计理念,智慧课堂在实现即时互动反馈功能的同时,采集课堂教与学的互动数据,高度聚焦教与学的真实应用场景,让大规模因材施教成为可能。

钟启泉认为:"课堂互动是参与课堂教学过程中的各个要素之间,围绕教育教学目标的实现而形成的交互作用。课堂互动过程是一个动态生成的过程。"传统的课堂互动局限在于学生参与的人数不多,课堂互动的次数和教师的评价跟踪有限,课堂中真正出现的问题不能及时解决。有了"闵智作业"平台的加持,互动则可以贯穿英语教学课堂的多个环节。在落实核心素养背景下,学校依托闵智纸笔智慧课堂,构建"三环四景"的个性化学习模式,包括"课前诊断—课中定制—课后画像"三个环节、"教、学、练、评"全场景的一体化解决方案。以下是笔者结合平时上课常用的运用智慧笔实现大规模互动的方式,浅谈技术支持下如何实现高效的英语课堂互动以及优化课堂教学和评价。

一、夯实基础,默写先行

学好英语必过词汇关,无论是以考试为目的还是以提高口语为目的,都离不开词汇量的积累。考试内容设置了听力部分、填空题部分、选择题部分和阅读理解与写作部分,这些都是考词汇量与语法和写作能力的,都需要词汇量的支撑,可见词汇量非常重要。而想要讲一口流利的英语也需要有丰富的词汇量基础才能够组织出对话句子,大脑才能快速地反应和转换,因此几乎每节英语课要做的事就是默写。这件枯燥的事怎样让学生重视,一直是教师头疼的事。自从智慧笔和智慧本引进课堂,笔者发现这一现象是可以改观的。

(一)实时关注,促进全员参与

随着智慧笔和智慧本的引进,与传统的课堂默写不同的是,教师在学生完成默写过后,随机点评批改学生的默写作业,可以从智慧黑板上看见学生实时互动情况。另外,平台还有随机点名功能,教师可以利用这一功能批改学生的默写作业。针对课堂上出现的学生互动情况,及时提醒学生融入互动,从而带动学生的学习积极性,课堂互动性效果迅速提高。

（二）及时反馈，实现当堂纠错

另外教师在对比批改了几组学生的默写情况（见图1）后，不仅能及时反馈学生共性的问题，而且可以当堂纠正学生的错误；利用平台思维重现的功能更实效地检测学生订正的进度，有没有熟练掌握默写内容抑或后续讲解的时候补上去的。通过这种方式，学生内心的竞争意识被激起，全班的互动情绪高涨。课堂的评价反馈更及时、更便捷、更精准。

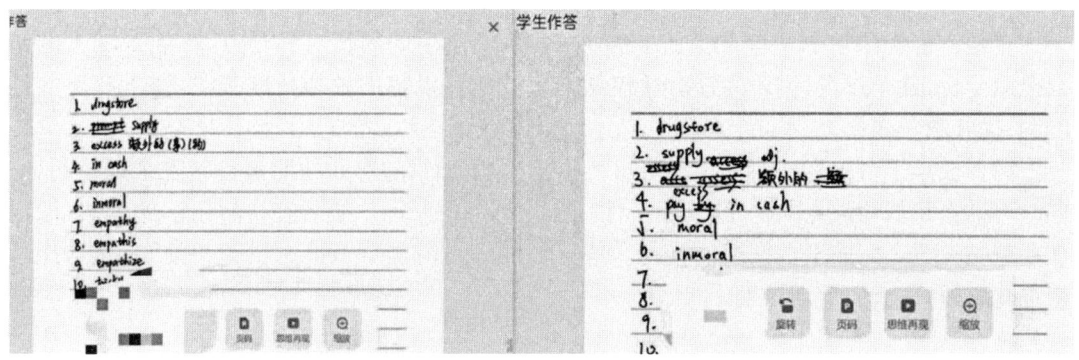

图1 课堂智慧笔默写对比学生批改情况

（三）思维拓展，激发互动热情

教师最后再让学生来个头脑风暴进行知识的回顾和拓展，让课堂互动达到空前的高潮。比如说我们学习了 slip 这个单词的过去分词是双写 p 加-ed（slipped），学生在智慧本上把自己学过的类似用法全部罗列出来，如果每个学生都想出几个类似用法的词，把全班的思维风暴所获取的知识最后进行整理，这样更加深了学生对知识的理解和掌握，提升了学生的互动探究能力，在夯实基础的同时实现了互动探究的功能。比如在这节课上，学生共同想出了相似的用法有 equipped、stopped、dropped、travelled 、tapped 、hugged 、preferred 、admitted 、cancelled、clapped、committed 、fitted 等。

二、解读难点，量身定制

（一）人机协同，精准把握学情

传统的语法课堂基本是教师讲语法运用规律，学生记笔记理解。至于学生掌握到什么程度，教师至少要等到第二天学生作业提交后批改，才能了解大部分学生的情况，这样的课堂时效性和实效性就比较差。但是在采用智慧纸笔技术后，教师可以布置多道题目对学生进行课堂集中练习。每个学生使用智慧纸笔来完成相应复杂的语法题目。如果是客观题，学生在智慧本或纸上作答，学生的正确率、做题时间、完成率一目了然，因为平台能马上统计数据得出结论，教师及时知道学生的难点。针对难点教师进行重点讲解，不把疑惑留到第二天。如果是主观题,学生的作答能实时展示甚至连思路都能当场反映出来。教师及时了解作答情况,并根据结果组织学生讨论,培养思维的灵活性、流畅性,共同优化课堂,这种实效性在提高学生解题方法水平的同时也激发了学生的学习欲望。此外,教师可以通过课堂上发起问卷来了解学生的认知情况、使用效果,及时反馈课堂教学效果并针对问题调整和改进教学策略。

(二)问题归类,差异个性指导

教师在传统课堂中只能通过个人经验大致判断学生的易错点和难点,不能对学生的错误全面分析,逐个点拨,讲评的针对性较低。智慧笔可以辅助教师精准备课,课堂解决共性问题,提升教学效率。

闵智教学平台中有一项错题自动归类功能,学生做错的作业题能被自动收录到错题库,同时可推送相似知识点的题库,便于个性化强化练习的互动。笔者在讲解语法的时候,课后作业就是设置了完成平台推送的错题。这样可以针对薄弱章节推送错题相关知识点,让学生强化练习,完成后反馈结果。

三、理清文脉,训练思维

(一)思维导图,及时互动练思维

英语高考文章大部分是说明文,高中教师尤其要强调说明文的教学。其实说明文的结构并不复杂,常见的结构形式有"总(概括)—分(具体)"式、"总(概括)—分(具体)—总(概括)"式、"分(具体)—总(概括)"式、并列式、递进式等。如果在课堂教学中多利用结构图来处理说明文,学生的阅读能力尤其是逻辑分析和处理问题的能力有了很大的提高。而智慧纸笔的出现解决了传统课堂不能大规模实时互动,训练可视思维的难题,采用智慧纸笔技术,教师能够展示详细、生动的课堂内容,加深学生对知识的理解和掌握,提升学生自学和探究能力。

以阅读文章"The earth is becoming warmer-but does it matter?"为例,我们处理阅读时就可以展示下面的结构图(见图 2),进行小节之间、段落之间甚至文章整体逻辑结构的分析,让学生用智慧笔马上写下来。师生或生生之间进行互动,达到共探究、练思维的目的。

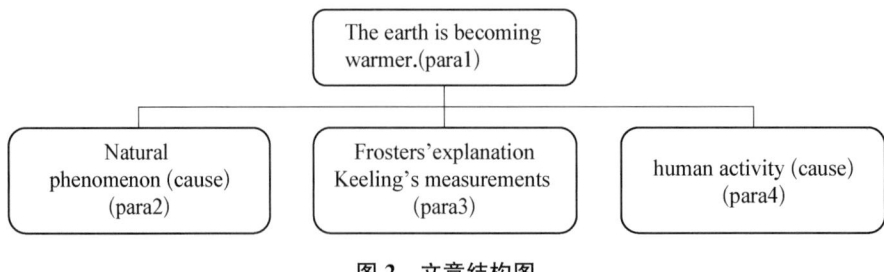

图 2 文章结构图

苏联教育家苏霍姆林斯基指出:"如果学生在分析过程中,依靠自己独立的智慧努力,而获得了一些能够概括大量事实、现象和事件的知识,那么这种知识就是极其宝贵的。"我们通过智慧纸笔让学生主动地思考,有意识地开展活动。

(二)写作批阅,批注解释明思路

学生掌握了一定的说明文阅读的技巧。这种技巧的熟练掌握进一步为更高层次的输出做好铺垫,那就是写作。在智慧课堂中可以先从微写作开始训练思维,通过这种运用智慧笔授课,教师可以使用智慧纸笔来批注错误补充解释等,这样学生就可以更清晰地理解授课过程、写作的要领和注意的事项,为整篇文章的成型做准备,从而进一步提升学生自学和探究能力。

四、评价促动,课堂总结

华东师范大学课程与教学研究所所长崔允漷在"素养时代的学习评价"主题演讲中说道:"如果评价没有创新,评价方式、评价目标、评价技术没有创新,那创新人才培养就是一句口号。"有了智慧纸笔的加持,评价也有了新意。在授课过程中,教师可以使用智慧纸笔来实时批注错误补充解释等,这样学生就可以更清晰地理解授课过程,互动效率更高。另外,教师可对单个学生或小组进行评价反馈,或让学生参与评价中,提高课堂参与度。练习测评方面,客观题可即时评价对错,以图表形式呈现给教师,帮助教师及时了解学情;主观题方面,教师可利用智慧笔点评功能引导学生用思维导图总结规则,继而提出问题,引出下节课的学习内容。教师通过系统的数据统计可视化功能,展示课堂互动情况,激励学生积极参与课堂。

五、深度融合,回归本源

教育数字化转型是当前教育改革与实践的热点,也是未来教育创新改革的发展趋势。智慧纸笔课堂依靠教育+大数据+人工智能的深度融合应用,充分做到了隐私保护和数据安全。贯穿于课堂教学、系统智能批阅、学生作业书写、学情报告、互动反馈等多个环节,以纸质形式完成作业书写与反馈,符合国家要求的教育信息化发展方向。同时更加关注每一个学生,让课堂更加人文化、更加体现教育的本质,回归教育的初衷。让教育从宏观群体走向微观个体,以数据驱动教育个体化,正视每个人能力的差异,尊重并真正着眼于学生个体的发展,这才是教育最值得珍视的精神与本质。

但是,互动反馈系统本质是一种媒体、一种工具,系统本身并不具备促进作用,其关键在于教师的教育理念、课堂教学方法、课堂教学模式及对系统使用的熟练程度等,即关键在教师的信息技术与学科教学融合应用的能力。因此,在今后的教学中,笔者将不仅关注技术本身,而且更多关注应用互动反馈系统如何创新教学等方面,以打造更高效的高中英语课堂。

数据驱动下高中语文学科跨班分组帮学实践探究

许文洁

一、针对的现实问题

本次实践探究历时约一年。本课题研究是建立在理论基础、学生基础两个维度之上，针对当前笔者在教育教学过程中遇到的一些难题，力争借助信息化手段进行突破。

本次课题实践在我校高二(3)班、高二(8)班进行。这两个班级的语文课程由笔者与另一位教师执教。不同教师的执教风格不一，在日常教学过程中的侧重点不同。高中两年的教育教学中，学生在教师的潜移默化影响下也形成了不同的思维特点，两个班级的学生分别在不同题型、知识点等方面表现出各自的优势所在，但两个班级的整体水平持平。除了两个班级之间的差异之外，班级内部在语文学习上也暴露出一些瓶颈问题。多次的练习和测评显示，高二(3)班、高二(8)班学生的语文学习存在比较严重的分层现象，比如测评过程中暴露出的后进生，以及日常学习中部分学生存在的倦怠现象。

以上学生基础及暴露出的各种问题即本课题实践所要解决的关键问题，以跨班分组的方式帮助学生建立新的学习环境。

二、核心技术及其应用目标

本课题实践主要借助智慧笔和"一教一学"平台实现对学生学情的监测，以便于作出分组安排和学习任务的及时调整。

（一）技术平台及工具

智慧笔实现了以作业为入口，驱动"双减"背景下的"因材施教"，通过纸频同步，纸笔无感数据采集，实现数据驱动，提升教与学。在不改变学生纸笔作答习惯的基础上，学生书写全过程采集，真正做到了作答思维可视化。通过高频错题定位，诊断学生的学习行为、习惯，解决薄弱环节项。还可以通过多人轨迹同屏播放，达到对学习者、内容及策略选择进行深度观察和分析。

"一教一学"平台是以人工智能、大数据、云计算为技术支撑，融合点阵智慧笔硬件，打造的高效互动教学应用软件，围绕资源授课、随堂练习、作业讲评三大核心场景，构建数据驱动的精准教学平台。借由该平台，不仅可以实现课堂教学过程中师生的高效互动，还可以为师生搭建课堂之外的有效沟通平台。

"一教一学"平台和智慧笔的使用，是本课题实践主要采用的技术平台和工具，二者的介入为教师的学情监测提供了极大的便利，同时为两个班级学生的学习互动开辟了更广阔的空间。

（二）应用目标

本课题实践力图解决的核心问题是打破某一班级学生在固定教师长期授课情况下暴露出的固定思维模式，帮助学生跨班建立新的学习环境，拓宽思维边界。基于语文学科的日常学习，以"学习任务群 9 中国革命传统作品研习"为主要任务，结合学生日常练习和测评为依据，以高二(3)班、高二(8)班为研究对象，进行跨班分组，突破当下班级授课的限制，为学生寻找"新鲜"的学习伙伴。在跨班小组的活动任务完成过程中，学生可以在潜移默化中感受另一班级学生的思维亮点，从而不断更新自我学习方式，达到以学促进的现实目标。

三、过程综述

本课题实践的流程分为以下三个主要部分。

（一）分组前的学情监测

本阶段为实践探究的基础，为下一阶段的跨班分组做准备，本阶段坚持两个依据，即测试数据和作业任务反馈。测试数据来自高二(8)班、高二(3)班的日常测试情况，如图 1 和 2 所示。

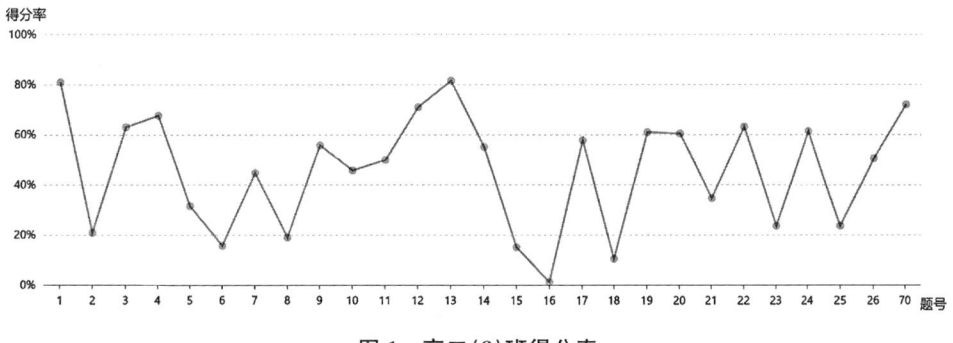

图 1　高二(8)班得分率

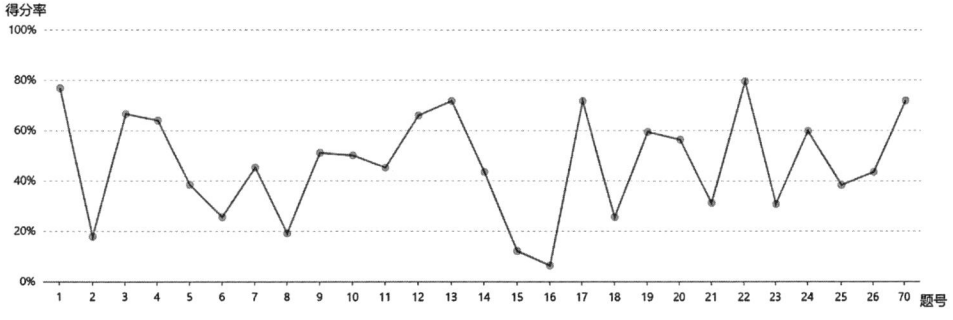

图 2　高二(3)班得分率

如 2022 年 11 月 6 日的测评报告,根据图 1、图 2 折线图显示的得分率情况,两个班级各题型的得分率曲线大致相似,但在部分题目,如第 6、第 16、第 25 题的得分率存在较大差距,其中第 6、第 16 两题均为现代文阅读题型。由此观测,高二(3)班在该类题型中表现出了一些优势。

根据图 3 与图 4 所显示的两个班级与年级得分率差距最大的前五试题,高二(8)班失分率主要集中于第 22 题之前,主要为现代文部分;高二(3)班失分率主要集中在第 22 题之后,即文言文部分。根据以上数据,两个班级各自的优劣势题型已经显现出来,并且可以形成互补。

与年级得分率差距最大前5试题		
第25题	正确率 23.68%	差距年级 14.75%
第17题	正确率 57.89%	差距年级 10.84%
第22题	正确率 63.16%	差距年级 10.46%
第6题	正确率 15.79%	差距年级 4.73%
第10题	正确率 45.79%	差距年级 4.11%

图 3　高二(8)班

与年级得分率差距最大前5试题		
第26题	正确率 43.59%	差距年级 5.68%
第2题	正确率 17.95%	差距年级 4.2%
第20题	正确率 56.41%	差距年级 3.96%
第24题	正确率 59.83%	差距年级 3.25%
第21题	正确率 31.2%	差距年级 2.41%

图 4　高二(3)班

除以上测试数据之外,笔者以"中国革命传统作品研习"任务群作为此阶段的主要研究单元,以《荷花淀》和《小二黑结婚(节选)》两个小说文本为主要篇目,设计表 1,布置两个班级学生分别完成,根据学生完成情况进行跨班分组。

表 1　任 务 设 计

文　本	主要人物	起　因	经　过	结　果	时代背景
《荷花淀》					
《小二黑结婚(节选)》					

如图 5、图 6 所示,高二(3)班周佳凝同学能够相对比较完整地对小说文本的故事情节进行概括,并且能够明确小说创作的时代背景,虽然对于时代背景的概括不够细致、完整,但是总体完成度非常高。而高二(8)班朱政民同学的表格完成度则相对差很多,并且书写不规范、字迹不工整。教师在进行跨班分组时,将这两位学生分为一组,周佳凝同学对于作业完成度、美观度的要求会成为其他组员的正面影响因素。同时组员之间对待日常作业的态度也可产生彼此之间的影响,在分组后的小组作业中,每一位学生综合能力的展现机会也会随之增多,从而对其他组员产生积极影响。

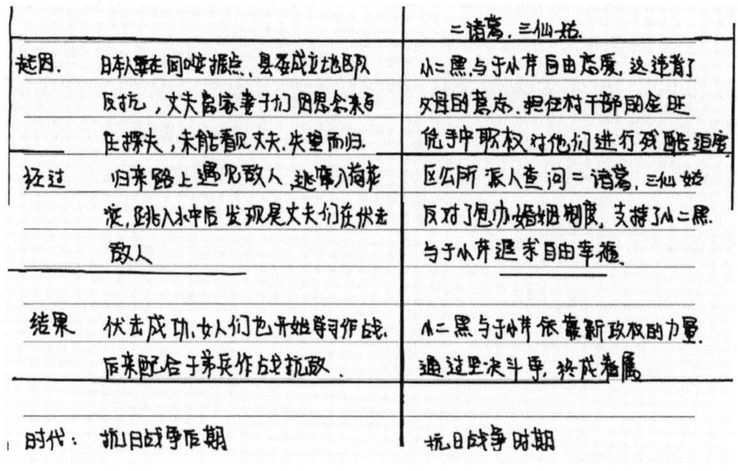

图 5　周佳凝同学的完成情况

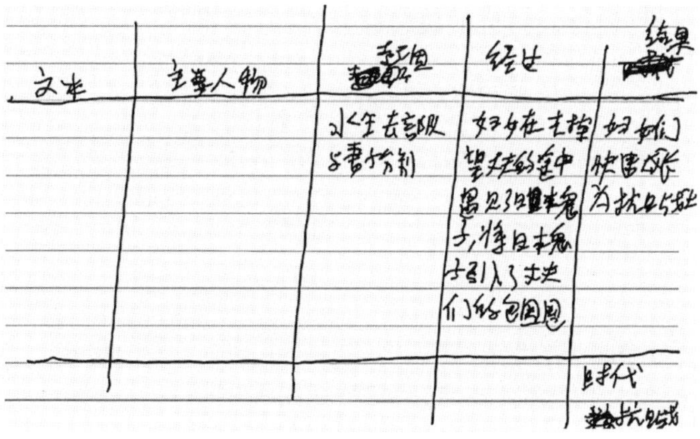

图 6　朱政民同学的完成情况

（二）跨班分组

本阶段为此次课题实践的核心部分，根据第一阶段学情监测所掌握的学生情况，对两个班级学生进行跨班分组，每组 6 位成员，其中 2 位学生在日常学习和测评中表现良好，而其他 4 位学生则可能分别表现出态度敷衍、书写潦草、学习困难等不同层面的问题。在跨班分组完成之后，分阶段布置学生以小组为单位完成学习任务，通过学习任务的完成度、完成质量，以及每位学生可能出现的学习态度、学习方式等方面的转变进行监测总结，以期实现本课题实践的目的，即以分层次的跨班分组，在潜移默化中实现学生之间的帮学。

以第一阶段周佳凝、朱政民的分组为例，该组同时包括高二(3)班的陈思哲、吴佳怡，高二(8)班的吴诗怡、廖佘云。这 6 位学生中，周佳凝、吴诗怡为各项表现较为良好的学生，其他 4 位学生分别存在态度敷衍、书写混乱、思维固化等方面的问题。

本阶段的跨班分组同时可以做到动态分组，在第一次跨班分组完成后，各小组需分阶段

重　塑

完成不同的小组活动任务,小组成员分别承担不同的任务,最终汇总为小组学习成果。原本在各方面存在学习困难的学生会在小组其他成员的动员影响之下,利用各种方式完成自己的任务,在一段时间的小组任务之后,预计每位学生尤其是学习困难的组员,会在不同方面、不同程度上取得一定进步,此时将为该学生进行分组调动,根据他当下最亟待解决的问题,调往其他小组,该小组成员将会在此方面对他产生更大的积极影响,即为动态分组。

(三)分组后的小组活动任务

结合《荷花淀》和《小二黑结婚(节选)》两个小说文本,在第一阶段已完成表格的基础上,让每小组成员自行分配任务,完成表2。

表2　任务设计

文　　本	《荷花淀》中的_____	《小二黑结婚(节选)》中的_____
性格特征	转变前:	转变前:
	转变后:	转变后:
典型环境		
典型人物		
人物塑造方法		

《荷花淀》和《小二黑结婚(节选)》两个小说文本均创作于20世纪40年代。作家孙犁在《荷花淀》中,通过塑造水生嫂和荷花淀妇女群性格的转变——由依附于丈夫、以家庭事务占生活主导地位,转变为自觉参与到抗日斗争中来,呼吁妇女加入抗日斗争,可视为特殊时代背景下的抗日动员小说。而作家赵树理在《小二黑结婚》中则塑造了典型的三仙姑形象,并且在文本解读过程中,我们发现该人物形象也存在前后期性格转变,即由愚昧守旧、封建落后转变为不下神、不打扮、不干涉儿女婚姻。作者通过该小说宣传恋爱自由,同时表达对新生活、新制度的期盼和向往。在以上表格的完成过程中,各小组成员首先需要完成文本细读,从而解读人物形象的前后期转变,其次能够结合文本描写和作家创作的时代背景,对典型环境和人物进行归纳概括。此外也要求各小组分别派代表在课堂教学活动中展示小组学习成果。

如图7所示为周佳凝组该活动任务的最终呈现结果,不管是在完成度、美观度上表现都较为良好。在此基础上,该小组派吴佳怡同学为代表在课堂环节中分享小组活动过程。

在吴佳怡同学的分享中,展示了该小组成员对文本人物形象转变的解读。在学习成果陈述前,组长周佳凝首先说明了由吴佳怡作为小组代表的原因,即吴佳怡负责该学习任务的第一部分内容,也就是《荷花淀》中水生嫂性格转变前的文本细读;其次,吴佳怡同学的语言组织能力同其他组员相比显得弱势,所以借由课堂成果分享,帮助吴佳怡同学锻炼该方面能力。而此前,所有小组成员共同帮助她修改发言稿并且进行过一次模拟课堂分享。

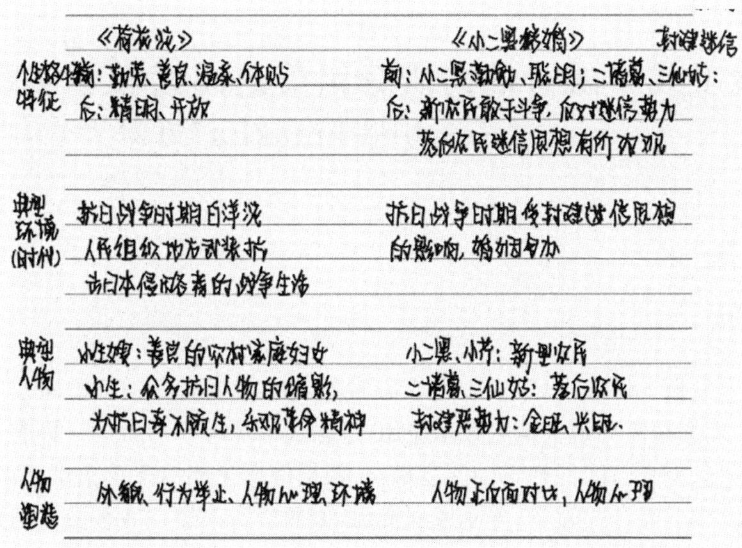

图 7　呈现结果

四、成效与反思

《普通高中语文课程标准(2017年版2020年修订)》中要求激发学生语文学习的兴趣、促进学生的全面发展,积极利用信息技术及身边的各种资源和机会;语文核心素养的四个方面中,也强调"语言建构与运用""思维发展与提升","一教一学"平台和智慧笔的配合使用有效串联起了课前、课时、课后三个教育教学阶段,使师生、生生互动变得便捷高效,思维过程可视化也帮助教师更直观了解学生的思维过程,更有针对性地解决学生的薄弱环节。正是智慧笔的使用,使得跨班分组成为可能,从而帮助学生打破班级壁垒,拓宽思维边界,建立新的学习环境。

从2022年10月至2023年4月这一时间内,每周借助智慧笔完成小组学习任务1—2次,每两周至少课堂展示一次,由周佳凝组为例,组员吴佳怡在2022年10月测评为班级后十名,而在2023年4月的测评中,吴佳怡是班级前十名。跨班分组实践以来,以吴佳怡为代表的这一类学生,在语文学习上的兴趣不仅得到极大提升,而且在实际测评中成绩取得较大进步,此外在诸如语言表达、概括总结等方面的能力也有明显进步。这说明智慧笔和"一教一学"平台的配合使用对于教学实践有切实的帮助,加上跨班分组的新形式为学生搭建了更好的平台,对于实际教学和学生成绩的提升有实际收获。

信息技术和工具与教育教学的融合是未来教育发展的大方向。信息技术的发展在给教育教学带来新的活力的同时,也提出更高的标准,信息技术和工具可以为学生提供一个全新的学习的环境。通过教学创新,可以促进信息技术和工具与教学的有机结合,提升教育质量和效率,如创新教学手段,让学生学会自己探索、思考;教学组织形式创新,采用多种方法,如智慧笔,帮助学生自主学习、协同探索、互动交流。

线上线下融合的跨班分组英语阅读教学实践
——以"Rosalind Franklin"为例

文力玉

一、背景

以立德树人为根本任务,以学生学科核心素养发展为纲的高中英语课程坚持五大基本理念,其中一个理念是重视现代信息技术应用,丰富英语课程学习资源。即普通高中英语课程应重视现代信息技术与课程教学的深度融合,根据信息化环境下英语学习的特点,科学地组织和开展线上线下混合式教学,丰富课程资源,拓展学习渠道。我校是一所以信息科技见长的特色学校,以"一所高起点的未来学校,一所高品质的科技高中,一所内涵丰富的特色高中"为发展目标。学校倡导技术赋能教学,引入了多个数字化平台,便于教师和学生在日常教学中使用。因此,为了更好地让信息技术为英语教学服务,提高教学实效,我校英语组进行了一系列的技术赋能教学实践,有线上虚拟走班,即让学生在每次检测后,根据自己的检测程度和需要,自主选择对应的虚拟课堂,线上教师会根据考试测评的情况,准备相应的教学内容,从而对学生进行差异化和精准化讲评和辅导。也有线上线下融合跨班分组的主题教学实践探索,分别就听说、阅读、翻译、写作等板块进行。接下来笔者将主要探讨阅读板块,以上外版高中英语教材选择性必修第二册第一单元的阅读课"Rosalind Franklin"为例。

二、教学设计

(一)教学内容分析

本节课的语篇类型是人物传记。属于人与自我主题语境下生活与学习主题群。语篇内容是女科学家罗莎琳·富兰克林(Rosalind Franklin)的生平经历和科学成就。语篇结构分为三个部分:第一部分介绍人物的身份和在科学领域的突出贡献;第二部分介绍人物的生平经历、由于性别而受到的不公正待遇以及事业上的成就;第三部分通过人物评价表达了作者对富兰克林所受偏见的不满。语言特征方面较为突出的是本文使用了许多表达人物性格和态度的词汇,以及一些表明作者观点和评价的语言。语篇的主题意义在于引导学生关注女科学家的遭遇与成就,培养学生不畏艰难、勇往直前的精神。

(二)学情分析和跨班分组

本节课的授课对象是高一A班和B班学生,这两个班级在平时检测和月考中,阅读板块的得分率较为接近,且学生阅读的错误类型也较为类同,主要集中在推理分析题、作者态度观点题上,于是教研组在教研商讨后,决定借助 A 平台对两个班进行跨班授课。和传统的两个教师在各自班级上阅读课不同的是,此次跨班授课是两个班级学生在各自班级,但是只有一位主教教师。这位教师借助技术 A 平台,在同一时间内对两个班级学生一起开设阅读课。具体而言,即 A 班英语教师为主教,在 A 班教室和 A 班学生进行线下课,B 班学生在 B 班教室上线上课,能和 A 班教师和学生进行互动。B 班教师作为助教,协助 A 班教师。另外其他请假在家的学生也能加入线上课。课后两个班级学生也能回放课堂视频,从而打破了原有的空间、时间和教师的限制。又由于两个班级虽然大体的阅读水平接近,但是每个班级里面学生的阅读能力又有差异,于是对每个班级的学生按照阅读得分率和水平分为 A、B、C 三个大组,便于课堂上差异化教学。在每个大组里又分成 4 人一个小组,一人为小组长。每个小组配备一个平板电脑。具体结构如图 1 所示,原有的教学是 A 班教师只能和 A 班学生互动,B 班教师只能和 B 班学生互动。借助 A 平台后,A 班教师和 B 班教师可以互动,A 班教师和 B 班学生也能互动,同时 A 班学生和 B 班学生也能互动和评价。

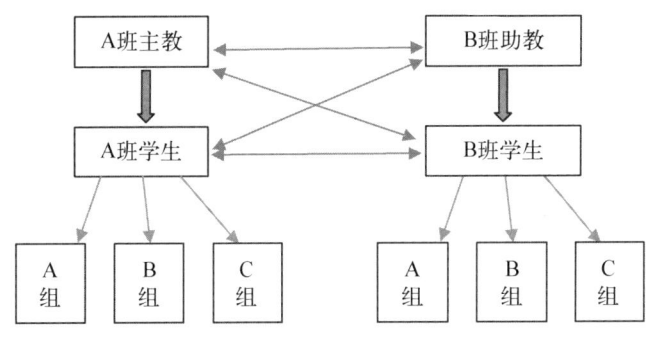

图 1　跨班分组结构图

(三) 教学重难点分析及解决措施

(1) 学习重点:梳理人物传记的要素,提炼人物品格,并用事实去支撑。学习这位女科学家不畏艰难、勇往直前的精神。

(2) 学习难点:整理和梳理人物所面临的困难,如何应对困难,如何不畏艰难去钻研科学。区分观点和事实,用事实去支撑观点。

(3) 解决措施:以概括文章大意、配对、表格填写、小组讨论等形式帮助学生梳理文本和整合文本信息,思考文中细节。在细读环节中,根据学生的水平,分成不同的组别,完成相应的任务,第一组找出女主人公所面临的困难,第二组梳理出女主人公如何应对这些困难,第三组提炼出人物的品格和事实依据。这些任务是分层次的,是学生在自己现有的水平上能够完成的任务,又是环环相扣的,具有一定的逻辑性。在这些任务的基础上最后合作完成对海伦·凯勒(Hellen Keller)品格的提炼和支撑。

(四) 教学目标

At the end of the class, the students will be able:

(1) to get familiar with Rosalind Franklin, the difficulties she faced, how she dealt with those difficulties and her qualities through summarizing the main idea, chat filling and group work.

(2) to list the scientists' qualities with supporting details through chat filling and group work.

(3) to develop a sense of perseverance and taking up challenges head-on by figuring out what qualities Rosalind Franklin possess and learning from her.

三、教学实施

（一）课前准备：基于数据，合理分组

统计和分析平时作业和检测中学生的阅读得分率以及课堂表现后，分别将两个班的学生分为A、B、C三个大组，学生阅读得分率在50%及以下的学生分为A组。根据高中英语学业质量水平，该组学生能通过读与看，抓住日常生活语篇的大意，获取其中的主要信息、观点和文化背景。阅读得分率在50%—70%的学生为B组，该组学生能获取语篇的主要信息、观点和文化背景，能区分语篇中的主要事实与观点。阅读得分率在70%以上的学生分C组，该组学生在B组的基础上能对语篇进行比较、分析和概括，能识别语篇中主要事实与观点之间的逻辑关系，根据事实进行逻辑推理，能辨别并推论语篇中隐含的观点。学生A班A组的学生和B班A组的学生阅读水平相当。同样A班B组对应B班B组，A班C组对应B班C组。将每班分为三组便于在教学过程中，有针对性和差异性设计不同的任务和活动。A班主教和B班助教协商讨论教学实施中的具体事宜和分工。教师准备相关教学材料，包括罗莎琳·富兰克林的人物简介、生平时间轴、小组讨论任务等。同时把分组好的学生名单导入平台A上对应的地方。把课件和资料上传平台，每个大组里的各个小组配备一个平板。

（二）课中：基于任务，差异教学

1. 平台抢答，活跃课堂气氛

本单元的文章主题是"科学家"，学生在之前的英语阅读中已接触过人物传记，熟悉人物传记的语篇结构和要素。对一些著名的女科学家也有过学习，比如玛丽·居里夫人、屠呦呦等女性科学家。本篇文章里的这位女科学家，学生相对来说不那么熟悉，因为她是默默为DNA结构作出很大贡献，却没有得到相应认可的女科学家。于是教师准备了四位女性名人的信息，让学生根据呈现在PPT上的信息猜一猜是哪位女性科学家。并通过A平台的抢答器功能，想要回答的学生需要在A平台上按下答题按钮，谁先按下，大屏幕上会显示这位学生的姓名，于是由这位学生来回答。两个班的同学都可以抢答，所以需要学生集中注意力，快速阅读教师PPT上呈现的内容，同时快速思考和按下按钮。关于四位名人A班学生抢答对了两位，B班学生抢答对了两位。这样既复习了已学内容，活跃了气氛，调动学生的积极性和激发他们的兴趣，又引出女主人公罗莎琳·富兰克林，为学生熟悉文本的主题和阅读文本做准备。

2. 拖拽匹配，落实文本阅读

（1）略读环节：学生在两分钟内快速阅读文本，思考文章的类型并概括主要内容。然后同桌交流主要内容的概括，并邀请 A 班和 B 班各一位学生在全班分享。

（2）寻读环节：学生在 3 分钟内仔细阅读文本，对照 A 平台黑板上的主要时间和事件圈画出重要信息，邀请 A 班一位学生到黑板上，根据呈现出罗莎琳·富兰克林的生平时间轴，如图 2 所示，完成主要时间和事件的配对。再邀请 B 班一位学生来评价，其余学生都可补充评价和纠正。这样既让学生对人物的生平和事迹更为了解和熟悉，同时也通过拖拽增加趣味性和互动性。

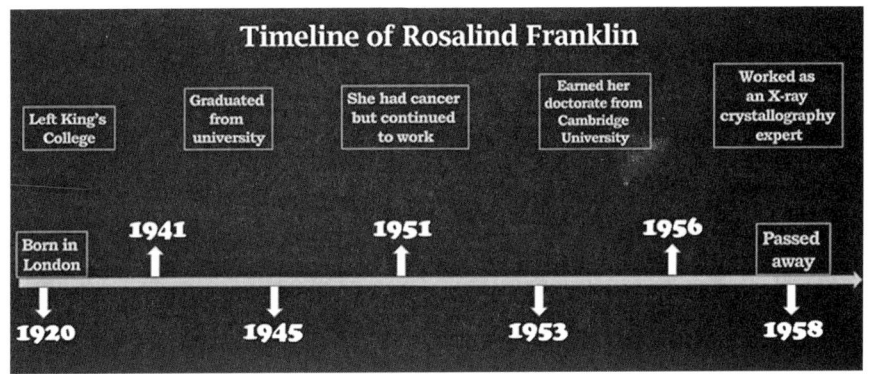

图 2　生平时间轴

3. 差异探究，互动合作提升

深度思考环节：学生再次细读第二段到第六段，针对不同组别的学生，设计了不同的任务。

A 组：学案上完成女主人公遭遇的困难，具体内容如表 1 所示。

Group A：What difficulties Franklin faced

Fill in the table by finding the key information in the text

表 1　女科学家遭遇的困难

	Difficulties
In the family	Her father's _____
In the king's college London	Her efforts at work often _____ Women in the field of science _____ Women could _____ with the male scientist Women were _____ in after-work discussion As the only female on the DNA project, she _____ Three male scientists _____ of her data and _____ based on her photograph.
After leaving king's college	Sadly, she found _____ The three male who took advantage of her data won a Noble Prize but she _____

重 塑

B 组：学案上完成女主人公如何应对困难。具体内容如下。

Group B：How Franklin dealt with the difficulties

Fill in the blanks by finding the key information in the text

Over the course of Rosalind Franklin's career, she _____ for science. At the age of 15, Rosalind Franklin knew that she wanted to be _____. In 1941 she _____ university and _____ from Cambridge University in 1945 despite the fact that her father disapproved higher education for women. Besides she _____ called X-ray crystallography. At King's College London, she worked alone, but her skills and her _____ had resulted in the famous image-photograph 51. After three male scientists published their model of DNA based on her photograph, she _____ and _____ on viruses. After she was diagnosed with cancer, she _____. In all, in face of gender inequality and difficulties, she never _____ and _____ head-on.

C 组：学案上提炼女主人公的品格，并用事实去支撑。具体内容如表 2 所示。

Group Three：What qualities Franklin had as a scientist

List the qualities that Rosalind Franklin had and find evidence from the text. An example is given.

表 2 观点和事实

Qualities	Evidence
persistent	Franklin found she had a cancer but she continued to work until her death in 1958.

这三组任务活动的内容是紧密相关，由易到难，逐层推进，对学生的能力要求也是不断增加。这样既让学生对文章内容有了更深的掌握，又对学生思维品质进行锻炼和提升。具体为：两个班学生在 5 分钟内细读第二段到第六段，并独立完成学案上对应部分的任务。完成好后，学生拍照上传到平台。对于 A 组拍照上传的答案，A 班教师在 A、B 班的 A 组里各选择一位学生的答案，进行对比展示和评价。对于 B 组拍照上传的答案，展示 A 班学生的学案，邀请 B 班 B 组学生进行评价和纠错，其余学生可补充。对于 C 组拍照上传的答案，展示 A 班和 B 班各一位学生的，随机邀请两个班 C 组学生进行评价和纠错，教师补充。

4. 揣摩词句，探究作者情感

文章最后两段作者虽然没有直接表明其对罗莎琳·富兰克林的情感和态度，但是却通过一些词句体现出来。因此让学生仔细阅读最后两段，引导学生思考作者的情感，并圈画出其认为能体现作者情感的关键词句。邀请 A 班和 B 班各两位学生用平板在 A 平台的黑板上进行同屏圈画,其余学生在课本上圈画。然后让学生说一说其圈画的词组体现出作者的何种情感。其余学生可以补充和评价。

5. 以读促写,小组互评

(1) 读后环节

① 小组讨论:在阅读学案上和黑板上呈现关于海伦·凯勒的事实信息,然后小组讨论她的品质和观点,由小组组长将小组讨论后的观点和支撑的细节写成一段话。利用A平台的小组讨论功能,平台上会显示两个班级学生的写作过程,教师也可以随时进入每个组里查看他们讨论和写作的情况,利用给定的海伦·凯勒的事实信息,提炼品格和观点,并整合事实信息去支撑。

② 小组 Presentation:各小组在A平台上进行展示,分享小组讨论成果。最后教师随机选取两个班的写作内容,让两个班根据给出的写作评价清单,互相评价和互相借鉴。

(2) 作业环节:修改课堂上所写的语段,用自己的话复述本篇文章。

(三) 课后:基于评价,个性辅导

课堂结束后,A班主教和B班助教通过回看课堂教学视频,进行教学反思和改进。同时对学生在课上上传的课堂生成性的内容进行批改,基于学生的个别化问题进行课后个别化辅导。

三、教学特色与反思

本节课将人物传记的阅读与科学精神的培养相结合,通过深入挖掘罗莎琳·富兰克林的生平经历和科学成就,引导学生思考科学家在面对困难和挑战时的应对方式,从而培养学生坚韧不拔和直面挑战的精神。从课堂表现和学生反馈来看,教学目标得到了有效达成。此外,本节课还注重培养学生的信息素养和批判性思维能力,通过区分观点和事实的活动,让学生学会独立思考和判断。

本节课通过跨班分组的形式,结合 Classin 平台的技术支持,首次实现了在两个班同时开展阅读专题课。使不同层次的学生都能有所收获,实现差异化教学。本节课利用A平台进行线上线下融合的跨班分组,充分利用了数字技术的优势。教学内容以罗莎琳·富兰克林的人物传记为核心,通过快速阅读、分组完成任务、细读文章和拓展活动等多种形式,使学生深入理解了文本内容,提炼了人物品质,区分了观点和事实。这种融合不仅提高了教学效率,也增强了学生的学习体验。

本节课整体上取得了良好的教学效果,充分展示了技术与教学的融合优势,培养了学生的阅读能力和科学精神,但也存在一些不足之处。例如,在细读文章环节,部分学生可能存在理解困难,需要教师提供更多的指导和支持。针对这一问题,建议教师在课前进行充分的准备,设计更加详细的教学步骤和问题引导,以确保学生能够顺利理解文本内容。同时,教师也可以鼓励学生利用课余时间自主搜索其他女性科学家的故事,拓宽学生的知识视野,培养他们的自主学习能力和探索精神。此外,这种线上线下融合的跨班分组课,如何让助教的作用发挥出来,主教和助教的分工和作用如何明确也是需要进一步思考和探索的。

多模态教学下的信息技术教学重塑
——以智慧笔应用为例

乐晓茜

信息技术的飞速发展,教学方式和手段也在不断革新。多模态教学作为一种新兴的教学方式,在 21 世纪初被引入中国,进入 21 世纪第二个十年,多模态教学在中国进入了创新应用阶段。随着人工智能、大数据、云计算等技术的快速发展,多模态教学在教育领域的应用更加深入和广泛。智慧笔的出现,让学生不改变传统的书写习惯,但能通过"闵智作业"平台实时记录数据,利用大数据技术分析行为,通过结合多种感官通道和教学媒介,为教学带来了全新的可能性。智慧笔作为信息技术教育领域的创新工具,作为一种结合了传统笔的书写功能和现代科技的智能产品,为教育带来了全新的可能性和活力,为教学提供了更多的互动性和个性化支持。本文旨在以智慧笔的应用为例,探讨多模态教学在信息技术教学中的应用及对教学过程的重塑。

一、多模态教学的理论基础

基于人本主义学习理论和建构主义的多模态教学,强调学生的主观能动性和主动性。利用多种感官通道和教学媒介,这些感知通道主要包括视觉、听觉、触觉、嗅觉等。教师在教学过程中利用多种感知通道(即多种感官)来设计、组合和教授知识的教学方法,从而能够激发学生的学习兴趣,提高学习效果。从现有文献来看,多模态理论下的教学对于增强学生的记忆力和理解能力,特别是在文科学习如英语、历史学科优势明显、在文化理解等方面表现出显著优势。信息技术学科综合性较强,既有对记忆的要求,又有较强的逻辑链,也就是学科的核心概念,计算思维能力的要求。美国教育学家霍华德·加德纳多元智能理论认为人类的智能是多元化的,不仅仅局限于语言能力和数理逻辑能力,多元的综合能力才是教育的目的。信息技术学科的核心素养包括信息意识、计算思维、数字化学习与创新和信息社会责任。将核心素养与多元智能相结合,如图 1 所示。在八种智能中,最基础的仍是言语语言智能和逻辑数学智能,以及自我交往智能和人际交往智能。因此在教学过程中可通过视觉、听觉和触觉充分调动学生的积极性。智慧笔作为多模态教学的一种重要工具,同传统的教学通道相比,多了触觉通道,通过实时记录、分析和反馈学生的学习情况,为教学提供了更加精准和个性化的支持。

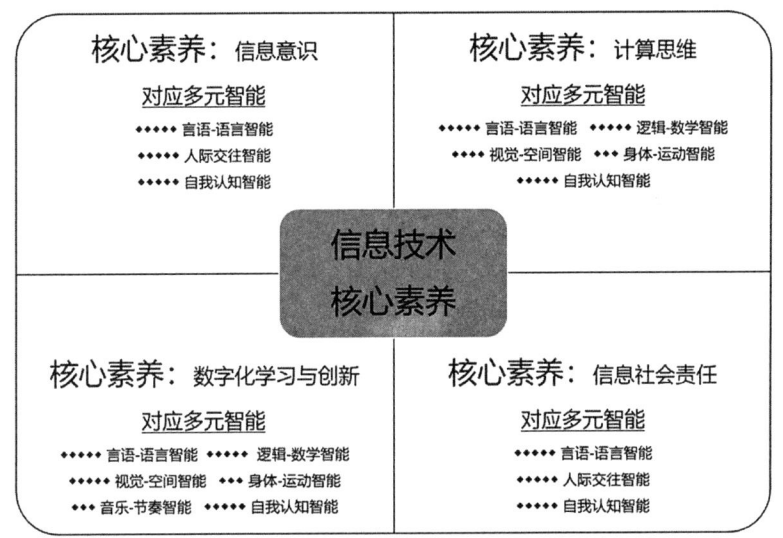

图 1　核心素养与多元智能对应关系

二、智慧笔在信息技术多模态教学中的应用

（一）实时互动与反馈

智慧笔能够实时记录学生的书写轨迹和速度,为教师提供学生的学习进度和困难点的即时反馈。课堂上教师可根据教学进度和内容随时开启智慧笔的答题环节,如图2所示,用"练习册"的功能,让全体学生互动回答。教师可以根据这些数据调整教学策略和节奏,提供更具有针对性的指导。同时,学生也能通过智慧笔即时了解自己的学习状况,查看答题速度、掌握是否有较大的学习偏差,进行自我调整和反思。

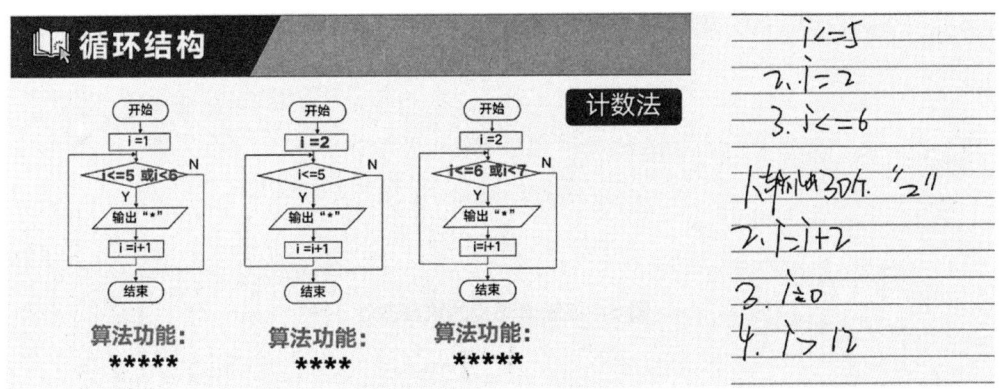

图 2　智慧笔实时记录学生情况

（二）创设真实的学习情境

通过智慧笔，教师可以设计更具真实性的学习情境和任务。例如，在算法教学过程中，学生用智慧笔代替传统水笔在练习本绘制程序流程图，与教师双向互动，如图 3 所示，实现编程思路的可视化。在学习编程之初，错误是不可避免的，通过智慧笔，充分调动触觉、听觉、视觉等感官，营造互动的良好氛围，帮助学生消除对难点学习的恐惧感。为了构建一个积极且互动的学习环境，在闵智作业平台的支持下，实时的纠错与试错，能减轻学生学习编程难点时的紧张情绪。通过这种互动的学习方法，学生能够更加细致地探索编程的各个环节，从而显著增强他们的学习成效。课堂随时交流的氛围又促进了学生自主、合作、交流，即使一节课上能站起来回答教师问题的学生仅 10 位左右，借助智慧笔的互动形式，其互动率也达到了 100%，而且综合能力提升不限于听觉、视觉和触觉通道，多模态的方式能促进其多种能力的提高和发展。

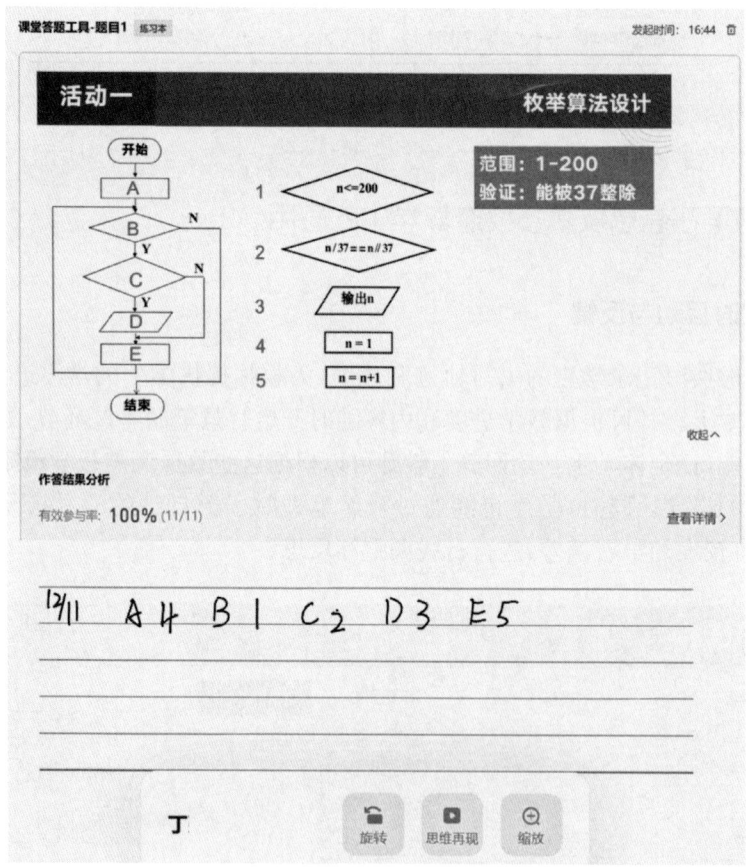

图 3　智慧笔支持的编程教学

（三）个性化学习支持

在信息技术学科中，智慧笔作为一种学习工具，能够结合学生的学习数据和偏好，为他们提供个性化的学习支持。通过分析学生的作业记录、课堂表现以及测评结果,智慧笔可以准确评估学生的学习能力和了解兴趣点。基于这些数据,智慧笔能够智能推荐适合学生的学习资源和任务,如适合他们难度的练习题目、符合他们兴趣爱好的学习材料等。

这种个性化学习支持极大地提升了学习效果。它不仅让学生能够在自己感兴趣的领域内深入学习,还能够确保学生在自己的能力范围内挑战自我,避免过难或过易的学习内容对学习效果产生负面影响。通过这种方式,智慧笔真正实现了因材施教,使每个学生都能在信息技术学科中取得最佳的学习成果。

三、信息技术学科在多模态教学中的应用

(一)以视觉为主导、触觉为辅的可视化教学

Python的数据分析与可视化教学是"双新"课改后的重要亮点,内容新,编码多,对学生而言学习略有困难。智慧笔书写思维过程,Pandas库和Matplotlib库实现可视化,两者共同帮助学生创建和操作各种数据可视化图表。可视化方法能将复杂的编程逻辑直观地展现出来,大大降低学生的学习难度。学生可以使用智慧笔在图表上进行标注和解释,从而深入理解数据之间的关系和规律。

特别是对于Python编程语言的学习,在这种教学模式下,智慧笔作为一种先进的工具,先厘清思路,后与可视化软件紧密结合。出现错误记录其问题,并不断修改和总结。学生不仅能够通过软件创建和操作各种数据可视化图表,如柱状图、折线图、散点图等,还能够利用智慧笔直接在图表上进行标注和解释。这种以视觉为主导、触觉为辅的教学方式,让学生能够直观地看到数据的变化趋势,理解数据之间的关系和规律。通过智慧笔和可视化软件的结合,学生能够更加高效地学习Python编程语言,掌握数据分析的技能,为未来的学习和工作打下坚实的基础。

(二)以听觉为主导、触觉为辅的图像声音概念教学

在图像声音概念教学中,引入了"听觉为主导、触觉为辅"的教学方法,特别是在教授图像声音容量计算时,这一方法显得尤为重要(见图4)。想象一下,学生手握智慧笔,通过它不仅能记录文字,还能通过听平台播放的声音感受声波的振动,理解模拟量转换数字量的过程,这种触觉的辅助使学生更加沉浸于学习之中。

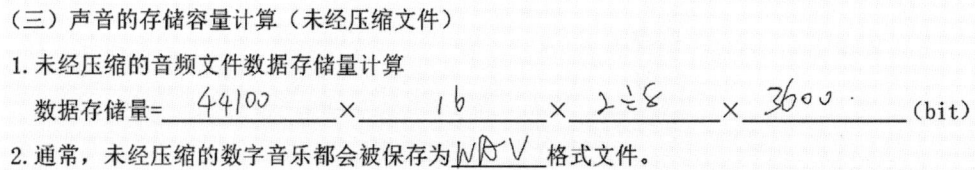

(三)声音的存储容量计算(未经压缩文件)

1. 未经压缩的音频文件数据存储量计算

数据存储量= ___44100___ × ___16___ × ___2±8___ × ___3600___ (bit)

2. 通常,未经压缩的数字音乐都会被保存为 ___WAV___ 格式文件。

图4 智慧笔支持的声音容量教学

重 塑

在教授图像声音容量计算时,智慧笔可以帮助学生实时记录计算过程和结果,提供即时的反馈和指导。通过智慧笔,学生可以更加直观地了解不同格式和分辨率的图像声音文件所占用的存储空间,从而掌握容量计算的方法和技巧。

在教学过程中,我们利用智慧笔的实时记录功能,帮助学生详细记录图像声音文件的容量计算过程和结果。每当学生在计算中遇到难题时,智慧笔都能即时提供反馈和指导,帮助他们迅速找到解决问题的方法。通过这种方式,学生不仅能够掌握容量计算的方法和技巧,还能深刻理解不同格式和分辨率的图像声音文件所占用的存储空间。

(三)以视觉为主导、听觉为辅的信息系统教学

信息系统的内容理解不难,不过概念较多,将大段的文字变为视觉的图片有效帮助学生快速掌握这些概念,借助智慧笔,让学生绘制信息系统的概念图,梳理信息系统的知识点,建立概念之间的相互联系。此外,教师还可以利用智慧笔进行案例分析和角色扮演等教学活动,使学生在实际操作中掌握信息系统的应用和管理技能。在信息系统教学中,视觉的主导作用被充分发挥,而听觉则作为辅助手段,共同构建了一个生动且高效的学习环境。智慧笔作为这一教学模式中的关键工具,为学生提供了绘制信息系统结构图和流程图的便利。

学生通过智慧笔,可以直观地绘制出信息系统的各个组成部分,如数据库、服务器、用户界面等,如图 5 所示。这些精心绘制的图表不仅帮助学生加深了理论知识的理解,还为他们提供了实践操作的参考。

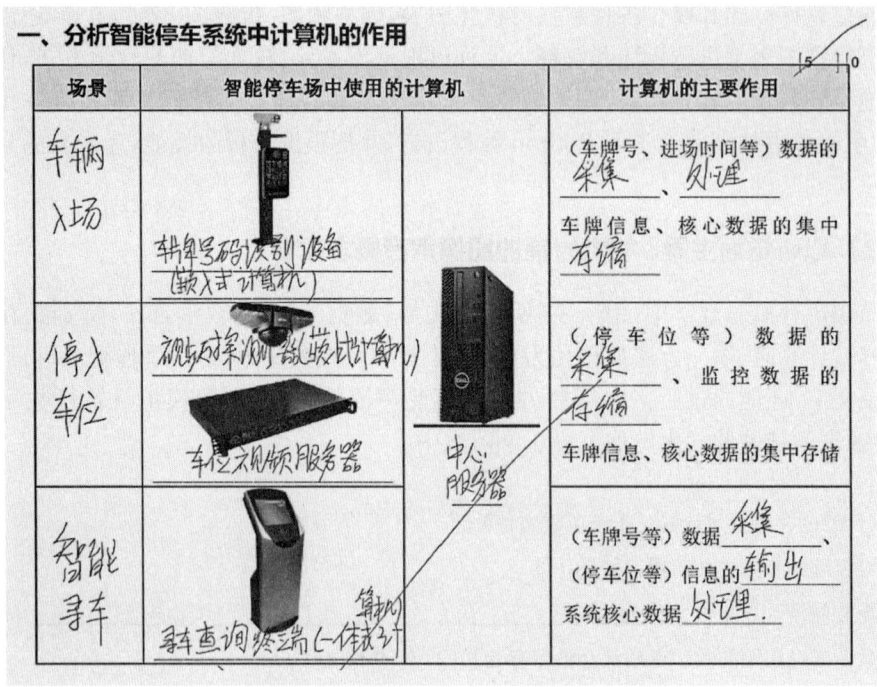

图 5 智慧笔支持下的信息系统教学

除了绘制图表,在案例分析中,教师引导学生分析实际的信息系统案例,通过视觉化的图表展示案例的复杂性和关键点,同时结合听觉的讲解,使学生更深入地理解信息系统的应用和管理技能。在角色扮演中,学生模拟信息系统的不同角色,通过实际操作体验信息系统的运作过程,进一步巩固所学知识。

这种以视觉为主导、听觉为辅的信息系统教学模式,不仅提高了学生的学习效果,还激发了他们对信息技术的兴趣和热情。

(四)充分调动五感的算法教学

算法教学无论使用旧教材还是新教材,永远是经典内容,也是学生永远的痛点。痛点就要用"蒙药"。充分调动学生的五感——视觉、听觉、触觉、嗅觉和味觉,其中嗅觉和味觉可以理解为"感受"和"领悟"的隐喻。调动血液中的每个细胞,律动课堂,力求在轻松的氛围中学。当然在五感之中,仍然以视觉和听觉为主导的教学方式,能够极大地提升学生的算法理解和应用能力。

智慧笔作为这一教学过程中的得力助手,能够帮助学生实时绘制算法流程图,将抽象的算法逻辑转化为直观的图形化展示。学生边思考边绘制流程图,编写伪代码,在教师的引导和同伴的互助下,加深印象,理解算法的执行过程,也逐步提高逻辑思维能力和操作能力。

与此同时,教师可以利用智慧笔进行算法演示和讲解。通过动画和声音等模态信息的加入,学生能够在视觉和听觉的双重刺激下,更加直观地感受到算法的原理和应用。这种教育策略极大地提升了算法的教学吸引力,使得原本看似抽象的概念变得栩栩如生、引人入胜。它不仅极大地激发了学生的学习热情,也促进了他们的学习动力。通过全方位的调动学生的感官体验,算法教学被赋予了更加多样化和立体化的特点。在这样的学习环境中,学生不仅能够轻松地掌握算法的核心知识和技能,而且他们的创新思维和应对挑战的能力也得到了显著的增强。

四、结论与展望

本文以智慧笔应用为例,探讨了多模态教学在信息技术教学中的应用及对教学过程的重塑。结果表明,多模态教学结合智慧笔的应用能够有效提升学生的学习兴趣和效果,对传统信息技术教学模式进行了有益的重塑。然而,如何更好地发挥智慧笔在多模态教学中的作用,以及如何将其与其他教学工具和资源进行有效整合,仍是未来研究需要关注的问题。随着技术的不断进步和教育的不断创新,相信多模态教学和智慧笔的应用将为信息技术教学带来更多的可能性和机遇。

高中思想政治直播教学的实践与思考

林秀梅

新时代背景下,随着信息技术的迅猛发展,线上线下融合教学正逐渐成为教育领域的新常态。我校作为一所信息技术特色学校,线上线下融合的途径多样,其中直播教学作为一种灵活、便捷的学习方式,应用较为普遍。为更有效地落实"双减"政策,贯彻立德树人根本任务,笔者积极实践,探索高中思想政治课直播教学模式,把传统课堂教学的优势和线上教学的优势融合起来,减负增效,促进学生发展。

一、直播教学的适应场景

直播教学是一种借助移动互联网和直播平台开展的新型教育模式,以学习者为中心,以共享共生为理念,实现知识共享与知识创造。相比传统课堂教学和在线课程教学,直播教学具有虚实融合的特征,既支持在线虚拟互动,也具有课堂教学的真实感。在传统的教学模式中,学生和教师必须面对面,受到地域和时间的限制。而直播教学通过互联网技术,实现了跨越时空的教学,学生可以在任何时间、任何地点借助网络通过电脑或其他移动设备进行学习。直播教学具有广泛的应用场景,可以满足学生不同场景下多样化、个性化的学习需求。日常的直播教学场景通常有以下三种。

(一)居家学生线上学习

在传染病多发的季节,常有学生因病不能到校,传统模式下这部分学生缺勤缺课,会错过部分内容的学习,甚至对后续学习造成一定的影响。直播教学模式下,类似情况则不复存在。居家学习的学生和其他因故未到校的学生可以通过直播教学,和学校里的学生同时同步学习,完整参与教学过程,有效完成学习任务。

(二)教师跨班融合教学

传统教学模式中,一位教师只能在一间教室、一个场所面对特定的一群学生进行教学。直播教学则可以在空间和对象上大大延展。期中或期末进行大单元教学复习或师资不足需要多个班级统一教学时,教师可以选择在一个教室直播,其他教学班的学生在各自教室统一收看或者通过各自持有的移动设备参与即时收看与学习,提高教与学的效率。

(三)分层虚拟走班教学

不打破行政班级结构的虚拟"班级",利用作业、测试及直播系统,在统一测评、流水批阅、精准备课的基础上,通过教学过程数据应用智能化分析,虚拟分层;多位教师同时进行不同层次的教学,学生在原有知识经验基础上,根据自我定位和发展需求,自主选择分层后的虚拟班级开展线上学习。学生自主动态流动,满足大规模因材施教的差异化教学和个性化学习。

二、直播教学的探索实践

（一）课前导学，明晰学习目标

课前导学是直播教学中至关重要的一个环节,它旨在帮助学生提前了解本节课的相关内容,明晰学习目标,从而更有针对性地进行学习。课前导学有助于提高直播教学的质量和效果,增强学生的学习体验和满意度。课前导学的实施方式多种多样,教师可以根据自己的教学需求和学生的特点来选择适合的方式。

（1）发布导学材料。教师可以在教学平台上提前发布与本节课相关的导学材料,如预习课件、学习指南、学案等,要求学生自觉开展自主预习,对所学内容有一个初步认识和理解,为课堂学习打下基础。导学内容要简洁明了,突出重点,避免过于冗长和复杂,以免给学生带来不必要的负担。

（2）设置预习问题。教师可以设置一些与本节课相关的预习问题,引导学生主动思考和探索,激发他们的学习兴趣和好奇心,促进学生自主学习、协作学习。导学目标要具体可行,教师要根据本节课的教学目标和学生的实际情况,制定具体可行的导学目标,帮助学生明确自己的学习方向和任务。

（3）开展在线讨论。教师可以利用在线学习平台或社交媒体开展预习讨论,鼓励学生提出自己的想法和疑问,与教师和同学进行互动交流。教师要鼓励学生积极参与课前导学的各项活动,激发他们的学习主动性和创造性,为接下来的学习打下良好的基础,避免课前导学流于形式。

（二）课中互动，提高教学实效

直播教学与传统线下教学一样,主体是学生,教师要充分发挥主导作用,保证学生的主体地位。在直播教学中,要通过多个环节各种方式充分促进师生互动、生生互动,营造生动高效的课堂,实现有价值的学习和感悟。

（1）充分运用平台功能。在直播教学过程中,教师要全面利用计时器、随机点名、弹幕、连麦、答题器、快速测试、讨论区等平台功能,积极组织发动学生全员全过程参与,力争让每一个学生都有参与感,提高互动的针对性和有效性,增强学生课堂学习的获得感。

（2）保持师生紧密联系。教学过程中,教师要通过各种方式时刻保持与线上学生的紧密联系,可以随时向学生抛出各种问题,使师生一直保持在积极的交流互动状态中,学生始终跟随教师的教学节奏,减少线上学生隔着屏幕的疏离感,实现线上线下的高度融合。在"我国的国家机构"课时教学中,笔者给学生抛出一个问题"国务院拥有一定的立法权,它也是立法机关,这句话正确与否?"。线下学生即刻回答,线上学生纷纷在讨论区输入 T 或者 F 进行回答。在快速有效的参与中,教师对学生知识理解情况的了解快速而真实。

（3）适时调整教学策略。直播教学中，通过各种互动环节的设置，在与学生线上线下的实时互动中，教师可以根据学生的反馈和表现，及时调整教学策略和方法，使教学更加贴近学生的实际需求。直播教学中的互动方式也让许多不喜欢或不敢表达的学生克服了传统课堂上可能存在的羞怯感或紧张感，可以自由、大胆地参与课堂互动，有利于激发他们的学习潜力和能量，获得学习上的进步。

（三）课后跟踪，做好查漏补缺

课后跟踪与查漏补缺是直播教学中至关重要的环节，通过这两个环节的有机结合，教师可以更好地了解学生的学习状况和需求，提供有针对性的指导和帮助，对于提升学生的学习效果、巩固所学知识以及确保教学质量具有重要作用。

（1）课后跟踪掌握学习情况。课后跟踪的主要目的是了解学生在课堂上的学习情况以及掌握程度。利用在线学习平台或学习管理系统，通过课后作业、在线测试或问卷调查等方式，教师可以收集学生的学习数据，分析他们在学习中存在的问题和困难。这种跟踪不仅有助于教师及时了解学生的学习状况，还能为后续的查漏补缺提供有针对性的指导。

（2）查漏补缺解决存在问题。教师需要针对学生在课后跟踪中暴露出的问题进行有针对性地解决。这包括对学生普遍存在的难点进行讲解和强调，对个别学生的特殊问题进行单独辅导，通过补充资料和练习来巩固学生的薄弱环节。此外，教师还可以根据学生的学习进度和兴趣，提供个性化的学习建议和资源，帮助他们更好地掌握知识。

三、直播教学的思考

（一）坚持与时俱进，提升综合能力

直播教学中，教学场景变了，教师面对的不仅仅只是摄像头、话筒、网络平台和学生，更重要的，它是一种全新的、现代化的教与学的生态，要摆脱传统课堂教学方式的束缚，就要求新、求变、求通，提升直播教学的能力。

（1）熟练掌握相关平台技术。直播教学的成功与否与教师对技术的掌握运用程度密切相关。如果技术不熟练、平台功能不熟悉，再扎实的教学功底也无法展现，再好的教学组织也无法实现，教学过程将是割裂的、凌乱的，甚至是无序的。教师一定要在技术加持的基础上，充分发挥自身的教学能动性，在"用"中学，学中"变"，变中"胜"。

（2）紧跟时代更新内容方法。在传统的课堂教学中，教师往往以讲授为主，学生被动接受知识。而直播教学则可以利用网络平台，挖掘丰富的多媒体资源，引入更多的互动元素，为学生呈现丰富多彩的学习内容，拓展学生的学习空间。同时，教师还应根据学生的学习进度和反馈，及时调整教学，确保教学效果的最优化。

（二）立足核心素养，设计有效活动

学科核心素养是学科育人价值的集中体现，是学生通过学科学习而逐步形成的正确价

值观、必备品格和关键能力。思想政治课的学科核心素养,主要包括政治认同、科学精神、法治意识和公共参与,这些核心素养对于学生的全面发展、终身学习和未来社会适应能力具有重要意义。因此,在直播教学中,我们应当以核心素养为导向,设计教学活动。

(1) 紧扣课标的核心要求。高中思想政治课是落实立德树人根本任务的关键性课程。教师必须在充分研读课程标准的基础上,明确课程目标,按照核心素养培养要求,高效组织教学过程,教学内容设计做到"严密、务实、有趣",教学节奏做到"适切、精准、到位",教学环节做到"紧扣、明确、全面",使学生可以有效接收教学内容,达到"愿学、好学、会学"的效果。直播教学中,在关注"知识量"传输的同时,还要重视学生"知识力"的提升,不断优化和完善教学活动设计,为学生的全面发展提供有力支持。

(2) 培养学生的综合能力。根据学生的兴趣爱好、学习水平等因素,设计符合他们认知特点的教学活动。根据高中生的特点,设计一些具有挑战性的问题探究,培养学生的批判性思维和创新能力。如在"建设现代化经济体系"教学中,笔者设置问题:如何看待现代金融的蓬勃发展?金融与实体经济的关系是什么?为什么现代金融要服务于实体经济?让学生在交流中碰撞思想、拓展视野。线上线下学生通过充分的辨析和辩论,明确了实体经济是一国经济的立身之本,是国家强盛的重要支柱。

(三) 关注学生情感,引导个性发展

在直播教学中,关注学生情感是至关重要的。学生的情感状态直接影响到他们的学习积极性和学习效果。因此,教师在直播教学过程中需要特别关注学生的情感变化,并采取相应的措施来积极引导和调节。

(1) 营造温馨积极的课堂氛围。教师要设法提高自身直播教学的魅力和感染力,如大方得体的教学形象、亲切柔和的教学仪态、生动简练的教学语言,甚至直播教学环境的选择等,都非常重要,可以激发学生的学习兴趣。同时,教师可以通过设计有趣的教学内容、采用生动的教学方式来提高他们的学习积极性。

(2) 关注不同学生的个性差异。教师在直播教学中要尽可能地了解每个学生的情况,包括他们的学习习惯、学习方法、学习效果等,关注学生的心理健康。对于学习上遇到困难的学生,教师要给予更多的关注和支持,通过私信、电话等方式与他们保持联系,了解他们的学习情况,及时给予帮助和指导。

(3) 增强学生学习的情感体验。00后作为"互联网+"的一代,他们习惯且倾向于网络交流的方式,课堂上教师可以通过设置一些小组讨论、角色扮演等互动活动,让学生在参与中感受到学习的乐趣和成就感。同时,教师还可以通过点赞、鼓励等方式来表达对学生的认可和赞赏,增强他们的自信心。课后通过微信、QQ等经常性的关心关注、互动沟通更能激发他们的学习热情。

直播教学作为一种新型教育模式,已成为教学新常态。随着信息技术的快速发展,直播平台的不断完善,教师现代教育能力的日益提升,相信直播教学一定会逐渐羽翼丰满,成就美好的教育明天。

科技赋能双校联动,多元共享智慧互通
——以"《鸿门宴》人物形象思辨分析"为例

夏 敏

"双新"背景下,融合信息技术的新型教与学模式探索,成为每一位教师的必修课。本文以沪渝两地师生"鸿门宴"人物形象思辨分析课为例,阐述信息技术助力线上线下跨区域融合教学模式的实践与探索。本次课中,我校高一(4)班、高一(7)班为线上教学,重庆市广益中学高一(6)班为线下教学,笔者为主讲教师,广益中学陈军老师为联席教师。通过信息技术平台,沪渝两地三个班级在尺寸屏幕上无缝连接。

课堂上,教师和学生端屏幕最上方一行轮播我校每一位学生视频,下方窗口为数字黑板,黑板左侧播放课件等文档,右册上方呈现线下教室视频,其下方为线上教师视频或课堂板书(课堂教学中,板书可以拖拽至文档或视频后面任意区域)。视频、文档和板书三者层次分明,互不影响。当学生发言时,笔者可以通过平台的"视频头像移位与复位"功能,将该生从轮播区域移动到数字黑板区域,并可以放大其视频,从而增强课堂的现场感。以下笔者将从教学流程设计、教学环节分析以及教学反思小结三个方面具体展开。

一、教学流程设计

(一)教学内容的确立

《鸿门宴》(节选)是统编高中语文必修下册第一单元第三篇课文。本单元隶属于"思辨性阅读与表达"学习任务群。《鸿门宴》作为我国第一部纪传体通史《史记》中的经典篇目,人物形象鲜明丰满,特别是项羽和刘邦的形象耐人寻味。

本节课前已经完成《鸿门宴》重点词句疏通和情节梳理,学生基本熟悉了故事情节。通过信息技术平台"发布作业"功能,教师给学生布置了课前学习任务,包括课外阅读和片段写作:① 刘邦和项羽,你欣赏谁?请结合课文及课外阅读资料,给出有说服力的理由。② 请深入研读课文,做好批注点评。提示:抓住主要人物(刘邦、项羽)的语言、动作、神态等关键的细节描写,分析人物的心理及性格。课外阅读材料包括《史记·项羽本纪》、古今对项羽的评价、《史记·高祖本纪》和《史记·淮阴侯列传》。

从平台"作业数据"反馈来看,学生对项羽和刘邦形象的分析主要有以下两个问题:① 大部分学生脱离文本,给人物形象"贴标签";② 人物形象概括单一片面,感性思维强,理性思维弱。这与"阅读史传文,尝试理性评价历史叙述中体现的思想观念,认识历史人物和历史事件,树立正确的历史观"目标还有相当的距离。

因此,我们确定了本节课的主要学习任务:结合课文及课外阅读资料,围绕《鸿门宴》中项羽和刘邦这两个主要人物,培养人物形象思辨分析的意识,掌握人物形象思辨分析的方法,学习多角度阐述自己的观点。

(二)教学流程的设计

基于以上课堂主要教学任务,本节课拟通过线上线下多种形式的互动,激发两地学生对项羽和刘邦形象交流与探讨的欲望。本节课将从以下几个教学环节展开,如图1所示。

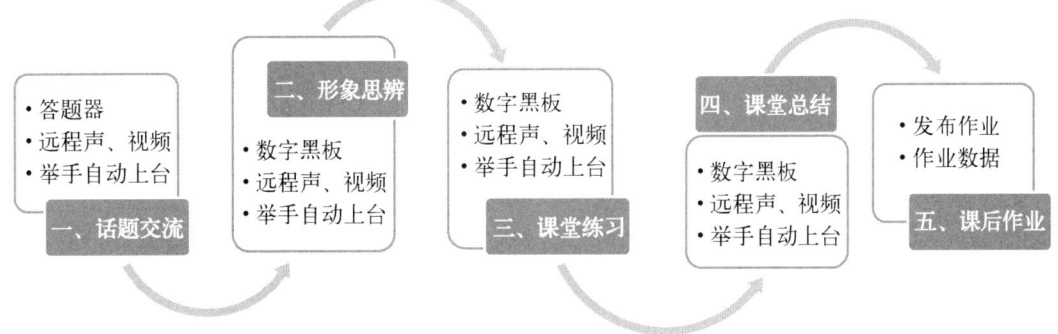

图1 课堂教学流程

二、教学环节分析

这一部分以课堂主要三个环节为例,具体阐释每一个环节的教学内容及信息技术如何助力课堂互动、智慧互通。

环节一:话题交流。首先课件展示话题内容:刘邦和项羽,你欣赏谁?请结合课文及课外阅读资料,给出有说服力的理由。

在这一环节,笔者用A代表刘邦,B代表项羽,发布"答题器"后,线上学生选择A或B。答题器自动统计线上学生的投票数据,如图2所示。线下学生通过远程声、视频,直接举手投票。通过观察,线下学生也是更多选择刘邦。由此可见,沪渝两地学生都欣赏刘邦。这一共性也引发了两地学生对彼此欣赏理由的好奇。

于是,笔者先请两校四位学生代表交错发言,阐释自己的欣赏理由,同时在数字黑板左侧呈现他们的手稿,在数字黑板右下方板书人物形象关键词,以激发更多的学生深入思考与课堂争鸣。学生发言完毕后,笔者点名表扬了两校其他课前片段写作很突出的学生,并指出佳作亮点,引导大家课后继续品读。

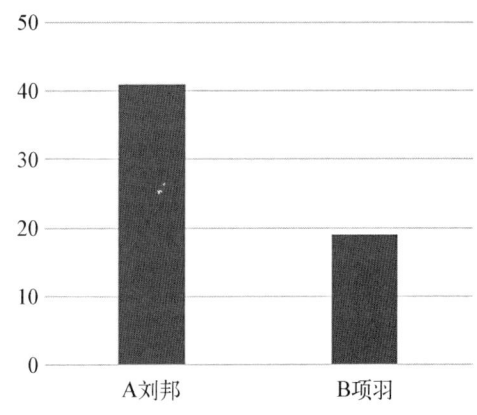

图2 线上学生投票数据

环节二：形象思辨。在这一环节，笔者以项羽形象为例，结合课文及课外阅读资料，从不同角度，深入辨析项羽形象。首先，笔者以表格形式给学生提供了一个思考支架。表格中列举了与项羽有关的重要事件和文本关键词，引导学生思考事件中体现的项羽形象，学生思考后进行课堂发言。

在师生共同交流的过程中，笔者板书人物形象关键词，并引导学生从项羽形象中提炼出分析项羽形象的两个角度——君王（成事）和英雄（成人），如图 3、图 4 所示。如此，引导学生对同一事件进行不同角度的思辨分析，在全面把握人物形象的基础上，理性地取舍，进而表达欣赏项羽的理由，而不是只看到事件中展示的人物形象的某一方面，就片面地表达观点。

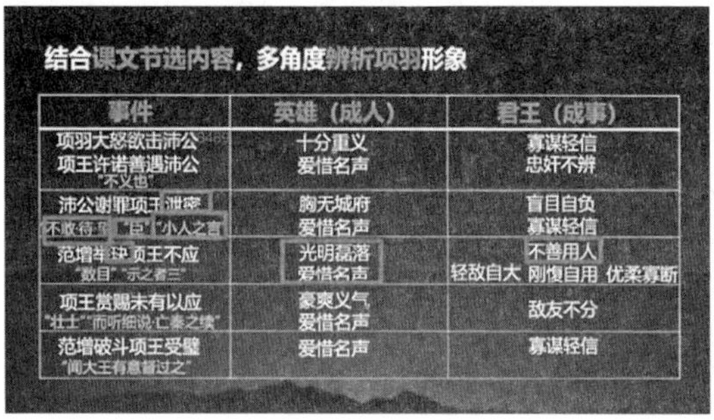
结合课文节选内容，多角度辨析项羽形象

事件	英雄（成人）	君王（成事）
项羽大怒欲击沛公 项王许诺善遇沛公 "不义也"	十分重义 爱惜名声	寡谋轻信 忠奸不辨
沛公谢罪项王泄密 "不敢倍德""臣""小人之言"	胸无城府 爱惜名声	盲目自负 寡谋轻信
范增举玦项王不应 "数目""示之者三"	光明磊落 爱惜名声	不善用人 轻敌自大 刚愎自用 优柔寡断
项王赏赐未有以应 "壮士""而听细说，亡秦之续"	豪爽义气 爱惜名声	敌友不分
范增破斗项王受璧 "闻大王有意督过之"	爱惜名声	寡谋轻信

图 3　结合课文内容，辨析项羽形象(2)

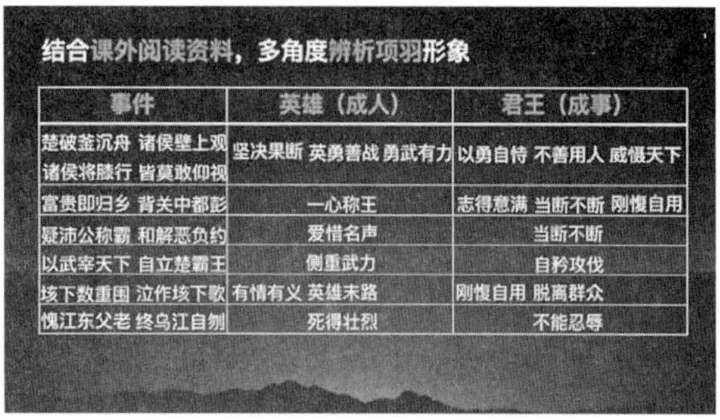
结合课外阅读资料，多角度辨析项羽形象

事件	英雄（成人）	君王（成事）
楚破釜沉舟 诸侯壁上观 诸侯将膝行 皆莫敢仰视	坚决果断 英勇善战 勇武有力	以勇自恃 不善用人 威慑天下
富贵即归乡 背关中都彭	一心称王	志得意满 当断不断 刚愎自用
疑沛公称霸 和解恶负约	爱惜名声	当断不断
以武宰天下 自立楚霸王	侧重武力	自矜攻伐
垓下数重围 泣作垓下歌	有情有义 英雄末路	刚愎自用 脱离群众
愧江东父老 终乌江自刎	死得壮烈	不能忍辱

图 4　结合课外内容，辨析项羽形象(2)

环节三：课堂练习。在这一环节，笔者以刘邦形象为例，结合课文及课外阅读资料，引导学生从不同角度，深入辨析刘邦形象。同上，笔者仍以表格形式给学生提供了一个思考支架，表格中列举了与刘邦有关的重要事件和文本关键词，引导学生思考事件中体现的刘邦形象，学生思考后进行课堂发言。这一环节以线下学生发言为主，线上学生进行补充。

在师生共同交流过程中，笔者板书人物形象关键词，并引导学生从刘邦形象中提炼出分析刘邦形象的两个角度——君王（成事）和英雄（成人），如图 5、图 6 所示。以刘邦形象思辨分析为例，引导学生在分析人物形象时，既要确定角度，同时也要关注人物在成事的不同阶段的形象变化。这就启发学生不能仅仅局限于课内节选文字，还要拓宽阅读视野，从整个人物传记中，以发展的眼光看待人物形象，从而理性地表达自己的欣赏理由。

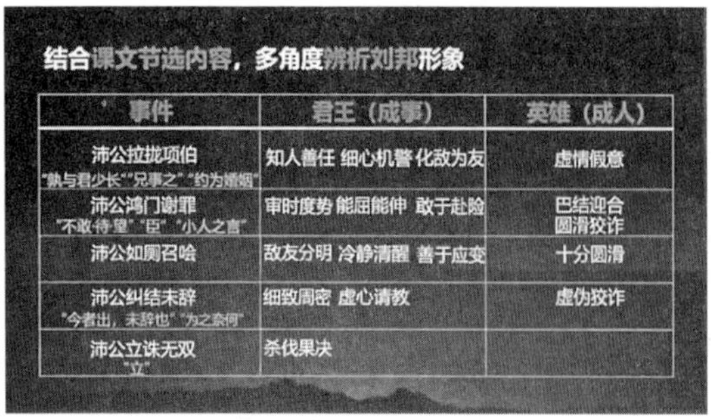
结合课文节选内容，多角度辨析刘邦形象

事件	君王（成事）	英雄（成人）
沛公拉拢项伯 "孰与君少长""兄事之""约为婚姻"	知人善任 细心机警 化敌为友	虚情假意
沛公鸿门谢罪 "不敢倍德""臣""小人之言"	审时度势 能屈能伸 敢于赴险	巴结迎合 圆滑狡诈
沛公如厕召哙	敌友分明 冷静清醒 善于应变	十分圆滑
沛公纠结未辞 "今者出，未辞也""为之奈何"	细致周密 虚心请教	虚伪狡诈
沛公立诛无双 "立"	杀伐果决	

图 5　结合课文内容，辨析刘邦形象(2)

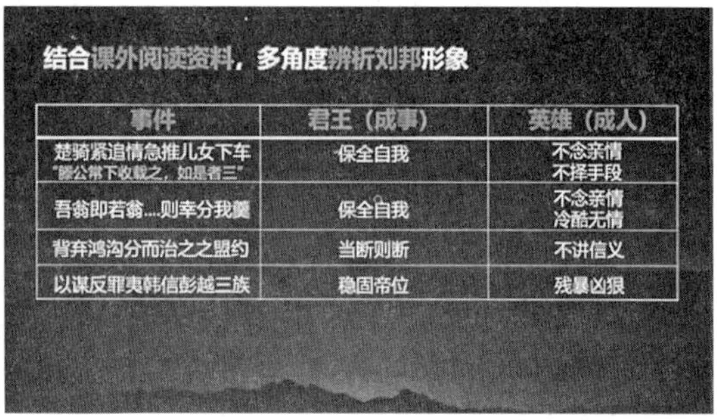
结合课外阅读资料，多角度辨析刘邦形象

事件	君王（成事）	英雄（成人）
楚骑紧追情急推儿女下车 "滕公常下收载之，如是者三"	保全自我	不念亲情 不择手段
吾翁即若翁……则幸分我羹	保全自我	不念亲情 冷酷无情
背弃鸿沟分而治之之盟约	当断则断	不讲信义
以谋反罪夷韩信彭越三族	稳固帝位	残暴凶狠

图 6　结合课外内容，辨析刘邦形象(2)

三、教学反思

（一）科技引领，智慧互通

通过信息技术平台，沪渝师生跨越千里之遥，相聚在云课堂。通过《鸿门宴》人物形象的辨析，共同探索"双校联动+线上线下融合"的教学模式。信息技术不仅让我们突破了沪渝两地的物理距离，更拉近了两地师生的心理距离，同时也将两地师生的智慧彼此交融。重庆市广益中学的陈军老师谦逊的为人品格、严谨的治学态度、丰富的教学经验、开阔的阅读视野以及精细的学生辅导，都给笔者留下了深刻的印象。

（二）数据驱动，精准教学

课堂教学任务从学生存在的问题出发，针对学生对人物形象的概括存在脱离文本与标签化的问题，写作时对同一事件展现的人物形象片面认识的问题，引导学生深入文本品味语言，学会在阐述理由时多角度全面把握人物形象后，理性地取舍，从而促进思维的发展，提升阅读的思辨力。

（三）三步五环，环环引领

本节课在实施过程中，践行了我校"学、问、思、辨、行"的教学理念。从课前发布"刘邦、项羽，你欣赏谁"的开放性学习任务，安排学生课前自主学习，到课堂线上、线下融合的生生、师生互动，合作研讨；再到课中的巩固提升，学以致用，充分发挥学生的主体作用和教师的引领作用。

（四）多读多思，见贤思齐

重庆市南岸区语文教研员傅文霄老师说："教师阅读的智慧，促进学生智慧地阅读。"陈军老师说："学生为什么不会思考？有两个因素：第一，我们没有进行系统的思维训练；第二，学生见识太少，没有材料支撑。"这堂课充分落实了新课程背景下"群文阅读"的课改理念。通过拓展《史记·项羽本纪》、古今对项羽的评价、《史记·高祖本纪》、《史记·淮阴侯列传》等课外阅读与课内文本形成互补阅读，共同完成对人物形象的思辨分析这一问题的探究。

学生反馈在完成片段写作过程中，广泛阅读课内外资料，开阔了视野。而课堂上聆听发言，特别是观看了广益中学发言学生的写作，感受到他们端正的学习态度、充实的写作内容、清晰的论述角度以及充分的理由阐述。课堂发言也提高了学生的口头表达能力，增强了思维理解能力，形成了多读书的意识和氛围。

（五）敏锐捕捉，促进争鸣

在今后的教学中，着重培养自身对课堂生成点的敏锐捕捉力，进一步促进课堂争鸣，让语文课堂更加充分地展现学生学习和思考的过程，从而充满活力与智慧。

利用"闵智作业"平台开展高中数学在线直播教学
——以"简单的指数方程"为例

范书娟

传统的课堂教学主要有三个环节：课前预习、课中教学、课后复习。虽然面对面的传统课堂教学可以较好地拉近师生之间的距离，保证互动的有效性，但是教学活动的互动方式有限、互动辐射不够广，无法确保所有学生都能参与互动，并且互动过程很难记录；同时在课堂上，如果有的学生没有听懂或者反应比较慢，就会跟不上教师的节奏，课后没有回放使得学生学习出现死循环。为了克服传统课堂教学的不足，同时考虑到居家的学生所面临的学习困境等，我校提出必要时期可以借助"闵智作业"平台进行在线直播教学。"闵智作业"平台可将市、区微课导入平台助力学生的课前预习，拓宽学生的视野。线上直播教学过程中，师生可以通过连麦、讨论区等有效互动，尤其是居家学生参与课堂互动，会给教学带来更多活力和激情。"闵智作业"平台通过大数据反馈学生的课后复习情况比较有科学性，能助力教师有针对性地进行教学。为了确保在线教学的质量，市、区、校组织技术专家作在线直播教学培训。本案例主要介绍基于"闵智作业"平台，以沪教版《数学》高一年级第二学期"简单的指数方程"为例，作在线直播教学实践探究。

一、在线直播教学的前期准备以及试播工作

为了确保在线教学的顺利开展，2021年2月初，我们首批"空中课堂"试播教师在技术人员的指导下，安装"闵智作业"直播软件，并组织学生下载学生端"闵智作业"APP，为在线上课做好课前准备。同时，试播教师利用临时课堂作课前调试，确保在线教学环节的稳定顺利进行。2023年，笔者开设一节"函数综合复习"的寒假作业辅导试播课，整个在线课堂学生积极互动，互动设备能充分调动学生的学习积极性，为后续的在线教学打下了良好的基础。那么，"闵智作业"平台是如何助力课前预习、课中在线教学以及课后反馈的？接下来，笔者将围绕"简单的指数方程"一课来介绍它的实用性和有效性。

二、闵智作业平台助力在线直播教学的有效性探究

课前预习时，教师利用区平台的微课资源，布置微课预习任务；学生利用手机APP观看微课，做好笔记，并完成课后练习。教师根据学生的预习以及课后练习的反馈情况，有针对性地对学生存在的问题在直播课堂作讲解。

课中借助"闵智作业"直播平台进行在线教学。备课过程中，首先上传课件，并可以在临时教室试课，从而确保在线课堂的顺利进行。直播平台中，有充分调动学生学习积极性的互

动工具,如抢答器、快速调查、计时器、答题器、连麦等,互动工具的使用能使得学生积极参与课堂,让在线教学与线下教学的互动尽可能达到一致,促进师生之间、生生之间的有效沟通。

在"简单的指数方程"一课中,利用快速调查互动工具可即时有效反馈学生是否听懂或者是否能听到教师说话这类非常简单的调查问卷,教师只需要发布一个非常简单的快速调查,条形图就能直观反馈结果,帮助教师有效地进行后续的教学。本节课中,为确保所有学生都能听到教师的讲话,保证在线教学的顺利进行,课前作了快速调查,数据及时反馈结果。课中利用答题器和抢答器调动学生的学习积极性,结合聊天区的互动,争取做到所有学生都能积极参与在线课堂。答题的在线测试数据结果能够即时反馈学生的学习情况,帮助教师了解学生对知识的掌握情况,针对学生存在的不足有针对性地作讲解。在线教学另一个更好的进行有效互动的方式是连麦,它能实现师生间面对面的交流,达到与课堂教学中的提问环节同样的效果,同时学生在视频的另一端也不会感觉到有压力,能够更加放松地回答问题,促进师生之间更好地互动。

课后复习时,与传统的课堂教学不同,在线教学能够记录学生以及教师的课堂行为。学生可以通过"闵智作业"APP根据自己的实际情况观看回放,同时在课堂学习中,如果学生来不及做笔记,也能通过截屏的方式快速保存自己不太明白的或者重要的知识点,课后可以作梳理,帮助学生复习。学生考勤方面,教师可以通过查阅后台数据,了解学生的迟到、早退以及课堂互动情况,帮助教师全方位地了解学生行为。

作业反馈方面,利用"闵智作业"网布置作业,学生可以通过"闵智作业"APP中的课后作业来完成。完成后,以图片的形式上传,教师端可以清楚地看到学生的完成情况,并进行批改,针对学生存在的问题可以圈画,并在评语处给出学生错误的原因,帮助学生订正(见图1)。闵智作业平台不仅提供便捷的作业批改方式,而且为作业讲评提供了数据支撑。作业讲评环节中,教师可以采用 PPT 模式或者网页模式作讲解,学生的得分情况会以条形图的形式展现,数据清晰,同时也会展现学生的作答情况。在讲评结束后,可以通过"举一反三"进行变式训练,巩固学生对知识点的掌握情况。

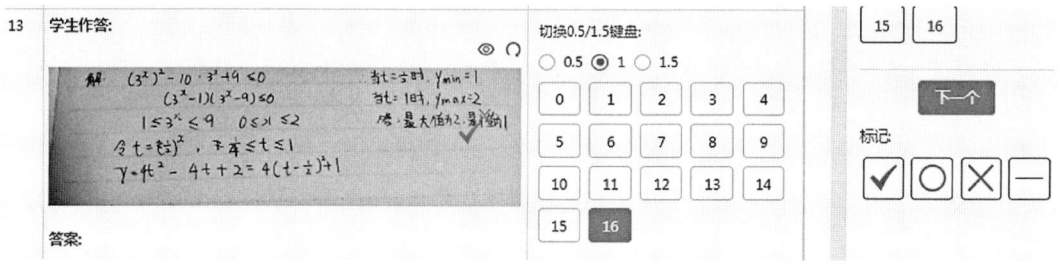

图1

三、基于"闵智作业"平台的在线直播教学的实践反思及建议

"闵智作业"平台可以有效地助力在线教学的顺利开展,不过它在实际的在线教学中也

依然存在一些可改进的地方。直播教学方面,虽然平台提供的互动工具能够使得师生之间进行有效的互动,但是就数学学科而言,很多问题并不是简单的选择或者给出答案就可以解决的。它的解题要有一定的过程,通过这一过程去发现学生存在的不足从而进行讲解,但是平台的互动区不能进行图片的上传;若能实现学生分组研讨并上传图片将探究结果在班级分享,一定能让在线教学更加丰满。另外在直播上课连麦学生的过程中,如果学生使用手机或者平板进行连麦,那么连麦成功后,连麦的这个学生就没办法看到教师端直播上课的内容,这对学生的思考以及回答会产生影响。当前,大多数学生都是使用手机或者平板进行在线学习,希望能够实现手机、平板端和电脑端一样的连麦效果,会更好地保证在线课堂的顺利进行。课后作业反馈方面,教师在作业批改完成后能批注学生存在的问题供学生做好订正,但是学生的订正情况并不能在平台得到及时的反馈。这就使得学生对知识的落实不够到位,致使知识点的掌握会出现问题,若能在课后作业部分增加订正功能,一定能更加有效地提升在线教学效果。

四、结语

利用"闵智作业"平台实现课前预习和课后复习,帮助教师做好学生考勤、课件准备以及作业发布等环节;同时利用直播间作为虚拟教师,进行在线教学,并使用互动工具进行有效互动,充分调动学生的积极性,促进学生的互动,学生的课后反馈也是非常积极的。在未来的教育中,课堂教学与在线教学的融合具有极大的优势,它可以实现学生自主学习和集体学习的有效融合,全面提高学生的学习效率和质量。

"双新"背景下高中数学教学方式的变革
——以"一元二次不等式的求解"为例

张朝霞

教材是学生学习和教师教授知识的重要载体。教师对教材的理解方式和理解水平直接影响教学模式和教学效果。2020学年上海市高中数学统一使用新教材,这就要求教师深入钻研教材,深刻挖掘教材的知识本质和内涵,对比新旧教材的异同,理解教材变革的意义,从而改变自己原有的教学设计和模式。

新环境指的是信息化已全面服务于人的生活,当然,作为教学主阵地的课堂也随着信息化的渗透而发生了重大变革。我们的新教材正是适应时代需求而诞生的。新环境和新教材必然引发课堂教学的变革。下面以"一元二次不等式的求解"为例,对新旧教材进行比较,探讨教学设计和模式的转变。

一、教情分析

一元二次不等式的求解是高中阶段非常重要的内容,它是后续知识学习的基础。本节课的掌握情况直接影响学生后续的数学学习。学生必须熟练并牢固掌握这部分内容,为今后的学习做好充分准备,因此它的地位非常重要。本节内容是在学生学习了集合的交、并、补运算、等式和不等式的性质及一元一次方程和不等式的求解之后进行的,学生已经有了解不等式的基础,已经具备进一步学习的能力。但是,学生的思维不够深刻,停留在表面的计算上。他们的思辨能力和逻辑推理能力都需要通过科学的引导逐步加强。那么,新旧教材的处理哪一种更有利于学生学习和理解呢?以下从学生和教师的角度探讨新旧教材的差异所带来的教与学的不同。

二、新旧教材对比

(一)引入方式相同

新旧教材对于这节课的引入基本相同,都是利用汽车的刹车距离和汽车速度之间的关系式建立二次不等式模型。只是数据不同,新教材注明了数据来源。这个模型贴近生活,学生容易理解且感兴趣。

(二)方法侧重不同

老教材中对一元二次不等式求解着重选用数形结合的方法,结合二次函数的图像看图求解,只对分类讨论的方法简单带过。而新教材则以分类讨论的方法为主,其中选用了两个例题:例3. 解不等式$(x-3)(x+1)>0$,例4. 解不等式$(x-1)(x+4)<0$,均延用初中数乘的知识,"同号得正,异号得负"分类求解。然后从这两个例题中总结规律,解集是取中间还是取两端的基本规律。对于给定的一元二次不等式,通过因式分解,然后类比例3和例4得出答案。现在我来分析一下上述两种方法的优缺点。

老教材数形结合的方法注重形象思维,学生脑海里有二次函数的图像就可以解题,并且对后续的学习解二次不等式恒成立的问题有很大帮助。弊端是学生对二次函数的图像掌握不牢固,对于高一学生甚至有部分学生不知道怎么看x和y的取值,对学习造成了一定困难,因此基本需要教师的详细讲解。这种方法侧重于教师的讲,可见老教材教师占主体地位。

新教材运用计算的方法,利用初中数乘的知识"同号得正,异号得负"的乘法运算法则,简单易懂,便于学生自学。难点是分类讨论和交并运算的选择,但都是前面刚学过的内容,学生在学习新知识的同时也巩固了前面的知识。新教材的处理强化了数学运算,既和初中求解一元一次不等式的方法一脉相承,又能很好地巩固集合交和并的概念。能够更好地培养学生逻辑推理、数学运算等方面的核心素养,这种方法更有利于学生自学。但是,新教材缺失了数形结合思想的渗透,对于高中数学,这一思想方法非常重要,需要后续加强渗透。

从课前诊断的结果看,学生确实可以自己完成基本知识点的学习,可见新教材更有利于学生自主学习。

(三)时代背景不同

时代在发展,手机已经渗透到我们生活的方方面面,如今已经基本到了人人离不开手机的时代。新时代的高中生不同于以往,他们都是在使用智能手机的环境下长大的,网络给生活和学习带来了很多便利,因此学生要会利用网络学习,要学会让技术为自己服务,这是新时代的要求。同时,信息时代也带来很多诱惑,学生要有强有力的自制能力去克服重重诱惑,筛选学习资源,让信息技术服务于自己的学习。

三、引发教学设计变革

鉴于以上原因,笔者摒弃以前的教学设计,重新设计了一元二次不等式的求解。上课实践后感觉效果尚可。

(一)课前用技术诊断,为课堂教学设计提供数据支撑

虽然教材的引入相同,但是教师的教学设计因时代背景和对教材的处理不同,可以有不同的设计。现在有了信息技术作支持,教师可以在课前作诊断,让学生预习并完成如下练习。

求解下列不等式:

1. $-3x+5>0$

2. $\begin{cases} x+5>0 \\ x-4<0 \end{cases}$

3. $(x+2)(x-3)>0$

4. $-5(x-4)(2x+7) \geqslant 0$

5.$3(2x+1)(5-x) \leqslant 0$

诊断结果：80%的学生能够正确解答上述题目，只是对题目的方法没有明确的思路，可见学生完全有自学本节内容的能力，教师只需要对一些概念性的知识点和方法进行梳理归纳即可，课堂上完全可以学习更复杂的一元二次不等式求解。得益于技术的帮助，教师可以充分了解学生现状，因此教学设计不是教师的预估，而是结合学生掌握的实际情况有针对性地设计教学，真正做到因材施教，有的放矢。同时课前学习资源的发送为学生自主学习提供了条件。

（二）课堂合作探究式学习，促进学生学习能力提升

新教材完全可以让学生自学，依据一元一次不等式的解法，和"同号得正，异号得负"的运算法则，学生通过分类讨论将二次不等式降级为一次不等式，问题得以解决，可以很好地培养学生的自学能力，教师只需要对现有知识点作梳理归纳。因此，课堂分三个环节，以任务单形式发给学生。

环节一：自主学习

任务 1.【解不等式 $-8x \leqslant 3x^2+4$】学生在"闵智作业"平台用智慧笔完成，教师梳理方法，规范思路，这个环节是学生"思""辨"的过程，修正自己的思路，完善书写格式和做题规范。接下来给出四个强化练习题，主要是用来巩固方法，这一环节是学生在"行"，在践行中巩固知识和方法。

【抢答练习：1.$(x+1)(x-7)>0$；2.$(3x-1)(x+5)<0$；3.$-2(x+4)(x-3) \leqslant 0$；4.$(2x+3)(6-x)$】

这个过程学生仍然以自主学习为基础。

环节二：合作探究学习1

任务 2.写出以 $\left(-4, \dfrac{1}{2}\right)$ 为解集的一个一元二次不等式。

任务 3.变式1：若不等式 $x^2+bx+c<0$ 的解集为 $(2,6)$，求 $b+c$。

任务 4.变式2：若不等式 $ax^2+bx+c<0$ 的解集为 $(-\infty,2) \cup (6,+\infty)$，求关于 x 的不等式 $cx^2+bx+a>0$ 的解集。

这三个任务难度较大，考查学生逆向思维的能力，是学生小组合作讨论探究逐步解决的，可以让学生巩固所学知识，深化方程的解和不等式的解集之间的关系，这个环节是学生"思""辨""行"的综合作用，对于培养学生思维能力有很大的帮助。

环节三：合作探究学习2

任务 5.提高训练

若 $m<n, p<q$，且 $(p-m)(p-n)>0, (q-m)(q-n)<0$，则 m, n, p, q 的大小顺序是_____。

这个任务难度更大，继续践行"思""辨""行"学习行为，有助于培养学生合作学习的意识。

（三）知识拓展更宽，让学生的视野更开阔

1.解不等式 $(x^2+2)(x-3)>0$。

重　塑

2. 解不等式 $\frac{1}{x}(x-3) \leqslant 0$。

3. 解不等式 $(\sqrt{x}-2)(x-3) \geqslant 0$。

这些题目作为课后作业，虽不是学习的重点，但能够拓展学生的视野，激发学生的思维。虽然这些题目并非都是二次函数类型，但学生掌握了本节课的方法后，可以用所学做这些题目。这里面蕴含了数学分析和数学运算的规律，对学生观察分析问题和学以致用的能力提升有很大帮助。

老教材对于基础薄弱的学生自学来说有困难，学生必须依赖教师的指导。教师的设计大多围绕二次函数的图像，结合函数图像，通过观察图像来求解问题。虽然这对学生后续解决不等式恒成立问题有很大帮助，有利于数形结合的数学思想深入渗透。但这可能导致课堂讲解偏多，不太符合我校"少教多学"的教学理念。

新环境下的教学可以利用信息技术，方便快捷地进行课前自学反馈，使得教学设计更具针对性，实现精准教学。教学设计以学生自主学习为主，教师仅提供学习资源，引导学生逐步深入学习。课前，学生自学教材，并通过"闵智作业"平台完成测试，以检查自学情况。课堂上，小组合作学习为主，教室的多屏展示每个小组的探究成果。教师指导学生归纳总结方法，并开展抢答活动，以巩固和熟练一元二次不等式的求解方法。这一环节在闵智课堂上进行，旨在活跃课堂气氛，激发学习热情。这要求教师和学生能有效、熟练地使用相关应用软件。变式训练有助于培养逆向思维，加深学生对数学问题本源的理解。变式拓展有助于理解数乘的本质，不限于一元二次不等式的类型，运用本节课的方法解决其他类型的不等式求解问题。多媒体技术协助教学，智能教学环境，智慧笔展示学生解题过程，多屏互动，多角度展示学生学习过程；平板智能终端支持自主学习，多途径拓展师生沟通渠道，促进学生个性化学习，激发学习兴趣。这些环节的设计都依赖于我校的网络环境学习平台，使学生能在数字化环境下自觉自主地学习。师生都需具备从多种信息源中组织、分析、提取信息资源的能力，以及运用多种媒体处理信息，报告结果的能力。

总体而言，新教材更符合现代教育理念，培养学生终身学习的能力，并设计得更适合学生自学。与老教材相比，新教材更关注学生的学习，有利于培养学生的学习能力和数学核心素养。

数据驱动下的高中物理精准教学实践
——以"电路专题复习"为例

王 美

基于"双减""双选""双新"背景,如何有效地通过"闵智作业"平台与线下课堂教学相融合实施精准教学是本文实践的主题。本文以高三物理"电路专题复习"为例,从以下三个方面进行阐述。

一、基于数据分析,实施精准作业讲评

在高三二模复习阶段,作业的精选是非常重要的。基于"闵智作业"平台,教师筛选题库资源中的典型题目并布置给学生。学生通过线上作答和拍照上传的方式完成和提交作业。课中根据作业反馈和学情报告,如图1所示。笔者会进行有针对性的作业讲评,对于得分率低的题目,在课堂上作集中讲评,并通过"举一反三"功能,强化学生的薄弱知识点,帮助学生形成知识闭环,如图2所示。对于得分率较高的题目,笔者会通过平台发送图片、声频、视频等形式的讲解,助力学生个性化学习。高三学生还需进行限时训练,提升作业效率。笔者还会根据平台统计每题学生的作答时长,全面了解学生知识掌握的熟练程度,对于作业时间较长的题目,进行针对性的知识巩固,也能增强作业讲评的实效。

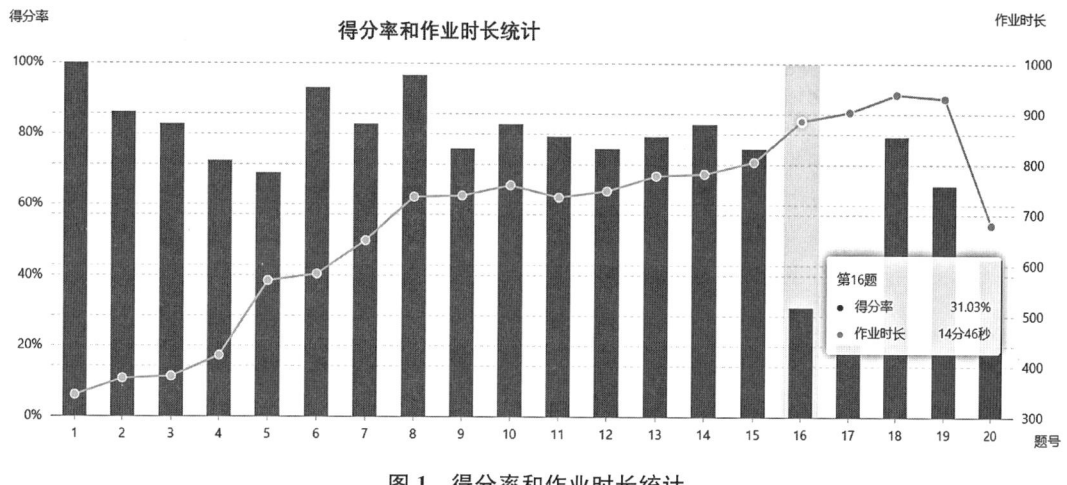

图1 得分率和作业时长统计

本案例为高三"电路专题复习"。通过对学生作业得分率的数据统计,笔者发现学生对电路的综合分析应用是比较薄弱的。课前,笔者认真分析学生错误率高的第16、17题,一个是电路的动态分析,另一个是 $U-I$ 图像分析。笔者就从这两点着手,作为本节课的重点内

重 塑

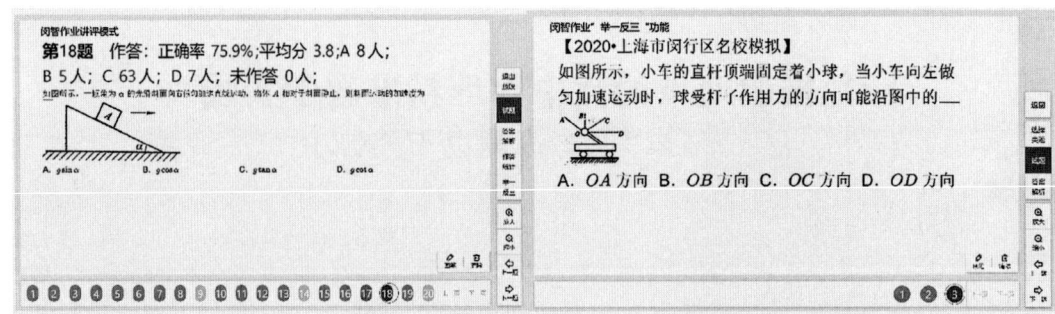

图 2　作业讲评模式和"举一反三"功能

容,确定了本节课的设计思路是首先梳理电路和电能知识框架,对比电源、电动势和外电压、纯电阻和非纯电阻、部分电路欧姆定律和闭合电路欧姆定律等概念,深入理解闭合电路中能的转化过程。其次,结合典型例题,梳理电路的动态分析方法。最后,对于 U-I 图线和 P-R 图线作深入讨论,并对电路结构的变化作例题辨析,加深对电路的综合应用。

在作业评价方面,笔者通常以等级的形式对作业加以评价。因为在高三冲刺阶段,学生压力较大,通过等级的形式及鼓励的语言给学生以激励。另外,笔者会注重培养学生做作业的习惯,尤其是电子作业,会给学生展示优秀范例,从作业格式、答题规范、拍照的清晰度及角度等方面进行分享。图 3 是一名学生的优秀作业,上传照片非常清晰且字迹工整,有不同颜色笔的标注。这名学生用的是电子图片作答的方式,用平板笔通过编辑图片直接作答,还可转换不同颜色,甚至比纸质作业还方便快捷。这种方式保存的图片比直接拍照清晰度更高,非常适合电子作业的书写,也解决了不能打印纸质作业的难题。

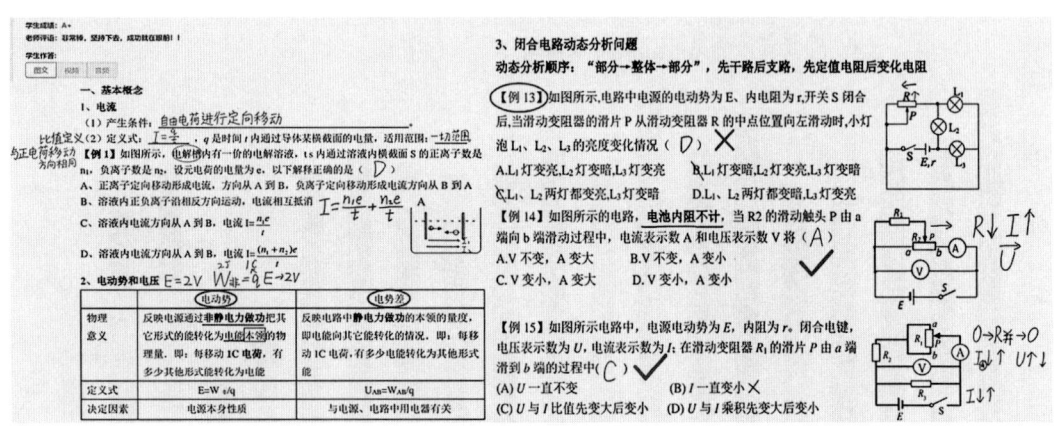

图 3　学生作业展示

二、基于教学平台,促进课堂互动教学

进入第二轮复习,我们继续践行"少教多学,精教善学"的理念,以少而精的变式训练代

替题海战术，更多地采取讲练结合的方式，从作业讲评到课堂练习再到课堂检测，精选精练，通过课堂随学随测，提高学习成效。比如在本课例中，将16题的串联电路分析拓展到串、并联组合电路的动态分析，将17题改变一个题设条件，从解决基本问题开始，为学生搭建一座将基本知识应用到难点分析的桥梁，层层推进，助力学生灵活多变且克服学习认知障碍。上课的过程中，笔者会借助直播平台的答题器等检测方式，实时统计学生的作答情况，包括作答用时、学生选项分布、又对又快榜等，如图4所示。同时会推送答题之星给学生以鼓励。通过这样的方式，笔者可及时掌握学情，使得课堂教学更精准，学生参与度更高。

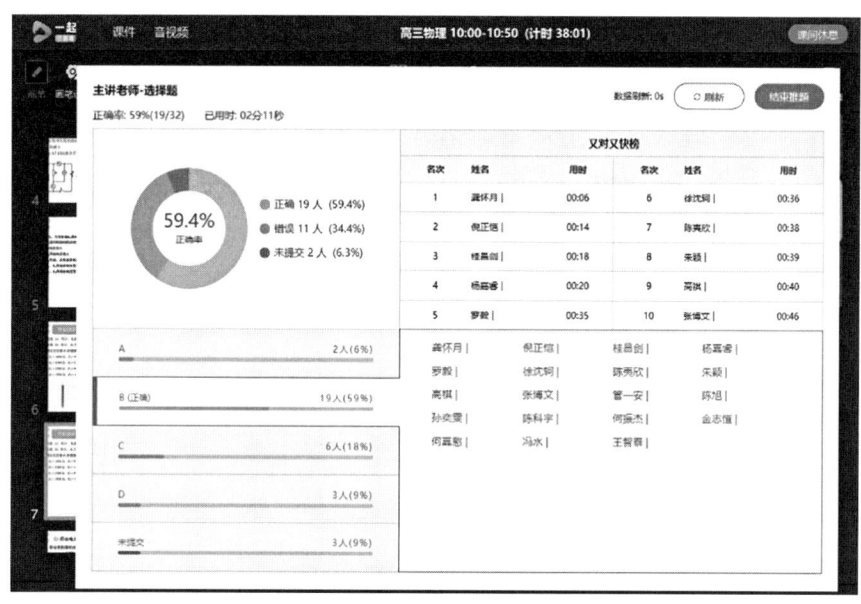

图4　课堂检测数据统计

三、基于学情诊断，助力个性化学习

基于"闵智作业"平台，笔者会把课堂中没有讲到的题目通过平台以图片、声频、视频等形式的讲解发送给学生。学生可以突破时间和空间的限制，随时查看错题解析作错题订正，这样通过课前、课中和课后的师生双边互动，形成知识闭环，助力学生进行个性化学习，达到减负增质的效果。

基于课堂教学实践，将"闵智作业"平台引入日常教学，让信息技术与传统作业相结合，及时掌握学生学习情况，调整教学方向和内容，因材施教、精准教学。力图探索出智慧作业平台下精准教学的应用模式，提炼出"以信息技术为手段、以问题解决为导向、以探究任务为主线、以思维训练为核心、以方法引导为准则"的教学策略，让数据说话，精准定位学生个体的最近发展区，为我们的信息化教育提供先进的理念和丰富的资源，构建高效课堂，实践数据驱动、智慧育人，助力学生的个性化学习。

以数字化赋能促精准教学
——以"离子反应"为例

陈丹丹

离子反应是整个高中化学教学的重难点,理论涉及整个高中教学。这一部分内容在教学中需要重点突出对实验现象、数据、图像等证据的宏观辨识。因此,在互联网信息化时代的大背景下,结合我校的科技特色,本案例在教学过程中使用数字化信息平台,通过直观的动画方式呈现离子将"何去何从"。课堂上使用学校配套的信息设备,比如教室边屏、智慧笔,通过数据统计直观快速地反馈学生的接受程度,从而达到精准教学,有利于促进学生"宏观辨识与微观探析""科学探究与创新意识"等方面学科核心素养的发展。

一、教材分析和教学设想

"离子反应"这部分内容要求学生掌握溶液中离子反应的微观探析,培养学生形成"宏观—微观—符号"三重表征的思维方式。在传统课堂中,教师直接通过复分解反应引出学生分析溶液中反应前后的离子种类和浓度的变化情况,比较抽象和枯燥。因此在互联网信息化时代的大背景下并结合我校的科技特色,本案例在教学过程中使用数字化信息平台,通过直观的动画方式呈现出溶液反应前后离子将"何去何从"。通过课堂实验以及使用学校配套的信息设备,比如教室边屏、智慧笔,通过数据统计直观快速地反馈学生的接受程度,从而达到精准教学。

二、教学目标

(1)通过分析具体反应前后溶质微粒情况,理解离子反应的概念与原理。
(2)通过对几种可溶性碳酸盐与盐酸反应的分析,理解离子反应能够代表一类反应,并总结出离子反应的书写方法。
(3)通过观察不同物质之间是否能发生反应进一步总结复分解反应的条件。
【信息素养目标】运用分屏展示和智慧笔,作在线检测,了解自己的学习情况。

三、教学重难点

(1)教学重点:离子方程式的书写。
(2)教学难点:表达离子方程式代表的反应类型。

四、学情分析

在初中,学生已经掌握了一些简单的复分解反应,并且知道复分解反应发生的条件。在高一前几节课,学生已经了解了电解质、电离的相关概念,能够对常见的物质进行分类,如强电解质、弱电解质、非电解质,了解常见的酸、碱、盐在水溶液中的电离情况,知道它们在水溶液中微粒的存在形式。

对于AiClass、一起中学等学习平台,学生从高一入校开始就在使用,具备使用数字化工具高效获取信息的能力,能够运用多种手段与他人有效交流信息与思想。

五、教学内容分析

本节课内容对应沪科技版高中化学教材必修一第二章第二节第三课时,离子反应是整个高中阶段化学学习的重要基础之一。在学习了电离和电离方程式的基础上,本课时的内容主要是使学生正确地理解离子反应的概念,并能够准确地书写离子方程式,为必修课程后续章节以及选择性必修一中"水溶液中离子反应与平衡"的学习打好根基。掌握本节课的知识体系有利于学生从宏观学习化学的视角转向微观角度,建立起"宏观—微观—符号"三重表征的思维模式。

六、教学环境及设备

未来教室、智慧笔。

七、教学过程

流程	教学内容	教师活动	学生活动	技术支持	三步五环	信息能力要求
课前(课堂引入)	播放美丽化学的视频	今天的课前,我们先来观看《美丽化学》的视频,感受化学之美。在这里老师提出一个问题:自由移动的离子从哪里来?自由移动的离子是由电解质电离而来的,看来大家上节课的内容学习得很好。那么不同的电解质溶液相遇后自由移动的离子到哪去了?离子从哪里来到哪里去?看似是一个哲学问题,那么本节课我们就来一起学习离子到哪里去的问题。请同学们根据已学知识完成表格,每个小组派一名代表在边屏书写。讲解小组成员的书写,由此引入离子反应的概念	学生先观看视频后回答问题,在边屏上完成表格(要求会分析反应前后溶液中离子的变化)	分屏软件	思、辩	能够有效熟练使用分屏软件

重　塑

续表

流程	教学内容	教师活动	学生活动	技术支持	三步五环	信息能力要求
课中（实验）	根据实验现象判断该反应是否发生	教师演示实验并在线投屏，分别演示硫酸铜和氯化钡反应、碳酸钠和盐酸反应、氢氧化钠（含酚酞）和盐酸反应，请同学们观察现象，前面的反应都是同学们学习过的，根据初中学习过的复分解反应发生的条件，我们也能判断出来以上反应可以发生。那么请同学们判断醋酸钠和盐酸是否能够反应。实验是检验真理的唯一标准，让同学们仔细观察醋酸钠（含甲基橙指示剂）中加入盐酸观察实验现象。我们发现虽然该反应可以发生，但是这个反应中也没有水、气体、沉淀生成，为什么这个复分解反应可以发生？（制造认知冲突，激发学生的探索欲望）离子反应能够发生的本质是什么？对于化学学科提到本质我们喜欢分析微观层面，让同学们分析这4个反应以及反应前后微观粒子的变化	观察并记录实验现象	双屏PPT	学、问、思	能够有效熟练使用AiClass截图提问、拍照上传分享功能
课中（讲解、分析）	所列举的4个反应分析	分析反应前后溶液中离子的变化，以及反应后离子浓度是以什么方式减少的。明白离子反应发生的本质是什么	小组讨论，派一名代表在边屏完成表格	分屏软件	学、思	
课中（讲解、练习）	离子方程式的书写	对于离子反应能够发生我们如何使用化学语言去表达——离子方程式。离子方程式究竟怎么书写（以硫酸钠与氯化钡反应为例）？ 1. 写出化学方程式 2. 拆易溶于水的强电解质 3. 删去方程式两边不参与反应的离子 4. 查原子守恒，电荷守恒 练习：分类游戏"拆与不拆"	总结写离子方程式的方法分类小游戏	AiClass+浏览器	学、思、辩	能够有效熟练用AiClass
课堂小结	离子反应的本质	学完本节课是否能够回答教师开篇所提到的那个哲学问题——不同的电解质相遇到哪儿去？可以生成沉淀、气体、弱电解质，以这些方式使得溶液中离子浓度减小，那么离子反应的本质就是溶液中离子浓度减少	观察不同物质之间的反应，得出结论	PPT	学、问、思	能够有效熟练使用AiClass的多选和讨论题
课后	复习	作业："一起中学"平台				

八、教学反思

本节课中,教师首先播放《美丽化学》的视频让学生感受化学之美,以"自由移动的离子从哪里来到哪里去"这一承上启下的问题为引入,能调动学生的积极性以及对化学的学习兴趣。通过分析大家比较熟悉的硫酸钠和氯化钡反应的实验,帮助学生初步建立对电解质溶液发生反应实质的认识。在通过对具体实验的观察,在已有复分解反应发生的条件的认知水平上,继续深究离子反应能够发生的条件,在通过分析反应前后溶液中离子浓度的变化,认识到离子反应能够发生的本质。在认识到离子方程式是代表一类反应的同时,也逐步渗透离子方程式的书写方法,再由学生自己总结。在这一过程中,利用小组讨论,截屏提问,锻炼学生对于信息技术的使用以及合作能力。在对"拆与不拆"环节通过分类小游戏将考试的易错点帮助学生厘清,利用数据了解学生掌握情况。在思考离子反应发生条件的时候,对合格考同学通过选择、等级考同学通过思考题的形式作分层思考,通过平台的分组提问,同一题对两个层次的同学用不同的提问方式,降低合格考同学的难度、增强等级考同学的思维和表达能力。课后作业的量上也有分层练习,通过数字化的教学手段,实现了数据驱动教学,完成了差异化的教学。

基于智慧笔的高中英语中译英精准教学实践

王慧敏

中译英题型为上海高考主观卷的组成部分之一,占据英语科目总分的10%。中译英题型考查重点主要包括词汇与短语的掌握,语法结构的运用,句子的理解和翻译,文化差异的处理,语境的适应。学生目前存在的主要困境有谓语动词判断不准确,这就显示出对于语法结构运用方面的困难,教师需要指导学生进行平时的积累和实践,不断提高学生的语言运用能力和翻译技巧。

"智慧笔"是一种高科技产品,它带有红外摄像头,能够实时采集学生在使用这支笔作答时的数据图片及作答轨迹信息,并自动缓存和实时传输至后台。这为教师提供了反映学生学习的可视化报告,有助于教师更全面地了解学生的学习情况,包括学科知识掌握程度和个体差异等。"智慧笔"的即时性和可视性能为中译英的精准教学提供可靠的帮助。笔者在高中英语科目的教学中,结合学情与学生的实际需要,引入智慧笔产品,提高学生应对高考中译英题型的能力。

精准教学是指借助信息技术的发展,在精确把握课程标准和学生发展实际的基础上,精准设计目标、精选教学内容与形式、精准测绘学生表现并精准应用,使整个教学过程达到可度量、可调控等精准要求的一种教学形式。其核心在于"以测助学",通过跟踪、记录和分析学生学习过程的数据及其产生的原因,为教师的教学设计、教学决策、教学指导、个性化干预以及学生的学习补救及改进提供科学依据。精准教学是一种基于信息技术和数据分析的教学形式,旨在提高教学的针对性和有效性,实现个性化教育。

中译英精准教学流程设计如图1所示。

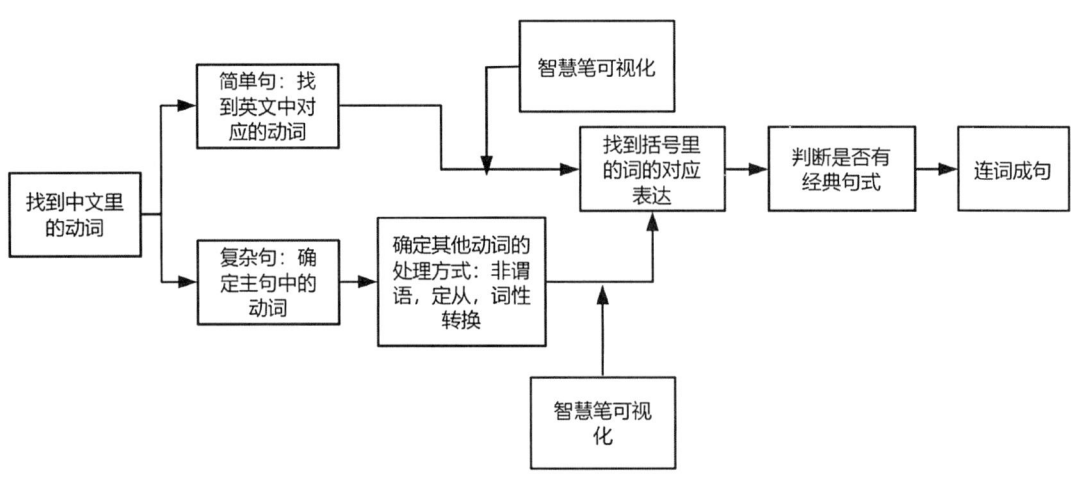

图1 基于智慧笔的中译英精准教学实践流程

一、基于智慧笔的中译英精准教学实践

在一节中译英翻译实践课中,我们首先利用智慧笔的即时性来检查学生对于谓语动词判断的正确性,于是给出一个句子,要翻译的句子(中译英1)为"对你来说,重要的事情是锻炼,它能帮助你面对抑郁,焦虑和压力(It)"。

紧接着,我们直接让学生用智慧笔在智慧本上作答,然后实时判断大家谓语动词的错误类型,发现共性问题,为教学推进提供数据支撑,并进行针对性的教学。

从智慧笔的即时反馈来看,谓语动词的使用错误类型主要有:一个句子中出现了多个谓语动词,谓语动词的主语关联错误,情态动词和be动词的混用。

针对以上错误类型,教师对如何判断句子中的谓语动词作讲解。首先,需要让学生明确,一个简单句的基本构成为主+谓+宾(这里暂时不考虑一些不及物动词没有宾语的情况),并且简单句是用句点来划分的。如果句子中出现了逗号,那就说明这个句子还没有结束,逗号前后两个部分只能有一个谓语动词。其次,如果是一个复杂句,可以是并列句或者复合句,并列句需要用and,or,but,so 4个连词来连接两个简单句,也就是说连词两边的句子中可以各包含一个谓语动词,复合句是由一个简单句(主句)和一个简单句(从句)构成的,而从句又可以包含状语从句、定语从句和名词性从句。需要学生在阅读中文文本的时候先找到中文中表示动作的词,然后再判断分别属于英文句子的哪个部分。以例句1为例,表示动作的词(包括系动词和实义动词)有"是"、"锻炼"、"能"、"帮助"和"面对"。这个句子主要表达的意思是"重要的事情是锻炼",可以看出句子中的主谓宾应分别是"事情""是""锻炼";"它能帮助你面对抑郁,焦虑和压力"既可以作为并列句与前面的句子用"and"连接,也可以作为定语从句,限定前面句子中的"锻炼"。不管是哪一种情况,句子中的"能帮助面对"构成了"情态动词+动词原形"的形式,"can help sb do sth"即"can help you face/deal with/cope with"是第二个句子的谓语动词,主语和宾语则分别是"它""抑郁,焦虑和压力"。通过对语法知识的梳理,能够让学生感知到如何判断句子的基本结构,以及确定主谓宾。除此之外,鉴于括号里所给词是It,这就涉及了我们的经典句型"It is important for sb to do sth",后面的半个句子可以视为原因状语从句紧跟其后,因此整个句子就写成了"It is important for you to exercise, because it can help you face/deal with/cope with depression, anxiety and stress."经过讲解后,第一个犯了经典错误的学生将自己的答案修改成了"For you the most important thing is exercise. It can help you face depression, anxiety and stress."这名学生在两个句子中间加了一个句点,使其变成两个句子,也是一个不错的解决办法。多亏了智慧笔的即时性和直观性,学生才能够迅速地修改自己的答案,教师也能直观快速地作反馈。

为了检测掌握的效果,接下来教师又给出了一个句子(中译英2),"我逐渐意识到保护环境和保持经济增长一样重要(dawn)",我们提取了与上面同样的3名学生的作答情况。

能够看出在教师讲解后,3名学生对于句子中谓语动词的判断都精准了不少,对于这个句子中的谓语动词"dawn"判断都是准确的,对于主语从句中的be动词"is"的判断也是准确的。通过智慧笔的即时性,在一节课中,学生能够识别出复杂句中的谓语动词,这是普通的

纸笔所达不到的效果。

二、智慧笔使用的效果分析

通过本节课中的两个句子翻译实践,可以直观地看到学生在第一个实践中,通过智慧笔即时的反馈,精准地找到了自己在谓语动词判断方面存在的问题。在教师作针对性的精准讲解后,能够学会判断谓语动词的办法,并且能够当堂对自己的答案作出修正。在教师给出第二个例子后,可以看到第一个例子中出现典型错误的3名学生能够正确地判断出两个句子中的谓语动词,写出正确的句子。

三、结论与展望

由以上案例可以看出,智慧纸笔在中译英精准教学中作用很大,教师和学生都能够通过两个环节从中受益。首先在正式教学开始前,教师和学生都可以通过智慧笔来快速地检测共性问题出在哪里。教师可以精准地针对性教学,学生也可以针对性学习。在教学后,学生的再次作答能够让教师及时检测自己的教学成果,如果还有问题,可以给出指导性建议,也能让学生对知识点掌握得更好。

智慧纸笔还可以在课后作业中使用,其中有思维再现的过程,能够让教师远程了解学生的作答时间以及困惑点,为下节课的精准教学提供指导。在概要写作和作文等同类型主观题型中,教师也可以使用智慧纸笔,来对学生作精准教学。

信息技术助力高三作文精准教学

王艺睿

《普通高中语文课程标准(2017年版2020年修订)》设立"思辨性阅读与表达"任务群,要求教学关注"思维的发展与提升"这一语文核心素养,要求学生"运用基本的语言规律和逻辑规则,判别语言运用的正误、准确、生动、有逻辑地表达自己的认识"。高三学生已经掌握亮论点、摆论据,以及常用的论证方法。但在论证上既欠缺逻辑性,又不够深入。借助图尔敏论证模型对问题段落进行修改升格,将学生构思写作的过程变得可视化,最终增强论证的逻辑性、辩证性和深刻性。本节课旨在通过梳理2023年上海市闵行区二模作文段落中所呈现的逻辑问题,主要在当前数字化教育转型背景下,突破传统教学模式,走向精准教学已成为必然趋势。这节课通过运用信息技术比如智慧笔和多屏助力作文教学提升精准度,推动学生进行精准学习,实现对学科核心素养"思维的发展与提升"的培养。

一、课前:运用信息技术调查学情

(一)查询分析,精准选择典型案例

学生的议论文中经常出现各种各样的逻辑错误。课前,教师针对2023年闵行区二模作文阅卷情况,收集了学生这一次作文段落内部存在的一些逻辑问题,比如自相矛盾、中途易辙、论证不充分以及举例不当,着重选取其中的两个作文片段进行修改。之所以选取较好作文中存在的逻辑问题,主要是便于学生抓住典型的逻辑问题进行修改升格。

(二)兴趣投票,自主建立学习小组

教师选定段落之后,借助于 AiClass 平台的投票功能进行小组的分配,即学生根据自己对选定问题段落的兴趣进行投票。根据投票结果显示,54%的学生选择段落1,46%的学生选择段落2。

精准的语文教学离不开学情分析。加强对学情的分析,才能将"满堂灌"的课堂转为"以学生为主体"的课堂,将"浅度学习"的课堂转为"深度学习"的课堂。根据选票结果显示,选择最多的段落是论证不充分的逻辑问题,这也暴露出了学生作文中段落的结构往往直接以论点+论据+总结的形式组成,如何在此基础之上进一步对段落有所提升,是本案例的重点。

二、课中:基于学情设计的主要教学环节

(一)问题圈画,分析段落的逻辑性

小组合作探究,用智慧笔写出下面段落存在的逻辑问题,选出小组代表利用多屏互动作

展示交流。

通过分小组合作,能够提升学生自主学习的意识和能力。这个环节的设计目的在于先让大家认识到这两个作文段落存在的逻辑问题,即论证不充分和举例不当等。结合统编高中语文教材选择性必修上册第四单元《逻辑的力量》,教师给予方法上的指导。

(1)论证不充分:层层追问,多角度分析。

(2)举例不当:关键概念,一以贯之。

这样的指导是针对这两种常见逻辑问题的解决办法,也是为帮助学生解决学习难点——修改问题段落做准备。

(二)习作修改,作品可视化呈现

小组合作探究,让学生带着六个追问修改段落逻辑,利用智慧笔可以呈现学生的实时书写过程。构建合理论证的六个追问如下。

(1)我要论证什么观点?

(2)在这个观点之下,我要用什么论据?

(3)如何保证这些论据能够证明观点?

(4)这个保证可靠吗?

(5)有反例吗?

(6)在什么范围内是成立的?

(三)多屏交流,改进段落问题

各组选出一名组长利用多屏互动,展示小组的修改成果。

第一个段落小组代表的修改结果如图 1 所示。

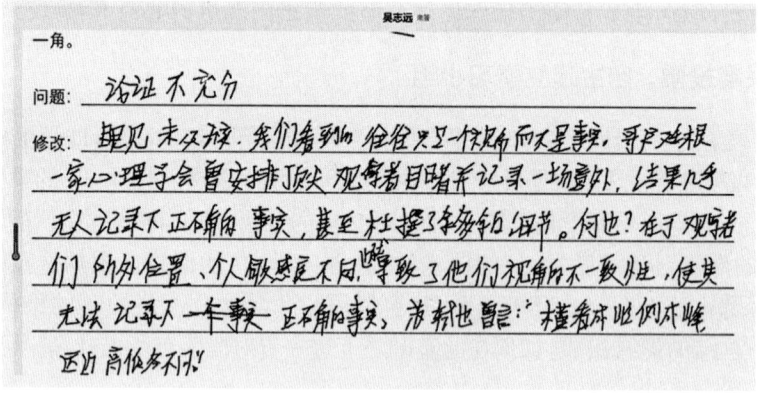

图 1　修改结果

这名学生的修改由于时间有限,在纸上没有写完,但是在交流的时候把自己的全部修改表达了出来,如下所示。

眼见未必为实,我们看到的往往只是一个视角而不是事实。(主张)在一家报社曾做过这样一个实验,通过安排一场意外来测试记者的记录能力。结果几乎全部记者认为客观公正的记录都与现实有所出入。(根据)这是因为记者们通过眼见记录事件时所处的空间位置不同,他们个人敏感度也不同,因而导致了他们视角的不一致性,(担保)就像苏轼在《题西林壁》中所言:"横看成岭侧成峰,远近高低各不同"(支持性依据)。因此,我们在通过眼见时,要质疑自己是否全方位、多角度地看待问题。虽然眼见存在局限性,但不能一味否定,眼见仍然是我们获取信息的基础。(反驳的辩护)

这名学生就是根据"六个追问"来进行修改升格的。他的修改结果,在原有的基础之上,既有对原来素材的矫正,又有对论据的分析,更有段落结尾处对观点的思辨。其实"六个追问"的核心思路就是源自60年前英国哲学家斯蒂芬·图尔敏提出的论证模型,即一个合理的论证:论证者首先要清晰地表明其主张,进而给出支持主张的足够理由,并明确阐明理由之所以能够支持主张的担保。有时,还需进一步揭示担保本身得以成立的支撑性依据以及主张得以确立的强度(或对强度的限定),同时恰当考虑与应对某些可能出现的反驳或例外。图2为图尔敏论证模型。

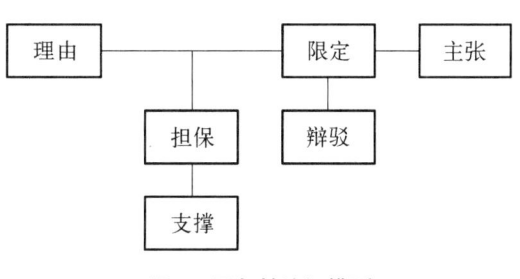

图2 图尔敏论证模型

图尔敏论证模型本质上是一种过程性的论证模式。一个完整的图尔敏论证路径包括正向推进论证和反向弥补论证,它能够将思维可视化。运用图尔敏模型,能使段落的内部条理清晰,逻辑自洽。

第二个段落小组代表的修改结果如下所示。

然而眼见为实的"实"也难逃片面的局限,而真正的事实往往是由无数单一视角的"实"汇聚而成。在欣赏海子时,有"太阳强烈、水波温柔"的暖意时,也有他曾饱受世俗折磨的抑郁;在斯巴达克斯的成功有夺下太阳城的热血时,也有背后无数的鲜血堆砌。当我们一味相信自己所见为实,囿于单一视角时,便注定难以窥见事实的全貌。

第二小组代表由于学生自身原因,没有及时采集到智慧笔的数据,所以用电子稿来代替。可以看出,学生的修改确实解决了原来的逻辑问题,但是却没有原来的习作更扣题。其实只需要稍微改动个别的词语就可以解决原来的逻辑问题,但是学生的语言水平有限,对于论据的阐述不能恰如其分地表达出来。

(四)修改还原,比较修改前后并交流感受

原作是一篇65分的高分作文,是这次二模作文中的最高分,可能因为考场时间有限,导致这篇作文的第三段有点瑕疵,但是瑕不掩瑜。教师本身的意图就是能把这一问题段落修改升格之后,达到接近满分的水平。不过由于学生修改水平有限,所以就在教师的引导下作了进一步修改。最后让学生不仅清楚地学习了这篇优秀作文,更让学生意识到逻辑在作文中的力量。

总之,通过这个教学环节,使学生掌握了议论文段落的一般构成路径:观点句+阐释

句+论据概括句+分析句+观点回扣句。同时需要学生谨记议论文段落内部逻辑的要点：① 概念一致，学会对话；② 论据典型，叙少议多；③ 步步推进，层层深入；④ 减少漏洞，增加思辨；⑤ 语言流畅，说理有道；⑥ 逻辑严密，条理清晰。

教师这样的设计不仅精准高效地对本节课的学习难点进行了分析与解决，同时也提升了学生的思维水平。

三、课后：运用信息技术获取学生的学习效果，助力精准教学

【课后作业】1. 课堂段落修改未完成的学生，进一步完善段落内部的逻辑推进。

2. 练笔：有人说，不能提供经验的经历是没有意义的。也有人认为不尽如此。对此，你怎么看？请写一篇文章，谈谈你的认识和思考。

分论点：不能提供经验的经历也有意义。

要求：围绕这个分论点写一段文字，要有逻辑推进，字数 200 字左右。（使用智慧笔写作）

学生是否真正掌握知识或技能是精准教学中最大的难题。教师借助信息技术可以检测学生学习的过程和结果。通过智慧笔平台可以显示出，没有完成相关练习的学生，所以教师的第一个作业这样设置，也是为了考虑到各个层次水平的学生。大数据时代的到来，正在推动着精准教学模式的产生，正在推动着学生进行精准学习；针对第二个作业，教师则是要求学生能够不断巩固课堂的学习成果，提高自己的写作能力，进而提高自己的思维水平。

四、结论与反思

本案例中教师借助现代信息技术对二模作文问题段落的一些常见逻辑错误作梳理，比如智慧笔的使用，及时发现了学生的问题，并能对学情作精准把握。与此同时，教师也能作及时的反馈；使用多屏，便于组织开展生生对话、师生对话，为学生提供了自主学习空间、互动交流平台。本案例主要运用图尔敏论证模型对作文段落进行修改升格，但是不能跟学生纯粹讲搬图尔敏的理论，而应该化难为易，能行之有效地为学生提供一种有效的逻辑框架，比如"六个追问"，最终使学生在写作练习中不断提升自己的思维品质，这也是语文核心素养的要求。

当然，上完课之后，教师要意识到这节课存在的一些问题。教师所在班级学生的作文水平均分在49分，最高没有超过55分的作文，而教师选择的逻辑问题来自较高水平作文，所以导致有的学生对原作都是望尘莫及，在修改的时候语言、思维都不如原来的习作，没有对作文升格，反而降格。

利用智慧教育手段促进高中思想政治课精准教学的实践研究

雷玉芳

一、高中思想政治课的地位与特点

高中思想政治课程是落实立德树人根本任务的关键课程。以培育社会主义核心价值观为目的，旨在帮助学生确立正确的政治方向、提高思想政治核心素养、增强社会理解与参与能力。高中思想政治是一门综合性、活动型的学科，紧密结合社会实践，传授马克思主义基本原理以及马克思主义中国化成果，特别是习近平新时代中国特色社会主义思想。通过引导学生经历自主思考、合作探究的学习过程，它使学生能够理解中国特色社会主义进入新时代的历史方位，了解新时代中国特色社会主义在经济、政治、文化、社会、生态文明建设以及党的建设进程方面的重要内容。同时，高中思想政治课还致力于培育学生的政治认同、科学精神、法治意识和公共参与等核心素养，逐步树立共产主义远大理想和中国特色社会主义共同理想，坚定中国特色社会主义道路自信、理论自信、制度自信和文化自信，基本形成正确的世界观、人生观和价值观。

二、发展智慧教育的必然性

中共中央、国务院颁布的《中国教育现代化2035》中指出，我们要顺应时代变革的要求，加快对教育领域的改革。在教育教学中，我们需要打造以新媒体为媒介的智慧化课堂。智慧教育是近几年新课程改革背景下兴起的一种尝试，旨在以智能化教学手段改进教学模式、提高教学效率。它包括课前、课中、课后三个环节，每一个环节都有具体的教学步骤。智慧教育不仅包括传统的教学软件和在线资源，还涵盖了虚拟实境、人工智能等先进技术，为教学提供了更广阔的空间和更丰富的工具。

在教育界，创建未来学校通过空间、课程与技术的融合已成为必然趋势。我校制订了新的三年规划，将人工智能赋能应用于未来学校环境建设，创新教室布局，支持教师开展多样化的教学活动；打造数字化学习社区，利用大数据、云计算、物联网等新技术，搜集学生学习的过程信息，评估学生的学习特征与优势潜能，为每一名学生提供定制化的"学习体检表"，帮助教师制订个性化的学习方案，实施精准教学。在高中思想政治学科教学中，如何充分利用信息技术实现精准教学，是当前教育界关注的焦点之一。

三、智慧教育促进高中思想政治课精准教学的实践探索

（一）利用学校智慧教育手段深入了解学情

精准教学的前提是准确掌握学情，根据学情设计适当的教学内容、教学环节、教学活动以及课后作业、评价量表等，加强教学的针对性和有效性，提高教学效率。精准掌握学情为前提的教学模式使学生成为学习的主人。所有的教都从属于学，重构了高中思想政治课堂"教"与"学"的关系。教师借助智能化的学习分析，能够更加精准把握学情，充分开发利用学生资源，依据学情确定教学起点、教学方法和教学策略，无论是备课、授课还是复课都更加精准有效。例如，在学习"价值判断与价值选择"这一问题时，笔者利用AiSchool软件平台作课堂小调查，通过问卷："你什么时候拥有自己的第一部手机？""你每天使用手机的平均时长大概是多少？""你用手机所做的事情花费时间最多的是什么？""如果现在禁止你在学校期间使用手机，你认为可以接受吗？""你的家长赞同你在学校期间使用手机吗？""你们班对于在校期间使用手机有规章制度吗？"学生上传问卷一分钟后，平台就能统计出结果，让教师对学生的情况有一个准确的把握。

在高中思想政治课程中，讲授马克思主义基本原理是必不可少的。为了把握学生对知识、原理的了解和掌握程度，我们可以利用教学平台的在线检测功能。通过选择题、判断题等即时练习，可以立即得到反馈，从而有针对性地开展教学活动。

（二）利用数字设备和教学软件创设与生活紧密相连的教学情境

通过亲眼所见、亲耳听到、亲自参与的体验式情境，学生能够更直观地感知社会生活的真实性，吸引学生关注学习内容，加深对思想政治学习内容的认同，培养学生的科学精神和社会生活参与意识。随着新媒体和网络技术的发展，创设情境的方式也得到了极大丰富。智慧教育手段通过视频、声频、图片等功能将学生生活中难以直观展示的学习情境形象地呈现出来，甚至可以利用影音资料、VR技术将一些学生无法触及的内容转变为虚拟情境或仿真情境。

这种多样化的现代教学手段不仅能节约时间，增加课堂容量，为学生创造更具参与性和互动性的学习环境，而且能够极大地调动学生的积极性和主动性，提升思政课的说服力和吸引力。同时，它全面调动了学生的听觉、视觉等感觉器官，使学生在生动形象的教学氛围中受到感染和熏陶，从而弥补了课堂教学中的缺陷。

举例来说，教师在进行必修二《经济与社会》教学时，通过视频等影音资料展示我国经济建设的成就和遇到的问题，还让学生通过VR技术体验不同的职业，创设多种仿真或虚拟情境，让学生感悟体验，进而理解我国的经济发展政策、策略，认同党的路线方针，树立理论联系实际、知行合一的科学精神，树立自觉参与社会公共生活的意识，提升参与能力。

（三）利用信息技术平台检测学习效果，为精准教学提供数据支撑

传统教学的检测方式主要是课堂提问、作业和考试。在"互联网+"时代，我们还可以充分利用信息技术平台的调查问卷功能、在线测试功能作教学检测，作实时的学习反馈。比如

在 AiSchool 平台上,每堂课我们都可以根据教学内容设计几道选择题,让学生在三五分钟内就能完成,反映教学效果。教师还能根据平台统计的数据明确学生哪些知识点已掌握、哪些知识点有欠缺。无论是在课中还是课后,教师都可以通过数据了解到每一个学生的做题情况,扩展教师掌握学情的维度。教师可以根据学情采取不同的讲解策略,选择不同的课后作业,满足学生个性化学习的需求。我们还根据学生的学习情况建立自适应题库,用于课后复习、检测。学生用手机随时随地都能完成,还能反复练习,加深对知识的掌握。平台还能将每个学生的错题整理成个性化的错题集,供学生查漏补缺。教师也可以利用平台的组卷功能,挑选出错频率高的题目让学生操练,帮助教师更好地满足学生的学习需求,更加精准地掌握每个学习者的学习状况,了解学生学习需求的共性与个性,再有针对性地推送相关学习资源,缩小知识盲点,有利于在共性中找差异,真正做到因材施教,以促进学习者按需学习,提高教学精确度,提升教学效果。在"双减"政策的指引下,学生课后作业的减负和学生成绩需求之间的矛盾能够靠个性化的作业来化解。依据学生的学习水平布置个性化的作业,既能发挥学生的主体能动性为学生减负,又能达到因材施教的效果。

智慧纸笔在辅助精准教学中可以发挥重要作用。在备课环节,教师可使用新增习题和新增学案两种方式创建随堂练习。习题功能支持题目在线用大屏展示,学生使用智慧笔在通用练习本上作答。学案功能支持将学案习题卷打印出来后发给学生,学生在学案习题卷上直接使用智慧笔作答,教师在课堂上可直接在大屏查看,学生作答情况一目了然。在授课环节,教师发起学案形式的随堂练习时,学生通过智慧笔作答,将思维过程可视化。教师可重点关注学生作答过程,查看学生作答笔迹,了解作答进度。当学生做完后,教师公布答案,学生可进行自批/互批。批改完成后,教师可查看作答统计,及时分析定位高频错题,发起课堂互动讲评,对重点内容作讲解。题目的切分功能,可支持教师在每道题下面的空白区域,完成板书和分析,学生观看也比较清晰。

学校"智慧教育综合管理平台"分析中心模块中每一堂课都会运用伴随性的数据采集技术,采集师生行为数据,精准形成关于教师和学生的课堂数据,如教师俯身、巡视、板书、讲授、演示、指向,学生起立、听讲、讨论、举手、阅读、书写等行为时长和占比,进行师生教学活动画像,综合分析每节课的课堂类型,立足于精准分析后的学生过程性数据,更有利于教师在教学中的精准诊断,为之后的教学提供良好的参考依据,帮助教师更加精准地把握教学情况,改进教学行为、提高教学效率,实施精准教学。平台还呈现每一堂课的录播视频,供师生回放,作学习、总结、反思和改进。

(四)利用智慧教育手段开展教学研究和同行交流

市、区级教育主管部门和学校都在利用智慧教育的技术手段来搭建一定的思想政治教育信息沟通平台,利用互联网将最新的思想政治课教学素材、思想、资源集中起来,提供相对完善的教学资源体系供广大教师共享使用并进行交流互动,不断地分享和借鉴彼此教学中的经验,不断地完善自身的精准教学模式;同时也可以帮助教师弥补自身所存在的不足和缺陷,加大教学研究力度,能够跟随数字化时代的浪潮,找到智慧教育支持下的高中思想政治课精准教学模式的构建方法,与时俱进地改变自身的教学方法,提高教学效率。

智慧纸笔在高中数学精准教学中的应用

刘英丽

  智慧纸笔作为一种智能化的学习工具，它融合了纸笔和数字技术的优势，能够采集学生的课堂与作业数据和教师批改作业的数据，帮助学校提升作业管理能力与教学质量。在纸笔互动课堂中，当教师发起诸如做试卷的互动时，学生可以用手写板作答，系统则会自动记录学生的答题数据，如答题速度、答题顺序、卷面涂改情况等，方便教师对整个班级的学习情况进行评价，在学习和工作中发挥了极大的作用。那么何为精准教学呢？它是指在信息技术支持下，通过跟踪、记录和分析学生学习过程的数据及其产生的原因，为教师教学设计、教学决策、教学指导、个性化干预和学生的学习补救及改进提供科学依据的一种教学形式，旨在为学生提供更加优质的教学服务，促进学生的学习和发展。

  智慧纸笔在高中数学的使用中，可以发挥多方面的作用。总的来说，智慧纸笔在高中数学的使用中，可以帮助学生更好地理解和掌握数学知识，提高课堂效率和互动性，同时也方便教师进行教学管理和学情诊断分析。本人使用智慧纸笔主要用于采集学生的课堂练习数据，对班级学生的课堂表现及时反馈，提高学生课堂听课及理解所学知识的效率。

一、课堂使用智慧纸笔示例

  通过学习直到在课堂上使用智慧笔，深刻感受到数字化、信息化以及科技教学的魅力，以下是笔者在课堂上利用智慧纸笔辅助课堂教学，围绕教学目标，完成精准教学的具体情况。

  "闵智作业"平台互动课堂中，课件与学案相结合，紧跟课堂授课环节，数学知识分析讲解以课件为主，学生练习情况以及点评以学案为主。同学生互动时，针对选择题，答题功能可以快速统计学生整体练习的参与度以及单选题的得分率，也能了解具体学生的答题情况。比如说全班只有一名学生在第二题出错了，名字的显现会让我很快捕捉到他，方便课后了解情况。从图1可以看到：参与作答的学生有37人，正确作答的学生有34人，从参与率可以看出大部分学生都在认真听课，能跟上教师的上课节奏，理解并掌握所讲的知识点，仅有个别学生没有掌握课堂讲解内容，未能正确作答，还有部分学生因为操作不当未能顺利参与答题，有了图中数据之后，教师就可以针对错误选项进行讲解。除此之外，还可以看到整堂课中利用智慧笔答题的全部参与率以及答题正确率，数字简单直观表明学生参与课堂的程度，还有学生对课堂讲解内容的理解消化程度，方便教师及时掌握真实学情，能够在下节课中辅助学生理解巩固不足之处；课后查询课堂记录，还可以了解每个学生的课堂表现。

  智慧纸笔的一大优点是"互动性强"，可以看到智慧纸笔课堂使得课堂互动更加频繁和深入。教师可以通过系统发起互动任务，让学生即时参与，提高学生的课堂参与度；学生之间也可以通过智慧纸笔作交流和讨论，促进彼此之间的学习和进步。借助智慧纸笔，学生不

教学变革

图1 选择题练习示例

再以传统方式在黑板上做练习(占用课堂多),不再单一看个别学生的作答情况,而是可以看所有学生的答题笔迹。完整的解答过程把学生平时的作答习惯(书写格式是否规范等)展现出来,有利于教师发现细节(该变号的时候不变号、抄题抄错等)上的错误,并及时指正、提醒学生作答并注意细节。

图2是智慧纸笔在作业上的使用情况,学生课下作答记录,教师课下批改情况,数据会自动上传;课上讲解时,可同时调出多个学生的作答结果作对比讲评;借助"思维再现"功能,可以分析出该生思考问题的想法以及做题的思路。通过作业报告教师可以了解学生学习存在的共性问题,有利于提升教学的针对性。作业报告还可以看到学生完成作业的总体平均时间及每个学生完成作业时间。国庆假期作业有个学生作业显示用时3分钟,那作业肯定就是抄袭的(这也展现了它的智慧之处)。

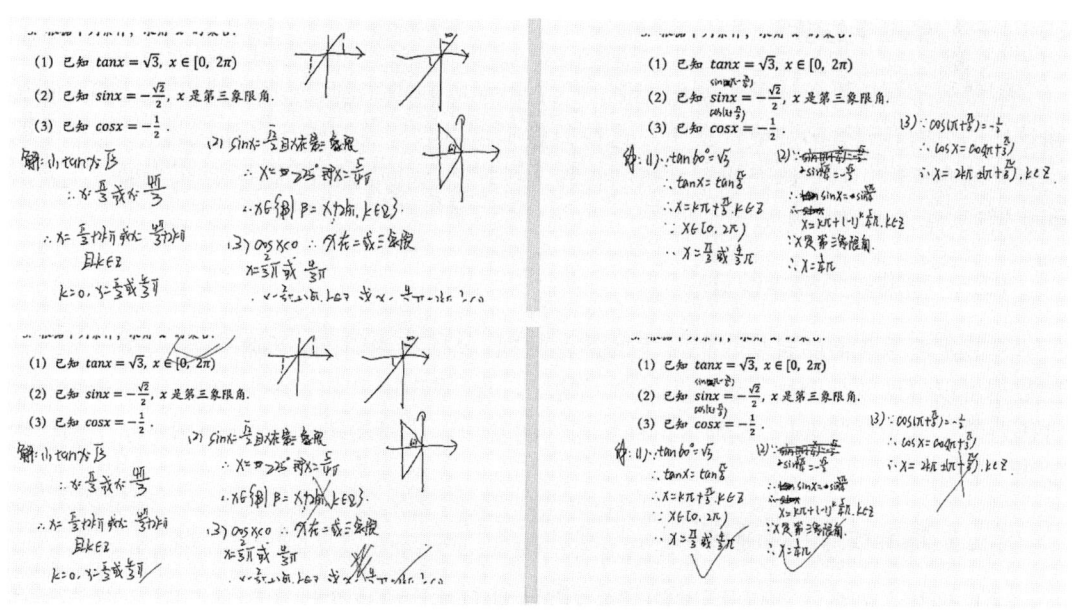

图2 作业批改及对比讲评示例

智慧纸笔无论在课堂上用还是在课后作业使用,效果都十分明显。图3对于教师而言十分有用,通过批改,系统提供出学生的共性错题,便于教师掌握学生的真实学情,方便在课堂上重点讲评。

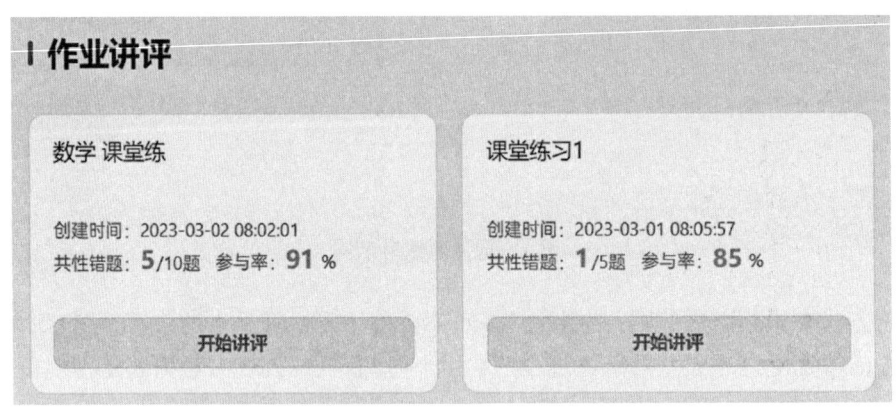

图3　课堂练习总体情况

二、课堂应用智慧纸笔实现精准教学

通过示例展示,可以看到智慧纸笔在高中数学精准教学中的应用可以显著提高教学效率和质量,帮助学生更好地理解和掌握数学知识,同时也为教师提供了更多便捷、高效的教学工具和手段。

(一)精准学生学情

智慧纸笔系统可以让学生使用特制的笔在纸质材料上书写,而系统能够实时捕捉和传输这些书写内容到教师端或屏幕上。这使得教师可以立即看到学生的解题过程,从而实时进行互动和反馈。对于错误或不完整的解答,教师可以立即指出并提供指导,帮助学生及时纠正错误,深入理解问题。

(二)精准教师教学设计

智慧纸笔系统能够自动收集学生的答题数据,包括答题时间、正确率、错误类型等。这些数据可以帮助教师全面了解学生的学习情况,包括哪些知识点掌握得较好,哪些知识点存在困难等。基于这些数据,教师可以作针对性的教学设计和调整,以更好地满足学生的学习需求。

(三)精准教师因材施教

通过智慧纸笔系统,教师可以针对每个学生的具体情况作个性化辅导。例如,对于某些学生在某个知识点上存在困难,教师可以利用系统提供的数据和反馈,为他们量身定制学习计划和练习题目,帮助他们逐步克服困难。

智慧纸笔系统还可以自动生成学生的学习报告和评估结果。这些报告不仅包含了学生的总体表现,还详细列出了每个知识点的掌握情况。教师可以根据这些报告作精准评估和诊断,了解学生的学习进展和存在的问题,在获得上节课学生准确且真实学情的同时,也为下一节课的备课环节(教学设计)提供参考。

三、课堂运用智慧纸笔的思考

智慧纸笔在高中数学应用过程中的反思涉及多个方面,以下是结合课堂使用情况针对几个关键点的深入思考。

(一)技术与教学的融合度

反思智慧纸笔技术与高中数学教学内容的结合是否紧密,是否真正发挥了技术在教学中的优势;思考如何进一步优化智慧纸笔的使用,使其更加符合数学教学的特点和规律,而不仅仅是作为一种教学辅助工具。

(二)学生使用体验的改善

评估学生在使用智慧纸笔过程中的体验,是否感到便捷、舒适,是否愿意长期使用。针对学生反馈的问题,如设备稳定性、书写流畅度等,作技术改进和优化,提高用户体验。

(三)数据收集与分析的有效性

评估通过智慧纸笔收集到的学生数据是否准确、全面,是否能够有效反映学生的学习情况。思考如何进一步挖掘和利用这些数据,为教学决策提供更加精准的依据,实现精准教学。

(四)学生隐私与安全的保护

重视学生隐私和安全的保护,确保通过智慧纸笔收集到的学生数据不被泄露或滥用。遵守相关法律法规,加强数据管理和安全保护,确保学生的合法权益不受侵犯。

综上所述,智慧纸笔在高中数学应用过程中需要作个别方面的反思和改进,以确保其能够更好地服务于教学和学生发展。同时智慧纸笔在高中数学精准教学中的应用取得了显著成效,它利用先进的技术实时捕捉学生的书写过程,通过大数据分析为教师提供精准的学情反馈,使教学更具针对性。这种教学模式不仅提高了学生的学习兴趣,还加强了师生之间的互动,让数学教学更加生动、高效。通过智慧纸笔,教师能够迅速发现学生的问题所在,并及时提供个性化辅导,有效提升了学生的数学能力和学习效率。智慧纸笔与精准教学的结合,为高中数学教育注入了新的活力,推动了教学质量的全面提升。

运用智慧纸笔优化高中语文写作的思维路径

高菊香

多年来,上海高考作文的命题特点坚持理性思辨与开放多元的"海派风格"。考生需要在命题教师创设的多元而思辨的空间,展开与材料的深入对话,从而形成理性而富有思辨的观点,并展开逐层深入的逻辑论证。

以 2024 年上海春考作文为例,材料为:"对已有知识的综合,是创新吗?请写一篇文章,谈谈你对这个问题的认识和思考。"笔者在阅卷过程中发现学生作文在审题立意与论证过程中普遍暴露以下问题:① 不能整体把握材料,抛开"已有知识"谈"综合与创新"或抛开"综合"谈"知识与创新"或"综合"被替代,谈"创新与实践"。更有甚者,只谈"创新",不对问题作出回应,不及"已有知识的综合";② 行文整体上缺乏逻辑推进,不能层层深入,只在一个层面上论证"已有知识的综合"是或不是"创新"这一观点,比如通篇通过若干举例,最后归纳得出结论。

下面具体呈现笔者针对学生作文中暴露的典型问题,运用"智慧纸笔",再现思维过程,及时反馈学情,提出作文升格指导的具体措施。

一、运用智慧笔,圈画核心信息,展开深度对话

运用智慧纸笔及时反馈的功能,发现学生圈画的核心概念大多是"综合"与"创新",教师需要提醒的是,综合的对象——"已有知识",这一点信息不能丢掉,否则就会有所游离。在此基础上,学生需要对"已有知识的综合,是创新吗?"这一问题作出明确回答,是或不是。这里发现很多学生会陷入逻辑谬误,作出模棱两可的回答——"是又不是",显然这是需要纠正的。对于问题的回答,不能违背"排中律"。或肯定或否定,都需要通过概念界定,阐明"已有知识的综合"与"创新"之间的一致性或差异性。这里发现学生在概念界定中存在困难,教师可以及时给予指导,引导学生思考概念的内涵与外延,其界定方式可以多样化。比如学术的界定认为"综合就是把各种不同而互相关联的事物或现象组合在一起""创新即创造新事物,创立新理论、新制度、新科技"。也可以通过形象的语言来界定概念,比如"创新是从 0 到 1 的伟大飞跃,是从无到有的大胆跋涉""综合是如同史书的编纂一样对已有知识进行系统化的归类或编排"。

在界定二者概念的基础上,通过智慧笔反馈,学生对于二者关系的认识停留在单一层面。例如,"对已有知识的综合"是"创新"的基础,创新不能凭空产生,需要建立在综合已有知识的基础上。这时教师可以引导学生深入思考"所有创新一定都是建立在已有知识基础上的吗?"。很多时候的创新需要抛开前人的桎梏,结合当下的需要,去粗取精,去伪存真,打破思维定势,谋求新境界。这样思维就能更加深入,逻辑链条得以延长。

在此基础上，教师还可以引导学生对原因作深入分析，思考为什么会提出"对已有知识的综合，是创新吗？"这一问题，引发对社会现象的反思，分析有什么危害或局限性，比如认为"已有知识的综合是创新"是否会容易陷入思维定势，从而难以打破常规，突破现状；认为"已有知识的综合不是创新"，是否会使得创新流于口号而缺乏根基，无法落到实处等。进而在整体把握材料的基础上联系现实，谈一谈解决之道。

二、运用智慧笔，评析样卷作文，梳理思维框架

学生通过智慧笔梳理优秀例文的思维框架。教师反馈学生的梳理，并对梳理作点评，达成共识。

样卷一：以综合开辟创新之路（67分）

有人认为对已有知识的综合，不会产出新的内容，不是创新。我认为不然，对已有知识的综合也是一种创新（通过人我对话的方式，亮明自己的观点）。

对已有知识的综合就是将过去很多知识整合，形成框架，找到联系，达到形成合力的思维。创新则是产出新方法、新思想、新发明的活动（分别界定"对已有知识的综合""创新"这两个概念）。

已有知识中会蕴含未知，在使用上也会出现新领域，综合往往能开辟通往未知之路。知识本身不是一成不变的。就像人们将经典力学与后来的科技综合，需要对其增添限制，丰富该知识进行拓展，同时知识之间的密切联系说明人类可以由已有知识探索未知领域。随着科技发展，已有知识会运用于全新领域，综合就在已知走向未知中发挥导航作用，引领人们用已有知识走进全新领域（原因分析，从已知与未知的关系角度分析为什么已有知识的综合是创新）。

综合能创造新知识、新方法，达到创新的目的。综合思维也是创新思维的一种。通过综合，人们能构建起已有知识之间的关系，将知识梳理成结构，这同样具有巨大的创新价值。数学中综合产生新方法的例子不胜枚举，将代数方法引入几何的尝试创立了解析几何，成为重要数学方法和思想。编纂类著作的创新也体现于此，尤其是史学，在综合使用历史方法和收集历史知识后，如何编排结构，叙述历史，视角认识都蕴含创新。读者在阅读时也会获得高低不同的认识，因而综合是创新的重要方式（原因分析，从综合与创新的关系角度分析为什么已有知识的综合是创新）。

任何创新都需要综合，综合形成结论，是进一步发散、创新的基础。人类产生知识不是凭空而来的，经验的总结，方法的挑选，都必须使用综合，对已有知识的综合是知识体系发展的必由之路。在很大程度上，人类通过综合到发散再综合的过程获取新知。创新思维也是综合使用发散、综合、联想等一系列思维方法得以运转。世人使用头脑风暴法产生许许多多的天马行空的想法，但只有综合才能找出可行性的想法，使之变为现实。中国古代一直重视综合思维，编纂前代的史书，修文明产生至今的知识汇总，如《永乐大典》也是瑰宝（原因分析，进一步从综合与创新的关系角度分析为什么已有知识的综合是创新）。

有人不认为已有知识的综合是创新，但史学汇编等主动综合的事总需要人做，并非只有

重 塑

天马行空的新技术才算创新,综合也能产生令人惊叹的结果(首尾呼应,收束全文)。

样卷二:创新之风,涅槃而生(66分)

贯穿于人类发展,创新宛若凤凰涅槃,于旧世界的灰烬中一次次重生,带来前行的动力。我认为,固然创新需要已有知识综合的奠基,二者并非完全等价。在前有灵活的筛选与考量,在后亦需要灵感辅以实践(借助凤凰涅槃的典故,亮明自己的观点)。

何为"创新"?想前人未有之想而行前人未有之行,开创新思想,创造新事物。"已有的知识"则为此前所沉淀的生活体验与书本知识的熟练把握。而"综合",顾名思义,综已有,融合交互,成为相互关联的知识网络(分别界定"创新""已有的知识""综合"等概念)。

无可否认,纵观人类发展,创新作为引擎,或多或少离不开已有知识综合的辅助。原始人类由森林大火感知火焰的威力,并基于原有知识综合,创新性地用钻木取火延续火苗的传递。乔布斯将书法艺术与电脑设计理念相融合,使苹果开创了电脑时代审美体验的先河。而维特根斯坦将参与战争的思考融入逻辑思考,写出前所未有的旷世哲学著作。由此可见,无论生活、科技及思想领域,对已有知识的综合为创新搭建了攀至顶峰的框架,使创新在发展史中熠熠生辉(肯定已有知识的综合对创新的重要作用)。

然而,单纯对已有知识的综合未必能得出创新这一成果。将已有知识相互串接、交融,可以形成新的知识图谱与思维框架,将旧知化为新知,却难有"创"的突破。倘若综合已有知识便是创新,那么当今时代何必大力宏扬创新,仅着重综合已有知识便是推进社会进步了(转入论述重心,对已有知识的综合未必能得出创新的成果)。

由此观之,对已有知识的综合并不是创新,那何为创新?

进一步说,于综合已有知识前,必有积累及思考筛选为先导,这方是真正的创新基石。韦编三绝,周游列国,长年累月的书本知识与阅历的积累赋予了孔子敏锐的辨识,辅以内心对仁的渴望与追求,使堪称创举的儒家理念大浪淘沙,历久弥新。欲有创新,亦必先有已有知识的认识,择其良,取其优,方有追寻真理、追求美好的知识搭就创新的天梯。

更进一步说,于综合已有知识之后,亦需灵感点亮火花,并用勤劳之手,将理论抽离,形成实践之果。爱迪生曾感叹那"1%的灵感"亦是创新中最重要的一环。蒸汽机的发明与留声机的成功设计创造,需有综合已有知识后的巧思或不经意的点醒,方使沉睡的知识活跃,于创新的大脑中激跃灿烂的火花,在此之上,辅以实践,使青霉素真正造福人类,使人们由地球探索浩渺宇宙,使创新不浮于纸面,使其于现实中大放异彩。(从综合已有知识的前后步骤分析何为创新?)

"思辨尚奥,求索务高,我们的归处在凌霄"。创新之风由重构的知识之网中起飞,栖于灵感与实践的梧桐枝,放眼长空,看东方泛起的鱼肚白,看骄阳冉冉升起(首尾呼应,以诗意的语言收束全篇)。

三、运用智慧笔,举一反三,优化逻辑推进

笔者提供了另一篇学生的考试问题作文,材料为"有人说坚持做同一件事,坚持10年就能够成功,坚持20年就能创造奇迹。但是反观我们的现实,绝大部分人一件事情做了一辈

子,依旧平凡无奇"。

请学生明确原稿文章的典型问题,运用"智慧纸笔",尝试优化行文的逻辑推进,并及时呈现修改前后的学生作文,在原稿与改进稿的对照中强化具有逻辑力量的思维路径。

原稿:专一的人能成就大事吗?(原材料的核心概念是"坚持",不是"专一")

有人说坚持做同一件事,坚持10年就能够成功,坚持20年就能创造奇迹。但是反观我们的现实,绝大部分人一件事情做了一辈子,依旧平凡无奇(开篇只是引述材料,未能开门见山亮明观点)。

对于"坚持就是胜利"这一观点我们从小听到大,这句话的本意是让我们不要畏惧通往理想路上的艰难险阻。也就是说,这句话的成立隐藏着一个前提条件——我要有着坚定不移的理想信念,并且热情不会随时间推移散失。我们熟知的华坪女子高中的张桂梅校长,就是这样有着坚定信念和满腔热血的人。对她而言,将山里的女孩送出大山,在社会中创造价值,就是她生命的意义。所以她的坚持能够取得成功,能够创造奇迹。

为什么绝大多数人坚持一件事,却平凡无奇?因为多数人把自己的工作当成一项任务,他们待在舒适圈内,循着前人的轨迹照葫芦画瓢,没有丝毫的创新精神,这怎么能取得进步?这样的坚持就是干瘪而没有活力的(在对材料中的观点或现象展开原因分析之前,最好先有核心概念的辨析,这往往是逻辑推进的起点,也能避免后文可能出现的逻辑谬误)。

还有一些人,虽然专注于自己的事业,也饱含热情与理想,但是没有学识也是无用的,没有知识作为坚持事业的根基,也很难取得别人的认同(这一部分缺乏深入论证,说服力不够)。

梭罗在瓦尔登湖畔居住多年,写下了文学巨著,瓦尔登湖成为一代代人的精神食粮,他有着闲适淡泊的心境,明确知道自己想要什么,不允许别人的打搅,所以他最后取得了成功。相比之下,在工具理性盛行的当下,浮躁的人们,急于寻求快速成功的秘诀。这样急功近利的心境,哪怕你的目标再明确,都无法成功。加缪笔下的西西弗斯不断重复推动巨石,这样的坚持本身就是一种意义(西西弗斯坚持推动巨石上山,并没有获得世俗意义上的成功,这里可以就坚持的意义作更深层次的思考,行文逻辑可以推进一层)。

专一的人,如果他的理想坚定,有着满腔热血,一定能够成功。小米CEO雷军在创建公司之初,就立下了做感动人心的好产品的理念。如今,小米成为最年轻的500强企业(本段的简单举例,并没有从收束全篇的角度,有凑字之嫌)。

愿你我都能沉下心来,脚踏实地地实现理想(结尾也没有紧扣材料核心概念)。

改进稿:坚持的意义

有人说坚持做同一件事,坚持10年就能够成功,坚持20年就能创造奇迹。而事实上,绝大部分人一件事情做了一辈子,依旧平凡无奇。这引发了我的深思(引述材料,引发深思)。

何为坚持?它隐含着一个前提,就是遇到再大的困难挫折,都不改变不放弃自己的理想信念,始终如一。在逆境中坚持爬坡,寻找坦途。在黑夜中坚持前行,寻找光明。在绝望中披荆斩棘,寻找希望。小米CEO雷军在创办公司之初就立下了"做感动人心的好产品"的志向,即便面临危机,公司陷入低谷,他始终注重产品研发,坚持智能化发展的道路。华坪女子高中的张桂梅校长,从青丝到白发,数十年如一日,即便遭受病痛的折磨,遭遇世人的误解,坚持让大山里的女孩接受教育,改变她们的命运,实现人生价值。可见,创造奇迹的坚持不

重 塑

同于"不撞南墙不回头"的固执,他们的坚持隐含着坚定不移的理想信念和满腔的热诚。

这也就不难解释为什么有的人一件事做了一辈子,却依旧庸庸碌碌。因为他们把自己的工作只是当成一项任务,待在舒适圈内,循着前人的轨迹依葫芦画瓢,没有丝毫的创新精神,更不用说理想信念了,这怎么能取得进步呢?这样日复一日,周而复始地原地踏步是干瘪而没有活力的,如果说这是坚持的话,显然是对坚持的亵渎!(对"坚持"这一概念的阐释与辨析)

真正的坚持,即便没能获得世俗意义上的成功,长久的坚持也没能创造出奇迹,即便平凡无奇,坚持本身就有其意义,"坚持就是胜利"说的就是这个道理。加缪笔下的西西弗斯每天都在重复推动巨石,虽然永远不可能把巨石推上山顶,但你能说这样的坚持是无意义的吗?他的坚持足以对抗神灵对他的惩罚。他的生命价值也在一天天坚持推石上山的过程中得到彰显(对"坚持"的意义作更深层次的思考,行文逻辑推进一层)。

也许有人会说,一辈子做一件事依旧平凡无奇,为什么还要坚持?因为平凡无奇或许才是大部分人的人生常态,但是平凡可以不平庸,平凡的生活也可以甘之如饴,只要我们心怀梦想,有所追求!(设置虚拟论敌,增强思辨性)

反观"工具理性"盛行的当下社会,浮躁的人们急于寻求快速成功的秘诀。殊不知,欲速不达,唯有始终如一的坚持才有可能接近梦想!(联系现实,反思问题)

所以,坚持未必就能获得世俗意义上的成功,长久的坚持也未必能创造奇迹,但是坚持本身足以彰显生命的价值,愿你我都能沉下心来,坚定信念,脚踏实地地做好手中的事情,不问结果,不求回报,享受坚持的过程,从中获得超然的快乐!(收束全篇,重申观点)

综上,智慧纸笔作为一种融合了传统书写与现代科技的新型教学工具,正在逐渐改变着我们的教学方式。特别是在作文教学中,智慧纸笔的应用不仅提升了学生的学习兴趣,更有效地提高了教学质量。学生可以使用智慧纸笔进行作文创作,同时记录下创作过程中的思考和修改过程。这不仅有助于培养学生的写作能力,还有助于他们了解自己在写作过程中的优点和不足。教师可以利用智慧纸笔进行互动式教学,通过及时展示学生的典型问题与优秀例文,引导学生进行集体讨论和评价。这种教学方式不仅提高了学生的参与度,还有助于培养他们的批判性思维和合作能力。智慧纸笔在作文教学中具有广阔的应用前景和潜力,我们有望为学生创造一个更加高效且个性化的写作学习环境。

智慧笔在英语教学中的应用

沈丹丹

进入21世纪之后,通信技术和智能技术的进步一日千里,推动教育信息化驶入发展的快车道。我国很多城市越来越重视教育信息化,将其作为推动教育改革,提升教育方式多样性的重要举措。

我校研究智慧课堂已有很多年,而智慧笔是近几年我校智慧课堂上的"明星产品"。它的特殊之处在于"笔"字,学生在使用时,操作过程和传统的笔几乎无异,学生无需打开电脑,无需拍照等烦琐操作,只要教师打开"闵智作业"平台,点击相应功能,就能将学生写下的内容展示在白板上。这也让智慧课堂进入普通教室(配有电子屏幕)。高中阶段的语法、阅读、听说和写作在文章内容上相较于初中有着显著的难度和深度差异,文本内容广泛涵盖了人文、社会、科学等多个领域。值得一提的是:相对于词汇量上的差距,文本的广度及深度上的提升更具代表性。由此可见,高中是学生教育过程中绝佳的提高学生语言能力、学习能力、思维品质和文化意识的时机。智慧笔以其高效便捷的特点,在英语教学中起到了良好的辅助作用。本文将从高中英语的词汇教学和语法教学两个方面浅谈智慧笔的作用。

一、词汇教学

(一)默写应用,提高默写实效

默写是检测、督促学生词汇学习的最有效措施之一,课堂上利用智慧笔当场默写批改使之事半功倍。

1. 实时跟踪,落实默写纠错

图1是在讲解完翻译后,第二天课堂上通过智慧笔实时展示功能做第二遍的结果,完成后全班能共同批改。图1中王同学有几处细节出现错误,比如被动语态的ed没有加(题2)、单词拼错(如题1、题4),大家一起检查,当场批阅,教师强调熟练与检查(平常做题和考试中)的重要性。此外,对于教师讲解时强调的词组和典型错误王同学没有再次写错,听课效率较高,因此教师对他进行表扬。在这个批改过程中,全班学生不仅看到了优秀版本示范,更在具体纠错中再次复习,提高实效。

2. 快速反馈,解决共性问题

词汇默写操作方便,教师念中文/英文,学生默写。批改时,教师选取两份对比展示,虽然正确率差异巨大,但教师和学生一起发现了不少共性问题,譬如the way的相关知识:和很多其他学生一样,这两名学生都不能完整写出前一天教师讲的某些知识点(题2的accidentally和最后一题右侧the way几种用法都是听教师补充的)。

重 塑

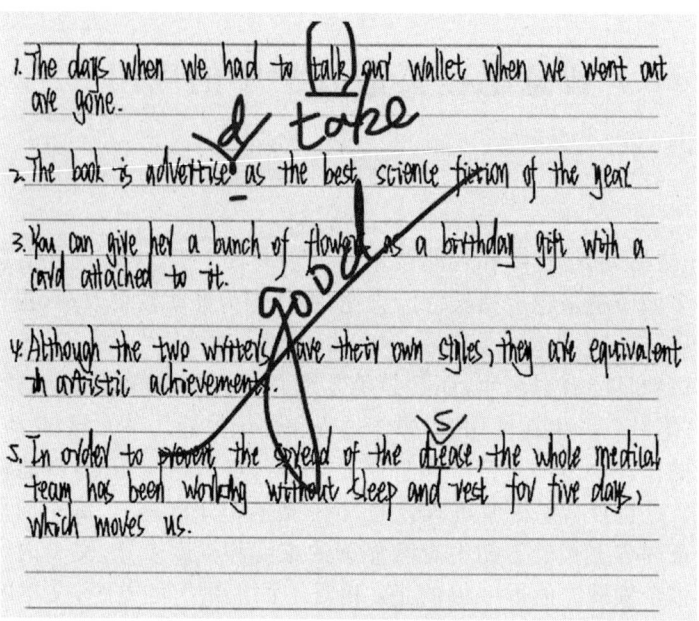

图 1　王同学的默写截图

比较有趣的是,在讲评中,教师有意无意忘记点击屏幕上的"结束答题",学生一边和教师批改展示作品,一边在自己本上订正。如图 2 所示,在另一次课堂默写中,胡同学在公布答案时,很认真地批改订正,是大家学习的榜样。这名学生成绩良好。从他的默写和批改中,我们可以看出,这名学生的课堂听讲包括校检订正工作都能做到认真细致,即使第 5 题

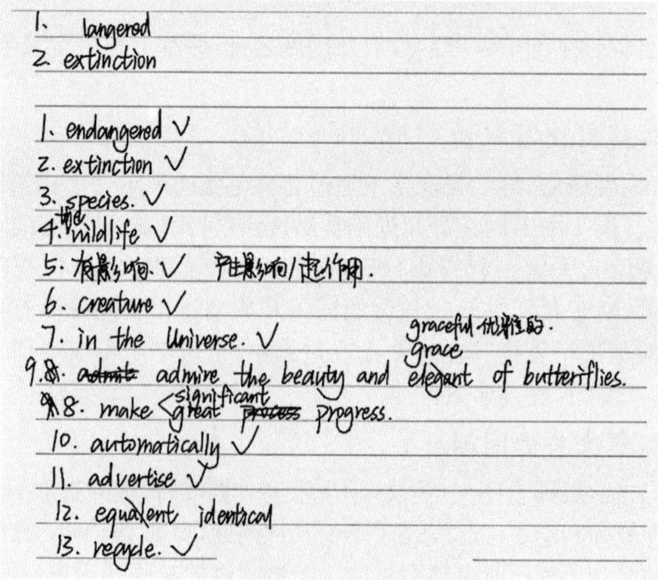

图 2　胡同学的默写截图

没有错,她还是精益求精,跟着教师的讲解又写了一遍。渐渐地,教师更多地选择不点击"结束答题",因为这样能发现学生在学习习惯中的问题。纠错是学习中的重要一环,胡同学这种模范作用能帮助某些学生养成良好的学习习惯。当然,如果展示作品在改正时又出错,大家会一起发现,一起出声提醒。"被选中"的学生对词汇记忆更深,其他学生亦然。对于订正过程再次错误或笔记偷懒的学生,教师也能有针对性地对这类共性问题实时提醒,并在课后跟进。

(二)专项训练,巩固词汇学习

在高考卷中,十一选十实际是词汇和阅读理解的结合,对学生的语言能力和思维品质有较高的要求。上下文的理解至关重要,但是,有一定基础的学生训练到后期会发现,词汇在这大题有比想象中更深的意义和更大的难度,而智慧笔的使用帮助我们更好地处理这一词汇题型。

1. 标注词汇,精准把握学情

首先,学生当堂在学案上用智慧笔标注框中所给词汇,包括其词性和词义,前者精确到形式,以十一选十为例,11个单词中存在一词多义或一词多词性,如 J.access。词组 have access to 是大多数学生已经掌握的,因此许多学生标注了(n.)。殊不知,它还可以作为动词用。按照教师要求,标记时须精确到 do,不少学生只写了(v.)。其次,虽然大家比较熟悉 have access to 这个词组,但有的学生仍旧只知道它具有"通道、通路、入径"的含义。当他们看到其他学生较完整地写出"(使用或见到的)机会,权利"时,才恍然大悟。标记词性词义这一步不能说是必要,但对于各词汇水平的学生来说,能帮助他们排除错误选项,加快做题速度,对于中等难度的题目足够应对。当教师将大家智慧笔所写的内容显示在屏幕上时,发现大家的词汇基础有较大差异,其中不乏粗心的因素。在共同对部分作品评阅时,学生更多地发现自己对许多词语在"理解"上有所欠缺。原本以为的理解,很可能是一知半解;有时候只知道它的一种词性,有时候只知道其中一个含义。可以说,当文本难度提升,首先需要改善的就是对所给词汇的认知水平。又如,名词或形容词活用为动词的现象在十一选十中十分常见,我们在专项训练中也应覆盖。由此可见,这一大题从词汇入手,对学生语言能力的要求是比较高的。

针对学生智慧笔展示结果出现的诸多问题,教师打开 PPT 进行讲解。通过词组展示、中译英、英译中等方式对诸如 access 这类重点词汇进行教授。接着教师画出 C.submit 和 G.subscribed 的 sub,提问:"同学们,结合我们学过的 sub 开头的单词,大家认为 sub 在构词中有什么特别含义?"学生先用智慧笔在学案上写下诸如 submarine, subtitle, subconscious 等,回忆教师曾经对这几个单词的分析。经过两分钟讨论后,学生发现很多情况下"sub"在构词法中含有二级的、级别上第一等的、潜的意思。类似地,我们对 F.controversy 的"con"进行了复习。词汇是语言最核心、最基础的单位。无论何时,英语的学习都离不开词汇学习,学生的英语水平和他们对词汇的认知水平有千丝万缕的联系。利用智慧笔的实时展示功能,通过找规律,学习构词法,提高学生的语言能力。

2. 思维再现，精准改进问题

分析好所给词汇后，学生用 10 分钟左右完成填空。我们发现，答题过程中，有的学生卷面"干干净净"，有的学生有思考过程，因此教师让这些学生上讲台展示他们的做题思路，大家看到他们文中的曲线画出的都是证据，并指向空格处，通过上下文猜测空格处所缺单词的可能性，结合选项，选出答案，如图 3 所示。这一步对大部分学生是必要的，语言学习中应强调逻辑思维，换言之"动脑筋，仔细做题"。许多学生在听取讲解后，恍然大悟，意识到自己在做题时过于草率，从而明确了需要改进之处。通过不断的训练，他们逐渐养成了推理的良好习惯。解题过程的展示和讲解凸显了语言学习中对思维的训练，包括识别、理解和推断等能力的锻炼，这些训练进一步提升了英语核心素养，特别是思维品质。

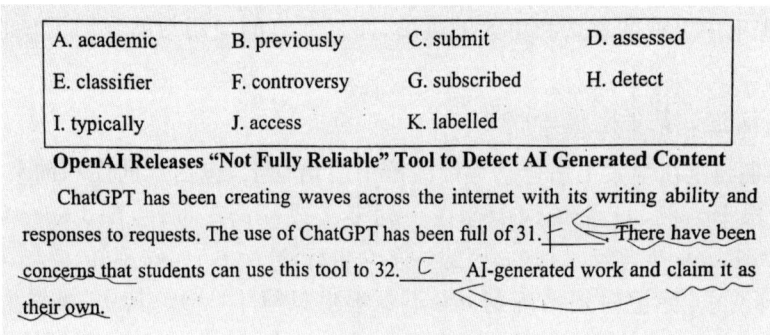

图 3　李同学答题片段截图

（三）思维导图，加强词汇系统性

新教材各单元的学习中和拓展阅读等练习后，教师可以让学生用智慧笔绘制思维导图，巩固单元主题词汇。如必修第二册 Unit 1 Nature 中，教师抛出"creature"这个单词，先让学生自我发挥，将相关词汇以思维导图的方式串联起来。有的学生首先想到 creature 的分类，如许多练习中涉及的 marine life 等词汇；有的学生直接想到 creature 和大自然的关系，物种的灭绝和保护野生动物的重要性。当学生初步完成自己作品后，智慧笔实时展示，教师发现有些学生缺乏点灵感，就让大家 4 人一组讨论，完善自己的思维导图，最后，选取几个代表性作品展示。在这个过程中，不仅复习了相关词汇，同时提高学生综合素养。因为在绘制思维导图的过程中，学生不可避免地会联想到人类活动对大自然和动物的影响，从而意识到人类只是地球生物中的一种，与其他物种共存。这促使他们认识到尊重其他生物和敬畏大自然的重要性。

二、语法教学

从十一选十题型中智慧笔的应用中，我们能直观感受到它的不可取代之处：操作便捷，迅速展示，作品可直观比对。那么语法就更适合借其助力了。高二学生已经学习了几乎所有语法,但是在语法练习中,尤其是篇章语法中,即使是简单的定语从句,错误率仍然偏高。定语从句属于从初中开始学生就接触的一个语法点,可以说是相对较基础的一类从句,亟须复习巩固。

（一）辨识从句,展示分析过程

这节复习课先让大家听一段歌曲。临近母亲节,歌曲片段选取自席琳·迪翁描述母爱的《Goodbye's》歌词文本,如图 4 所示。填入挖空处的定语从句,两遍后多数学生都能听出问题,接着用智慧分析语法现象：定语从句,用小括号标出定语从句,箭头指向先行词(被修饰的名词)。后续课堂活动中,所有从句都按此分析和展示。从句的标记借由智慧笔的展示,帮我不够熟练的同学取长补短,巩固复习。

Mama, you gave life to me
Turned a baby into a lady
And mama, all <u>you had to offer</u>
Was a promise of a lifetime of love

Oh
Goodbye's the saddest word <u>I'll ever hear</u>
Goodbye's the last time I will hold you near

图 4 《Goodbye's》歌词

（二）单项选择,统计不同意见

接着学生需完成一段语法填空和几个改错题,都含有几处定语从句。在教师设置的难点中,大家出现分歧,甚至出现某些出乎意料的分歧(并非难点)。这些情况下,教师利用智慧笔单选的功能,统计学生各种意见的比例：学生翻到蓝色本子最后封面,从黑板上的 A、B、C、D 四个选项中选出自己的答案,很快屏幕上已经将每个选项的选择率用块状图展示出来,清晰明了。教师了解其掌握程度,为后续教学跟进提供数据支持。此功能远比教师统计学生举手人数来得精确快速,且能看到每个学生是否都参与了。

三、反思与展望

相对传统课堂,智慧笔的优势十分显著,在实时展示和意见统计上几乎是最高效的工具。此外,几乎每次用智慧笔,原本参与度不高的,成绩中下的学生参与进来了,不论是教师点评大家的幼稚错误,还是看到屏幕上把改错题越改越错,他们觉得很有趣,忍不住发表看法。因为高中学生大多数仍处于对非常规事物尤其感兴趣的阶段,加入技术手段的课堂,许多学生注意力更集中,尤其成绩处于中下水平的学生。可见智慧笔在很大程度上能提高课堂的趣味性,提高学生的参与度。在实践中,我们发现智慧笔还有些不尽完善的地方,比如学生的智慧笔只有一种颜色,以至于展示学生订正过程时不甚方便,几乎看不出订正时的添加修改。在后续教学中,智慧笔也将在 summary,写作等语言输出题型中大放异彩。

综上所述,在各类智慧课堂工具中,智慧笔优势显著,而使智慧笔乃至智慧课堂合理高效服务于教学,提高学生的语言能力、人文精神和核心素养,是我们思考和研究的一致方向。

基于智慧纸笔的"城乡空间结构"
教学过程性评价研究

李 萍

新课改下,教师无论是课堂的形式还是作业设计上都具有更加自主的选择性。但在教学过程中特别是教学评价中依旧存在一些问题,明显表现为教学评价的方式以终结性评价为主,如用考试或单元测试等阶段性测试来检验或评价学生的学习情况,较少从课堂表现、课堂活动、小组合作、课后作业等方面开展相关评价,基于学生学习过程的表现性评价出现缺失。评价是衡量学生学情的重要度量工具,而传统的教学评价较为单一,不能很好地适应新课改下的育人要求。《普通高中地理课程标准(2017 年版 2020 年修订)》(以下简称《2020修订版课标》)中提出,要重视过程性评价,那么如何有效实施过程性评价则是广大教育工作者需要思考和解决的一个重要问题。

智慧纸笔作为智慧课堂的形式之一,充分利用信息数字技术,通过数据即时反馈,大数据储存、整理、计算等数字化信息技术与教学方法深度融合,营造直观、实时、动态、高效的地理课堂。"城市空间结构"作为"城乡规划"的课程内容之一,具有非常强的实践性,笔者通过任务项目式学习对本部分内容作过程性评价设计,充分调动各种乡土资源组织项目式活动,以活动作为任务驱动,带领学生围绕某一实际问题作探究学习,同时把探究问题过程中学生对资料的使用、参与活动的积极性与完成度、课后反思总结的表现当作评价指标,制定任务评价量表,对每一环节中学生的学习效果作出评价,及时了解学生学习情况,完成学习任务,提高学生学习地理的兴趣。

一、教学过程性评价的理据

过程性评价是指在教学过程中对学生完成某项任务或活动时所表现出的能力或素养的评定,是对学生在实际的学习过程中所表现出的学习态度、能力及素养的评定。过程性评价更加注重学生素养的实时测量,因此要设计任务驱动的评价导向,实施过程性评价要依据《2020 修订版课标》和教学目标发布过程性任务。

基于智慧纸笔的过程性评价相对于传统的终结性评价,具有更科学、更合理的结果。传统的终结性评价如考试或单元测试,客观性很强,以此作为衡量学生学习情况的好坏,通常对部分学生的打击较大。而过程性评价在课堂的最开始就列出各任务或子任务的评价水平,使得学生在整个学习过程中了解自己处于什么水平,有哪些优势及劣势,帮助学生形成准确的自我认知。

二、过程性评价的设计与实践

本研究通过设计任务评价量规对学生开展过程性评价,在《2020修订版课标》和教学目标的基础上,课堂总任务被划分成三个小的子任务,每一个小任务包含四个水平,每一个水平对应学生的素养发展处于什么水平,同时在设计评价的过程中不仅关注学生完成任务的结果,还重视任务完成的过程。教师还要观察学生在完成过程中的表现状态,包括积极性、团队协作等能力,从而进行评价。

在课程学习之前,班级按照任务活动要求进行分组,每个小组组长作为本任务活动的观察者,活动中通过观察小组成员的表现来打分并勾选相应水平,观察者则由教师作评价。首先每名学生根据自己每项任务的完成情况在任务评价量表里勾选相应的分数和等级,再由观察者及教师根据他们的观察来勾选,目的是一方面能让学生本人更清楚了解自己的优缺点,从而为后续的学习指明方向,另一方面充分调动学生的积极性。整个过程教师引导,以学生为主体,学生在学习过程中了解自己观察他人,可以从他人身上取长补短,营造团结友爱的班级氛围,增强班级凝聚力。自评和互评相结合的模式相对来说更加准确公平,有利于教师在课堂结束后搜集更为准确、科学的数据,进一步指导后续教学。

三、"城市空间结构"教学设计

(一)教学目标

(1) 以上海为例,说出城市的概念和基本特征。
(2) 以上海土地利用规划图为例,描述上海土地利用类型及分布特征。
(3) 以上海各典型功能区为例,归纳城市功能区的空间分布特点及影响因素(区域认知)。
(4) 以上海某一地铁路线为例,分析城市地价的影响因素,对城市发展规划提出合理化建议。(综合思维)
(5) 通过对上海城市的学习,理论联系实际,获得对家乡的认同感,增强热爱家乡、建设家乡的情感。(人地协调观)

(二)教学过程设计

【活动主题】航拍上海:魔都天际线
【背景资料】上海作为一所现代化大都市,境内基础设施完善,功能分区明显,地处长三角平原地区,城市空间结构清晰,因此本节课以学生生活的上海市为例,作"教学评一体化"的教学设计,落实学生对乡土地理的学习。
【任务一】圈出"魔都"土地利用类型。
【教师活动】教师给出上海市土地利用规划图,同时指导学生阅读教学相关栏目并结合日常生活经验,圈出上海市的几种主要土地利用类型。

重　塑

【学生活动】学生用智慧笔将城市同一土地利用类型的大概范围圈画出来。

【设计意图】利用上海规划图,增强学生区域认知能力。

根据圈画成果,总结得出"魔都"的空间结构呈"同心圆结构"的结论。任务一评价量表如表1所示。

表1　任务一评价量表

水　平	评　价　指　标
水平一	能在教师、他人的帮助下,找到上海市主要土地利用类型
水平二	能够独立找到上海市各土地利用类型,但是不能总结规律
水平三	能够独立找到上海市各土地利用类型,能总结规律,但是其背后的原因无法解释
水平四	能够准确找到上海的土地利用类型,概括其分布规律,分析背后原因

【任务二】识别"魔都"功能分区。

【教师活动】教师给出上海市地铁网络示意图,提供一些学生熟悉的上海功能区案例,如外滩、南京路步行街、徐家汇、佘山风景区、紫竹科学园、张江科技园、迪士尼游乐场、五角场大学城、松江大学城、宝山宝钢、金山化工等,让学生将这些功能区案例在地铁网络示意图中标注出来。

【学生活动】学生根据课前的分组认领相应的城市功能区,分别为"商业区与商务区小组""居住住宅区小组""工业区小组""文化教育区小组""生态保育区小组"。每个小组成员根据本组的主题,基于日常生活体验,结合百度地图中全景和地图模式,确定该功能区的空间位置,观察其周边环境,找出该功能区的分布规律,并分析、归纳该功能区的特点。

【设计意图】在智慧纸笔的基础上,学生利用地理信息技术对特定区域作地理调查,理论联系实际,激发地理学习兴趣,培养学生的区域认知和地理实践力。

任务二评价量表如表2所示。

表2　任务二评价量表

水　平	评　价　指　标
水平一	在教师、他人的帮助下,能够标注本组功能区
水平二	能够独立标注各功能区,但是无法解释其分布规律
水平三	能够独立标注各功能区,并解释其分布规律,但该功能区特点还无法总结
水平四	能够准确标注本组功能区,并找到该功能区的分布规律,结合其分布规律,能分析、归纳出该功能区的特点

【任务三】分析"魔都"地价规律。

【教师活动】课前教师给出 5 条地铁沿线地段,各小组选择任一条地铁沿线,根据实地考察及中介机构网站查询该地铁沿线部分地段的二手房均价,同时通过百度地图等地图搜索引擎测量各站点到市中心的距离。

【学生活动】用智慧本绘制城市地铁沿线二手房地价变化曲线图,观察地价变化曲线分析其规律,并解释其背后的原因。

【设计意图】学生结合现实生活体验,通过动手操作、观察讨论等主动建构思维,搭起知识框架,最后总结相关地理规律及原理,树立正确的人地关系。

任务三评价量表如表 3 所示。

表 3 任务三评价量表

水 平	评 价 指 标
水平一	能在教师、他人的帮助下,搜集到简单的信息
水平二	能够通过实地考察、网络信息等方式获得较完整的第一手信息
水平三	能够搜集到房价、距离等资料进行总结,并分类记录
水平四	能够对自己搜集到的房价、距离等信息进行整合,建立关联,总结相关地理规律及原理

四、反思与展望

(1) 基于智慧纸笔开展过程性评价,能够实现学生课堂数据实时在线记录和上传,课后教师可对相关大数据作整理和分析,精准实现过程性评价,同时在课堂上及时了解学生学习情况,发现教学中的问题,为教师调整教学进度、教学技术,改进教学方法提供参考依据。

(2) 课堂上,教师要引导学生做好探究的准备工作,在学习的过程中使用任务水平量规,及时对每一个任务完成评价,课后教师也要根据学生的课堂及评价及时调整后续教学,针对学生参与度不高的任务分析原因,可询问学生对于任务的改进建议;针对过程性评价量表水平达成区分度较低的任务,可适当作删减调整;针对大部分学生都难以达到或非常容易完成的任务,重新拆分设计子任务,使新的子任务具有较强的指示功能。

(3) 通过智慧纸笔的过程性评价,教师还要了解学生在完成哪项任务时存在困难来分析学生哪一部分知识或技能有所欠缺,从而进行有针对性的个别教学,实现精准教学;同时区别于传统的终结性评价,学生也能清晰地知道自己在各个环节的弱势,后续也可对自己的弱势进行训练,不断提高自己。

数字化教学平台助力课堂的有效性
——以"氨基酸与蛋白质"为例

俞 兰

习近平总书记在中共中央政治局第五次集体学习时强调,教育数字化是我国开辟教育发展新赛道和塑造教育发展新优势的重要突破口。随着科技的不断发展,数字化平台在教育领域的应用越来越广泛,数字化转型已经成为现代化教育的必然趋势。

本节内容是沪科版化学教材选择性必修三第四章第一节生物大分子的第二课时"氨基酸与蛋白质"。笔者依托上海市闵行区的数字化教学平台"闵智作业"与智慧笔结合,探索数字化教学平台对课堂有效性的提升。

一、课堂实验验证视频内容,培养学生科学探究精神

课堂片段一:

【教师活动】在侦探片中,经常会看到有负责痕迹检查的警察在现场提取到嫌犯的指纹,从而得到了破案的关键性证据。那指纹的提取和检验具体是怎么做到的?播放课外兴趣小组拍的小短片《福尔摩斯·桢——指纹检验》

【学生活动】小组成员介绍:我们在视频中,是通过茚三酮溶液检验汗液中的微量氨基酸来检验指纹,这个方法对于一些时间较久的指纹也能较好地检验出来。我们提取指纹的时候发现,要得到大致的形状基本都能成功,但是要得到清晰的指纹,整个操作要注意自己的手指不能摸到指纹,要注意加热的温度,最开始我们用酒精灯加热,直接把纸烧黑了,后来才用电熨板来加热,也要注意加热的时间等,感觉真正的痕检都要非常地细心和有耐心。

【教师活动】那茚三酮溶液真的可以用于氨基酸的检验吗?请大家试着用眼前的实验试剂完成教材第80页的实验探究。

【学生活动】6个小组分组实验,分别完成了不同氨基酸与茚三酮的显色实验。不同的氨基酸均能与茚三酮在加热条件下变为蓝紫色。(还有一组学生做了空白试验,单独加热茚三酮或氨基酸,并不能使混合液变为蓝紫色)

【设计意图】利用学生感兴趣的探案情节,快速引入本节课的主题之一:氨基酸,并通过课外小组成员分享、解释,体会有机化学对案件侦查的重要作用,培养学生"科学态度与社会责任"的核心素养。在实验中,还有学生思维缜密地进行了空白试验,体现了学生尊重事实,不迷信权威,敢于质疑的科学探究精神。

【教师活动】展示实验中遇到的几种氨基酸的结构,我们可以看到不同的氨基酸在结构上有哪些相似的地方?

【学生回答】都有氨基和羧基。

【教师活动】分子中既含有氨基（—NH₂）又含有羧基（—COOH）的化合物我们就称为氨基酸。这几种氨基酸均为组成蛋白质的α-氨基酸,氨基均连接在了羧基的邻位C,其余的结构我们就可以认为是该α-氨基酸的侧链。你能判断该有机物是否属于α-氨基酸,若是的话,请找出其侧链。

【学生活动】是α-氨基酸,并找出侧链基团。学生作答展示如图1所示。

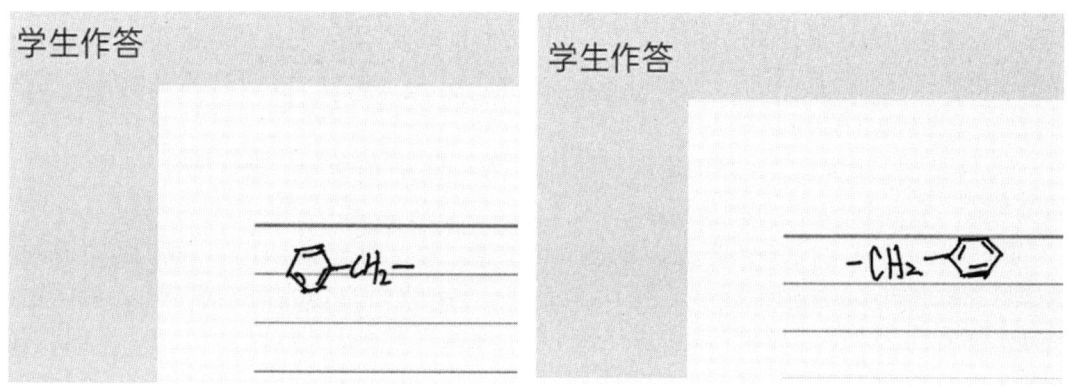

图1　学生作答展示

【设计意图】先是通过学生观察得到氨基酸的结构,之后又通过侧链的寻找,再一次加深学生的记忆,通过智慧笔与闵智空间的配合,教师可以快速判断学生均已了解α-氨基酸的结构,从而进入下一环节的教学。

二、"思维再现"展示学生做题思路,提升思维有效性

课堂片段二：

【教师活动】氨基酸分子之间,可以发生类似于酯化原理的反应。（举例2个甘氨酸分子结合为二肽的方程,在PPT上圈画断键位置）酸脱羟基,氨脱氢,脱去一分子水,形成肽键,肽键就是一种酰胺基。你能根据断键原理,总结成肽反应的通式吗？（反应物结构式已给）

【学生活动】模仿甘氨酸生成二肽的方程式,书写通式。

【教师活动】我们一起看一下张悦同学的思维再现,整个过程非常清晰,断羧基的碳氧单键、氨基的氮氢单键,碳与氮之间形成一根新键,脱下的羟基与氢原子则生成水。

【设计意图】表扬学生,展现优秀学生作答,利用思维回放,再次带领学生重复断键位置以及如何成键,加深学生印象。根据收集的学生答案,绝大部分都能准确书写二肽的结构式,说明学生基本已掌握成肽反应的原理,个别学生忘记水的存在,强调水的生成之后,就可以继续之后的教学环节。

三、快速收集学生答案,针对性解决问题

课堂片段三:

【教师活动】当氨基酸脱水缩合形成的分子相对分子质量在1 000以下时我们称为多肽,1 000以上时就称为蛋白质。食物中的蛋白质在人体内各种蛋白酶的作用下水解成氨基酸,氨基酸被肠壁吸收进入血液,再在体内重新合成人体所需要的蛋白质。这个水解的过程其实就是将刚才脱水缩合的过程逆过来。在写方程的时候,需要先找到肽键、断碳氮键,在碳氧双键的位置补羟基,氮原子这边补氢原子。请写出这个肽分子由几个氨基酸脱水缩合形成,这些氨基酸的结构分别是什么。

【学生活动】理解肽键水解的原理并对书上"想一想"种的肽分子进行拆分,还原为相应的氨基酸。学生作答展示如图2所示。

【教师活动】展示优秀作业,重复断键成键位置。对比两份学生作业。我们可以看到,大家对于肽键的水解原理都能够掌握了,但是在一些细节的书写方面还是会有一些问题。肽键水解之后,首先这名学生可能比较心急,忘记在氮原子这边补氢原子,还有一个问题就是氨基的书写习惯,应该是氨基种的哪个原子与碳原子相连?氮原子。但这样的书写会被误会,所以需要将氨基种的氢原子写在氮原子的左边。

【设计意图】通过智慧笔对学生的作答情况快速收集,教师能够很快发现大部分学生对于本节课的重点:肽键的形成与水解相关的原理已经基本掌握,通过思维再现也能不断加

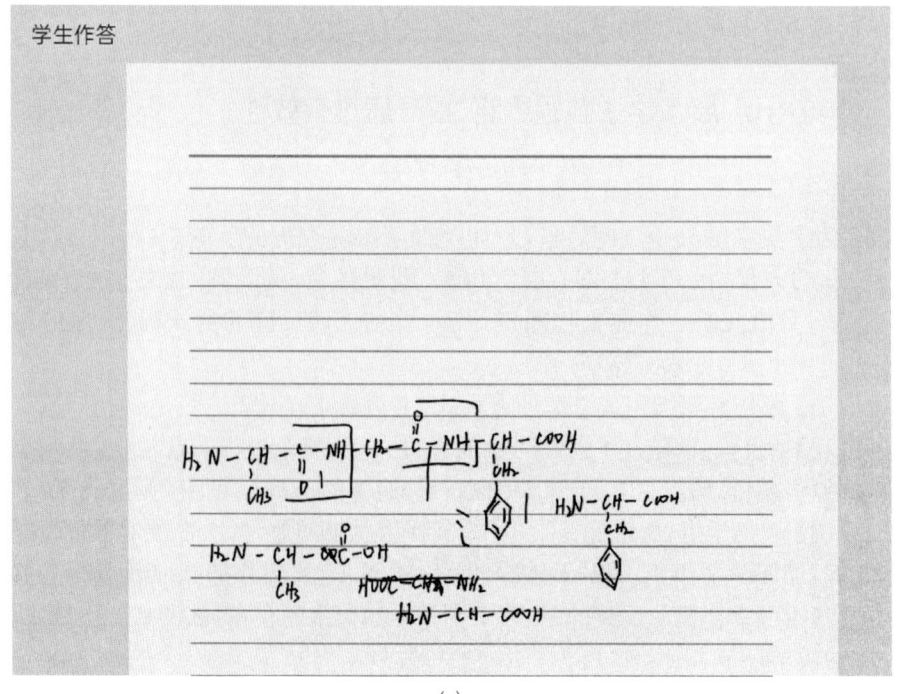

(a)

教 学 变 革

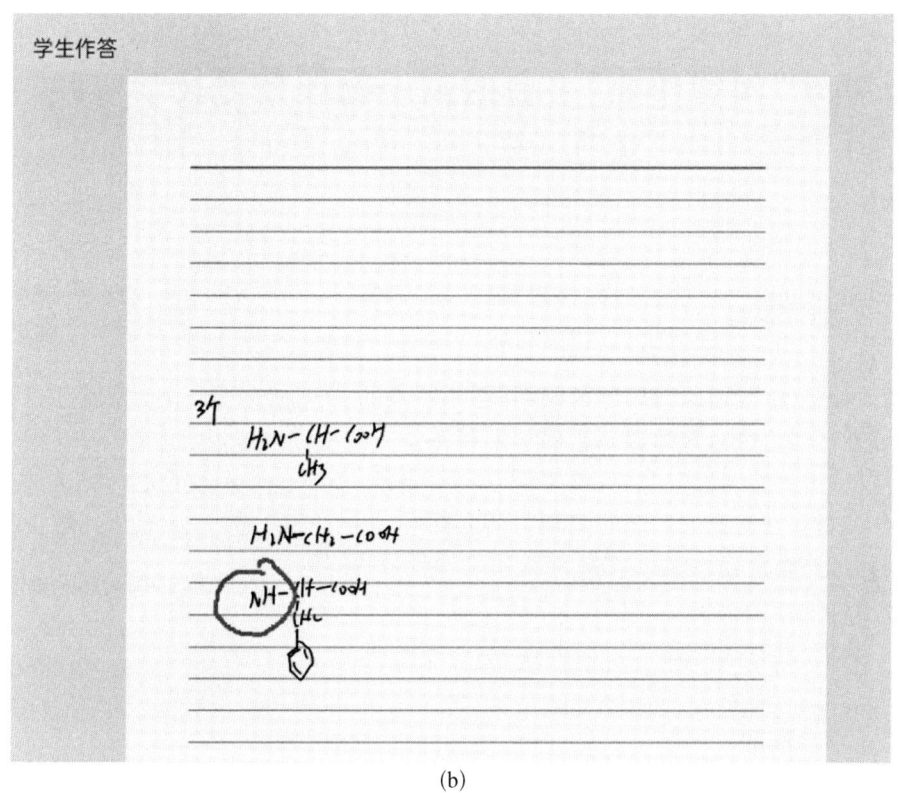

(b)

图 2 学生作答展示

深学生的记忆。在快速观察学生答案的时候,也能快速了解学生在做题中容易疏忽的点,比如氨基的书写,这也是班级里很多学生提交上来作业的通病,通过展示学生答案,能够当场有针对性地解决问题,避免在后续练习中出现重复性的错误。

四、教学反思

本节课首先是通过学生自行拍摄的小视频引出了氨基酸的检验方法,熟悉的学生扮演侦探角色,激发了所有学生的兴趣。通过学生介绍实验,从宏观的角度认识了氨基酸,之后再从微观的角度分析氨基酸的结构,从化学键的断裂和形成的角度认识肽键的形成与水解,为进一步深入研究复杂有机化合物大分子结构的学习方法作铺垫。在此过程中,肽键的形成与水解是本节课的重难点,学生的掌握与否决定了本节课的课堂效率。通过闵智平台与智慧笔的结合,可以在课堂上收集到全班学生的答案,教师通过快速分析学生的答题,可以调整本节课的上课节奏,保证重难点突破的有效性。并且可以根据学生的答案,找出学生的共性问题并在课上解决。极个别学生的错误则可以在课后进行辅导,实现个性化教学。"思维再现"功能对于有机化学的学习尤其实用,教师可以看到学生的断键情况,从而判断学生是否真正掌握相关反应原理,大大提升了课堂的有效性。

基于"闵智作业"平台的高中物理复习教学实践
——以"牛顿运动定律"单元复习课为例

代 芮

一、问题的提出

与新授课相比,复习课的信息量较大,趣味性较低,功利性较强,指向完成题目和考试。在复习课的教学过程中,教师容易忽视学生在课堂中的主体地位,只注重复习知识,对于学生在复习模块中哪些知识较薄弱,哪些地方容易出错,教师有时并不清楚。在这种状况下,如何利用大数据,在教育信息化的浪潮中精准回应学生的学习需求,从而达到教学目标,提高学生的物理核心素养,是需要教师深入思考和设计的问题。

二、教学设计与实践

(一)平台选取

纸和笔在教学中的作用不容忽视。一些研究显示,与 Microsoft Word 等电子输入工具相比,传统的纸和笔更能满足学习者的认知需求,并提供更好的时效性和个性化体验。纸笔书写符合认知规律,而且智慧纸笔可以完成线下书写资料的收集,并对采集到的数据作智能处理。

智能纸笔在不改变学生书写习惯的情况下,可以将学生的作业数据迅速传递到闵智作业平台,并可以实时统计作业提交人数、答题时间、答题正确率等量化指标。智慧纸笔能够精确分析并展示学生的学习状况,从而帮助教师合理安排课堂时间,并对学生知识掌握情况给予及时、有效的反馈。智慧纸笔的应用可以很好地解决传统授课模式下课堂互动不足的问题,同时还可以辅助其他教育媒体,如平板和计算机。

综上所述,本文选择利用"闵智作业"平台和智慧纸笔,预先设计并打印学案单,学生使用智慧笔课下完成学案,课上利用智慧纸笔随堂练习,在教师带领下复习牛顿运动定律。

(二)教学内容分析

1. 教材分析

本单元课程内容包括牛顿运动定律及其应用、力学单位制等知识。在本单元的学习中,学生将学会使用牛顿运动定律解释简单现象、解决生活中的实际问题,形成运用牛顿定律分析问题的一般思路,并初步形成运动与相互作用观;在探究物体间相互作用与运动状态变化关系的实验中,学生将记录、分析和处理实验数据,在探究实验、分析解决问题的过程中,认识到物理学是对自然现象的描述和解释。

本单元以牛顿运动定律为主线,通过单元复习梳理,学生将构建完整的知识框架,并建立运动与相互作用观,为进一步学习物理学其他内容奠定基础。

2. 学情分析

(1) 知识层面：牛顿运动定律是继匀变速直线运动的规律、相互作用与力的平衡后学生学习的内容,阐释了力与运动的关系。牛顿第一定律、牛顿第三定律在学生的初中学习中已经建立了前概念,而牛顿第二定律、力学单位制等内容则是学生第一次接触。牛顿运动定律是经典力学的核心,也是学习物理学其他内容的基础。

(2) 思维方面：学生已经具备初步的分析综合能力,但对于规律的形成和总结方面仍有困难,需要借助教师的引导和同伴的合作等多种方式加深对规律的认识和理解。

(3) 动机层面：学生学习态度端正,具有良好的学习意愿,但学习能力差异较大,需要教师通过分层,因材施教,激发后进生的学习动力。

(4) 信息素养层面：学生具有较好的信息素养,有应用信息技术学习的基础和经验,具备利用一起作业平台开展学习的习惯和能力,但对利用信息化手段作自我需求的学习还处于初级阶段。

（三）教学目标

1. 建立正确的运动与相互作用观

理解牛顿第一定律和惯性概念,理解"力是改变物体运动状态的原因"。

2. 掌握理想实验法、控制变量法等思想方法

伽利略理想斜面实验,探究了运动与力的关系;利用控制变量法、图像法、化曲为直等思想方法探究"加速度与力、质量的关系"的实验。

3. 培养科学态度与责任

能利用牛顿运动定律来解释和解决生产生活中的相关现象和问题,并逐步培养解决现实问题的一般思路。

（四）教学流程图

本节课的教学流程图如图1所示。教师首先通过展示闵智作业平台采集到的学生课前学案单中的概念框架图,引入对牛顿运动定律的复习。在对牛顿运动定律及其应用的复习过程中,教师以课前学案单为指导,在闵智作业平台预先了解学生学情,针对性地设计课堂环节,并选择随堂练习题目。随堂练习时,学生使用智慧笔答题,平台将计时并统计答题情况。教师可以随机挑选学生,请他们讲解答题思路。课程结束时,教师将对本节课作小结。

重 塑

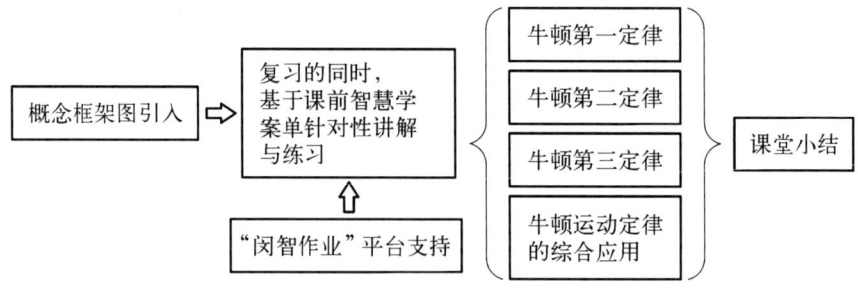

图 1　教学流程图

（五）教学过程

1. 情境引入

教师利用智慧教室的多块智能白板，展示学生课前绘制的本章知识框架图。学生分组比较各幅图的异同，然后每组选一名代表，表述本组对各幅图的建议和评价。在交流过程中，学生逐渐完善本章的知识框架。

2. 牛顿第一定律

在教师的引导下，学生共同回顾科学家们对力与运动的认识的研究历程。对于伽利略斜面理想实验这一重点，教师把表述的机会交给学生，采用随机选人的形式，请学生结合课件中的示意图完整表述斜面理想实验。针对学案单中"运动的火车里小球向人滚来"的现象，在闵智作业的数据统计中预先找出典型错误答案，如图2所示，呈现在课件中，并附以如图3所示的正确表达。随后利用基于平时学生易错题的变式习题随堂检测，再次考查学生对惯性知识点的理解情况。

图 2　典型错误答案

图 3　正确表达

3. 牛顿第二定律

梳理探究加速度与物体质量、物体受力关系的实验。比如体现“化曲为直”思想，为进一步确定加速度与质量的关系，应当绘制 $a-\frac{1}{m}$ 图像。对于牛顿第二定律的两类基本问题，选取学案单中较为典型的错误作讲解。

在应用牛顿第二定律计算时，学生的典型错误是无法从题干中获取有效信息，不清楚问题对应的研究对象。教师展示某个学生的错误答案，如图 4 所示，其他学生对其进行评价，分析该生出错的原因。在生生互评的过程中，学生对牛顿第二定律应用的认识更加透彻。

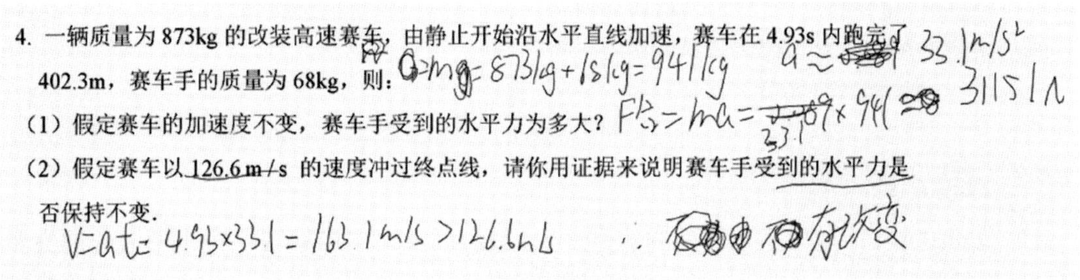
4. 一辆质量为 873kg 的改装高速赛车，由静止开始沿水平直线加速，赛车在 4.93s 内跑完了 402.3m，赛车手的质量为 68kg，则：

（1）假定赛车的加速度不变，赛车手受到的水平力为多大？

（2）假定赛车以 126.6m/s 的速度冲过终点线，请你用证据来说明赛车手受到的水平力是否保持不变.

图 4　学生答案

4. 牛顿第三定律

在复习牛顿第三定律的过程中，教师将学生练习册中的易错填空题改成了选择题，在课堂上呈现给学生。学生们通过判断那些“熟悉又陌生”的语句和说法，完成了对牛顿第三定律的复习。针对学案中较为困难的题目，比如“剪纸作品被吸铁石吸在磁性黑板上”，教师要求各组学生进行讨论。每组学生代表需要在邻近的智慧白板上绘制出磁铁、剪纸以及各自的受力分析图，并针对四个选项逐一进行判断，以确定其正确性。

5. 牛顿运动定律的应用

牛顿运动定律的综合应用问题中，加速度作为桥梁，连接了力和运动。如图 5 所示，以“冰壶在冰面上滑行”的实际情境引入，取运动员掷出的冰壶为研究对象。将此情境简化为某质点以一定的初速度向前做匀减速直线运动，直至速度为零，求此过程的位移。对于比较困难的第(2)问，教师以问题串的形式引导学生思考。

教师提问：运动员使用毛刷摩擦冰面，改变的是冰面的什么物理量？进而使冰壶滑行运动的速度发生了变化？在第(2)问情境中，摩擦冰面前后，冰壶的运动性质是什么？这两段运动具有一个共同的物理量是什么？第(2)问中，冰壶先做匀减速直线运动，当位移为 10m 时，其速度可以求出。10m 后，冰壶与冰面之间的动摩擦因数改变了，进而冰壶所受摩擦力改变，从而推出合外力改变，因此冰壶做匀减速直线运动的加速度发生了变化。以此加速度，冰壶继续做匀减速直线运动，直至速度减到零。在第(2)问中，冰壶在滑行 10m 后的位移发生了变化，总位移比第(1)问要长，二者相减即可求解。

9. 运动员把冰壶沿水平冰面投出,让冰壶在冰面上自由滑行,在不与其他冰壶碰撞的情况下,最终停在远处的某个位置。按比赛规则,投掷冰壶运动员的队友,可以用毛刷在冰壶滑行前方来回摩擦冰面,减小冰面的动摩擦因数以调节冰壶的运动。

(1)运动员以 3.4 m/s 的速度投掷冰壶,若冰壶和冰面的动摩擦因数为 0.02,冰壶能在冰面上滑行多远?g 取 10m/s²。

(2)若运动员仍以 3.4 m/s 的速度将冰壶投出,其队友在冰壶自由滑行 10 m 后开始在其滑行前方摩擦冰面,冰壶和冰面的动摩擦因数变为原来的 90%,冰壶多滑行了多少距离?

图 5　题目示意图

6. 课堂小结

本节课复习了牛顿三大定律的内容和相关问题,以及牛顿运动定律在应用时的两类基本问题。课程主要涉及了理想实验、控制变量法、化曲为直等思想方法。学生需要理解牛顿第二定律中的因果性、瞬时性、矢量性等特性;能够运用牛顿运动定律解决力和运动的基本问题,并将加速度视作连接力和运动的桥梁和纽带。此外,课程还旨在培养学生的学习积极性、兴趣,以及科学态度和责任感。

三、总结与反思

通过本次实践,笔者深刻认识到教育信息化在提高教学质量和效率方面的重要作用。大数据和智能技术能够帮助教师更精准地了解学生的学习状况,及时调整教学策略,满足学生的个性化需求。同时,这也提醒我们,在未来的教学中,应更加注重培养学生的核心素养,帮助他们建立正确的科学概念和思维方式。

然而,在实践过程中存在一些不足之处。例如,对于一些基础较差的学生,线下授课只是讲解大多数人的易错点和难点,课上内容可能无法满足他们的需求,能否汇聚集体力量,做到题题有讲解,是值得我们思索的。此外,智慧纸笔的应用需要投入更多的技术支持和培训,以确保所有教师和学生都能熟练使用。总的来说,对于职初教师来说,本次实践不仅是一次技术应用上的探索,更是对如何更好地实现教育信息化、提高教学质量的一次深入思考。未来,我们将继续努力,不断优化教学方法和手段,为学生提供更优质的教育服务。

大数据背景下的高中化学教学变革
——以"卤素单质的性质"为例

吕文秀

一、背景研究

在当下信息化时代,各行各业都在经历巨大的变革,教育领域也面临着新的挑战。以人工智能、大数据等信息技术为支撑,各种教育技术为课堂教学以及学科育人带来了巨大的改变,其中教学方式的变革是课堂变革的重要组成部分。目前,教学方式正从传统的"灌输式""填鸭式"教学向互动式教学和精准教学转变。教师要及时改变自己的教学方式,致力于培养全面发展的优秀人才。

互动式教学更加注重学生的主体地位和主动性,通过引导学生参与课堂讨论、互动探究等活动,激发学生的学习兴趣和积极性。同时,互动式教学还能够培养学生的合作精神、沟通能力和批判性思维等素养。教师在上课过程中利用小组讨论设计实验来促进学生的合作式学习。

精准教学是一种基于数据的教学策略,通过精准的目标设定、教学内容选择、教学方法应用和教学评价实施,实现教学效果的优化和提高。在信息化时代,精准教学的实施离不开人工智能和大数据的支持。通过大数据分析,教师可以全面了解学生的学习情况,精准识别学生的学习需求和问题,从而制定出更加科学、精准的教学策略。在本节课中利用多功能白板展示、智慧笔做题,可以实时反映学生对相应知识点的掌握能力。接下来以"卤素单质的性质"教学为例作阐述。

二、教材分析

本小节内容对应沪教版《化学》必修一第二章第三节第一课时。本节课的教学是对卤素单质性质的讲解。教材中并没有涉及卤素单质氟气的性质,大大降低了学习的难度和深度。在本节课之前讲解过氯原子结构的相关知识,对本节课即将学习的知识起到了铺垫作用,又对之后的溴和碘的提取以及卤素离子的检验起到了铺垫作用。通过本节课的知识的学习,在认识卤素单质性质及其变化规律的过程中,感悟物质性质与变化的规律性,要注意培养学生元素周期律、结构决定性质、性质决定用途的基本化学观念,形成严谨求实的科学态度。

三、学情分析

在前面学习过卤素单质氯气的性质以及氧化还原反应的相关知识,并且学生具有归纳总结以及类比的能力。因此,在教师的引导下,学生可以归纳总结出卤素单质的物理性质并发现其中的递变性。除此之外,学生还具有通过实验现象得出结论的能力,但是不具有独立设计实验的能力,对于卤素单质活泼性的实验设计还不能独立完成,需要教师给出引导,在给出实验方案的具体事例以及金属活动性顺序之后,再由学生自主设计实验比较卤素单质的活泼性。

四、教学目标

(1) 通过观察与类比归纳总结出卤素单质的物理性质,体会物质性质变化的规律性。

(2) 利用实验现象的图片,描述出不同卤素单质在不同溶剂中的特征颜色,并知道特征颜色可以用来检验卤素单质的存在,为后面化学性质活泼性的比较作铺垫。

(3) 在认识卤素单质性质及其变化规律的过程中,感悟物质性质与变化的规律性,培养学生严谨求实的科学态度。

五、教学重难点

(1) 教学重点:卤素单质的物理性质与化学性质。
(2) 教学难点:卤素单质活泼性的比较。

六、教学过程(见表1)

表1 教 学 过 程

流程	教学内容	教师活动	学生活动	技术支持	设计意图
课前	引入	图片展示图书馆书籍分类、超市货品摆放以及元素周期表中卤素元素	观察图书馆书籍摆放和超市的物品摆放。并观察学习过的氯元素和溴、碘元素在元素周期表中的位置	一起作业、PPT	引导学生们思考溴和碘单质的性质与氯气有相似之处
课中	卤素单质的物理性质	1.展示卤素单质实物图片,用PPT展示出卤素单质的资料信息,使学生初步学习卤素单质的物理性质;2.再通过表格展示卤素单质的性质;3.展示卤素单质溴和碘在不同溶剂里的颜色,并介绍卤素单质在有机溶剂里的颜色为特征颜色,可以用来检验卤素单质或者离子的存在	1.通过图片信息和给出的资料能描述出卤素单质的物理性质,并在教师的指导下根据卤素单质的性质了解其相应的用处;2.通过表格展示的卤素单质的性质,在教师的指导下发现卤素单质性质的递变性与规律性;3.能描述出卤素单质在不同溶剂里的颜色	一起作业、PPT	能描述并了解卤素单质的物理性质并发现其中的递变规律

续　表

流程	教学内容	教师活动	学生活动	技术支持	设计意图
课中	卤素单质活泼性的比较	1.给出溴和碘原子的核外电子排布,复习电解饱和食盐水阳极产物氯气的检验方式以及置换反应;2.提供实验室的药品并给出一个示范实验比较卤素氯气和碘的活泼性,讲解反应原理	1.通过观察卤素元素最外层电子数目,得出卤素元素具有相似的化学性质。复习置换反应,知道如何比较金属活动性顺序,推理出可以用置换反应比较非金属的活动性;2.通过教师给出的示例实验和药品,自主讨论设计实验比较卤素单质的活泼性,利用智慧笔书写反应原理,并改写成离子反应	一起作业、PPT、智慧笔	通过实验比较卤素单质的活泼性,并清楚反应原理
课后	课后作业	布置分层作业	完成课后作业	导学案	巩固所学知识

七、教学过程说明

（1）数字化资源和技术说明：所在教室一共有6块黑板，讲台前两块黑板播放上课所需的PPT；后面两块黑板播放卤素元素单质的发现历史，让学生了解其发现过程感受化学的有趣和奇妙；教室两边的PPT播放卤素元素单质在有机溶剂四氯化碳和苯中的特征颜色图片。

（2）智慧笔使用：使用智慧笔可以看到学生的答题过程并统计选择题的答题情况，在教学中使用可以清楚了解、掌握学生对知识的吸收情况。

（3）实验设计说明：在授课之前，完成卤素元素单质溴和碘在有机溶剂四氯化碳和苯中特征颜色的实验，并将试管密封。

（4）分组实验的药品：新制氯水、碘水、氯化钠溶液、溴化钠溶液、碘化钾溶液和四氯化碳溶液。该实验设计是在沪教版《化学》必修一第64页给出的实验探究的基础上进行修改的。由于溴是易挥发的危险化学品，实验室并没有相关药品，故在准备药品时没有溴水，因此在复习金属之间的置换反应时，需要着重强调如果二者不发生反应时活泼性强弱关系。

八、总结与反思

（一）课前

本节课的一些知识点在日常生活中较为常见，比如碘单质能使淀粉变蓝，碘单质易溶于有机溶剂（碘酒）。针对这些性质，教师可以在课前布置一些实践作业，比如在家里找到碘酒观察其配料表,并将碘酒滴在切开的马铃薯截面上,观察实验现象并记录。通过这两个简单的家庭实验,不仅可以加深学生对知识的理解,还可以锻炼学生的实践能力并培养他们对化学的兴趣,潜移默化地让学生了解到化学在日常生活中无处不在,十分重要。

(二)课中

在课堂授课过程中,发现大家分组讨论实验时,有些学生兴奋于可以做实验,但是忽略了该如何做实验,并没有设计好实验再开始验证,而是拿起试剂混合到一起,忽略了实验的目的,因此在教师实验演示之后,应该先让学生讨论出实验方案,由教师进行判断,在对可能的实验结果进行分析后再做实验,观察实验现象继而得出结论,这样不仅可以节省时间也可以避免浪费。

通过反馈学生在使用智慧笔答题过程中的数据可以发现,大部分学生对卤素单质物理性质的相关知识掌握较好,但是一部分学生对于前面所学习的离子方程式的书写掌握较差。由于这部分学生在班级里学习位于中后段,教师在课下还应该多加关注他们。

(三)课后

通过布置分层作业,发现学生存在以下问题。一个是关于卤素单质的物理性质,这部分知识属于基础知识,但有些学生会答错。经过提问,发现他们只是没有熟记知识点,根据印象随便答题。这反映出这部分学生的学习习惯不好,对于他们的教学应注重基础知识的夯实和学习习惯的改进。还有一部分学生学习认真,意识到在之后的学习中应继续加强化学的学习。他们在一些综合性试验题上遇到问题,不会解题。这也是目前新课改之后大部分学生面对新题型出现的问题。针对这个问题,需要循序渐进。教师在有限的课堂时间内,在讲解新题型时,要带着学生从读题开始,提高他们获取和分析信息的能力。

综上所述,通过本节课,我们利用信息化手段和技术进一步推动课堂变革,优化精准教学实践,实现分层教学。通过合作探究实验,我们培养了学生的合作学习能力。我们为学生提供了更好的教育体验和发展机会。在以后的教学中,我们将继续探索新型教学模式与方法,助力学生更好地发展。

浅谈教育信息化2.0背景下中学体育课堂教学变革路径

夏良珍

青少年体育作为体育工作的基础和先导,对于体育强国的建设具有举足轻重的地位。学校体育在新时期教育体系中的地位不容忽视,它正由单纯的知识传授和能力培养,逐渐转向全面育人的新境界。这种转型不仅符合教育的本质要求,更是学校体育高质量发展的必由之路。而校园篮球,作为学校体育的重要组成部分,承载着强化学校体育改革、筑牢篮球人才基础、促进青少年身心健康发展的重任。它不仅是锻炼学生体魄、磨炼意志的有效途径,更是培育团队精神、塑造健全人格的重要载体。随着现代技术的日月新异,教育信息化已成为教育改革的重要方向。在教育信息化2.0的时代背景下,中学体育教学面临着前所未有的挑战和机遇。传统的体育教学模式和方法已难以满足新时代的需求,我们必须积极探索符合时代精神的教学路径,推动体育教学向更加科学、高效、人性化的方向发展。教育信息化2.0的核心在于利用信息技术颠覆传统教育模式,实现教育的现代化。这包括探索基于信息技术的体育教学新模式,利用互联网发展教育服务新模式,以及探索信息化的教育治理新模式等。这些模式和新方法的出现,为体育课堂的改革和创新提供了无限可能。当下,充分利用教育信息化2.0带来的机遇,积极推动中学体育教学的变革和创新。通过引入现代化科技手段,提升体育教学的质量和效果;通过创新教学方式方法,激发学生的学习兴趣和积极性;通过构建多元化的评价体系,全面评估学生的体育素养和综合能力。只有适应时代的发展,我们才能培养出更多具有健康体魄、良好品质、全面素养的青少年,为体育强国的建设贡献力量。

一、提升教师信息化素养

(一)加强学习,更新理念

党的二十大报告指出:"校园体育是我国体育事业的重要构成部分。"在教育信息化2.0背景下,要全面落实健康第一的指导思想,校园篮球教学要以"提高青少年体质健康、释放学业压力"为基准,课程设计应呈现逻辑性与衔接性。在教育信息化2.0的时代浪潮中,体育课堂教学更加注重信息技术的应用,借助现代化的教学工具和设备,使得体育教学更加生动、直观,提升了学生的学习兴趣和参与度;明确在课堂教学中既要完成体育知识与技能的教学,也要注重学生的全面发展,保证学生的身心健康。利用信息化技术手段,可以帮助学生了解自己的健康状况,也可以使学生了解自己的运动需求,促使学生的体育知识学习变得更自主,使学生自主选择适宜的运动强度与方式。教师利用信息化手段作监测与评估,能够适时调整教学方案,从而提升学生的运动效果,最大程度地保障学生的身体健康。这不仅提高了教学的精准性和效率,还为学生提供了更加个性化和科学化的学习体验。同时,信息技术在中学体育课堂中的应用,有助于培养学生的价值观和体育情感。通过信息技术的展示,学生可以更直观地了解体育的魅力和价值,从而激发对体育的热爱。

(二)着力实践,提升素养

在教育信息化2.0背景下,提升教师信息化素养成为一项重要任务。教育信息化2.0强调信息技术与教育教学的有机结合,教师需要增强信息意识,认识到信息技术在教学中的重要作用,并主动提升对体育信息的敏感度。在教育信息化2.0背景下,中学体育教师的教学理念需要得到更新,教师除了要掌握基本育人手段外,还要使信息技术融入日常教学中。所以提升信息技术应用能力是关键,包括掌握并熟练运用多种信息技术工具和平台。毕竟,当前学生在获取知识时,已经不再局限于教师的教学以及对课本知识内容的学习,只有教师拥有信息化工具的应用能力,可以通过不同途径完成体育信息资源的收集与应用,并在教学设计阶段完成在线课程的设计、微课视频的制作以及充分使用虚拟现实技术等,才能使信息化教学更加全面。只有教师走在时代的前沿,才能为学生提供最好的教育服务。同时,学校和教育行政部门也应为教师信息化素养的提升提供必备的支持和保障,比如加强信息基础设施和资源建设,为教师提供必要的信息技术和设备支持;建立完善的培训体系,定期开展信息技术应用培训、教学方法培训等活动,帮助教师提升信息化素养和教育教学能力;建立激励机制,对在信息化教学方面取得显著成果的教师给予表彰和奖励,以激发他们参与信息化教学的积极性和热情。总之,提升教师信息化素养是教育信息化2.0背景下的必然要求。通过增强信息意识、提升信息技术应用能力、激发教育教学创新意识以及加强支持和保障等方面的努力,可以推动教师信息化素养的全面提升,为培养更多具有创新精神和实践能力的人才作出积极贡献。

二、丰富体育数字资源

(一)自主创建,开发校本课程资源

在教育信息化2.0的背景下,中学体育课堂教学面临着巨大的改革挑战和机遇。为了迎合时代发展满足体育新课改的要求,中学体育课堂必须进行深入的信息化改革,以促进学生全面发展。中学体育信息化教学的开展,可以使学生深刻感受到体育锻炼的魅力,教师明确课程的核心理念和教育目标,综合学校整体发展,通过利用信息化手段开发校本课程,通过多种类的社团,展示多元化、生动化的体育教学内容,进而激发学生的学习兴趣和积极性。

(二)借鉴整合,积累优质课程资源

教师利用虚拟现实技术模拟真实的运动场景,让学生在虚拟环境中作实战演练;利用智能设备对学生的运动数据作实时监测和分析,为他们提供个性化的运动建议和指导,以此增

强学生的锻炼意愿。在信息科技的快速发展下，教师还可以通过小组合作的形式，鼓励学生将民间舞蹈文化等元素融入体育锻炼中，并用手机进行记录，不仅可以作为学生的学习成果进行展示与分享，还可以上传到学校官网或者个人ID中，供更多人观看和学习，从而拓宽了学生学习的渠道，也提高了教学质量，有助于实现学生的综合发展。中学体育信息化教学改革是时代发展的必然趋势，也是实现全面发展的重要途径。通过深入推进信息化教学改革，为学生创造一个丰富多彩、高效便捷的体育学习环境，促进学生的身心健康和全面发展。

三、融合技术变革课堂

（一）精选资源助力个性学习

在教育信息化2.0背景下，中学体育课堂教学的改革可以使中学体育信息化得到深化。例如，在现代信息技术的应用下，教师利用网络平台收集教学视频、专业讲解、比赛录像等教学资源，结合课堂教学内容，为学生提供更丰富、更直观的学习材料。同时，可以创建在线学习平台或利用现有的教育APP，方便学生随时随地学习体育知识和技能。在课堂实施中，教师借助智能教学系统，如平台A、平台B、数智空间、一起学、智慧笔、互助学习软件等实时展示技术动作，与学生作互动练习和反馈。在信息化的教学方式下，可以使学生的自主学习能力变强，使学生的独立思考能力得到发展，更能通过引导学生进行对抗，提高学生的团队合作能力，这些都可以为学生未来的从业打下良好的基础。此外，在信息技术的使用下，教师可以更精准地了解学生的学习状况和需求，从而开展有针对性的教学。信息化教学并不意味着完全取代传统教学方式，而是实现线上线下的有机融合，教师结合课堂讲解、示范和线上自主学习、讨论等多种方式，为学生提供多样化的学习体验。

（二）应用技术提高课堂高效

传统的体育教学方式往往局限于课堂，注重理论学习和技能培训，虽然在一定程度上能够提升学生的体育素养和技能水平，但其弊端也日益显现。首先，传统体育教学方式的间断性明显，学生难以保持持续的学习动力和兴趣。课堂教学结束后，学生往往缺乏足够的练习和巩固，导致所学知识容易遗忘。此外，单一的教学方法往往无法满足学生的个性化需求，限制了他们的学习积极性和自主性。然而，智能化技术的兴起为体育教学带来了前所未有的机遇。这一技术集成了多元化的高新技术，为体育教学方法的创新提供了强大的支持。运用可视化技术，将体育教学从传统的课堂教学延伸到线上，实现感官体验与自主认知的完美结合。智能化信息技术的运用使得体育教学变得更加生动、直观。学生可以通过观看影像视频来学习和模仿教师的动作和技巧，这种学习方法更加符合人类的认知规律，有助于提高学习效果。同时，虚拟化情境的设置为学生提供了身临其境的学习体验，让他们能够在多种场景中进行实践和探索。通过研发和创新多元化的教学方法，实现线上与线下、真实与虚拟的有机结合，为学生提供更丰富、更有效的学习体验。当然，我们要清醒地认识到，信息技术并不是万能的，在实际教学中，我们应该根据具体情况和需求，合理运用信息技术，使其成

重　塑

为推动体育教学发展的重要力量。同时,也不能完全放弃传统的教学方式,而是应该将其与信息技术相结合,共同推动体育教学的健康发展。

(三)创新评价落实核心素养

通过互联网技术的使用,以智能化教学为基础,可以使体育课堂的构建更加安全、更加高效。例如,教师运用网络资源丰富教学内容,根据课程需求筛选并整合内容,使课堂教学内容更加丰富和生动。同时,学生可以通过这些资源,在课前或者课后进行自主学习,加深对课堂知识的理解。在信息科技的帮助下,教师利用信息化手段创新评价方式,可以更全面地评价学生的表现,包括他们的学习进度、技术掌握情况、合作能力等方面。同时,也可以鼓励学生自我评价和相互评价,培养他们的自我认知能力和团队协作精神。通过信息化手段加强师生之间的互动和沟通,从而提升教学效果,增强师生之间的情感联系。在实际教学中,教师应根据课程需求和学生特点,灵活运用各种教学手段和方法,以实现教学效果的最大化。

在信息时代背景下,随着新课程改革政策的逐步落实,信息技术发挥了更为显著的助推作用。信息化和情景化的融合,以及信息智能技术的应用在体育教学中展现出了前所未有的潜力和可能性。能够深刻体会到科技的力量如何赋予体育教学更为丰富的内容,为学生提供了更具启发性和个性化的学习体验。为此,教师要通过不同形式落实信息技术的应用,在改变传统教学模式的同时,激发学生的体育兴趣,强化学生的体育素养,从而提高中学体育教学的质量。

基于信息技术的情境驱动式教学探究
——以《项脊轩志》为例

魏绮蔓

"双新"背景下,各学科都在更新教学理念来适应教学的变革,如何在有限的空间用有限的时间,凭借有限的资源使教学收益最大化,是教学变革需要思考的方向。基于信息技术的情境驱动式教学正是应新课程改革提出的要求,将教学精准化、高效化。

2003版的《普通高中语文课程标准》中"情境"出现了3次,而2017版的《普通高中语文课程标准》中,"情境"一词出现了33次,使用次数显著增加。由于学习与情境紧密相连,新的教学大纲才对情境的关注度极高,特别是对于真实情境的关注。真实情境对于深度学习、思维能力、核心素养等都起到了至关重要且不可替代的作用。以真实情境为基础的任务驱动式教学将以往讲授型为主的传统教学模式,转变为任务驱动式的教学模式,将学生置身解决问题的情境之中,使学生持续处于积极专注的学习状态,变被动接受知识为主动探索知识,从而有效地促进课堂教学效率的提高。

另外,我们身处信息时代,信息化对高中语文教学变革也具有不可或缺的价值。首先,信息化为教师提供了广泛的教学资源,包括各种文本、图像、声频和视频材料,使教学内容更加丰富多样,通过多媒体技术,能更生动、直观地呈现知识,增强学生对语文学习的兴趣和参与度。其次,信息化可以依据学生的特点和需求,提供个性化的语文学习资源和指导,满足不同学生的学习需求。最后,信息化还可以拓展学习空间,打破传统课堂的局限,让学生随时随地进行学习和交流,这也便于教师利用信息化手段,更全面、准确地了解学生的学习情况,从而进行科学的教学评估。

基于以上想法,笔者在进行"以批判性思维再读《项脊轩志》"教学时就尝试构建真实情境,设计核心任务,并结合学校信息技术特色来达成教学目标。接下来,笔者将结合自己的教学实践进行阐释。

一、创设真实情境

创设真实情境是指创设尽可能真实的,且与学习主题相关的情境,让学生带着真实的任务或问题进入学习情境,从而使得学生能够更有目的性、更直观化地学习。教师设定好这样的情境,搭建起学生和文本之间的联系,让学生在真实的情境之中与文本对话,从而带动学生的语文核心素养提升。

在这样的认知下,本堂课起初设定了以下情境:小闵看到校刊《悲喜人生》《志存高远》两个栏目正在征稿,小闵认为正在预习的《项脊轩志》很适合放入"悲喜人生"中,请你帮助小闵给出理由。

重 塑

校刊是面向学生的刊物,而校刊征稿则是面向学生的活动,是学生在日常生活中很有可能接触到的情境,且《悲喜人生》《志存高远》主题和文本也有千丝万缕的关联。本节课试图借助这两点搭建起学生和文本之间的联系。

但指导教师指出这个情境有按图索骥之嫌,真实的情境不会让学生选择一定要编入《悲喜人生》或者编入《志存高远》中,而是"应该把它编入到什么栏目中"。对此,笔者反思真实的情境究竟是什么。王宁老师指出:"老师对'真实情境'有种误解,认为真实情境是老师事先安排的,学生是被动的接受者和被赐予的享有者。"那么这样的情境只能称之为伪情境,仍然难以逃脱传统教学的窠臼:教学中的预设性、计划性和控制性太强。情境的开放性不够,那么相应地,学生就没有充分的思考空间,基本处于消极、被动和从属的地位。

再回看最初的情境设计,为了让学生达成教学目标,直接让他们做"悲喜"和"志向"的选择,学生似乎也有一些自主性的行为和活动,但也是在教师事先限定的范围内,服务于教师的教学环节,这样的情境就流于形式,只能称得上是伪情境了。虽然较强的预设性和控制性可以保证课堂教学任务的完成,但是不利于学生和教师创造性的发挥。课堂教学的"真实情境"应是在师生互动过程中不断经过思维的碰撞而创造和生成的,每一名学生都能凭借自己对问题的认识提出不同的思考。基于对真实情境的深入认识,本节课最终创设了如下新的情境:小闵看到校刊《志存高远》《学习之道》《悲喜人生》《自然情怀》《青春激昂》《劳动光荣》等栏目正在征稿,小闵想将最近学习的《项脊轩志》推荐进校刊中,请你帮小闵选择合适的栏目并给出理由。

这样的情境之下,学生拥有充分的自由和选择权,不管学生作了什么选择,这个时候再去启发学生:是否只能编到这个栏目里呢?有没有别的想法?这个时候学生会去进一步地思考,对文本的挖掘也会更多,从中所得的收获也就更多。但这样的教学过程具有很强的不确定性,因为给了学生更多思考上的自由,而学生是活生生的有着不同生活经验、不同情感特点和个性特征的。因此,这对教师的教学机智和智慧也提出了更高的要求。

二、设定学习任务

创设了真实情境后,教师还需要搭建相关的问题链、任务链作为完成教学目标的课堂支架。任务驱动式的学习让学生处于一个解决问题的环境中,这样才会激发他们的学习主动性。

主任务:帮助小闵确定《项脊轩志》应该编入校刊什么栏目。

为使学生能够顺利地完成主任务,本堂课设置了相应的任务链——四个分任务,这四个分任务彼此间层层递进,互相联系,以便更好地完成教学主任务。

任务一:补充课文省略的片段,让学生再思考之前的判断是否正确。

任务一的目的就是让学生大胆质疑。当然,唯有在完整阅读文本内容的基础上,才能对作者情感进行分析,然后通过查阅相关的资料,再进行理性分析,直至作出最后的判断。这个教学任务的目的是让学生在自主学习的基础上学会思辨,敢于质疑。这不仅可以提升学生的语言建构与运用能力,更可以实现学生思维发展与提升这一核心素养。

任务二：借助归有光的其他文本深入探讨，分析作者的真实情感。

批判性思维的内核就是先质疑，再求证，最后作出判断。任务二的目的是让学生在参照其他材料后对自己的观点和看法再质疑。在课堂上作文献对比、辨别推理。在求证的时候，需要参考不同的材料，无形之中就提高了学生的阅读量，提升了他们的阅读能力。与此同时，有任务的查找材料的过程，也是一种信息加工的途径，要从海量的资源中检索和抽取自己所需要的材料，进行辨别和筛选，能够很好地培养学生的思考能力，尤其是批判性思维能力。此外，课外文献还发挥着"支架"的作用，它在学生目前的知识层次和潜在的发展空间上搭建了一个向上的阶梯，帮助学生实现能力和认知的提升。

任务三：小组讨论教材编者为什么要删掉这一段。

任务三先在小组里讨论，然后让小组代表分享小组成员的看法。在讨论过程中，有问题的部分通过和同学的沟通能得到更多的思考：或坚信原先的判断，或否定最初的判断。这样的讨论可以激发学生之间的思维碰撞，鼓励学生从多角度地认识问题以及探究结论，从而提高学生的批判性思维能力。

任务四：给教材编者写一封信建议补上被删减掉的段落，阐明理由和依据。

这一任务是从"读"转为"写"，培养学生以书面的形式，把自己的批判性思考的结果转化为书面语。不仅满足了情境的需求，而且以任务为导向，让学生更有思考的动力。

三、融合信息技术

（一）利用数字资源，创设情境

在创设真实情境时，本节课还结合了我校信息技术特色，利用丰富的多媒体资源展示文中描绘的书房前后变化的图片、与作者心境契合的声频、家族分家变迁的视频等，为学生打造栩栩如生的情境，使学生犹如身临其境般体验到作者的生活与创作环境，让他们能更为直观地感受其中的场景与情感，从而更好地领悟文章的深层内涵。

（二）开展线上投票，反馈学情

在完成学习任务的过程中，本节课还利用了我校信息化技术提供的大数据分析功能。学生在完成"帮助小闵确定《项脊轩志》应该编入校刊什么版块"这一任务时，采用了"一起中学"平台线上投票的方式，通过即时呈现的数据可以直观地看出"悲喜人生"占据绝对优势，说明此时学生对于课文的理解仅停留在文本表面，没有深入文本内核。而在完成学习任务二后再次发起线上投票，学生已经全部选择"志存高远"了，通过直观的数据对比，可以在课堂上实时地了解学生的学习情况，以便及时调整教学策略，提供更具针对性的指导和支持。

（三）搜索学习资源，拓展思维

信息化技术还为学生提供了更为广阔的自主学习空间。本节课布置的课后作业如下。

小闵在理解《项脊轩志》的时候，搜集到了方苞对《项脊轩志》手法的评价："有近俚而伤于繁者""袭常缀琐,虽欲大远于俗言,其道无由"。显然,方苞不喜欢归文多用俚俗语、行文烦琐,因其有伤于"雅洁",不轨于文章"义法"。对此,你怎么看?

　　学生能够通过学校信息网络广泛搜索与《项脊轩志》相关的资料,深入了解作者的生平事迹、创作风格、所处时代的背景等,使学生可以更为深刻地体悟《项脊轩志》中所蕴含的文化内涵和人文精神,进一步拓展知识面,提升自身的文学素养和审美水平。同时,这种结合信息技术的教学方式也为培养具有创新精神和实践能力的新时代人才奠定了坚实的基础。

　　通过上述三条路径,不仅完成了预设的教学目标,还在开放的情境中给予了学生思考探究的积极性。在这样的教学方式变革之下,从浅层看,可以完成既定的教学任务和目标;从深层看,还能让师生的独立性与创造力得到最大限度地开发。因此,让教学脱离了纯粹的功利目标,拥有了生活关怀的意义与价值。

浅析高中历史数智化教学新模式及策略

唐晓奇

随着科技的不断发展,数智化教学新模式成为当今教育领域的热点话题之一。历史学科作为人文学科的重要组成部分,在教学中扮演着关键角色。然而,传统教学方式在特定情况下可能受到限制,故数智化教学新模式备受瞩目。历史学科的数智化教学新模式不仅需要有效的技术支持,更需要合适的教学策略来确保知识传递和学生互动。同时基于分层教学和线上教学的需求,解决高中历史等级课与合格课原有课堂的限制,突破时间和空间的束缚,需要借助数智化工具和平台实现教学。本文旨在探究高中历史数智化教学新模式,突出其优势和挑战,并提出相应策略以优化教学模式。通过对现有研究的分析和相关理论的探讨,本文旨在为高中历史数智化教学新模式提供创新性思路,并展望教育技术在这一领域的应用前景。

一、数智化教学的优势与挑战

数智化教学作为教育领域中的一项重要创新,具有独特的优势和挑战。数智化历史教学的最大优势在于其灵活性和便利性。学生可以在我校 Classin 平台和"一起中学"平台上,根据自己的节奏和学习进度,自主选择学习时间和地点。这种自主性使得学习更加灵活,符合学生个体差异的需求。此外,数智化历史教学提供了丰富多样的教学资源,如数字化图书馆、在线历史文献和多媒体资料等,丰富了教学内容,提高了教学的趣味性和多样性。这种资源的丰富性能够更好地激发学生的学习兴趣,促进深层次的学习。数智化历史教学也面临一些挑战,技术问题是其中之一。例如,Classin 平台和"一起中学"平台的网络连接问题、教学平台的稳定性和兼容性可能影响教学效果。另外,数智化教学新模式缺乏面对面的互动,可能导致师生之间交流不畅、学生学习动力不足等问题。此外,数智化历史教学也需要学生具备自主学习的能力,包括时间管理、学习计划制订等方面的技能。这对学生的自律性和学习能力提出了更高要求。在教学策略上,针对数智化历史教学的优势和挑战,可以采取一系列策略以充分发挥其优势并应对挑战。例如,教师可以通过设计精美的教学课件和多媒体资料,增加课程的吸引力和趣味性。同时,借助微信群、Classin 平台和"一起中学"平台,鼓励学生之间的互动和讨论,促进师生、生生之间的交流和合作。另外,提供技术支持和培训,让教师和学生更好地掌握数智化教学新模式的技术和操作方法,以减少技术方面的问题。此外,也可利用在线测评工具对学生的学习情况作跟踪和评估,调整教学策略,保证教学效果。

二、优化高中历史数智化教学新模式的策略

在优化高中历史数智化教学新模式的过程中,教师需要采取一系列策略来提高教学效

果和学生学习体验。教师在设计数智化历史教学课程时应考虑课程的结构和内容。课程结构应合理安排,内容要具有系统性和完整性,同时也要根据学生的学习水平和兴趣设计教学内容,以确保教学的针对性和吸引力。教学资源的优化是提高数智化历史教学质量的重要方面。丰富多样的教学资源可以激发学生的学习兴趣,提高教学的趣味性和吸引力。教师可以利用数字化图书馆、在线历史文献、视频资料等丰富多样的资源,为学生提供更全面、深入的历史学习体验。互动性设计也是优化数智化历史教学的关键。

教师可以利用Classin平台和"一起中学"平台建立课堂互动环境,比如利用讨论区、在线问答、小组合作等形式,促进师生之间、生生之间的互动与交流。这样的互动可以增加学生的参与度和投入感,有利于激发学生的学习兴趣和提高学习效果。评估方法也至关重要。在数智化历史教学中,教师需要合理选择评估方法,及时对学生的学习成果作检验和反馈。除了传统的作业和考试外,还可以采用在线测验、讨论参与度、项目报告等形式作多样化的评估,更全面地了解学生的学习情况,从而调整教学策略,进一步提高教学效果。教师的角色也需要适应数智化教学新模式环境。教师需要具备数智化教学新模式的相关技能和知识,如掌握教学平台的操作技巧、熟悉教学资源的利用方法等。此外,教师还应注重对学生的指导和引导,鼓励学生自主学习和思考,激发他们的学习热情和动力。

(一)以信息技术构建教学情境

通过情境的创设,能够向学生呈现与教学内容紧密关联的场景,对学生的学习兴趣进行有效的调动和激发,让学生更加积极主动地参与学习活动中。因为在情境创设方面信息技术本身自带优势,因此教师应当立足于实际合理应用。在教学准备环节,教师可通过信息技术对该部分内容知识点的视频、图片进行搜集,并提出相应的问题。通过视频、图片,能够让学生的感官受到刺激,进而让学生在课堂学习中注意力更加集中。另外教师保障教学的设计层层递进,促进学生贴近情境,对其自主探究意识进行激发,让学生在理解基础性知识之后,可引导学生作深层次的探讨,主动和其他同学开展深度合作,搜集资料。通过这样的教学,学生的问题解决能力和分析能力将得到切实发展,课堂教学效率大幅提升。

(二)以信息技术拓展教学资源

进一步拓展教学资源,能够让学生对系统化的知识体系进行构建,真正地了解各知识点之间的内在联系,拓宽发展学生的历史思维能力。教师应当将信息技术引入课堂之中,立足于教学的内容、目标和学生的认知特点来拓展教学资源。

(三)以信息技术整合学科

高中历史学科涉及的内容较多,包括了哲学、艺术、文化、经济、政治等。因此,教师在组织教学活动过程中应当有效地运用信息技术,立足于学生的爱好、兴趣来整合学科资源,帮助学生形成更为系统的知识体系。

教师在数智化时代背景下组织历史教学活动时,应当对新技术的重要作用,有清晰的认知,有机结合信息技术和教材内容,合理地创设情境,激发学生的学习主观能动性和兴趣,引导学生主动地探索探究。另外教师应当以学习技术帮助学生更好地对知识点进行认知和巩固，丰富教学形式和内容，拓宽教学资源，有机整合各学科，创新教学理念，保障教学效率的全面提升，进一步发展学生的各方面素养。

三、创新应用与未来展望

在教育技术不断发展的背景下，创新应用对于高中历史数智化教学新模式具有重要意义。虚拟实境技术（VR）和增强实境技术（AR）等新技术的引入为历史教学带来了全新的可能性。通过虚拟场景的构建，学生可以身临其境地体验历史事件，增强亲身感受，促进对历史知识的理解和记忆。AR技术可以将历史文物、遗迹等呈现在学生眼前，提供更直观的学习体验。人工智能（AI）技术的应用也为高中历史数智化教学新模式带来了新的发展机遇。AI技术能够根据学生的学习习惯和水平，个性化地为学生提供学习内容和辅助策略，从而更好地满足不同学生的学习需求。AI还可以通过数据分析和挖掘，为教师提供个性化的教学指导和诊断，帮助教师更好地做好教学设计和学生指导。移动学习和社交学习的结合也是未来发展的趋势。利用移动设备来学习，随时随地获取历史教学资源，符合学生碎片化学习的特点。同时，结合社交媒体平台，打造在线学习社区，学生可以在其中交流、讨论、分享学习经验，促进协作学习和共同构建知识。未来展望方面，高中历史数智化教学新模式将迎来更多的创新发展。随着教育技术的不断更新，新技术的不断融入和应用，数智化教学新模式将更加智能化、个性化和多元化。同时，教师在数智化教学新模式中的角色也将更加重要，不再是传统意义上的知识传授者，而是更多地充当着学习的引导者和指导者，激发学生的自主学习能力和创新思维。充分利用新技术、新方法和教学理念，可以更好地满足学生个性化学习需求，提升教学质量，促进历史教育的深入发展。

本文围绕高中历史数智化教学新模式及策略展开了深入研究，全面分析了数智化教学新模式的优势、挑战和应对策略。通过对数智化教学新模式作全面的探讨，为高中历史教学提供了新的思路和方法。未来，随着教育技术的不断创新，历史数智化教学新模式将迎来更多发展机遇与挑战，希望本文提出的策略能够为历史数智化教学新模式的改进与发展提供一定的参考与指导。

基于信息技术的高中物理教学实践
——以"牛顿运动定律单元复习"为例

甘凤玲

牛顿运动定律作为经典力学的基石,不仅为我们理解物体运动提供了坚实的理论基础,更为后续的物理学习打下了坚实的基础。牛顿运动定律包括三大定律:① 牛顿第一定律,阐述了物体运动状态发生变化的原因;② 牛顿第二定律,即 $F=ma$,定量描述了力、质量和加速度之间的关系;③ 牛顿第三定律,即作用与反作用的规律,揭示了力的相互性。这三大定律相互关联,共同构成了物理学中最为核心的理论体系。在本单元的学习中,我们将回顾并巩固牛顿运动定律的基本内容,探讨其在日常生活和实验中的应用,并通过解决实际问题来加深对这一定律的理解。同时,我们还将关注牛顿运动定律与现代物理学的联系,展望其在未来科学研究和技术发展中的重要地位。

一、精准预习

课前预习是学生在学习新知识前的自主准备工作,旨在提升课堂学习效果。在传统教学模式中,教师通常难以准确评估学生的预习情况,只能依赖个人经验作推测。然而,随着大数据技术的应用,课前预习的精准性得到了显著提升。通过大数据分析,教师可以精确掌握学生的预习进度、难点和疑点,从而更有针对性地制订教学预案,为精准教学提供有力依据。此外,大数据预习还具备导向性,教师可以根据教学目标,为学生制订预习学案,推送相关预习资料和检测练习,确保学生的预习方向明确、效果提升。因此,利用大数据的课前预习不仅能提高预习的精准性和效果,还能为教师制订教学预案提供有力支持,进一步推动了精准教学的实施。

本节复习课前布置了制作牛顿运动定律单元的思维导图的作业,通过学生归纳本节知识点的过程,一方面可以回顾本节重点内容;另一方面可以做到精准,根据每个学生的作业情况反映出其对知识的理解和掌握。

二、精准教学

(一)课前

基于精准预习的数据反馈,教师能够深入了解学生的预习情况,包括学生已掌握的知识点、存在疑惑的部分以及难以理解的难点。这些数据使教师能够明确学生知识应用的熟练程度以及需要提升的能力方面。据此,教师可以灵活调整教学目标和教学难度,确保教学内容与学生的实际需求相匹配。同时,教师还可以准备恰当的教学资源和课堂练习,以全面提升教学质量。在整个教学方案的制订过程中,这种基于精准预习的反馈机制发挥着至关重要的作用,确保了教学的针对性和有效性。

(二)课中

教师根据教学方案,展开有针对性的知识点学习和课堂练习。在课堂练习时,教师仍然要使用信息技术,及时反馈学生对知识的掌握程度和应用水平,再根据反馈情况,确定是否跟进练习。在"牛顿运动定律单元复习"一课中,教师应用"闵智作业"平台,及时反馈学生的当堂练习情况。学生参与度高,较为活跃。图1是学生课堂参与情况数据分析。

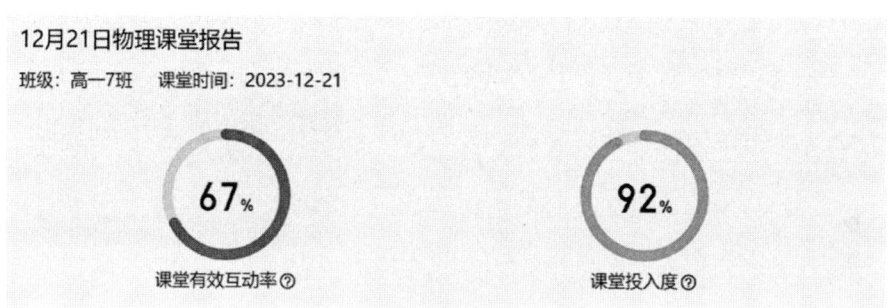

图1 学生课堂参与学习情况

知识点回顾如下。

(1)回顾斜面理想实验,牛顿第一定理的内容是什么?它揭示了什么样的规律?

(2)牛顿第二定律的内容是什么?力是如何改变物体的运动状态的?

(3)牛顿第三定律的内容什么?

(4)我们在研究力与运动之间的关系时可能会遇到哪些问题?你认为如何处理这些问题?

在牛顿运动定律这一章节主要以牛顿三大定律为框架设置了相应练习,在进行相关知识点的复习,学生对本章的重要知识点作回顾以后,进行相应练习。

练习1:当汽车突然刹车停止时,汽车里的乘客会向前倾倒,这是因为汽车已经停止而乘客由于惯性要保持原来的运动速度前进,有人据此作出这样的推断,汽车突然停止时,汽车没有惯性,乘客才有惯性。你是否赞同这个推断?请简述理由。

练习2:一辆质量为873kg的改装高速赛车,由静止开始沿水平直线加速,赛车在5s内跑完了400m,赛车手的质量为70kg,则:

(1)假定赛车的加速度不变,赛车手受到的水平力为多大?

(2)假定赛车以126.6 m/s的速度冲过终点线,请你用证据来说明赛车手受到的水平力是否保持不变。

练习3:《荀子·议兵》中讲到"以卵投石"。拿鸡蛋去碰石头,比喻不自量力,自取灭亡。鸡蛋碰石头,石头没有损坏,鸡蛋却碎了,原因是什么?

学生课堂练习参与情况好,有效参与率达98%。其中第2题解答情况较好,根据智慧笔再现学生的思维,可以反馈学生的作答思路。根据此反馈,本节课教学目标达成。除此之外,我们还设置了选择题型,可以实时追踪反馈所有学生的作答情况,比如选 A 项的学生有多少人,选 B 项的学生有多少人等。

(三)课后

根据课堂教学情况,课后布置的作业在数量和难度上都可以做到适度。作业布置可以通过网络布置,作业的完成情况也可以通过网络及时反馈。教师了解反馈情况后,可以有针对性地对学生作个性、细致、适当、精准的指导。图 2 为课后练习中学生的参与情况。

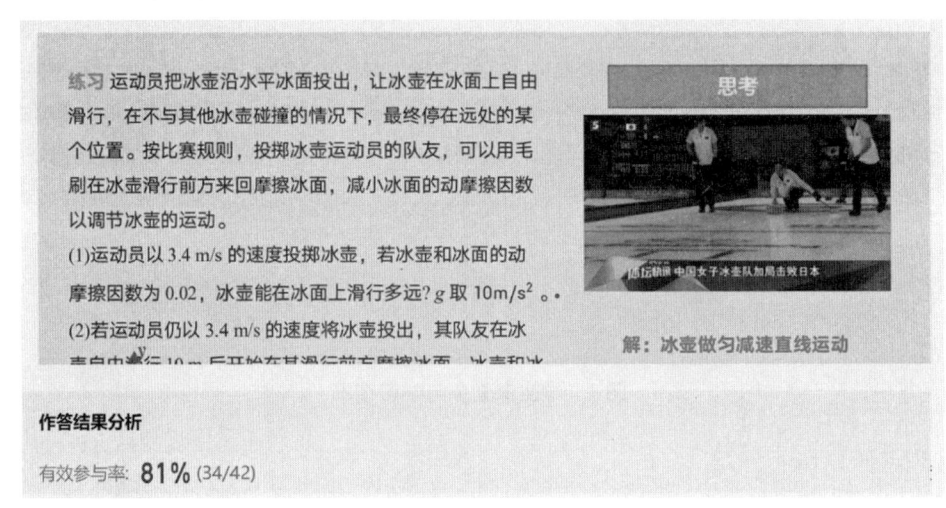

图 2　课后练习情况

经过本节课的复习,学生展现出了良好的学习成效和应用能力。通过课后的练习反馈,我们可以看到,学生已经能够积极运用牛顿运动定律来解决实际问题。这不仅证明了本节复习课的教学效果显著,也进一步凸显了学生对牛顿运动定律的深刻理解和实际运用能力的提升。

三、结语

在信息化时代,我们必须积极拥抱技术,深入思考如何将信息技术与物理教学相结合,以提升教学的效率和效果。首先,借助先进的教学软件和工具,教师可以实时监控学生的学习情况,精确掌握每名学生的学习进度和问题所在,从而为制定更具针对性的教学目标、设计更贴合学生需求的教学内容提供有力支持。其次,信息技术能够助力教师实现教学活动的精准安排。通过分析学生的学习数据,教师可以更准确地了解学生的学习特点和需求,从而设计出更符合学生个性化需求的教学活动。此外,信息技术还能帮助教师实现对学生学习情况的精准评价,为教学决策提供坚实的数据基础。最后,信息技术在物理教学中的应用,使得课堂内外的选择题批改实现自动化,极大地减轻了教师的工作负担。这使得教师有更多的时间和精力去研究学情、深入挖掘教学内容,以及设计更具创意和实效的教学活动。同时,教师还能根据每名学生的实际情况,为他们推送合适的习题和学习资源,实现真正的个性化教学。

信息技术赋能议题式教学研究

张馨月

《普通高中思想政治课程标准（2017年版2020年修订）》（以下简称《2020修订版课标》）强调，思想政治课是一门活动型学科，应当改变传统灌输式教学方式，凸显学生主体地位，引导学生在活动中提升自身的政治认同、科学精神、法治意识、公共参与。议题式教学可以通过一个个围绕课程且环环相扣的议题，设置丰富的课堂活动，组织学生自主探究、合作探究、互助学习，引导学生在活动中提升自身核心素养。信息技术为议题式教学的课前准备、课堂开展、课后巩固提供了更加丰富的资源、更加便利的形式、更加生动的课堂体验和更加智能的教学形式，可以为议题式教学赋能。

一、议题式教学的内涵和特点

高中思想政治课程是落实立德树人根本任务的关键课程，以培育社会主义核心价值观为目的，是帮助学生确立正确的政治方向、提高思想政治学科核心素养、增强社会理解和参与能力的综合性、活动型学科课程。议题式教学是落实活动型学科课程的重要抓手。《2020修订版课标》中指出："要通过议题的引入、引导和讨论，推动教师转变教学方式，使教学在师生互动、开放民主的氛围中进行。"

传统的思想政治课程往往是以教师的理论灌输与学生的被动接受为特点，在教学过程中往往通过一个个单独的问题引导学生思考进而使其掌握思想政治理论知识。这样的教学模式课堂教学形式单一、学生参与度较低、课堂枯燥乏味、无法凸显学生主体，难以彰显活动型学科的优势。议题式教学则是通过设置与教学内容相关的议题与情境，构建一系列相互联系的课堂活动，引导学生在活动中通过对议题作探究，掌握思想政治理论知识，提升思想政治核心素养的教学模式。以必修一第三章第一框"伟大的改革开放"为例，依据教材和学情设置议题，以上海浦东的改革开放变迁为背景，可设置四个议题。① 议题一：从"老三件"到"新三件"看改革开放的起步；② 议题二：1990年开放浦东，看改革开放的新阶段；③ 议题三：从混改等关键词看改革开放进入新时代；④ 议题四：从改革先锋看改革开放的意义，以上海老牌的"三件套"导入，最终引导学生通过探究活动感受改革开放对于中国的重要意义，培养学生的核心素养。

议题式教学由议题与教学两个部分组成，议题即围绕教学内容而"议"，议题式教学即围绕教学内容，通过设置一系列的教学活动，引导学生进行探究活动，已达到教学目标的教学模式。与传统的教育模式相比，议题式教学具有显著的特点优势，是高中思想政治课教育改革的重要组成部分。

（一）议题式教学更加注重实践活动

《2020修订版课标》强调高中思政课是一门活动型学科,这样的学科性质决定了思政课不能仅仅关注课本,还应当以广阔的社会实践为舞台,特别是高中思想政治课和初中道德与法治相比,教学内容无论是从难度还是数量方面都有明显的增加,具有一定的理论深度,因而更需要通过一系列与学生生活相联系的议题帮助学生理解所学知识,树立政治认同。议题式教学就是搭建教学内容与社会生活的桥梁,与传统的理论灌输相比,更加注重实践性。议题式教学不是教师单方面地讲解知识,而是要让学生通过议题的探究活动掌握知识。在课前预习中,有时也需要学生围绕议题去搜集相关资料,或访问一些人群,或走访一些地点,为课堂学习做好学习准备。在课后作业的布置中,通过布置实践类作业,让学生有真实的参与感,对课上所学知识有更深刻的理解和进一步的拓展,加深政治认同。

（二）议题式教学更加注重探究学习

议题式教学不是将现有的知识直接灌输给学生,学生也不是通过做笔记、画重点等形式被动地接受知识。打破传统的教师教、学生学的理念,议题式教学强调的是少教多学,是通过或自主探究、或合作学习,借助各种信息平台和现有材料,不断探索知识的过程,因而议题式教学能够充分调动学生学习的积极性,培养学生自主学习、合作学习的能力。

（三）议题式教学更加凸显学生主体

议题式教学强调在教师把握方向的前提下,学生能够在探究学习的过程中通过类似于头脑风暴的方式,充分激发思维的活力,在课堂中各抒己见,勇于发表自己的看法,分享自己的探究成果。同时,议题是教师在对学情充分了解把握的基础上,结合教材和课标创设的。学生既有探究的能力,也有探究的空间,可以充分参与学习,实现深度思考。

二、信息技术推动议题式教学的优势

党的二十大报告中强调要推进"教育数字化"、建设"数字中国",信息技术赋能高中思政课迎来了良好的机遇。从教育的角度看,"凡是可以扩展人的信息功能的技术,就称为信息技术"。信息技术可以为高中思政课的教学提供丰富的教育资源、多样的教学形式以及及时的教育反馈。议题式教学同样离不开信息技术的支撑,将信息技术贯穿于议题式教学的全过程。

（一）信息技术有助于创设议题

议题式教学的第一个步骤便是创设议题,好的议题是议题式教学取得效果的前提,需要根据教材内容、社会热点以及学生实际情况选择合适的议题,创造相应的情境,为课堂教学做准备。信息技术不仅可以帮助教师充分掌握社会热点问题,也可以获取与教学内容相关的材料如视频、图片等,也可以运用数字平台裁剪整合部分资源,形成符合课堂需要的新资源。同时可以通过信息化手段,对学生的兴趣爱好、思想状况、生活背景和教育背景进行调研，搜集分析学情，也可以提前了解学生的各科成绩和思想政治学科的成绩，为精准施策、因材施教做好准备。例如，在准备必修一第三课第一框"伟大的改革开放"这一节内容时，提前让学生填写了线上调研平台的问卷，了解了学生对于改革开放的感受。通过提前运用线上调研平台了解到学生在初中道德与法治课程的学习中对改革开放已经有了相关的了解，同时学生的家长大多为70后、80后，对于改革开放的历程有一定的亲身感知，同时结合上海地区特色，笔者选择了上海改革开放作为议题，以上海老三件与新三件的对比作为导入，引导学生思考自己作为上海市民，如何看待改革开放对于上海的影响，进而探究改革开放的历程与意义，既贴近学生的年龄特点与生活实际，又与本课息息相关，同时与初中所学知识承接，有助于议题式教学的开展。因此，信息技术对于教师掌握学情具有积极意义，有助于议题的创设。

（二）信息技术有助于课堂活动的开展

信息技术赋能思政课，可以通过展示各种形式的材料如文字、图片等为学生的探究提供线索，让学生的探究活动更加生动有趣，大多数智慧教育平台皆有这个功能。同时思政课具有鲜明的政治性和活动性特征，既需要学生集思广益，迸发思维火花，也需要教师给予引导，坚持主体性与主导性的辩证统一。学生可以通过信息平台动态地展示学生的探究成果，比如笔者在教学中，积极探索，运用信息技术实时展示学生的探究过程。在必修一第三课第一框"伟大的改革开放"课程中，需要合作探究，画出改革开放的历程时间线，也可以通过闵智作业平台智慧笔展示学生的探究成果。在这个过程中，教师可以实时予以指导或纠正。此外，一些数字化平台还有一些功能也可以在议题式教学中发挥作用。例如，计时功能可以规范探究时间，抢答器功能可以在成果展示环节活跃课堂气氛，奖励功能可以针对探究成果作出评价。这些功能对于学生参与探究活动、展示探究成果、增强探究趣味性都具有积极的意义，信息技术对于开展议题式教学有良好的助力作用。

（三）信息技术有助于课堂的总结回顾

议题式教学不仅仅需要创设议题和开展活动，在课堂结束时对探究的成果进行回归、对知识点进行总结、对课堂进行升华也是议题式教学的重中之重。信息技术可以将整堂课中学生探究学习的过程和结论、教师的评价与讲解、重点知识的梳理等教学痕迹保留下来。在课堂结束时，便于教师通过展示教学活动中的痕迹来对本堂课进行回顾，对于学生加深课堂印象具有积极作用。现有的大多数信息平台都可以展示整堂课的笔记，在平时的教学中也非常便利实用。

三、总结与反思

（一）教学实践存在的问题

信息技术赋能议题式教学有显著的优势，有利于议题的创设、探究活动的开展、课后的反馈反思,但是在教学的实践中仍然存在问题。部分教师因循守旧,对信息技术有抵抗情绪,不愿意尝试新技术,仍沿用传统的教学方式。还有些教师只有在公开课的时候才会用信息技术,作为课堂展示的工具,没有真正发挥信息技术赋能议题式教学的优势。同时,部分学生也缺乏信息素养。学生是议题式教学的主体,要运用信息技术也需要学生积极参与,掌握运用各种平台设备。此外,部分学校的硬件设施跟不上,没有为信息技术融入议题式教学提供有利环境和设备支持,以至于无法发挥信息技术的优势。

(二)信息技术赋能议题式教学的要求

(1) 教师需要不断提升自身的信息素养。要想数字化技术在议题式教学中发挥积极的作用,首先要求各位政治教师具备一定的信息素养。一方面,政治教师需要转变观念,实现信息技术赋能教学的常态化,将信息技术融入日常的教育教学中,并贯穿于课前、课中、课后的教育全过程,树立智慧育人的新理念。另一方面,信息技术赋能议题式教学需要政治教师熟练掌握各类信息技术平台的各种功能,具备信息获取能力、信息工具的使用能力和信息技术与学科教学融合的能力,灵活地将信息技术运用于议题式教学的各个环节,这也是信息时代对每一位思政课教师提出的要求。

(2) 需要不断提升学生的信息素养。思政课教学要秉持以学生为中心的教学观念,数字化赋能议题式教学应当由学生积极参与,以学生活动为中心,为学生的成长服务,因而不仅需要每一位思政教师具备信息素养,也应当培养学生的信息素养,特别是在信息化时代,学生具备基本的信息素养也是他们未来发展的基本要求。而信息素养的培养不是一蹴而就的,需要在日常的教育教学中逐步培养。应当围绕学生具备信息运用能力、技术应用能力、写作交流能力、创新变革能力、数字公民意识五大信息素养,形成基础课程、实践课程、创新课程三大类数字化学习课程体系,可以在有形与无形之中培养学生的信息素养。

(3) 需要学校提供信息化支持。无论是教师信息素养的提升还是学生信息素养的培养,都离不开学校的支持,信息技术赋能议题式教学也离不开学校的支撑。学校需要有相应的数字化设备、信息化教室,需要为每位教师提供相应的平台账号,需要为教师和学生信息素养的培养提供成长机遇。应当积极建设信息化专用学习教室、3D 技术应用室、机器人制作室、科创工作室等,每个教室都应当具备数字化设备,每位教师都应当有相应的平台账号。此外,学校还需要定期开展数字化教学的培训课程、教学研讨等活动,助力每一堂数字课堂的开展,助力每一名师生信息素养的提升。

总之,只要教师、学生的信息素养不断提升,学校数字化技术不断成熟,信息技术便可以有效助力议题式教学的开展,在创设议题、课堂活动、课后回顾等环节都可以发挥积极的作用,为学生思想政治核心素养的提升赋能。

数字技术赋能思政课教学
——以重塑思政课教学实践为例

宋铭航

党的二十大报告强调,要"推进教育数字化,建设全民终身学习的学习型社会、学习型大国"。数字化教育是未来教育的一个趋势,本教学案例是在基于国家数字化教育转型的时代大背景下大规模因材施教的有益探索。如何把信息技术融入大思政课堂,让思政课真正地变成科技课堂,是本案例思考的问题。本教学案例围绕学生感兴趣的剧本杀游戏活动创设教学情境,通过课前信息技术调查,课中运用智慧笔信息技术模拟协商座谈会,课后完成作业设计的方式带领学生发现问题、分析问题并解决问题,培养学生的高阶思维。在教学设计环节中,笔者采取了"信息技术智慧笔+思政"的育人模式,将数字技术和社会实践活动一起融合进课堂,结合数字技术大规模因材施教来精准培育学生的思政核心素养,探索智慧教学新样态。

一、大思政之智慧课堂的教学设计

(一)利用数字化技术问卷设计课前调查

利用信息技术设计问卷,本次问卷设计的目的是体现学生的信息化素养。学生设计问卷走访,进行调研,自己发现问题后尝试去解决问题。对于调研问题的设计,学生依据现行的《上海市密室剧本杀内容管理暂行规定》,分别向其他学生、家长以及商家三个群体展开了调研采访。在调研中,我们小组成员分别向其他学生、家长以及商家三个群体展开了调研采访。基于数字技术,笔者梳理了课堂的问卷表达。

1. 学生基于数字问卷技术整理的问卷数据

学生群体中,80%左右的人喜欢剧本杀。但在这部分人中,只有30%左右的人了解管理条例的相关内容,并且其中20%左右的人对管理条例有或多或少的抗拒心态。家长群体中,60%左右的人完全不关注剧本杀对孩子的影响,也不了解新政策;30%左右的家长关注孩子玩剧本杀并了解新政策的出台(10%关注,但不了解新政策)。商家群体中,仍有商家没有遵守相关的管理条例,只要不被举报,仍然会面向未成年人营业。

学生基于以上调研结果,再结合剧本杀管理条例的相关内容,我们尝试如何去解决数字化问卷所体现的这些问题,于是笔者设计了第二个教学环节。

2. 数字化智慧笔的圈画运用在课堂中的体现

运用智慧笔上课,思政课如何去运用智慧笔解决问题?这是最难的,我们的课程设计遇到了瓶颈。科技课堂该如何体现?学生的信息素养如何得到提高?在社会实践中发现了问题该如何去解决？笔者尝试联系身边的基层立法联系点，结果并不乐观。虽然马桥镇没有基层立法联系点，但是学生并没有气馁，于是教师给他们布置好作业：留意你身边的基层立法联系点。学生发挥学校的信息技术特色优势，浏览学校的信息屏幕时发现了江川街道人大代表之家，接着教师顺着学生的发现，带着他们一起来到了江川街道人大代表之家，我们的想法得到了人大代表之家工作人员的肯定，闵行区人大代表诚挚邀请我校学生就剧本杀规范管理条例的立法建议开展座谈。

山重水复疑无路，柳暗花明又一村，在学生亲身参与社会实践并取得成果后，笔者的课堂设计又有了新的思路，参与社会实践的仅仅是小部分学生，如何让大部分学生都进入社会实践的大课堂呢？有了真实的人大座谈后，笔者以人大真实座谈为教学情境，设计了一个课堂模拟座谈，让学生立足自身，关注其他群体，提出相关意见和建议。

二、大思政数字智慧课堂的生动实践

（一）信息技术智慧笔的运用探索实践

通过智慧笔模拟协商民主落实思政学科政治认同的核心素养，通过汇聚多方群体意见，解决问题。在模拟协商座谈会环节，"智慧技术智慧笔＋思政"的育人模式，"＋思政"要利用当下的数字化信息技术，结合当前教育信息化评价改革，充分利用互联网＋教育加强信息技术与学科教学的深度融合，为落实学生自主学习创造条件。协商的主题是如何化解剧本杀的未成年人之痛。我们设置了以下五组相关的协商代表，包括商家代表团、家长代表团、学生代表团、教育部门代表团和监管部门代表团。

协商座谈会的流程为：① 先组内协商4分钟，汇总意见，选出中心发言人；② 发言人将各组代表的意见汇集到智慧笔上，通过屏幕集中展示发言意见，各小组一分钟。图1是我们使用智慧笔的数字化课堂呈现效果（以关键词的形式呈现）。

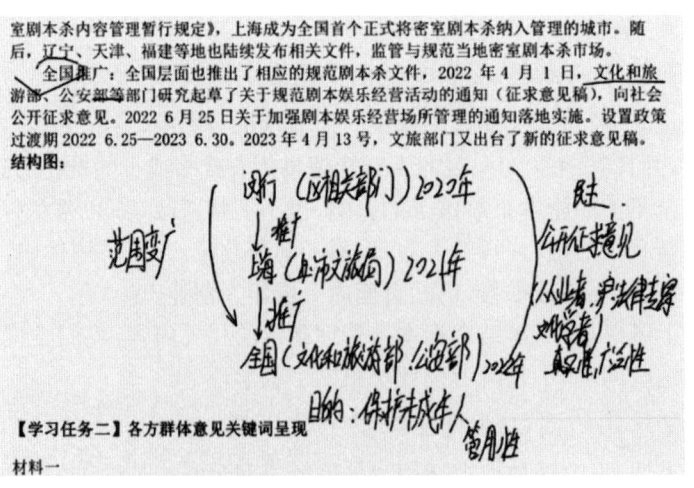

图1 智慧笔在数字化课堂中的呈现

一门生动的思政课仅仅有预设性是不够的,要有足够的生成性才能激发学生的学习热情。在教学环节二,学生根据以上调研结果,讨论总结出了几点针对新政策更细致、具体的建议和改进方法。① 在未成年人层面,可以将未成年人再进行年龄细化,分为0—10周岁、10—14周岁、14—18周岁。其中,对于0—10周岁的未成年人,不建议接触剧本杀;10—14周岁的未成年人,可以适当接触有关红色的、正能量宣传的剧本内容;对于14—18周岁的未成年人,在剧本内容上应该进行标注分级,不应涉及过多的接触色情、血腥等更过分的内容,还要控制其娱乐时间,如单个剧本时间控制在1—2小时、只有法定节假日的8:00—19:00可以进行剧本娱乐活动等。② 在家长层面,应该加强对家长的剧本娱乐活动及其管理条例的正向宣传,客观、明白地向家长讲明剧本娱乐活动的利与弊,让家长对剧本娱乐活动有正确客观的认识,利用家长的力量管理未成年人的剧本娱乐活动。③ 在商家层面,应该平衡好未成年人保护和经济发展之间的矛盾,未成年人保护并非行业发展的对立面。

在看到未成年人保护重要性的同时,亦应当给予社会各领域适度的发展空间,应加强对商家的行政监督、行业自律。保护未成年人不必"一刀切",可以开设未成年人专场,同时定期进行剧本相关从业人员的培训与考核,严格管理商家娱乐环境和从业人员的职业素养。学生在课堂上通过协商民主的方式形成新的意见和建议,充分发挥少教多学的课堂理念。教师要对学生的生成性成果进行积极评级,学生的发言是有价值的,这也就是民主的价值,是我们参与全过程人民民主的生动实践。我们前期有这么多的不同意见,意见在汇总之后,我们兼顾了各方群体不同角度,最后汇总形成了一致意见。学生就前期调研的问题进行深度思考,进而自行提出和解决问题,培养学生的高阶思维能力,这是我们协商民主的优势。众人的事情众人商量着办,处理复杂问题往往需要协调多方利益群体。我国政治制度在协调人民利益、促进共同发展方面具有独特优势。通过社会实践的行走,学生充分理解协商民主,并窥见社会主义民主的本质:全过程人民民主。

(二)科技汇聚关键词的呈现

图2是我们各方群体意见的关键词呈现。

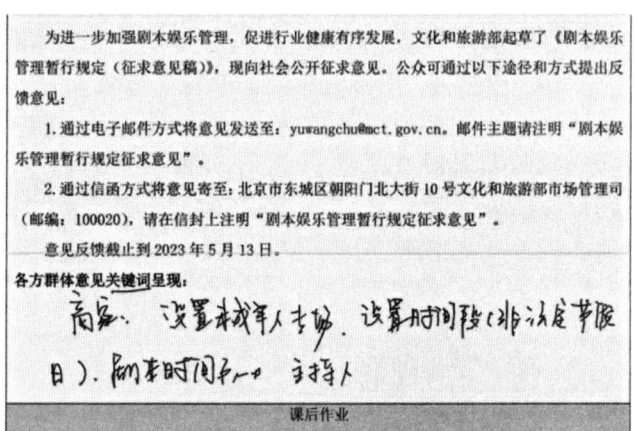

图 2 关键词呈现

我们试图寻找它在大众中的更大影响范围和试行反响,区人大将我们的意见汇报到了上海市人大,上海市人大在基层立法联系点充分听取了我们的立法建议,将我们的立法项目列入上海市五年立法项目储备计划。

三、成效与反思

教师在大思政课堂上要积极将课本和社会实践、数字技术、人工智能、政治参与等融合在一起,发挥思想政治学科立德树人的功能,在新时代五育并举的理念下,深入学习并落实新课标理念,强化课程思政一体化建设,在培根铸魂、启智润心中,培养学生成为堪当民族复兴大任的时代新人。思政课堂是理论与实践结合的,同时是跨学科融合的,思政课教学不能只体现学科性,还要体现创新性、综合性、实践性、动态性的特色。在后续的实践中,思政课要优化课程设置,强化突出课程育人的整体性和系统性,要打破学科壁垒,强化学科之间的相互关联,引领新一轮思政课改革。我校大思政之行走课堂失败与创新案例把思政学科内容学习和社会实践活动相结合,力求知识和生活密切相结合,充分体现思政学科立德树人的核心价值,以共情、解释、理论、感悟等的活动范式创建思政学科核心任务和情境。从实践逻辑到理论逻辑的政治认同,以开放实践的形式构建开放教学的流程:教师引导和解释议题,学生按分工调查采访、搜集资料,团体展示,最后教师自我反思,学生学以致用,所谓教学相长。

在数字赋能的思政课堂创建过程中,笔者充分感受到了学生是教师的第一资源。课程设计的主体内容是靠学生完成的,尊重学生的主体差异,让学生充分发挥其主观能动性。教师在这个过程中寻找优秀的教学资源,在师生互动过程中形成教学案例和小本课程。学生在创新素养培育的过程中,充分关注学生的合理诉求,我校大思政之数字课堂创新意义成果的产生,并非一蹴而就,往往需要经历长期的实践。正如习近平总书记所说:"要坚持显性教育和隐性教育相统一,挖掘其他课程和教学方式中蕴含的思想政治教育资源,实现全员全程全方位育人"。讲"好"中国故事而不是讲"好中国"的故事。

数字赋能的思政课堂在点滴积累和曲折的探索过程中,不断面临新的问题,解决新的问题,这一过程也是教学相长的过程,是学生养成高阶思维能力的过程。大思政之行走课堂虽道阻且长,但行则将至。教师在数字赋能的思政课堂上要积极将课本和社会实践、数字技术、人工智能、政治参与等融合在一起,发挥思想政治学科立德树人的功能。在新时代五育并举的理念下,深入学习并落实新课标理念,强化科技课堂建设,在培根铸魂、启智润心中,培养学生成为堪当民族复兴大任的时代新人。

教研转型

精准教研:实现有深度的智慧教育

何 剑

借力于信息技术的发展和进步,"精准"一词在社会各个领域广泛应用——从政府工作的"精准扶贫"到医疗卫生的"精准诊疗",再到教学领域的"精准教学""精准评价"等。其中,精准教学(Precision Teaching)理念是指教育应该像科学那样,通过设计量化的教育测量方法来收集数据,表征学生的学习表现,以此为基础支持教师决策。基于此,精准教研可以理解为,是以教师专业发展为愿景,基于信息技术环境收集多模态数据进行分析和应用,以支持课堂教学改进、教学行为优化与宏观教研精准决策的一种教研形态。

不同于以往的传统教研,精准教研依托于数据的采集和分析,也就是说教研过程产生的海量数据是促生精准评估和智慧决策的基础。丰富的信息技术手段贯穿应用于教研全过程,包括研前需求调查、研中信息交流、研后评价反馈,这使得过程性数据的采集、处理、分析和表征成为可能。同时信息技术手段的"时空优势"也很突出,利用智能研修平台,教师可以随时随地在线上,通过看直播或录播的方式,观看课例,参与评课,甚至可以回看异时异地的同类型课例,作对比分析,拓宽评价视野。

随着"双新"教学理念不断深入人心,精准教研也成为语文组推进教学改革、促进教师专业化发展的必由之路。在实践过程中教研重点集中在三个方面:基于学情分析的教学设计改进,基于课堂观察的教学行为分析,基于数据统计的教学质量评价。

一、基于学情分析的教学设计改进

(一)学情分析的内容

学情分析是教师针对学科具体内容,对学生情况开展的一项研究活动,是教学活动的基本环节,是教学研究的基本内容。通过课前学情分析,教师可以全面了解学生,为教学内容的取舍、教学方法的选择以及教学起点的确定等指明基本方向。开展学情分析要做到"知与思"。知,即知道实际情况,包括学生的日常经验、学习基础、认识上的困惑、学习行为的落实等实际状况;思,即对学习的内容开展针对性的研究,包括学生在将要学习的内容中可能会出现困惑、好奇、问题、期望、兴趣、能力等因素的分析。

(二)基于学情分析的教学设计改进路径

基于学情分析的教学设计改进路径,首先对学生学业质量数据进行采集、分析,以精准聚集教学中的问题;然后通过课堂教学诊断,提炼教研活动主题与内容;再依托校本研修、区域教研、专题培训等多种层次与形式的教研活动,精准解决教师在教学中遇到的实际问题,提升教师教学能力与教学质量,最终实现数据驱动下的教学设计改进。如图1所示。

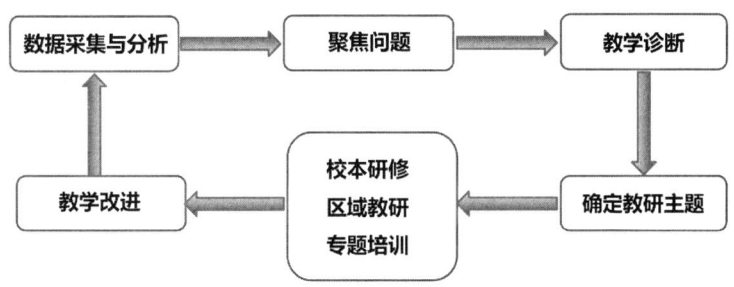

图1 数据驱动下精准教研实施路径

(三)基于学情分析的教学设计改进案例

《红楼梦》整本书阅读教学,由于其内容庞大,且没有具体教学内容,第一轮教学时,我们采用"阅读进度表打卡+专题讲座+教学检测"的方法,由于网撒得太广,教学内容专业度过高,教学效果不是很好。第二轮教学时,我们先用问卷星调查学生对于《红楼梦》的熟悉程度和学习期待,调查发现,学生对于《红楼梦》的阅读兴趣不大,主要是因为不理解小说中写这些日常琐事有什么意义;接着我们又通过检测评估学生自主阅读的基础水平,在三次在线答题中,学生的正确率在55%—64%,那些可以通过网络查询的知识性问题学生绝大部分可以自学掌握,但是对于分析鉴赏性问题就难以解决;再接着我们梳理统计新教材使用以来所有出现的关于《红楼梦》的考题,发现考查人物语言和形象特点的居多。所以我们改进了以前的《〈红楼梦〉人物形象塑造》的教学设计,并开设了《〈红楼梦〉人物语言艺术一窥》的公开课。公开课选择了《红楼梦》职场训话的三个片段,通过逐层深入的活动设计,深入探究了王熙凤、贾探春、薛宝钗三名女子不同的形象特点,进而窥斑见豹,领会小说的悲剧意义。新的教学设计以点带面,有效突破了《红楼梦》整本书阅读的教学难点,教学过程以一道高考题的现场检测来引入,以学生的自主学习探究为主线,最后又以一个模拟练习为检测,前后对比,直观呈现一堂课学生学习的效果。由于第二轮教学前我们开展了充分的学情分析,明确学生学习起始点、学习需求点和学习困惑点,准确抓住教学的突破点,精讲精练,真正做到有的放矢,精准施教。

二、基于课堂观察的教学行为分析

(一)课堂观察与教学行为分析

自20世纪六七十年代起,教学行为研究开始成为一个专门的研究领域,近几年逐渐成为教育研究的一个热点。当前,教学行为研究已经成为课堂教学研究的有效方式之一,并且得到普遍的重视和应用。无论是专业研究者还是一线教师,通过对课堂教学行为的观察、记录和分析,都可以发现课堂教学存在的问题,从而反思教学的不足,达到改善教学方法、提高课堂效率、提升教师专业水平的目的。

听课评课是教研活动的常见形式,关于听课评课,比较专业的说法叫课堂观察。观察什么呢?崔允漷教授曾指出课堂观察的四个维度:学生的学、教师的教、课程实施、课堂文化。怎么观察呢?以前可以通过粗略的时间统计、听课教师的主观感受、各种评课量规的细则,现在有了信息技术加持,使得课堂观察更具科学性和准确性。

(二)基于课堂观察的教学行为分析案例

比如听两节同课异构的课,以前我们会关注两位教师对于相同教学内容的不同设计,会感受两位教师不同的教学语言特点,会根据学生的不同表现评价这节课,而现在我们可以通过教学平台的课后分析数据,清楚地知道这节课教师讲话的时间是多少,学生讲话的时间是多少,从而判断这节课是否实现了以学生为主体;进而分析教师的提问特点,是记忆性问题多还是开放性问题多,对学生的回答是否有追问;还可以通过课堂练习的统计知道学生参与课堂活动的比例是多少,学生的达成度是多少等,从而判断这节课的教学效果如何。图2、图3所示是两位教师教学同一内容的课堂报告,为什么学生投入度高的班级课堂掌握度却较低呢?

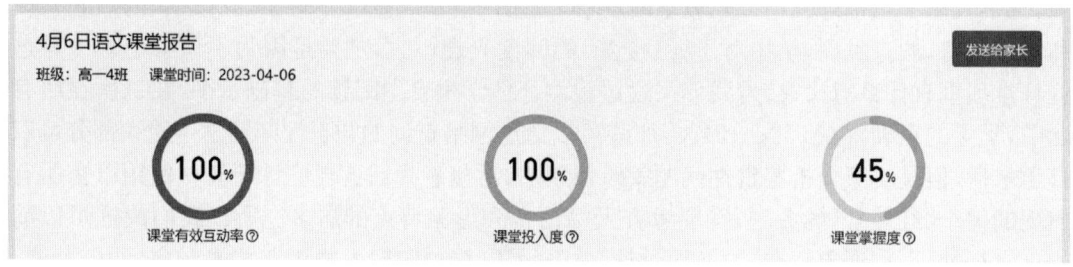

图 2　教师 A 课堂报告

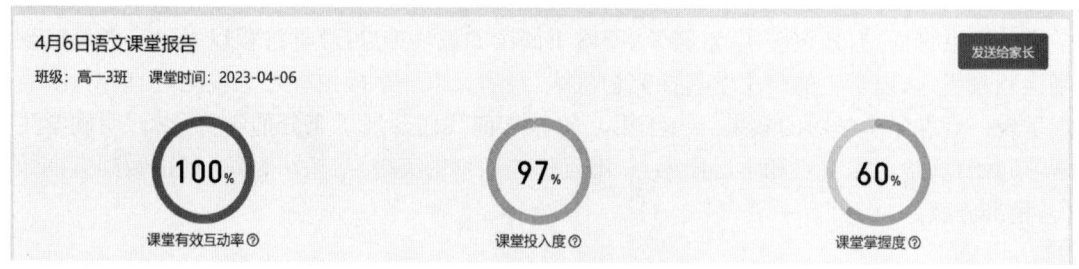

图 3　教师 B 课堂报告

基于听课实际和课后数据分析,我们可以发现:教师 A 比教师 B 更重视陈述性知识和创造性知识的获取,教师 A 的课堂拥有更多的开放性问题,所以学生投入度高,但是对话深度明显低于教师 B 的课堂,因为教师 A 课堂中的问题难度普遍较低,教师也较少作追问式的教学干预,学生对于深层次原因的探究不足;而教师 B 的主导作用强,问题难度较大,学生主动参与课堂互动的机会较少,但是由于其条分缕析、归纳总结的逻辑线条比较清晰,学生易于模仿掌握。

在对多名教师的教学行为作观察和分析后,我们发现越信奉以学生为中心的教育信念的教师,往往在课堂中会更自信地依据课堂情境运用更多的提问策略和活动策略来实施因材施教的教学,他们在教学中不仅关注学生对课堂的整体性参与,还会特别调动具有不同特征的学生个体参与恰当的教学活动,他们的课堂往往充满欢声笑语,但同时也要注意对于学生思维品质的训练和培养。

三、基于数据统计的教学质量评价

(一)教学质量评价量规

基于质量评估的教学效果评价是教研的重要内容之一。目前学校各类测试、强化训练和每日作业等都可采用网络阅卷系统和作业分析平台进行批改和分析。每次的课后作业和试卷送往数据中心,通过扫描系统制作成电子版,方便阅卷和分析。网络阅卷系统能智能识别手写姓名、准考证号、选择题等,教师可以在电脑、手机等不同的终端设备上阅卷,减轻了工作量,方便高效。成绩分析平台可以基于学生个人、班级、年级等不同层面,提供单科、综合等多维度数据分析结果。精准的数据分析有助于了解学生学情、认清学生差异、开展分层教学,使教学往高效率、差异化的方向发展。

开展精准教研以来,教研组教学质量分析除了关注传统的"三率一平"(优秀率、及格率、低分率、平均分),更要分析试题分数权重、试题的难度及区分度、学生个体的发展曲线、考试内容和教学内容、考试说明的相关性等。简单说就是研究三个问题:试卷的科学性、学生的发展性、教学的有效性。"闵智作业"平台可以提供多种数据统计。

(二)数据驱动下教学质量评价

根据检测的性质,平时练习要求紧贴教学,以难度不大的基础题为主;月考试卷要高度勾连平时教学,以基础加能力题为主;期中、期末这样的重要检测要有区分度,难度题要占比10%,中档题要占至少70%。另外,考点的覆盖面和题型多样性也是重要的衡量指标。

有了大数据支持的学生情况分析变得更加容易。进步、退步、临界徘徊,精准到人;个人和班级的逐题得分情况,色块区分,一目了然;试卷再现方便教师作个别辅导,错题整理帮助学生总结梳理。

通过命题质量分析和学生情况分析,我们重点是要基于测评数据评价教学的有效性。比如基础知识和背诵默写是否落实,理解分析能力的训练是否有成效,语言表达和写作水平是否提升,思维品质和文化素养的提高是否实现,等等。

无论是传统教学还是大数据下的教学方式变革,我们的服务对象都是学生,必须突出人的主体地位。智能化有很多优势,但人的主动性、创造性也不可替代。准确收集数据、科学分析数据、有效利用数据,让数据为教学服务,为教研助力,实现有深度、有温度的智慧教育。

以智探索，以慧赋能
——智慧笔在语文教学上的探索与改进

俞 芳

时代日新月异、技术层出不穷，而智慧笔的出现，让作为一名语文教师的我如获至宝。"智慧笔"，笔如其名，以科技解决智慧课堂需求，提升教与学的效率。老子曰：少则得，多则惑，是以圣人抱一为天下式。网络上也有一句话说：把一件事情做到极致，胜过把一万件事做得平庸。一年多的时间里，我不断探索和改进智慧笔的运用，以实现精准教学为目的，精益求精。

智慧笔与我们之前所用的其他智慧教学方式最大的区别，也是它最大的优点，就是打破了线上线下的界限，实现了纸屏同步——将手写笔迹电子化，并运用 AI 数据分析等技术，在实现客观题自动批改、主客观题实时呈现的同时，学生也能保留纸张上的书面笔迹，便于学生答题、复习。正如乔长虹校长所说："如果评价是教育的牛鼻子，作业就是学生成长发展的演练场，智慧笔的应用为学生的成长发展插上翅膀，为教师诊断、分析、指导提供了依据。"

一、智慧测试，数据赋能

智慧笔最吸引我的一点，是试卷批改功能——学生在纸质试卷上答题，教师在同一份试卷上批改，其中客观题（选择题）由系统直接批改。教师批改完成后系统直接给出数据。这一功能，对高三语文教师来说，无疑是一大福音。众所周知，语文的阅卷向来是最艰难的，文字量大，答题个性化强。而高三教学的特殊性，决定了我们需要更多的卷面练习。如果全部采用网上阅卷的方式，对教师的身体是一大挑战；如果采用纸质阅卷，那么又会存在数据统计、阅卷分析、讲评等额外工作量。

而智慧笔则解决了这一问题——学生完成答题，即可在手机 APP、网页等终端查看自己客观题的得分情况；在教师阅卷完成后，学生可以查看个人得分，教师可以查看考试相关系列数据，全面了解学生表现。如图1所示——这张结合数据的柱形图表，非常直观地展示了每一道题的正确率；其中用红色标出错误率高的题，提示教师重点讲解。

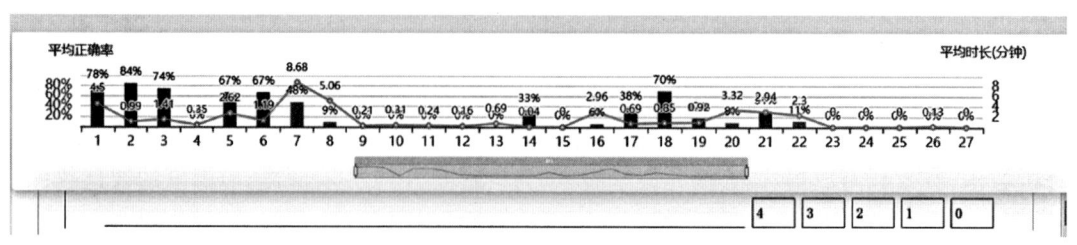

图1

除了整体数据外,我们还能看到学生个人详细数据,例如图 2 所示的答题用时情况,针对用时异常的学生,结合得分情况和答题过程回放,可以了解学生考试过程中的动态,发现学生的薄弱环节,从而实现个性化的辅导方案。而这一点是传统阅卷方式无法实现的。

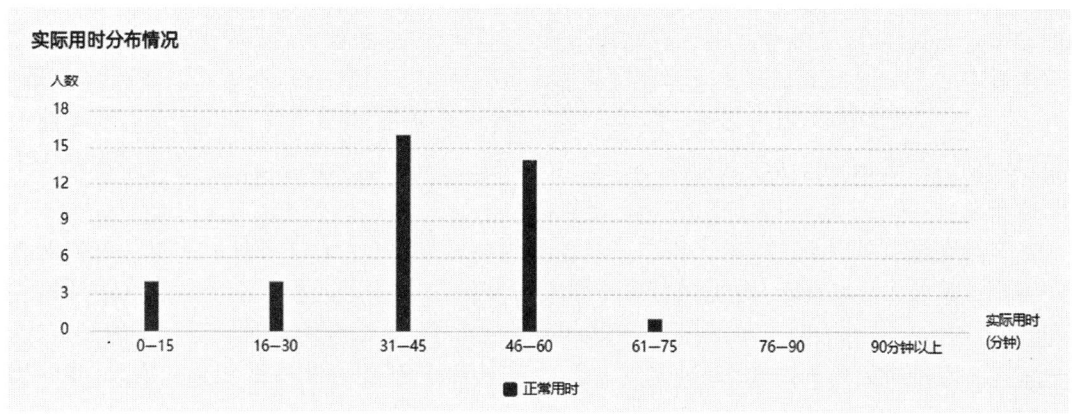

图 2

更妙的是,在教师阅卷的过程中,学生也能实时查看自己的得分情况。在没有拿到自己答题纸的情况下,也可以通过手机、电脑等查看到教师的批改痕迹、评语等。对于很难在一两天里完成阅卷的高三语文教师来讲,这意味着我们完成一个部分的批改,就能有针对性地作试题讲评,不需要等到全部阅完;学生没有拿到答题纸,也可以通过平台看到自己的作答,有效订正、梳理,不再是"盲听"讲评。而在课上讲评时,可以如图 3 所示,随时点开某个学生的作答,来呈现优秀作答、分析典型问题,使得讲评更具有实效性。相对于手动输入或者拍照截图,智慧笔便捷高效的优点显露无遗了。

图 3

总而言之,借助智慧笔细致准确的数据、形象直观的图表、全面的学生分析报告,不但为教师的教学改进提供科学依据,也帮助教师去发现学生存在的个性化问题,制定科学的教育教学策略,从而充分挖掘学生的潜能和优势。

二、智慧练习,夯实文言基础

智慧笔不仅在阶段性的测试中发挥作用,在日常的学习中更能体现信息技术的优势。文言文承载着中华民族悠久灿烂的文化,这对学生知识的丰富、视野的开阔、思想的熏陶、道德的树立、品格的培养都有着不可忽视的作用。在"新课标、新教材、新高考"时代,文言文比重明显增加。统编版高中语文全套教材共选入古代诗文67篇(首),占全部课文数(136篇/首)的49.3%。其中古诗词33首,古文34篇。教材精选反映中华优秀传统文化的经典名篇,从古风、民歌、绝句、律诗到词曲,从诸子散文到历史散文,从两汉论文、魏晋辞赋到唐宋明清古文,从文言小说到白话小说,均有呈现。

学好文言文对于学生的语文学习之重要性毋庸置疑,但学文言文对于学生来说普遍存在困难。其最大难点在于"看不懂",看不懂文言文的原因是字词积累不足。现在高考试卷考查文言文,早就远远超过了课内文言文的字词范畴,这就要求我们除了复习课内文言文,更要在有限的时间内提高效率,每完成一篇文言文练习,就作好相应的积累。所以,我将需要积累的字词,以填空题形式设计成专项练习,讲解完文本之后,学生当堂完成练习。在练习过程中,教师可以随时查看学生答题进度,有针对性地督促学生及时完成。教师选择展示某个学生的答卷,公开批阅,边批边讲。所有学生都可以当即自批订正,答题和订正的书写过程都可以实时呈现在教室的纳米黑板上,促使学生更认真地完成练习和订正。相应的数据也可以及时获取,便于教师快速掌握学生答题情况。在经过一定量的积累后,还可以生成个性化的错题集,帮助学生查漏补缺,巩固知识点。以后,我们还可以扩充练习内容,根据模卷试题和讲评内容设计巩固练习。

三、智慧笔记,化零为整

做笔记这件事对于语文学科来说是非常必要且有效的,学生在听课过程中随时动笔,记录诸如作家常识、课文重点、语句分析等,是一次思考、理解、记忆的过程;课后通过复习笔记,再一次巩固知识点。问题在于,学生边听课边做笔记,因而常常显得零散、琐碎,学也容易有遗漏;课后整理固然是一个好方法,但是未免失于效率。我们教研组所传承的学案,美则美矣,但是更多侧重课前预习和课后练习,课堂环节则有所不足。

所以我想,何不用智慧笔完善学案设计,让学生在课堂上能高效完成听课笔记呢?于是,在文言文《登泰山记》的教学中,我设计了如图4所示的学案。

左侧是课文原文,右侧在段落对应位置设计一系列问题,也就是我希望学生在听课过程中记录的内容。学生在上课过程中对于简单要点可以边交流边写好;有些重难点需要形成语段的,则可以使用智慧本初步作答、交流改进之后再写到学案上。这样一节课下来或者一篇课文上完,学生可以完成系统、完整、整洁的笔记。一下课教师就可以通过检查学案,来快速了解学生听课状态。

借助智慧学案,引导学生有条理地做好笔记,让学生的笔记化零为整,化散乱为系统,以

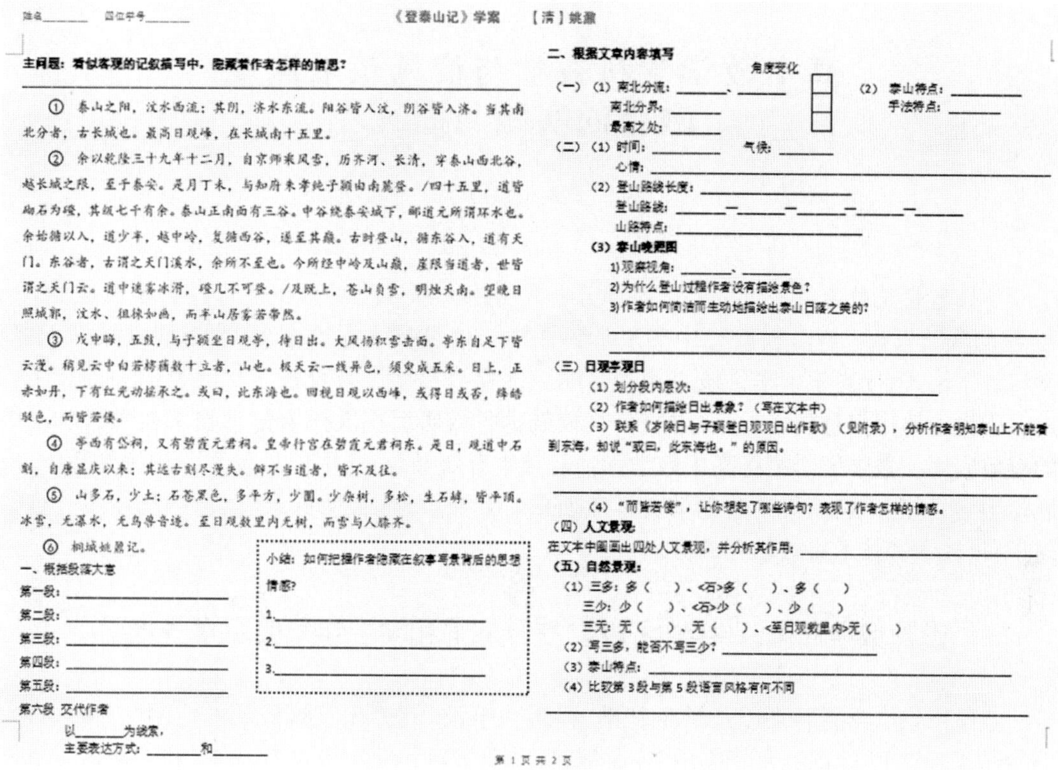

姓名______ 四位学号______ 《登泰山记》学案 【清】姚鼐

主问题：看似客观的记叙描写中，隐藏着作者怎样的情思？

____

① 泰山之阳，汶水西流；其阴，济水东流。阳谷皆入汶，阴谷皆入济。当其南北分者，古长城也。最高日观峰，在长城南十五里。

② 余以乾隆三十九年十二月，自京师乘风雪，历齐河、长清，穿泰山西北谷，越长城之限，至于泰安。是月丁未，与知府朱孝纯子颍由南麓登。/四十五里，道皆砌石为磴，其级七千有余。泰山正南面有三谷。中谷绕泰安城下，郦道元所谓环水也。余始循以入，道少半，越中岭，复循西谷，遂至其巅。古时登山，循东谷入，道有天门。东谷者，古谓之天门溪水，余所不至也。今所经中岭及山巅，崖限当道者，世皆谓之天门云。道中迷雾冰滑，磴几不可登。/及既上，苍山负雪，明烛天南。望晚日照城郭，汶水、徂徕如画，而半山居雾若带然。

③ 戊申晦，五鼓，与子颍坐日观亭，待日出。大风扬积雪击面。亭东自足下皆云漫。稍见云中白若樗蒱数十立者，山也。极天云一线异色，须臾成五采。日上，正赤如丹，下有红光动摇承之。或曰，此东海也。回视日观以西峰，或得日或否，绛皓驳色，而皆若偻。

④ 亭西有岱祠，又有碧霞元君祠。皇帝行宫在碧霞元君祠东。是日，观道中石刻，自唐显庆以来；其远古刻尽漫失。僻不当道者，皆不及往。

⑤ 山多石，少土；石苍黑色，多平方，少圜。少杂树，多松，生石罅，皆平顶。冰雪，无瀑水，无鸟兽音迹。至日观数里内无树，而雪与人膝齐。

⑥ 桐城姚鼐记。

一、概括段落大意

第一段：______

第二段：______

第三段：______

第四段：______

第五段：______

第六段 交代作者

以______为线索，

主要表达方式：______和______

小结：如何把握作者隐藏在叙事写景背后的思想情感？

1.______

2.______

3.______

二、根据文章内容填写

（一）（1）南北分流：______、______ 角度变化 （2）泰山特点：______

南北分界：______ 手法特点：______

最高之处：______

（二）（1）时间：______ 气候：______

心情：______

（2）登山路线长度：______

登山路线：______—______—______—______—______

山路特点：______

（3）泰山晚照图

1)观察视角：______、______

2)为什么登山过程作者没有描绘景色？

3)作者如何简洁而生动地描绘出泰山日落之美的？

____

____

（三）日观亭观日

（1）划分段内层次：______

（2）作者如何描绘日出景象？（写在文本中）

（3）联系《岁除日与子颍登日观观日出作歌》（见附录），分析作者明知泰山上不能看到东海，却说“或曰，此东海也。”的原因。

____

____

（4）“而皆若偻”，让你想起了哪些诗句？表现了作者怎样的情感。

（四）人文景观：

在文本中圈画出四处人文景观，并分析其作用：______

（五）自然景观：

（1）三多：多（ ）、<石>多（ ）、多（ ）

三少：少（ ）、<石>少（ ）、少（ ）

三无：无（ ）、无（ ）、<至日观数里内>无（ ）

（2）写三多，能否不写三少？______

（3）泰山特点：______

（4）比较第3段与第5段语言风格有何不同

____

第1页共2页

图4

便于教师检查，便于学生复习。

在智慧学校中，我们的智慧教师加上智慧笔，发挥叠加效应，在教育教学中真正展现科技的力量，继承传统，创造未来。

高中数学学科教学与信息技术深度
融合的实践与研究

徐 珊

学校教育是教育的一个重要组成部分。我国绝大部分适龄青少年都要在学校接受9—12年的基础教育。在学校教育中实现学科教学与信息技术深度融合，改进课堂教学、重塑学科教学模式、提高学生学科核心素养是响应国家号召促进教育数字化转型的关键和主阵地。作为上海市信息技术示范标杆校，我校鼓励各教研组积极探索信息技术在学科教学中的有效应用。数学教研组将高中数学和信息技术有效融合，利用信息技术改进课堂教学、发展学生学科核心素养、提高数学学科学业质量，为此进行了长期探索和实践，总结了三种实现学科、教学和技术有效融合的方式。

一、设置数学通用软件学习课程，提升教师和学生学科信息素养水平

数学组结合学科特点以及学生基础，在高一年级开设"几何画板及其应用""GeoGebra与数学实验""TI计算器及其应用"等课程，帮助学生熟悉常用数学软件的功能、截面以及常见用法，提升学生学科信息素养，为学科学习与技术融合奠定基础。课程"几何画板及其应用"是必修课，每周1课时。"GeoGebra软件及其应用"和"TI计算器及其应用"属于拓展课，年级部分学生选修。

（1）必修课"几何画板及其应用"的设置，提高了学生对数学符号的识别，加深了对数学原理的理解。"几何画板及其应用"由专职数学教师负责授课，配套有校本资料《基于几何画板的数学》。课程以几何画板为载体，结合数学具体单元内容如二次函数的定义域与值域等，引导学生借助信息技术平台进行数学探究性学习，在学习中进一步熟悉数学符号、数学概念、数学思想方法以及数学表达。

（2）拓展课程"GeoGebra与数学实验"和"TI计算器及其应用"供学生选择学习，由数学任课教师利用拓展课引导学生借助GeoGebra软件或TI计算器进行数学实验，如正方体截面问题、轨迹问题等，利用信息技术构建数学模型，将抽象问题可视化，加深对数学问题的理解，探索数学解题途径。通过"TI计算器及其应用"课程，学生能够熟练掌握计算器基本功能，并借助TI计算器进行数学探究性学习，同时也促进了教师利用TI计算器研究数学的积极性和能力。通过数学学科软件学习，为学科、教学与技术的深度融合奠定了扎实的基础。

二、把信息技术引入课堂，改进课堂教学

如何将数字化教学平台、学科软件以及学科教学进行深度融合，我们进行了多方探索。

(1) 利用数学软件辅助数学教学,突破教学重难点。高中立体几何学习对空间想象能力有较高要求,部分学生因缺乏空间想象能力无法顺利将直观图还原为立体图形,从而无法解决问题。例如,正方体的截面是一个教学难点,很多学生无法根据所给三点的问题正确作出截面。我们可以借助数学软件中的 3D 图形功能,在课堂教学中作动态演示,顺利解决这个教学难点,如图 1 所示。

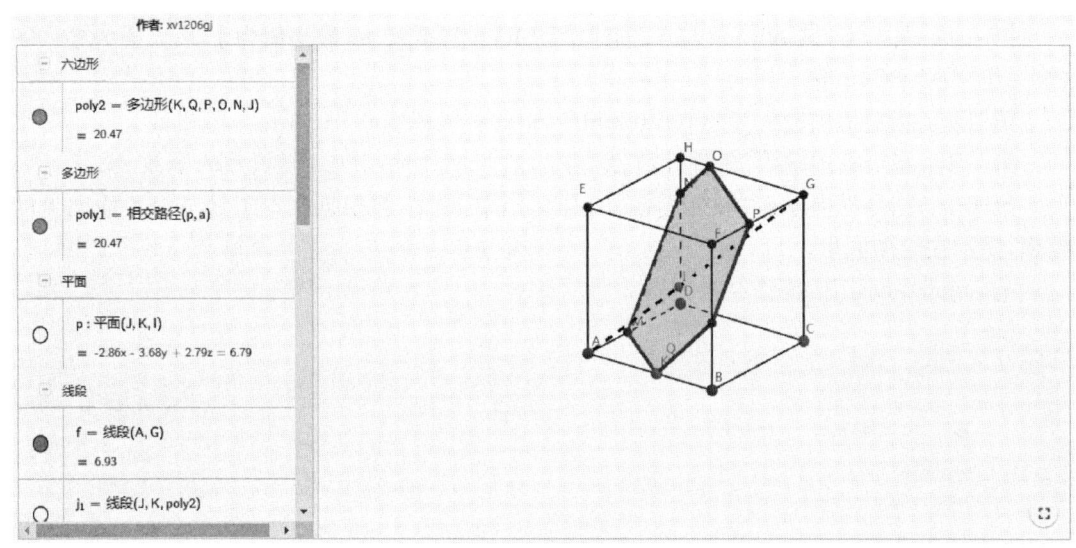

图 1　正方体截面

(2) 帮助学生经历从特殊到一般的过程数学学习,发展学生数学抽象核心素养。高中数学的高度抽象性是造成学生学习困难的主要原因之一,很多学生可以解决具体数学问题,但对于含有字母的(问题从特殊转化为一般形式)就感到难以驾驭。例如,在"双曲线的性质"教学中,教学要求学生能够根据双曲线的渐近线方程求出双曲线方程,解决这类问题首先要让学生理解共渐近线的双曲线有无数个。教师利用 GeoGebra 数学软件在双曲线方程 $\dfrac{x^2}{a^2} - \dfrac{y^2}{b^2} = \lambda(\lambda \neq 0)$ 引入参数 λ,作课堂演示,通过操作滑动杆 λ 改变双曲线的形状。学生可以观察到参数 λ 变化时渐近线并未发生改变,共渐近线的双曲线有无数个。在解决已知渐近线方程求双曲线方程时可用 $\dfrac{x^2}{a^2} - \dfrac{y^2}{b^2} = \lambda(\lambda \neq 0)$ 待定该双曲线方程,只需双曲线上一点的坐标确定 λ,从而求出该双曲线方程,优化解题过程。

(3) 利用数学软件做数学实验,辅助概率统计教学。《普通高中数学课程标准(2017 年版 2020 年修订)》提出高中数学核心素养包括数学抽象、逻辑推理、数学建模、直观想象、数学运算和数据分析。"数据分析"作为六个核心素养之一,是时代特征"用数据说话"的体现,也是对高中数学课程中概率统计学科价值的深度挖掘,更是对高中数学教学提出的新要求。在沪教版新教材中,概率统计内容大幅增加,高考分值占比从 5% 提高至 17%,增加了 200% 多。概率统计教学内容的主要特点就是数据处理,在有限的课堂中如何高效处理数据,帮助学生理解概念,形成技能至关重要,信息技术在这方面具有得天独厚的优势。

① 利用信息技术做随机试验,促进学生对概念的理解。在必修三 12.3 频率与概率的教学中,学生对伯努利大数定律的理解存在疑惑。个别学生把定律中"…,当 n 很大时,频率 $\dfrac{S_n}{n}$ 逼近概率"理解为 "$\dfrac{S_n}{n}$ 的极限就是概率"。为了学生正确理解频率和概率的关系,教师要求学生分组利用 GeoGebra 软件设计了掷硬币试验。操作步骤如下。

第一步:打开 GeoGebra 经典 6,创建滑动条,设置变量 n,最小值为 1,最大值为 24 000(第一组)或 200 000(第二组)。

第二步:指令框内输入"序列(random(),i,1,n)",产生 0—1 内 n 个随机数。

第三步:指令框内输入"条件计数[x<0.5,l1]",统计小于 0.5 随机数的个数 m。

第四步:指令框内输入"m/n",统计正面向上的频率,再根据文本工具写上正面向上的频率,显示在绘图区里。

第一组学习小组的操作结果如图 2 所示。

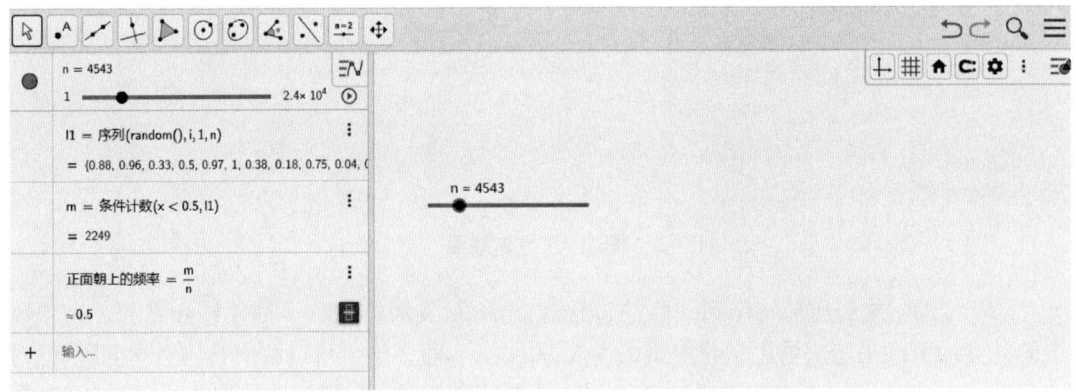

图 2 数学试验 1:伯努利大数定律

将 GeoGebra 软件的掷硬币试验产生的数据制作成表格,呈现如图 3 所示。

GeoGebra硬币试验数据		
抛掷次数	正面向上次数	正面向上的频率
2 097	1 048	0.499 761 564 1
4 543	2 249	0.495 047 325 6
6 133	3 070	0.500 570 683 2
8 961	4 412	0.492 355 763 9
9 921	5 039	0.507 912 508 8
13 413	6 693	0.498 993 513 8
16 293	8 399	0.515 497 452 9
18 773	9 395	0.500 452 777 9
20 053	10 240	0.510 646 786
22 533	11 440	0.507 699 818
24 000	11 940	0.497 5

图 3 试验 1 数据

根据图 3 生成折线图：呈现如图 4 所示。

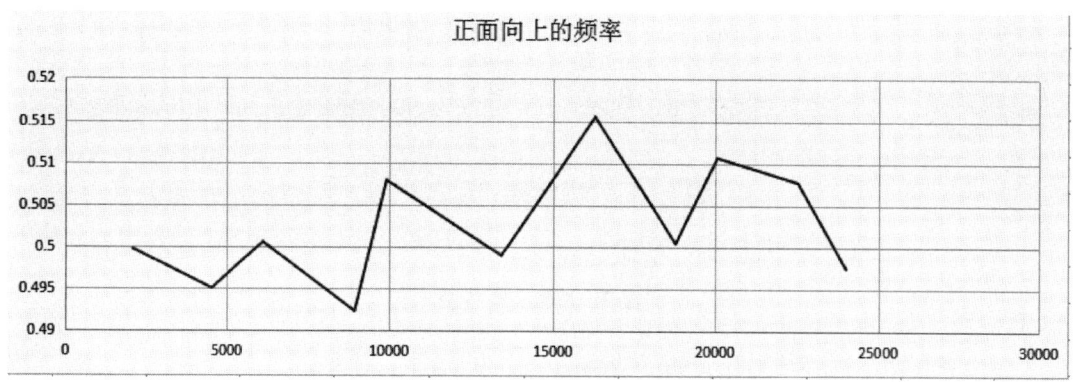

图 4　试验 1 折线图

第二组学生把滑动条的最大值设为 200 000，得到操作结果如图 5 所示。

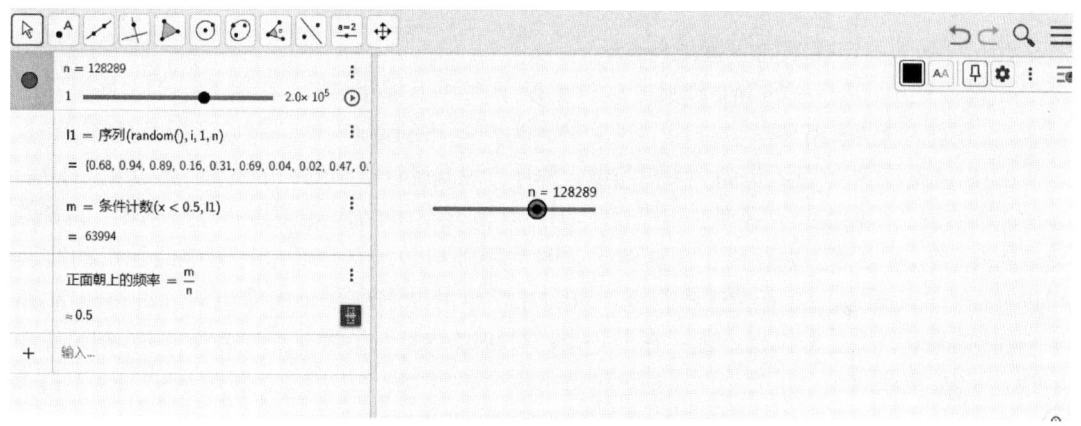

图 5　数学试验 2：伯努利大数定律

将 GeoGebra 软件的掷硬币试验产生的数据制作成表格，呈现如图 6 所示。

GeoGebra硬币试验数据		
抛掷次数	正面向上次数	正面向上的频率
9 418	4 759	0.505 308 982 798 896
20 053	10 240	0.510 646 786 017 055
32 159	16 103	0.500 730 744 115 178
53 829	26 849	0.498 783 183 785 692
89 492	44 839	0.501 039 199 034 551
101 162	50 550	0.499 693 560 823 234
128 289	63 994	0.498 826 867 463 306
157 298	78 959	0.501 970 781 573 828
177 514	88 873	0.500 653 469 585 498
200 000	100 283	0.501 415

图 6　试验 2 数据

根据图 6 生成折线图,呈现如图 7 所示。

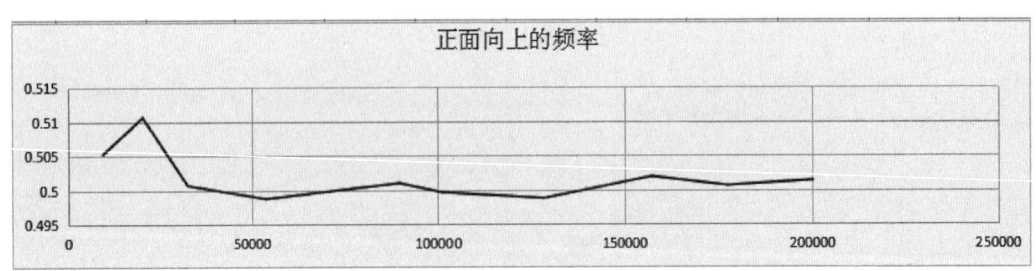

图 7　试验 2 折线图

学生观察两组试验结果得到如下结论。

（a）伯努利大数定律的关键是"大数",试验次数要足够多,才会出现"频率逼近概率"这个现象。第二组学习小组重复试验了 20 万次,试验效果更明显。

（b）概率是确定值,频率是随机数,但频率具有稳定性,当试验次数足够多时,频率趋向于概率。

（c）频率的稳定性不同于极限概念。

在这节课中,以 GeoGebra 经典 6 软件创设了掷硬币随机试验,利用 Excel 表格进行数据收集、整理和呈现,引导学生加深了对伯努利大数定律的理解,顺利完成了教学任务。

② 以信息技术为手段,提高学生参与度。抽样方法是统计教学的一个重要内容,科学的抽样方法能够使得获得样本具有客观性和代表性,但是具体教学中,学生普遍觉得比较枯燥。以随机数法的教学为例,必修三教材以 140 页例 1 说明利用随机数表从 200 根灯管中的随机抽取 20 根进行加速寿命试验。笔者在任教班级 1 班引导学生借助书中附录的随机数表进行教学,效果不理想,课堂氛围比较沉闷。随后在另一个任教班级教学时笔者改变了教学策略,把班级学生分成 3 组,要求每组学生先把 200 根灯管进行编号,然后第一组借助教材附录中的随机数表产生 20 个 1～200 之间的随机数;第二组利用 Excel 表格随机函数在 1～200 之间随机产生一个随机整数,再利用 Excel 表格自动填充功能得到 20 个随机数;第三组利用 GeoGebra 软件产生 20 个 1～200 之间的随机数。具体操作如下:打开 GeoGebra 经典 6,输入"最前元素[随机排列(1…200),20]",即可得一个容量为 20 的样本"。第 2 组和第 3 组结果呈现如图 8 和图 9 所示。

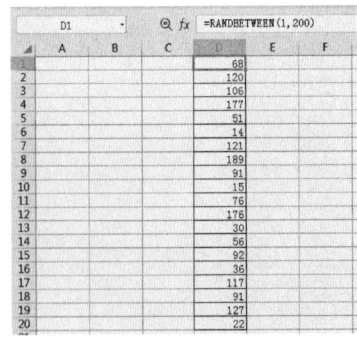

图 8　第 2 组结果

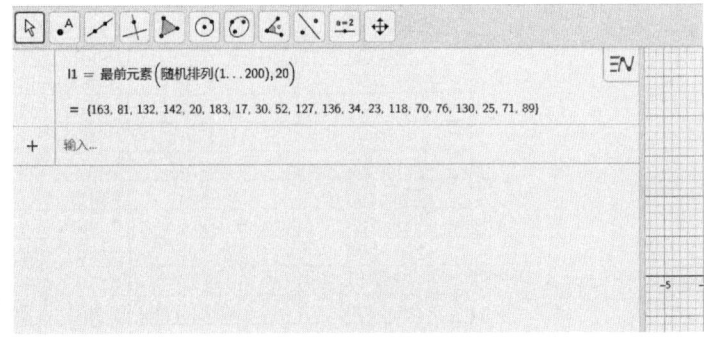

图 9　第 3 组结果

最后各组只需根据所得的 20 个随机数抽取对应编号的灯管即可得所需样本。

这节课学生参与度很高，尤其是后两组学生，为了调用两种不同软件的随机函数功能，学生还通过网络查找。解决问题后，学生普遍反馈利用软件进行统计更为方便，有学生甚至提出了这样的问题：这两款软件提供的随机数一定是客观的吗？这说明学生对随机数的"随机"理解更深入了。

③ 以信息技术为工具，帮助学生记忆公式。在选择性必修二中，成对数据的相关系数、一元线性回归方程的回归系数的公式推导比较烦琐，教材直接给出了公式，公式的表达式比较长，又缺乏推理过程帮助学生理解，学生普遍觉得记不住，学习也缺乏兴趣。为了调动学生学习积极性，笔者借助学校机房，让学生在计算上独立完成课本 119 页例 2，并求出回归方程。

在教学中，学生兴趣高涨，在 Excel 表格中创设表格，根据表格数据生成散点图，再利用表格的计算功能和自动填充功能计算了相关系数，根据成对数据插入折线图，并显示出回归方程，最后他们还兴致勃勃地利用表格功能计算回归系数进行验证，如图 10 所示。

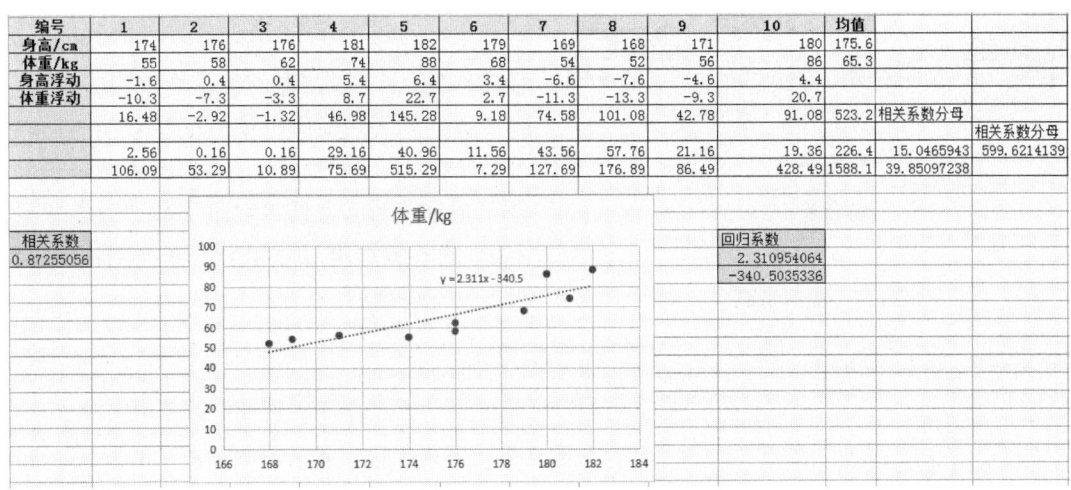

图 10 散点图与回归方程

整个教学并无太多创意，但教学效果比对照班级好很多，主要原因在于学生在动手操作过程中加深了对成对数据回归分析的理解，不少学生通过这次教学对相关系数和回归系数也有了更多的了解和记忆。

在课堂教学中融入信息技术，可实现思维可视化、具象化以及利用数学软件进行大数据处理等教学策略，在不改变原有教学环节和教学模式的基础上改进课堂教学，提高了课堂教学效率。

三、利用信息技术，探索数学教学新模式

如果说在课堂教学中融入信息技术，改进课堂教学，是技术与学科教学的部分融合，那么是否可以利用数字化技术构建一种全新课堂教学模式呢？在数学学科教学中，试卷讲评

课是一种重要课型,在传统的试卷讲评课上,教师为提高教学效率,会有针对性地在课堂上讲解大部分学生存在困难的问题,这种策略对大部分学生是有效的,但对学困生和优等生来说是不够的,前者需要更浅显问题的辅导,后者需要解决难题的指导,传统的试卷讲评课无法真正满足所有学生的需求,实现对针对每个学生数学学习的"查漏补缺"。经过长期探索和实践,我们基于信息技术平台建立了新的教学模式——数学练习讲评课虚拟走班。课前教师收集学生答卷在网上批阅,并根据学生答题情况将问题分为简单题、中等题、较难题和难题,备课组教师分别对这 4 类问题作统计分析,深入研究学生出现错误的原因,缺失的知识或技能,然后确定解决策略以及变式练习。接着教师借助 Classin 平台或"一起直播"平台在讲评课上同时开设四节针对这份练习的 2G、3G、4G 和 5G 线上直播课堂,学生借助手机按照自己的需求选择一个或几个虚拟课堂进入学习,如图 11 所示。这样无需进行班级变动,就可以满足不同层次所有学生的个性化学习需求,促进学生自主学习的积极性,提高了练习课的教学效率,初步实现基于数据的大规模因材施教的教育构想。新型教学模式——数学练习讲评课虚拟走班的创立充分借助信息技术解决了数学教学中的困境,进一步地推动了数学学科教学与信息技术的深度融合。

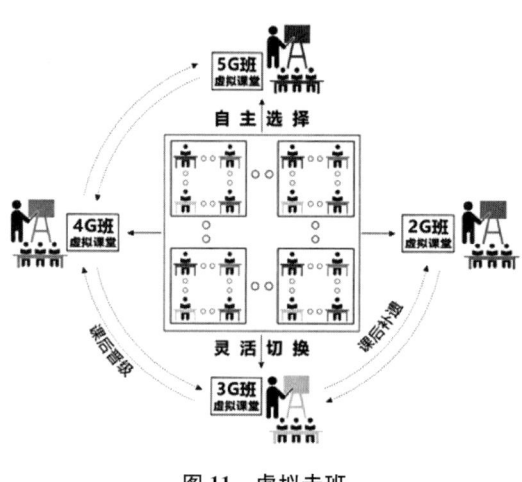

图 11　虚拟走班

四、总结与反思

在高中数学与信息技术融合方面,我们做了多方探索,也取得了一定成绩。在实践过程中,我们认识到在教育教学过程要树立数字思维、充分利用教育数字化催生新的教育场景和教育形式,实现教育整体水平提升。毋庸置疑,技术重塑了我们的数学教学,技术成为数学教学的助力,突破了学校教育在时空上的局限性,让教育教学无处不在,实现了"人人皆学、处处能学、时时可学"的教育空间,惠及了不同层次的所有学生。但是我们也应该清醒地看到,技术可以改进课堂,技术可以创立新的教学模式,技术可以改变师生教与学的方式,但技术不能代替学生思考,我们的最终目的是促进"人"的发展,帮助学生掌握数学学科的基础知识和基本技能,发展学生的数学核心素养,为进一步学习奠定扎实的基础,让学生具备成为一名合格公民的科学素养。

基于"闵智作业"平台的高中数学虚拟走班分层教学探究

张伟军

在高中数学的教学中,试卷讲评课是一种常见的课型,我们也一直在探讨试卷讲评课的有效方法。但是,由于授课时间的限制,教师不可能在课堂上把整套试卷上的题目逐一讲解,一般是根据学生的答题情况和自己的教学经验,精选精讲,提高效率。这种"一刀切"的方式,势必会忽略学生个体存在的差异和需求,造成"优生吃不饱,差生吃不了"的现象。因此,课堂教学还是不能一概而论,要面向全体学生,充分尊重学生个体之间存在的差异,努力做到因材施教,让不同层次的学生都有所收获、有所发展。本文主要讲述了基于闵智作业平台,利用其考试学情分析的功能以及虚拟教室上课的功能,在高中数学试卷讲评课中实施虚拟走班分层教学的具体实践案例。

一、案例背景

高三的数学教学中,学生的水平参差不齐,各自的基础和能力水平也各有不同,做题目和对知识的领悟理解的反应速度也因人而异。因此针对不同学生的差异和需求,分层教学能照顾到不同层次的学生,大面积地提高学生的学习质量。

我们以2020学年高三下学期数学月考为对象,先是在"闵智作业"平台上建好月考任务,在线扫描,网上阅卷,为后续的考试分析,精准化的试卷讲评和分层教学做好数据统计的准备。

二、具体过程

(一)对学生分层

对学生客观恰当的分层是因材施教的前提。对学生分层,我们是基于"闵智作业"平台上此次考试的数据分析。学生根据此次考试自己的成绩,按照平台上的成绩分档和排名分档,确定自己属于A(高阶班)、B(中阶班)、C(低阶班)哪一档,做到精准化的分层定位,保证自己客观公正地进入符合自己层次的虚拟课堂学习。

对学生这样进行分层,当然不是把学生按分数进行排名,简单地去把他们分成好、中、差几等。而是在对学生的几次考试成绩作跟踪分析对比,并对学生的基础以及能力充分地了解和认识之后,完全在学生自愿的情况下进行的自主选择,让每一个学生进入最合适的层次去听课。这样,也更有利于教师针对相同认知反应能力的学生,去合理选择适合他们的题目以及讲解的速度。

（二）对教学内容分层

传统评讲试卷，有些教师从头讲到尾，没有重点，而且往往时间不够，评讲质量低。如果是教师只挑部分重点的题目讲解，势必也很难顾全到每个学生的需求。所以按照以往的做法，在试卷讲评课的教学设计和实施过程中，选择什么样的教学方法、策略和内容，更多地依赖于教师自己的主观经验，不可避免地会出现教学偏差的情况，这时候就一定要以学习者的表现和实际的学情数据分析作为调整教学决策的唯一依据。在闵智作业平台上每次考试的大数据支持下，有了学情分析诊断报告，教师就可以快速、精准地定位评讲重点，提升评讲质量。教师能从不同层面智能化地分析处理学情信息，从而精准地对试卷内容作划分，以应对个别化的学习需要。

图1　各颜色对应得分率

除了把学生分层外，当然还要把教学内容进行分层。采用了"闵智作业"平台，将试卷扫描到系统中，实施网上阅卷，能够在第一时间发布成绩的同时获知各类考试的数据，不管是班级的整体概况抑或是学生的个体情况都可以清晰地呈现出来。教师所需要做的就是发现数据背后所蕴藏的本质。试卷讲评课的内容是以试卷上的题目为主要内容，通过"闵智作业"平台对考试数据的分析，每道题目的错误名单以及人数都可以统计出来，并且能按照题目的难易程度和统计的每题得分率，把题目分成低、中和高3组层次，它用色块图（见图1）表示一目了然。教师能够通过这些数据来判定本题是属于什么层次，适合怎样的学生来听，该不该作个别辅导或集体讲评。教师可以采用分层走班的方式，把那些做错基础题的学生集中起来，单独为他们讲解并加强基础训练，这样做会大大提高教学的针对性和有效性，得到显著的教学效果。这样不仅能够节约教师的精力，同时也能够帮助低层次学生更好地巩固基础。

总而言之，就是要让不同层次的学生分别侧重能够听到三种层次的题目。A组学生主要讲高档题，再有针对性地作压轴题练习，提升能力，冲高分；B组学生主要给他们讲中档题，提高他们中档题的熟练度和得分率；C组学生当然主要是讲基础题了，巩固基础，保证基础题不失分，争取会做中档题。然后，我们就可以导出"闵智作业"平台上试卷讲评的PPT，可以根据自己负责的层次内容同步去进行分层备课，这样使教学内容指向每个层次学生的"最近发展区"。整个课堂设计的指导思想是"低起点，多层次，高要求"。低起点就是使最低层次的学生也能参与，通过基础题的过关也有所提高。通过多层次的教学，使各类学生都目标明确，完成任务，从而得到提高，达到更高的要求。

（三）虚拟走班

所谓"虚拟走班"就是在不打乱原来行政班的情况下，通过对学生分层和教学内容的分层之后，学生利用各自的手机或Pad等终端设备进入"闵智作业"平台的A、B、C三个不同层次的虚拟直播教室里去上网课,使年级的每一名学生在同一时间,根据自己的分层定位进入相应的三个不同层次的虚拟课堂去听课,互不影响,互不干扰,各取所需。

当然,在学生利用电子设备进行虚拟走班上课的时候,看课教师要随时根据学生课堂学习的情况,发现问题,指导学生适应这样的虚拟走班分层教学,这就要求学生更加主动地学习。

(四) 实施分层授课

虚拟走班分层教学需要教师在线进行直播授课。教师首先要挑选一个良好的直播环境,然后可以叫几名所教层次的学生坐在旁边,增强那种分层个别辅导的真实感,加强师生之间的互动和呼应,便于教师了解所教层次学生的学习状况和存在问题,这样才能对症下药,更好地满足该层次学生的所需和提高分层教学的效果。分层授课是分层教学的核心环节,在虚拟走班试卷讲评的分层教学中,教师只需针对同一层次的学生讲课,这样教学内容更加明确,无需兼顾其他两层。比如:对 A 班层次的学生,试卷讲评主要是讲压轴题 11,12,16,20(3) 和 21 题,这样就能充分调动 A 层学生学习的求知欲和动力,能有效解决"优生吃不饱,差生吃不了"的弊端,使各个层次的学生在课上得到最大限度的收获和提高。

(五) 课后的分层反馈

实施分层教学之后,课后的分层反馈也要及时地跟进,这是对分层教学内容的巩固。例如,进行试卷讲评的分层教学之后,教师一般首先要检查试卷的订正。那么,对于不同层次的学生,教师也需要求分层的订正。每个学生除了要把主要精力放在订正自己层次的那部分题目之外,高层的学生也要把低层的错题订正好,C 层的学生也要适当地订正 B 层的中档题,让其基础得到进一步巩固,能力有所提高,也许他们未必能保质保量地完成,但是应该给予他们必要的监督和辅导,让他们慢慢进步。另外,虚拟走班分层教学的好处在于学生除了做好自己的主攻方向之外,根据自己所需,课后也可以随时随地回看其他层次的视频,这样也可以弥补自己的不全,分层递进。教师也可以课后分层布置练习作业,促进不同层次学生的进步。例如,对 A 层次的学生,他们基础较好,能力较强,学有余力,可以给他们布置一定深度和灵活性、综合性的题目,进一步培养他们的思想方法和解题能力。总之,课后反馈要以分层呈现,让各层次学生得到相应的训练。

三、成果思考

(一) 有利于不同层次的学生得到提高

因材施教要求教师在课堂教学中实施分层教学,对不同层次的学生根据他们的需求和主要问题区别施教,这是一种针对学生差异的"私人定制"化教学方式。这样能较好地解决统一授课与学生个体差异需求的矛盾,使每层次的学生在试卷讲评课中都找到了适合自己的各层次题目。

(二) 技术赋能下因材施教更加优化

实践证明,在技术赋能下的虚拟走班分层教学具有可操作性和应用性。基于闵智作业平台的考试分析,让每次试卷讲评的分层教学分层有"度",递进有"量",从学生分层到教学内容的分层都能做到更加客观精准化的定位。分层教学越贴近学生知识和能力的"最近发展区",效果就越显著。另外,在"闵智作业"平台支持下的虚拟走班分层教学突破了因分层教学而导致的时空紧张与不足,能够优化教学环境,使各层学生不互相干扰,促进了因材施教,提高了教学效率。

(三) 有利于整体的资源共享和提高发展

虚拟走班分层教学打破了原有试卷讲评各讲各的模式,全年级学生和教师变成了一个整体,分层不分班。每一层次的学生都能各得其所,每个教师都承担着不同层次的教学任务,真正把自己融入整体之中,形成合力,资源共享,发挥整体效应。

(四) 数据驱动助力精准教学、精准个性化辅导

基于大数据的支持可以改变学校课程教学,进一步提高教师决策的精准性和有效性。基于大数据智能处理的精准教学,利用大数据的分析克服了原来过度依赖于经验、题海战术的教学方式,更精确地发现和识别学生的关键问题,从而关注不同学生的学习需要,提升学习效能。例如运用"闵智作业"大数据技术作选择题讲评时,考试报告给出了每个选择题的正确答案、错误人数、高频错误选项,可以获得精准的选项人数分布情况,可以具体查看是哪些学生出错了,这个功能在传统手工统计诊断时几乎是不可能实现的。

通过"闵智作业"平台上的学生学情追踪系统,从长时间来看,经过历次考试的数据积累和对比分析,可以精准地对学生作定位分析,了解特殊学习需要,从而为实施精准的个性化辅导提供方向。例如,查看学生知识点的掌握情况,可以帮助教师精准地发现其薄弱的知识点,从而针对该知识点,推送专题练习,指导学生加强对薄弱知识点的应用训练,通过这样的精准作业,提升训练的有效性。

总之,学生的基础与能力不同、个体之间存在差异,对知识的领悟反应也有快慢,这些都是肯定存在的,所以课堂教学就不能一概而论。课堂教学一定要做到因材施教、因人而异,而分层教学恰能满足学生个体差异,促进不同层次的学生共同发展、共同进步。本文结合自身试卷讲评的教学实践详细剖析了技术赋能下虚拟走班分层教学的实施案例,以期大家互相探究、相互启迪。

信息技术助力打造"智教·智研·智评"教师团队

李 雪

在我校"技术赋能、智慧育人"的特色发展理念引领下,英语教研组积极探索"双新"背景下信息技术与英语学科的有效结合。依托我校 AiClass 教学平台、"闵智作业"平台和智慧笔等,英语组教师努力创设智慧课堂,改进课堂教学,促进教研转型,打造"智教·智研·智评"的教师团队。

一、智教

信息技术与英语学科教学融合,打造智慧教学新模式:纸笔互动精准教学、多屏互动差异教学、虚拟走班分层教学等教学样态,提高英语课堂教学的精准性、参与性和针对性。

(一)纸笔互动精准教学

英语组教师借助智慧笔和"闵智作业"平台探索信息技术与英语学科的有机融合,做到"每天一用、每周一测、每人一课、每月一研",挖掘纸笔课堂互动、智慧笔作业、试卷讲评等场景,提升教学的有效性和趣味性,结合不同课型定期开展教学研讨,提炼智慧笔数据驱动下的英语精准教学模式。

如概要写作课,利用智慧纸笔不仅可以保留传统纸质书写的优点,还可以收集学生数据信息,再现学生思维过程。学生在阅读文章过程中用智慧笔在配套学案上圈画关键词句,教师通过对比展示讲评功能,直观高效将学生分析情况呈现给全班,即时追踪学生思维轨迹、精准把握学生的学习行为,发现真实问题。之后,教师引导学生在学案上用智慧笔梳理语篇结构、构建思维导图,通过课堂展示清晰呈现,解决共性问题,帮学生从语篇结构角度把握文章。再整合要点信息,进行语言加工,呈现不同层次学生的习作,实现差异化教学和学生订正可视化。在小组讨论、教师点评、生生互评等活动中,指导学生从结构、内容和语言三维度的评价量表进行修改,提升学生的学习能力,实现多元精准评价。

(二)多屏互动差异教学

英语教师不断尝试信息技术与英语教育教学的深度融合,基于数据融通的"闵智作业"平台,依托未来教室多屏、边屏、iPad 和智慧笔等设备,践行柠檬课堂,实现多屏互动差异教学。高一、高二探索"单元"背景下的整体阅读教学、词汇教学、语法教学、写作教学,高三围绕专题复习开展主题教学研讨,落实教与学方式的转变。

课前:学情分析,精准备课。教师课前通过作业了解学情并确定教学内容和重难点,将教学资源上传到"闵智作业"平台,便于教师以学生的学习基础和学科能力为备课出发点,尝试因材施教。课中:多屏互动,个性教学。未来教室配有 4 块边屏、学生平板,教师根据学情将学生分组,通过小组讨论、合作探究、边屏展示讲解等活动,实现基于小组、基于个体的个性化教学,增强师生、生生间的多元互动,打造高效率课堂。课后:精准反馈,智能辅导。为巩固和拓展学习,教师课后统一推送或分类推送课后作业,实现课后的个性化学习。根据平台中课堂学情和课后作业数据统计,教师可以了解学生的具体问题,清晰跟踪学生的学习情况,进行适时、适度干预,实现有针对性、个性化的辅导。

(三)虚拟走班分层教学

英语学科教师以周测试卷讲评开展虚拟走班分层教学。旨在充分发挥备课组集体力量,提高讲题效率,兼顾不同水平学生的不同需求,实现大规模因材施教,创设智慧教学。具体实施流程为:学业检测—学生分层—分层备课—虚拟走班—分层授课—反馈跟进。

周测试卷按照题型难度等级分为 G1:语法、阅读;G2:词汇、翻译;G3:完型。G1 强调对语法基础的掌握和对文中线索的定位,G2 强调对于词汇词性和词义的分析把握,G3 侧重学生对于整篇文章内容和上下文关系的把握。在学业检测后,教师将学生的答题纸在线扫描、网上阅卷,学生便可了解自己的答题情况及在整个年级中的表现水平,并以此来选择不同题型教师的班级在线上虚拟走班听课。而教师通过数据掌握学情,如各班级均分、各题得分率、学生得分等数据,便于分层次、分内容备课,提升教学的精准性和有效性。讲评课开始时,3 名教师分别在安静的空间,利用在线教学平台作虚拟班级授课;学生在原教室位置上佩戴耳机用手机或平板进入虚拟班级听课。现实空间里,同一教室里的学生进入了 3 个不同的虚拟班级,而虚拟班级内有来自全年级不同班级的学生,互不影响,各取所需。讲评课结束后,教师对学生的错题订正和笔记进行检查,督促学生进一步掌握和落实所学的知识点。备课组内也会根据测试和讲评的情况,编制跟进练习或讲解强化,巩固学生所学。

二、智研

信息技术与英语学科教学融合,拓宽智慧教研新途径:校内智慧评课、远程校际教研、网络学习研讨等,提高教研深度、广度,集校内外教师、同行、专家等众人的力量,共建共享优质的教研资源。

(一)校内智慧评课

传统听课形式是教师在听课的同时用纸笔记录评课。本学期英语听课教师通过学校微信公众号中的"智慧评课",不仅可以看到授课教师的教案、上课资料等,还可以根据评课标准量化打分,或用文字、图片、视频等形式全面展现、个性化记录教学进程和思考,提出自己的建议等。而上课教师也可通过"智慧评课"直观了解到众多听课教师对本节课的点评记录和教学建议,进行自我反思和学习改进。"智慧评课"提高了听评课研讨的便捷性和有效性。

(二)远程校际教研

依托于信息技术,英语组开展远程校际教研,互联共享,云端共研,提高教研质量。如

2022年11月8日,英语组内教师开设了一节智慧笔教学研讨课,本校教师现场观摩,云南新平一中的教师远程观课。之后通过腾讯会议开展联合教研活动,我校英语组教师向云南新平一中的教师介绍了智慧笔项目的实践情况,同时对方也对观摩课作点评,远程校际教研拓宽了英语组教师的交流平台,让两地教师相互了解和学习,促进了优质教育资源的共建共享,提高了区域教师教研能力和整体教学水平。

(三)网络学习研讨

英语教师利用网络平台和优质资源开展学习研讨,如中小学外语教学网、上海智慧教育平台、三人行网络教研平台,广泛学习各级各类优质课例和教学资源,与专家名师在线互动交流,在学习和研讨中内化吸收知识、提高专业素养,并有机整合进自己的英语教学和科研中,不断提升教学质量和专业发展水平。

三、智评

信息技术与英语学科教学融合,把脉智慧评价新维度:课堂学情评价和学业质量评价及学生四维评价等,使英语教师对课堂教学的调整、对学生学情的分析和对学业质量的把握都基于客观全面、真实有效、科学合理的数据。

(一)课堂学情评价

数字化信息是数智课堂教学质量评价的有力支撑。英语教师基于"闵智作业"平台的互动课堂等进行授课,有助于实现数字化过程信息的全面、高效、动态收集,便于教师通过掌握学生课堂学情来了解教学效果,及时调整教学策略。

英语教师充分利用"闵智作业"平台中学生课堂互动、资源访问、任务完成、拓展学习等行为数据,掌握学生学习动态和个体需求,掌控课堂真实教学情况,从"用经验说话"转向"用数据说话",调整教学策略,开展精准教学,把握教学效果。课后通过授课平台对课堂教与学的情况的保存与记录,及时回顾课堂教学情况,以便做到充分、全面地了解每一名学生,在教育教学中因材施教(见图1)。

(二)学业质量评价

英语教师充分利用"闵智作业"平台开展学业评价,根据不同题型和需要使用答题卡扫描、智慧纸笔阅卷和网上阅卷。既可以按知识点分析学生整体掌握情况、学科核心素养的落实情况,找出共性的问题、薄弱的环节,又可以按班级、学生个体分析班级之间的差异、每个学生的具体情况,从而精准把握学业质量,捕捉数据背后的学情特点,改善教师教育教学的行为。学生答题时长、书写笔迹、各题得分及作答情况均一目了然。在试卷讲评过程中,也可以结合学生具体作答情况作有针对性的讲解和提供补充练习。

重　塑

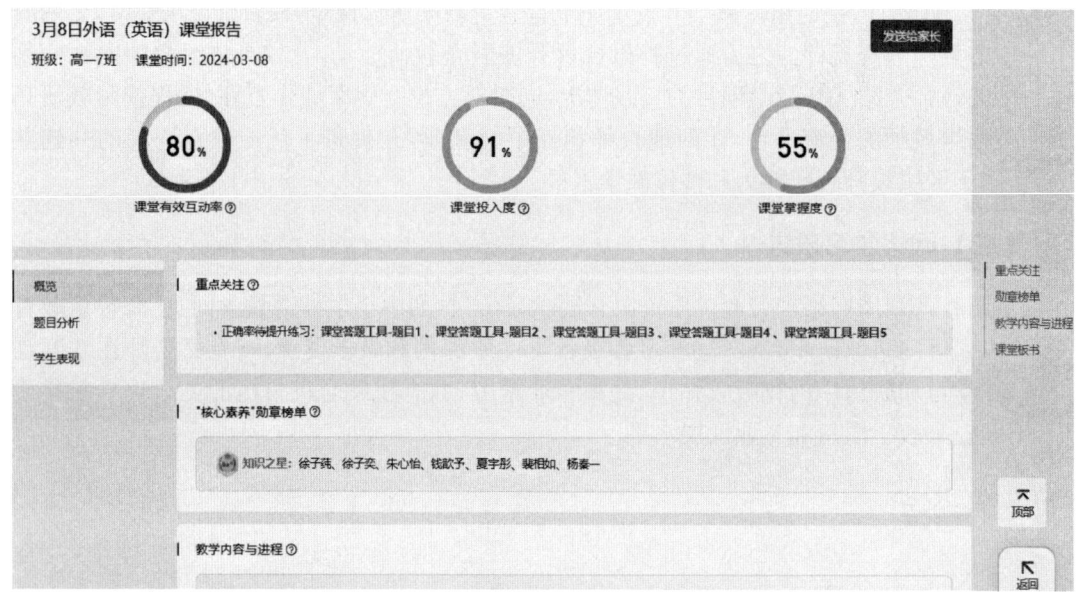

图1　"闵智作业"平台课堂报告

（三）学生四维评价

我校四维评价系统涵盖了学业表现、核心能力、信息素养、职业倾向四个方面，让英语教师可以跳出英语学科，更全面地了解学生，如高一以"我的大学"为主题，结合学生"就学情况、自身优缺点、人格因素测试结果、梦想的大学"等信息，英语教师能更加清楚每个学生的性格特点、目标梦想、能力潜质，看到完整鲜活的学生画像。成绩雷达图让英语教师全方位看到学生学业表现、优势学科和短板，了解学生在群体中的位置（见图2）。教育视角从宏观群体走入微观个体，从微观个体的单一走向全面进而再走向个性化，教师得以为学生提供精准化指导。

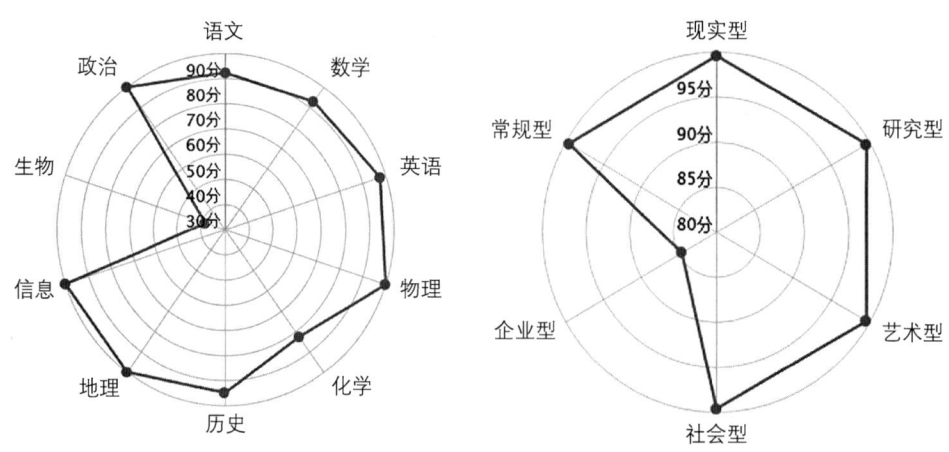

图2　学生四维评价雷达图

融合信息技术的高中英语课堂教学探究

瞿燕娇

现代教育技术被广泛运用于教育教学活动。在英语课堂教学中,信息技术的介入,如多媒体互动设备、线上线下融合式教学平台、数字化教学资源,为英语教学的新生态提供了更多的可能性。本文将基于信息技术与课堂教学的融合路径,探讨融合信息技术的英语教学对课堂实效的促进作用。

一、问题的发现

在教学中,笔者观察发现学生在课堂中比较消极被动,问题主要集中在3个层面:① 导入环节思路受限,内容呈现单一;② 课中课堂参与率低,不能高效地进行合作化、深度化学习;③ 课后作业完成的质量不高,内容缺少个性化和自主化的思考。

二、问题的解决

针对上述问题,笔者结合学生的学习习惯和信息化素养,依托"闵智作业"、Classin 等教学平台和设备进行线上备课和线上线下混合式教学,提高学生的语言知识水平、语言能力和思维品质。

基于数字化教学平台,笔者通过搭建图片、声频、视频等多模态教学资源,为学生创设学习情境,满足学生的差异化、个性化学习需求。

(一)创设情境,引出主题

《普通高中英语课程标准(2017 年版 2020 年修订)》(以下简称《2020 修订版课标》)指出,在主题探究活动的设计上,要注意激发学生参与活动的兴趣,调动学生已有的基于该主题的经验。

在导入环节,教师展示学生曾经参加或组织过的活动,创设主题情境,增强学生的现实体验,激活学生已有的主题词汇和情感体验,对活动背景和环境因素作适当的铺垫,引出写作话题。

[教学片段]教师展示学生活动照片,以此引出话题——活动,创设与主题相关的写作情境,激发学生的思考。

师生对话:

T:Do you remember these activities?

S:Yes.

重 塑

T: Flash the pictures and ask questions "They are ..."

S: Voluntary activities, the Art Festival, the Reading Day.

T: If you are to organize such an activity, what factors will you consider?

S: time, route, content, destination, participant, organizer, plan, design, promotion ...

T: So here is what you're going to do? (Lead in the topic—the theme of the guided writing)

(学生联系生活实际,带着思考进入写作主题——活动)

(二) 围绕主题,激活词汇

《2020修订版课标》指出,高中阶段的词汇教学除了引导学生更深入地理解和更广泛地运用已学词汇外,重点是在语境中培养学生的词块意识。

学生在高一、高二年级以及日常的阅读输入中已经积累了大量的词汇,但这些词汇在大脑中是无序的,没有经过有效的整合,以至于在语言产出中不能发挥作用。通过思维导图,帮助学生建立话题词汇语义网,为学生写作搭建语言支架,形成系统的知识谱系。

在本环节,教师将学生分成组1和组2,分别完成表1、表2的填空。教师通过思维导图引导学生基于话题"Spot Spring"构建词汇语义网(见图1),并思考写作顺序。

表1 由事实到情感

Facts	Feelings
blossoms/blooming flowers	a relaxing and refreshing mood
well-cut grass	calm our mind
a generous barbecue	lighten our mood
standing at the top of the building overlooking the breathtaking scenery	reduce our anxiety lessen our academic burden release our stress

表2 由因到果

Relations with	Influences on
school curriculum	curiosity
social connection	cooperation
natural environments	preservation of nature
individuals	confidence/leadership
development	horizon

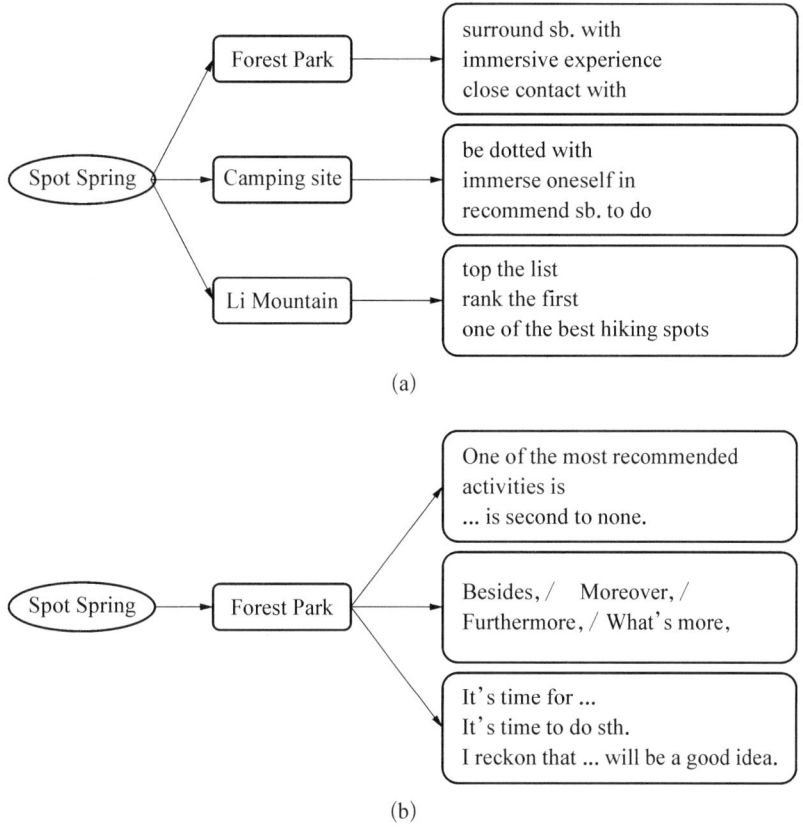

图1 词汇语义网

通过分组完成表1、表2的填空,学生对写作主体中的路线与内容完成了知识解构。基于完成的语言知识图,学生思考写作时的展开顺序。完成表1的学生认为可以按照地点顺序介绍参观内容,在地点转移过程中通过交通工具或地理位置之间的逻辑关系进行衔接。完成表2的学生认为可以围绕活动内容展开叙述,叙述中以时间顺序进行描写。

(三) 多元思考,升华情感

在说理部分,学生的理由往往缺少说服力,难以唤醒读者的情感和共鸣。只有理性地表达观点、情感和态度,才能实现深度学习,才能促进能力向素养的转化。教师引导学生从主观和客观出发,以体验和事实为抓手,组织语言,说明理由。

在逛公园、露营、爬山等活动中,教师引导学生抓住活动的事实部分,从事实出发,通过细节化的描写,阐述体验和感受,增强现实感和说服力。学生从事实出发进行说理,避免大量以"I"开头的句子,从而杜绝表达过于主观的现象,更能让读者在阅读中产生共鸣,增强说理的可信度。

通过建立活动与人、与社会、与课程、与环境、与成长之间的联系,帮助学生打开思路,指导学生从事物间的联系出发,激发表达,铺垫词汇,促进写作。

（四）谋句成篇，完成习作

基于上述主题情境的引导，教师不断激发学生的写作欲望，激活学生的写作词汇，引导学生完善写作的内容。通过口头操练和笔头巩固，学生在表达上也就顺水推舟、自然产出。在写作过程中，学生不仅实现了语言知识的巩固和内化，也提升了写作能力和思维能力。

（五）引入资源，修改习作

在句内、句间和段与段的过渡中，学生的习作中仍然存在着诸多问题。教师结合活动类说理这一主题情境，播放谷爱凌获劳伦斯最佳极限运动员时的获奖感言。学生观看视频，并思考：What's the most impressive to you in the video?

教师引导学生评价别人的表达并思考自己的表达。通过小组间的合作与探讨，学生认为谷爱凌关注到了语言之间的过渡，在具体的描述中，词汇也更加生动准确。结合学生的评价，学生交换习作，并修改同伴的习作。

（六）自我反思，优化评价

回顾本节课，教师向学生提问：What's the criteria to evaluate a good essay? 学生经过思考、讨论和教师的引导，得出结论。好的写作不仅要关注文本结构，还要运用精准的语言，向读者传达准确的内容、适切的情感。在写作过程中，还要注重语言表达的多样性和逻辑的严密性。

学生对照评价标准（Logic, Impressive, Fluent 和 Expressive，简称 LIFE）进行自评、互评，就语言和内容进行讨论和改进。学生在修改时更有理有据。不仅激发了学生的读者意识，还发挥了学生在学习中的主体作用。

三、研究发现

（一）技术赋能下课堂导入多样化

在课前预习环节，在"闵智作业"平台布置预习任务。以阅读课为例，为了让学生在课前思考文本结构，了解文本主旨，布置听听力完成表格、阅读并朗读后完成表格这两种预习任务。学生根据自己的实际情况选择其中一种任务预习课文，也可以全部完成。教师通过闵智作业平台中的数据统计，了解学生的课前预习情况，为课中的精准教学提供数据支持。

（二）技术赋能下课堂展示个性化

在阅读课上，教师带领学生梳理文本结构的过程中，通过对学生的课前预习情况作对比展示，聚焦学生的差异化表达，引导学生通过小组合作或自主探究的方式进行反思，得出合理的分析结论。在课中生成环节，鼓励学生采用说理、辩论、对话、采访等个性化的方式，依据文本结构复述文本内容，加深对词汇的认识、对文本的理解，提高批判性思维能力。

（三）技术赋能下课后巩固多元化

课后在一起作业中布置不同形式的检测作业，比如以思维导图复现主题词汇、以时间轴复述文本内容、以概要写作概括文本内容等方式帮助学生加深对文本的理解。学生可以根据自身的情况选择一种或多种，也可以自主设计检测方式，如漫画、微视频等，通过不同的输出方式加深对语境的理解，提高围绕主题运用词汇的能力。

四、小结

（一）结合学情，分层设计

教师在语篇教学设计过程中，应充分了解不同层次学生的学习兴趣和学习需求，分层设计学习任务与教学评价。例如，在活动3中，教师基于学生对科普视频基本内容的了解和观看科普视频的常见困难，将视频切分为三个节段：application，secrets，significance；并提供标示有科普词汇的 secrets 节段，便于学生在平板上有选择、非线性地观看视频内容。同时，作业设计也应兼顾不同语言能力的学生，鼓励学有余力的学生尝试使用图像、声音等非文字资源进行创造性的表达。

（二）鼓励探究，增强交互

教师应充分发挥数字技术在语篇教学中的优势，促进学生、教师、机器、语篇等多个层次之间多向的互动，鼓励不同水平的学生根据自己的兴趣和需求，按照不同的学习任务，自主选择恰当的资源、策略与方法进行意义探究。例如，在活动8中，学生自由组队，分享跨学科知识，在平板上合作创作海报介绍动物科学。这一过程中，学生结合任务需要，再次自主观看视频，探索内容和语言支架，并在小组协作中相互启发，完成海报创作。

（三）策略引导，即时评价

自主探究并非盲目、放任自流的。教师应在活动中引导学生学习和使用多种策略与方法，提升语篇分析的效果；同时，依托数字技术的即时性，监控和测评分析的过程和成果。例如，在活动3中，教师鼓励学生上传电子任务单，以便及时了解学生自主探究的情况，并在后续的活动4、5、6中，有针对性地引导学生运用重复、澄清、图解、记录等"看"的策略和方法，补充笔记，深化内容理解和意义探究。在活动7中，教师引导学生根据笔记，反思和评价自己的分析过程，并通过教师评价示范，鼓励学生互评促学。

数字技术为基于主题意义探究的语篇教学提供了多模态支持，同时推动了多元互动教学与评价，为分层设计、自主学习、交互学习，以及学习成果的收集、分析和反馈提供了更多可能的路径，有助于提升语篇教学的效率和效果，培养学生的核心素养。

精准化教学模式下高中英语智慧课堂初探

赵 轶

随着信息技术的高速发展,利用先进的教学手段来提升学生课堂参与度,打造各学科的高效课堂,已成为"双新"背景下教育创新发展的趋势与方向。新时期,我们必须认识到信息技术在当前教育中的优势作用,根据教学实际与学生特点对现有的教学模式进行改革,满足学生的学习需求,推动英语教学模式的有效转变。因此,信息技术与课堂教学的整合迫在眉睫。信息技术作为高中英语教学的重要辅助手段,对于课堂教学效率的提升以及学生学习积极性的提高有着重要的意义。高中英语教学融入信息技术,就是为了优化教学过程。依托信息技术与平台,教师可结合教学内容,展示事实、创设情境、呈现过程、提供示范,直接、形象、具体、生动地展现教学重点和难点,增加知识容量,激发学生的学习兴趣,提高学生学习英语的主动性和积极性。但任何一项科学技术都是双面性的,因此信息技术与学科教学整合的过程中也会出现一些问题,这需要我们不断反思、研究与整改。笔者将结合2021级英语备课组在教学一线的实践,谈一些认识与感悟。

一、学科教学融合信息技术的背景

"课程整合"的教学模式是我国面向21世纪基础教育教学改革的新起点,是当前我国教育部门正在着力建设的一种新型的课程形态。教育部《关于在中小学普及信息技术教育的通知》中指出:信息技术与其他学科教学的整合,要求广大教师在其他学科的教学中广泛应用信息技术手段并把信息技术教育融合在其他学科的学习中。积极探索信息技术教育与学科教学的整合,努力培养学生的创新精神和实践能力,促进中小学教学方式的根本性改革。

整合(Integration)即一个系统内各要素整体协调、相互渗透,使系统发挥最大效益。课程整合就是使分化了的教学系统的各要素及其成分形成有机联系、成为整体的过程。将信息技术课程与高中英语教学相整合,就是以高中英语知识的学习为载体,把信息技术作为工具和手段融合到高中英语教学中,使学生在增强英语听、说、读、写各方面综合能力的同时,又能掌握相应的信息技术,适应新时代对复合型人才的需求。

二、学科教学融合信息技术的目标

(一)学生层面

提高学习的效果和效率,培养学生良好的信息素养,培养学生终身学习的能力。指导学生在信息技术背景中,利用数字化资源和学习工具,进行探究学习;利用网络通信工具进行协商交流、合作、讨论与学习；利用信息加工工具和创作平台，进行实践和创造性学习。

（二）教师层面

革新课程内容，扩充课程资源，在教材和参考资料等纸质资源的基础上，引入网络以及声、视频等信息技术手段；还可以通过信息技术的通信功能与专家、学者等交流，扩大课程资源的范围。利用信息技术改造传统的"填鸭式"教学方法，创造新型的自主学习、合作学习、交流学习、探究学习以及研究性学习等方式。

三、英语学科教学融合信息技术的必要性

（一）信息多样化，激发学生学习兴趣

在信息技术环境中，多媒体技术以其形象生动的表现、丰富充实的内容和真实有用的效果，带给学生一次次视觉盛宴，充分激发学生的学习兴趣，使学生能够更多地感受学习的乐趣。其中的电子书不只是纸质教材的数字化，除一些基本功能外，还能以声音、视频、动画等多媒体形式创设生动、形象的教学情境，表现形式比传统书籍更加丰富，能够充分调动学生的积极性。

（二）课堂精准化，提升学生习得效率

在信息技术的支持下，高中英语教学更加具有针对性。教师在教学过程中可以根据学生的学习情况以及教学的需要，制作相应的课件，并通过多媒体教学信息控制A平台、B平台、"闵智作业"等进行展示。在使学生掌握基本知识的基础上，引导学生主动探索、研究。这一方面能够节省板书时间，另一方面能够增加课堂信息、知识量，调动学生各部分感官，使学生主动参与到课堂学习中，进而提升课堂效率。在高中英语教学中融入信息技术能够培养学生的学习能力与语言应用能力，使课堂教学效果达到最优。

（三）反馈及时化，利于教师深度教学

信息技术的最大意义，不是取代传统教学工具，而是改变已有的教学和学习方式，是有效教学的一种手段。传统教学中教师很难逐一了解学生的学习进度和理解能力，也不可能为每个学生单独印制一套考卷和作业，但在信息技术环境下，却可以运用在线修改功能针对学生的知识点掌握情况进行量化分析、定性分析和学习轨迹分析。教师可以进行个别化教学，从而做到因材施教。同时，教师通过网络批改作业和试卷，以及在线测试、投屏、拍照上传等手段，信息反馈精准、快速、便捷，方便诊断学生的各种错误、缺陷和问题，跟踪学生的学习情况，发现和重组学生对同一知识点的理解与运用，进行深度教学，使学生的学习更有针对性和有效性，从而真正达到为学生"减负"的目的。

四、信息技术背景下高中英语智慧课堂教学实践

传统的高中英语课堂多采用的是讲授式教学，教师在讲台上对知识作讲解，学生只能够

重 塑

被动地接受。学生的学习积极性不高,且丧失了主体地位。为了变革这种陈旧且收效大打折扣的教育模式,更好地实现英语教学精准化和因人制宜,我校2021级英语备课组以智慧笔实践课为切入点,开展了多种课型的尝试,如阅读课、写作课、口语课、学案复习课、高考题型语法填空讲评课等。并且为了达到学生有兴趣多习得的目的,在教法上我们备课组还通过听课、磨课、反思等进行系列探讨,现总结如下。

(一)课堂互动

在英语课堂上,对于学生课堂答题参与率及正确率,默写单词及语法填空,翻译句子,写作作品等,智慧笔的使用能在课堂实时呈现学生的参与度及参与结果,精准展现学生作品,帮助学生更好地进行课堂互动。

(二)纠错改正

智慧笔使用在默写单词上非常方便,通过在"闵智作业"平台上展示,教师和学生能马上看到大家的默写情况,这会督促一些不愿背单词的学生记单词。而且当场批改订正,能让学生明白错误的地方,从而及时纠错,以便于学生巩固记忆,学以致用。

对于课堂默写,操作非常方便,教师念中文/英文,学生默写,批改时,选取两份当堂批改、打分;并且在讲评中,教师没有点击结束答题,学生一边看黑板一起批改两份答案,一边在自己本上订正。而黑板上两名学生的订正痕迹也"跃然板上"。图1的学生的默写与订正都很规范,字迹清晰。图中的accidentally和最后一题右侧the way的用法都是教师补充的知识。而另一名字迹潦草的学生,经过鲜明的对比展示,这名学生会产生认真书写和学习英语的决心,也能跟着教师订正(虽仍有错误,但在课后继续跟进)。

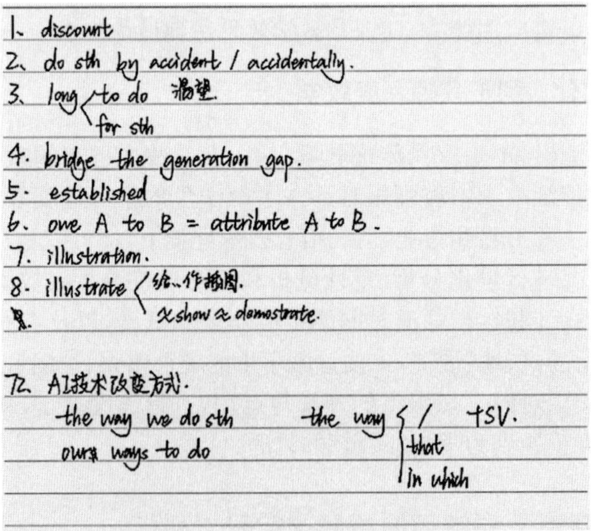

图1

（三）课后延续

1. 课堂习得内容巩固

英语学习是延续性学习，需要学生不断订正、巩固习得内容。例如，在教师第一天讲解完翻译后，隔天当堂做第二遍的时候，用智慧笔，学生复习的效果一目了然。如图 2 所示，A 同学成绩中上，通过智慧笔实时展示功能，全班能共同批改，发现这名同学还是有很多细节处出现错误，比如被动语态的 ed 没有加（题 3），单词拼错（如题 1 两处），当场批阅强调词汇熟练度的重要性。与此同时，针对前天课堂教师强调的词组和典型错误，这名学生没有再次写错，课堂听课效率较高，教师对此进行了表扬，学生学习的积极性和主动性会有相应提高。

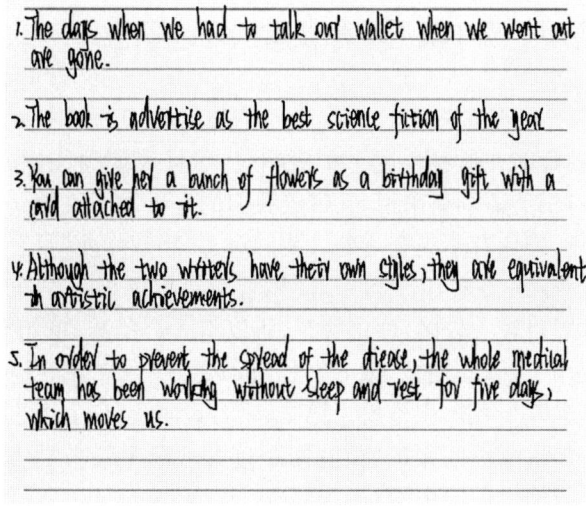

图 2

2. 作业过程全记录

学生还可以带着智慧笔回家完成智慧作业。教师借助"闵智作业"平台，在云端查看学生回家作业完成过程，学生作业情况很清晰。教师可以结合作业情况精准讲评，之后平台能形成错题本，帮助学生更精准地掌握知识，如图 3、图 4 所示。

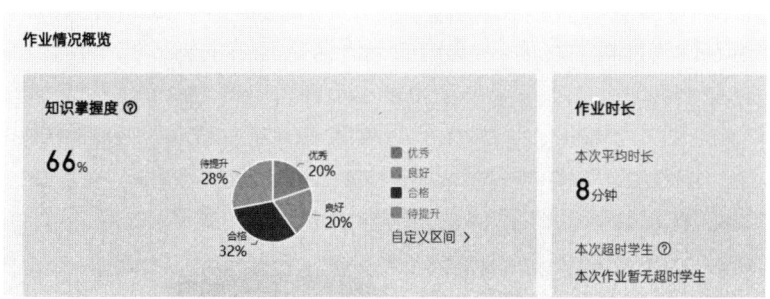

图 3

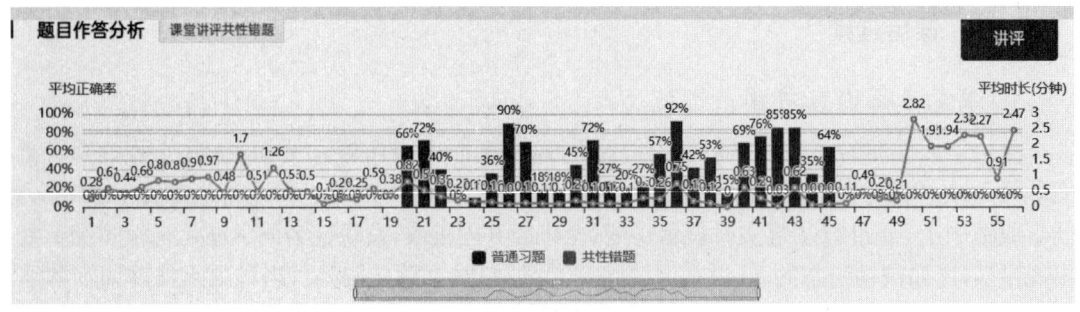

图 4

五、信息技术应用于高中英语智慧课堂的问题思考

每一场改革都是一个漫长的过程。数字化变革带给我们的诸多变化可谓前无古人,毫无经验可借鉴。全体教师能在这种情况下积极响应,而且表现颇佳,取得一个又一个突破,这很不容易的。尤其对于英语学科来说,它带给我们的好处数不胜数。

然而在其探索阶段,难免有不周全之处。我们对于"闵智作业"平台中智慧笔的使用,还有许多实践后的思考:第一,在英语学科中,使用智慧笔提前做好学案可以,但是一定要短小精悍,否则因为英语题目较小较多,评讲费时,所以不适合单选、单句填空等题型。实践下来,我们认为智慧笔应用于翻译、梗概,或者写作练习更好。小的练习更适合将题目展现在PPT上,学生直接在智慧笔专用本上作答。第二,平台设置上还可以更加人性化。比如:对比几名学生的作业时,展示页面间距的问题(间距过大);选中某名学生作业时,右边设置栏操作不便(每次都需要取消之前选中的学生再重新选)等。

综上所述,技术可以与学科全面整合。教师恰到好处地应用,才能既让技术发挥更大作用,为学科教学锦上添花,并能继续深入扎实地进行基本学科的学习。因此,在信息化背景下的教学不能只是利用优越的条件和设备对课堂流程作改变,除了课前课后指导学生对数字化技术的运用,课堂上加强对学生的监管和引导,教师还要在观念上根本转变。从教师的"满堂灌"到"少教,精教",从而达到学生学习方式的变革;从一味地硬性接受到"多学,善学",形成学生兴趣浓、收获丰的高效课堂。我们应以信息技术之长,补传统教学之短,在教师、学生的互动互助合作中动脑筋,在体现学习者个性化自主学习方面作创新,让信息技术辅助我们更好地进行教育教学改革,让我们的英语课堂充满生机。

浅谈基于闵智平台的英语单元作业设计

刘 方

英语单元教学是围绕一个大主题,通过多个语篇从不同角度采用不同的教学方式开展的,单元子主题间有逻辑关联,强调整体性。作业设计作为课堂教学活动的补充和延伸,是单元教学目标达成的重要环节,也应关注整体性。通过多样且系统性的作业设计,巩固学生的基本知识,培养基本技能,提高核心素养。基于闵智平台的作业设计让教与学的过程有了数据支撑,教师可以更好地了解学情,从而调整教学行为,提高辅导的针对性;学生也能充分地展现个体知识掌握情况,更好地进行后续学习。

一、针对的现实问题

作业是检测学生知识掌握情况和教学目标达成度的主要方式。作业内容要与课堂所学相一致,并能达到知识运用的目的,从基础到能力层层深入。高质量作业要基于学业标准,以培养学科核心素养为目标。作业是需要设计的,要有层次、梯度,还要关注作业之间的关联性。

然而,日常教学中多存在作业设计缺乏系统性、连贯性,甚至有的作业与上课内容脱节的情况;作业反馈比较局限滞后,对学情的分析不充分,缺乏个性化辅导依据。通过闵智平台单元整体作业设计与布置、总体及个体分析等手段,教师可以更好地把握学情,提高作业设计的科学性、系统性和延展性,提高个性化辅导效能,从而助推学生的差异化学习。

利用闵智平台的作业设计主要解决以下三大问题。

(1) 利用平台各项功能实施包括阅读理解、词汇巩固、听说训练、语法和写作的单元整体作业设计,实现作业数据的收集与分析。

(2) 通过作业及检测数据分析了解教学目标达成情况,优化教学行为。

(3) 根据平台作业反馈,了解学情,发现学生共性和个性的问题,设计针对性作业讲解及跟进练习,并作分层及个性化辅导。

二、应用模块及目标

本文主要涉及闵智平台作业模块中的作业布置、作业列表和错题本模块。作业布置中的日常作业分为混合式提交作业和自定义作业。"混合式提交"指的是自主上传题目或题库组题,采取线上作答的形式,优势在于数据分析和错题重组。自定义作业可以以图片、声频、视频或题卡的形式布置,灵活性更强,如"个性化语音作业""文章框架梳理思维导图"等,更能满足作业设计需要,是最常用的作业布置方式。作业列表主要是针对智慧笔课后作业。

在单元整体作业设计的基础上,根据平台中学生专项作业、配套练习等伴随式采集数据和平台自动批改并形成的统计分析数据,针对个性化作业的教师评分及反馈数据,还有综合测试学生得分、四率分析及各模块学生表现分析等按照作业类别分类分析,了解学情,评估作业设计的合理性,发现共性及个性问题并确定个性化辅导方案。

三、基于闵智平台的单元整体作业设计与实施

单元整体作业设计要全面把握教材重点,系统分析教学目标,明确学生需要掌握的知识、技能和思维方法等;要依据教学重点和难点,准确检测并巩固课堂教学效果。以上外版必修三 1CU1 单元整体作业设计为例,总体思路是根据教学内容和实现步骤布置作业。通过预习及导入作业明确主题,梳理文章脉络,提升理解能力;通过多模态资料巩固对演讲要素的理解和价值观的引导;结合语境学习语言知识,通过闵智平台作业设计夯实语言知识、提高运用能力,通过听、读、看、说、写的方式逐步实现表达输出的目的。

(一)多模态语篇阅读相关作业设计

基于主题语境的语篇是语言学习的载体,语篇学习通常包括把握文章大意,分析语篇结构,理解内在逻辑,学习文化知识,体验情感和价值观。相应的作业设计要围绕以上教学目标的达成。

1. 朗读形式预习课文

朗读课文的自定义语音作业既符合高考评价标准中的朗读要求,又让学生对文本内容有更深刻且非常个性化的认识。教师既能通过批改作业了解学生基本词汇发音、重读、连读等情况,也能了解学生对意群和文章的理解程度,还能激发学生的学习兴趣。

2. 文本结构梳理与概括

基于文章结构主要有三种作业形式:一是课后练习的问答或框架填空;二是思维导图;三是概要写作,利用自定义图片上传作业。基于以上三种形式,也可按照难易程度布置分层作业。

(二)词汇作业设计

词汇知识层面的作业相对统一,根据学科基本要求要有一个基本的底线,必须掌握的知识巩固方式多样,如学习、练习、听写、运用等。词汇巩固和应用作业也可以在平台设计,形式多为默写和翻译练习。《普通高中英语课程标准(2017 年版 2020 年修订)》中明确词汇学习不是单纯的词汇记忆,也不是独立的词语操练,而是结合具体主题,在特定语境下开展的综合性语言实践活动。因此作业设计也要注重语用,分步骤通过默写、翻译练习、段落翻译等落实相关主题词汇巩固,强化迁移运用能力。平台词汇作业设计主要为基于智慧本和铺码纸的词汇默写及翻译练习。智慧笔的即时显示和思维再现还原了学生练习过程,让学生了解易错点,也让学生更关注自我评价和问题纠正。

（三）语法作业设计

闵智平台最大的优势在于数据实时反馈与统计分析，特别适用于语法作业设计。对教学的反拨作用主要体现在以下三个方面。

（1）信息化平台技术可以大大优化语法作业的批改效率。比如对于选择题自动批阅并能够对答题情况作数据分析，包括总体分析、按题分析、按人分析等。如图1所示，教师能够通过得分率了解学生对这一语法知识的整体掌握情况。

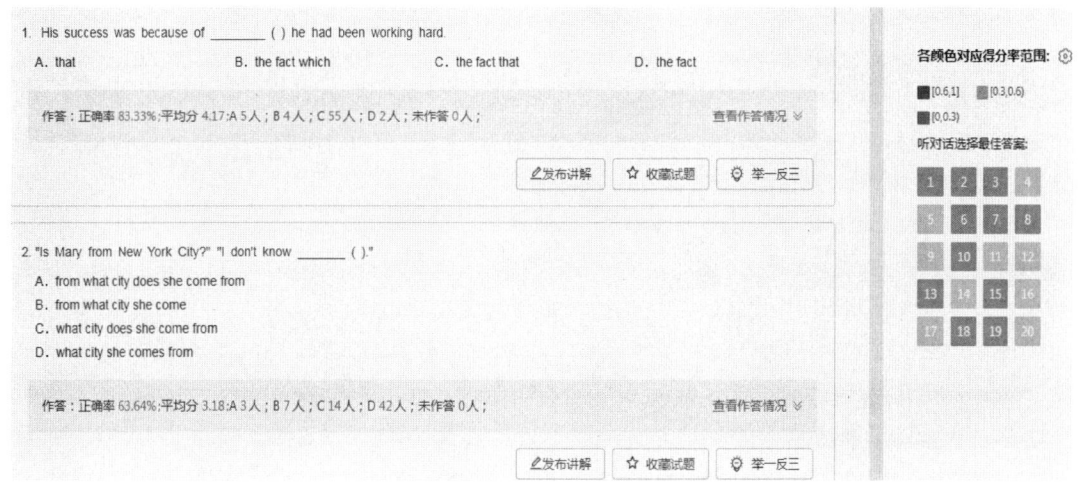

图1 闵智平台日常测评：语法选择

（2）语法题在设计时有明确的知识点标志，通过直观显示学生作答情况能凸显难点，从而可以反拨教学，讲解也更有针对性。

（3）语法作业可整合利用平台资源，可在资源库搜索相关练习，也可将错题整理再布置，减少盲点和漏洞。教师也可筛选重难点的题目进行上传和布置。

（4）闵智平台作业设计还可铺码语法学案，可对学生作答作统计分析。如"倒装"这一语法现象的作业设计既包含基本的句型转换，也包含翻译、造句等，体现既有层次又强调整合的设计理念。形式和难度上分层让每一个层次的学生都能够有掌握基础知识或提升能力的抓手。教师批改后平台形成作业情况概览与分析（见图2）。

（四）听说教学作业设计

高质量作业设计要以学生学习为中心，以发挥学生能动性为宗旨，激发学生思维。引导学生采用自主探究式、个体体验式学习方式。结合单元主题的听说作业特别能体现个性化学习和价值观培养。例如，在学生学习了必修三 1CU1 乔布斯在哈佛大学毕业典礼上的演讲之后，笔者在闵智平台布置了介绍乔布斯生平、写评价和感想的作业。学生有的对课文作理解概括；有的录了声频或视频。结合单元视听的 TED 演讲，学生在此项作业中运用了基本的演讲技巧和叙事技巧，提升了自我表达的能力。此类个性化语音作业既有助于学生对

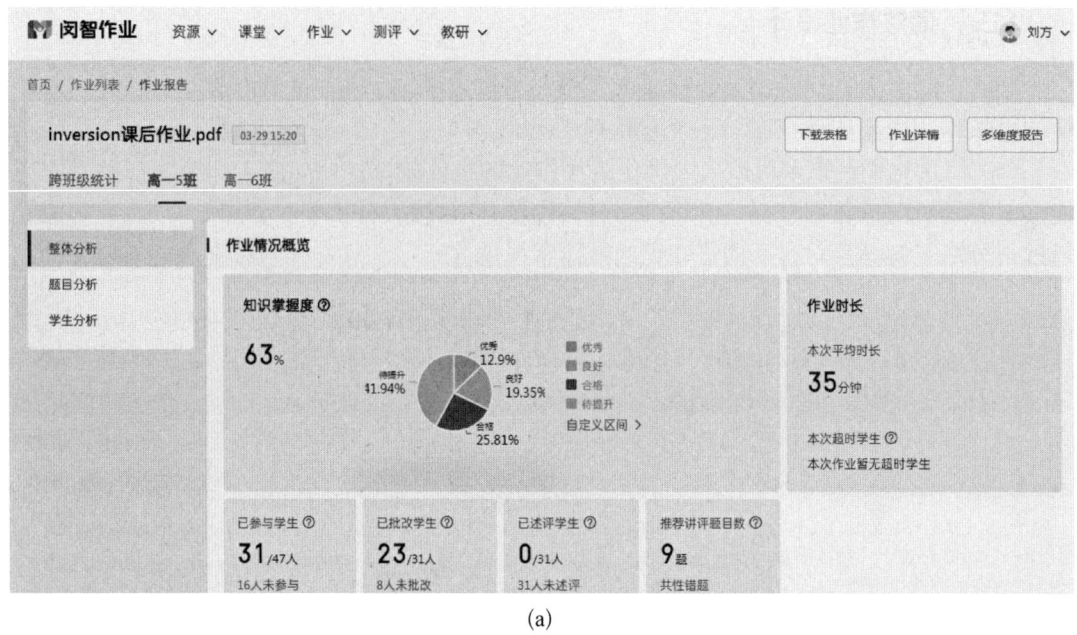

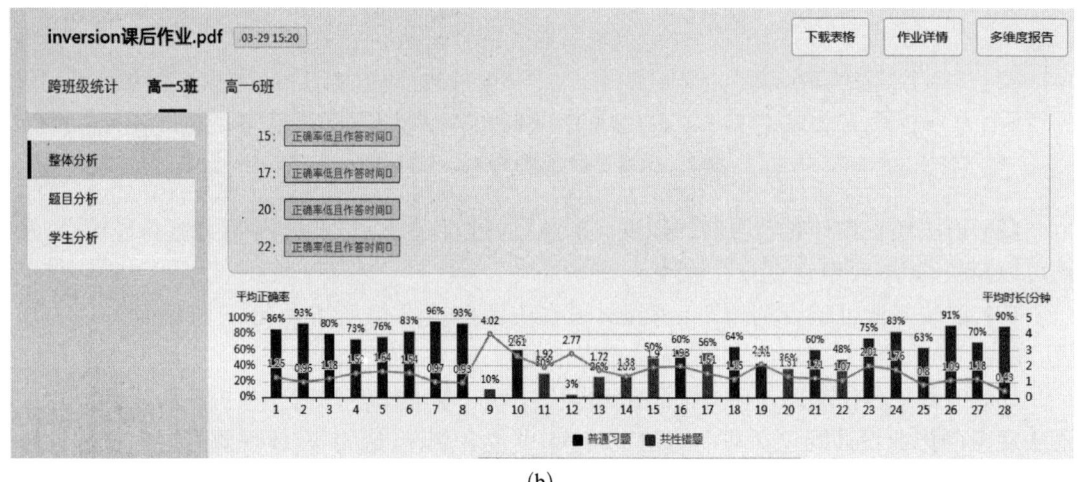

图 2　智慧笔课后语法作业整体分析

学习材料的理解，又使学生保持对知识的渴望和积极的心态。

（五）结合单元主题的写作

作为整体单元教学的一部分，写作教学是难点，因为写作既要整合阅读内容，把所学作为写作素材，又要对素材作分类和归纳总结，还要有批判和逻辑思维，这就上升到了思维层面，对标提升学生核心素养中的思维品质和语言能力。结合单元主题"成功之路"，笔者设计了基于主题的议论文写作。学生课下用智慧笔在铺码纸上作答（见图3），教师可以在作业列表中跟进作答情况。可以课堂点评，对比分析，其优点在于直观性强。也可以课前批改铺码纸并标记改进建议，学生可以在平台查看批改痕迹，修改后的作文还可以作个体纵向对比分析。

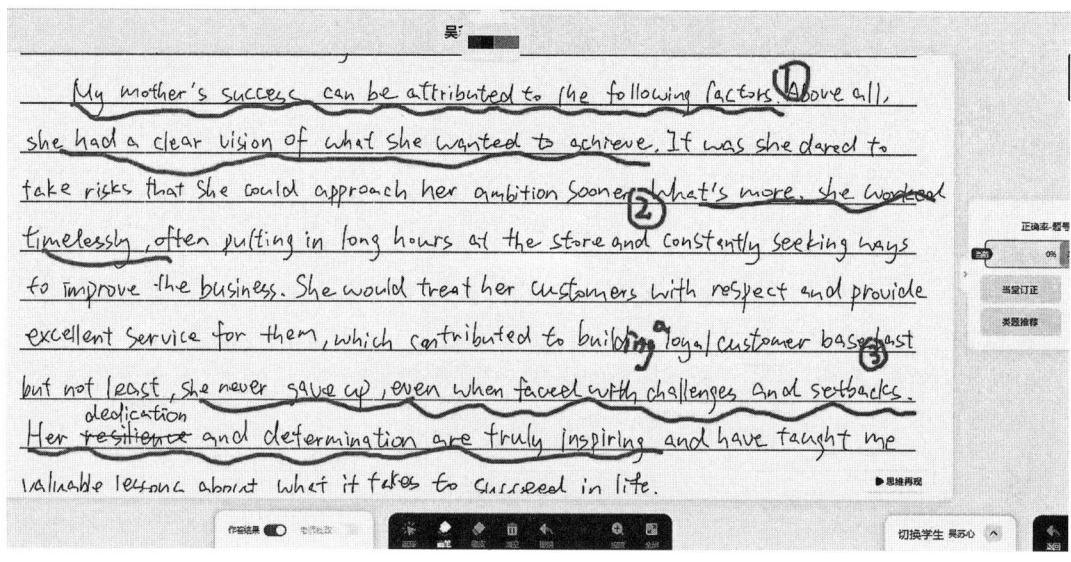

图 3　闵智平台智慧笔课后写作

作业的功能和作用不应局限于为帮助学生掌握外部知识和技能而进行的重复训练，而应有利于学生开展内部积极思考、体验分析和解决问题。科学的整体作业设计有利于学生夯实知识体系，以系统性任务为驱动提高参与度，更好地达成语言知识的语音、词汇、语法、语篇、语用这 5 个维度的目标，也有利于语言技能的提升。基于闵智平台的单元作业设计比较明显的成效就是教师对学情的把握，学生也可以通过作业反馈了解自己每个单元中各个模块的掌握情况，进而进行查漏补缺，总结反思，培养自主学习能力。

四、思考与展望

作为辅助教学、检测及收集和反馈学生过程性数据的工具，闵智平台为教与学提供了有力抓手。通过平台进行单元整体作业设计和布置，使得学生的单元教学各模块作业有过程性记录，有数据支撑，能力考察的各个方面都有分析依据，相应的个性化辅导有针对性且更有效，有助于教学成果检测和目标达成。符合学科标准和考察要求的一整套的作业设计方案，在操作方面有一定借鉴意义和实用价值；教师需本着技术辅助教学目标达成和学生学以致用，遵循以用促学的原则设计作业，要增强整体作业设计的意识，让单元作业的每个环节精准有效，着力落实教学目标，全面促进学生核心素养提升。

基于数据驱动下的高中化学差异化教学有效性策略研究

李芬培

麦肯锡称:"数据,已经渗透到当今每一个行业和业务职能领域,成为重要的生产因素。人们对于海量数据的挖掘和应用,预示着新一波效率和盈余浪潮的到来。"但是在教育行业基于大数据的挖掘和应用开展教学的教师相对比较少,甚至部分教师还是仅凭已有的教学经验来统一备课和授课。部分教师虽然认可了差异化教学的理念,但是他们在教学实践过程中因受大数据、班级授课制、教学环境的限制,往往难以落实到位。因此,本文就数据驱动下的高中化学差异化教学有效性策略展开研究。

一、数据驱动下差异化教学有效性的策略

(一)教学生态的精准分层是提高差异化有效性的保障

1."一维"评价,呈现学生立体画像

对学生进行分层需要建立在精准分析学情基础之上。课前,教师可依托全新的 AiClass 互动课堂系统,记录学生课堂学习行为,运用学生学习过程和结果表达的数据得出学生的"一维"评价,呈现学生立体画像,宏观感知该生是擅长理科逻辑思维还是文科的感性思维,做到心中有数。并从思维方式角度将学生分为抽象逻辑组和感性思维组,如图1所示。

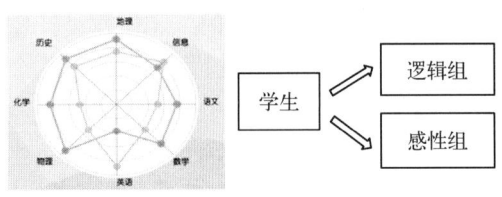

图1 四维立体画像

2."四率"分析,精准定位

课前,利用一起中学作业平台的作业质量分析——"四率"分析(优秀率、良好率、合格率、低分率)精准分析学情,把错误率高的题目作知识归纳和迁移,课前选择较好的方法以备课上进行讲解,帮助学生扫除知识盲点。根据学生作业质量分析,精准分析学生的知识掌握情况及学习能力,可通过教学平台将学生进行虚拟分层:基层、中层和高层(见图2),以便于在课堂活动中进行分层教学的实施(学生在教室上课并不按虚拟分层名单排座,在教室实体小组

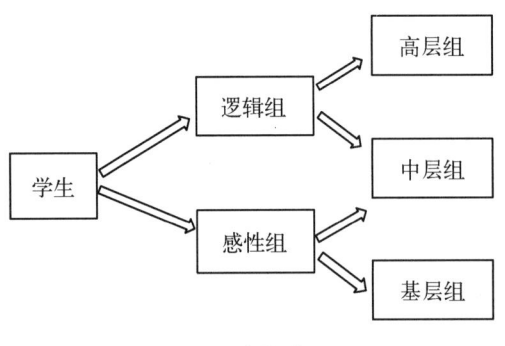

图2 虚拟分层

成员中均安排高层、中层和基层的学生)。

(二)教学目标的深入细化是提高差异化教学有效性的基础

教师从学生的学情和学习能力出发,深入挖掘教材,把握重难点,针对不同层次的学生制定分层的教学目标。教师需要分层备课,对教学目标分层,既要让全体学生达到知识的最近发展区,又要让高层次的学生跳到更高的发展区。笔者把教学目标分为三种:基础性目标、提高性目标与拓展性目标,依次对应三层学生:基层、中层和高层。其中,基础性目标是底线目标,即对事实、概念、原理的掌握,这是对基层学生的要求;提高性目标要求学生在掌握基本的单词、句型的基础上,能在具体语境中进行运用,这是对中层学生的要求;拓展性目标要求学生能创造性地运用原理,作有逻辑的表达,这是对高层学生的要求。

对于高层组的学生,教师可以选用跨度大、思维广的教学方法来提高学生的科学探究思维,培养他们解决更深层次的科学问题的能力。对于中层组的学生,教师可以基于教材之上的基础知识进一步去拓展和延伸,着重培养他们的逻辑思维能力和空间想象能力。对于基层组的学生,教师的教学方法侧重为基础知识讲解,让学生在理解课本上的知识的同时能够独立完成教学基本要求中的教学目标。通过这种差异化教学,避免学生在学习化学过程中出现跨度太大而懈怠学习的情绪,使得每名学生都在各自层次中与老师、同学有序互动,共同进步。

(三)课堂分层反馈是提高差异化教学有效性的关键

1.课堂活动分层

教师在课堂中扮演的是引领者和组织学生解决问题的实施者,所以在课堂上关注分层。首先是思维分层,以活动形式来串联起整个课堂,使整个课堂活跃起来,如笔者在分层次建构"位、构、型"模型时,对于基层组的学生,让学生完成知识卡片内容,如图3所示,并作简

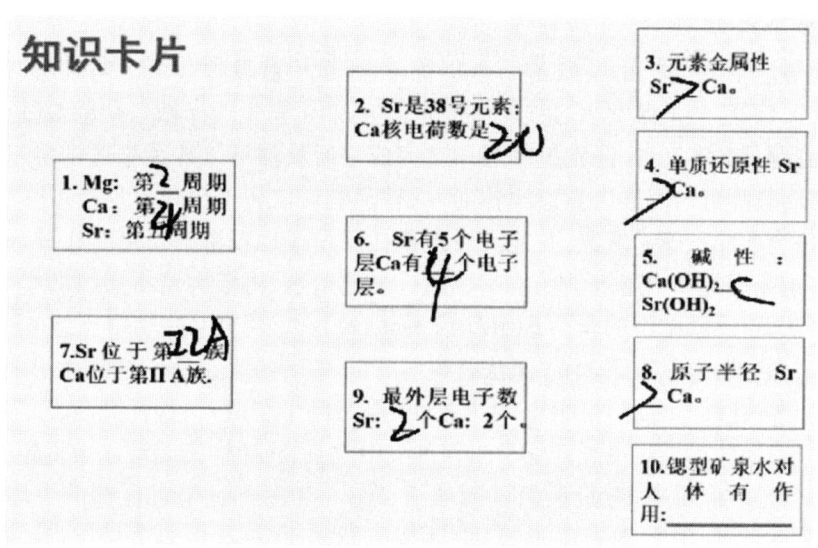

图3 基层组学生完成的知识卡片

单的知识梳理和归纳(任务完成后,鼓励他们尝试完成中层学生的任务);对于中层组的学生,鼓励他们在知识梳理的基础之上,建构简单的逻辑关系,如图4所示(任务完成后,鼓励他们尝试完成高层组学生的任务);对于高层组的学生,引导他们在建构简单又清晰的逻辑关系基础上,完善知识之间的细微关系,如图5所示,进而实现往更高发展区的跨越。

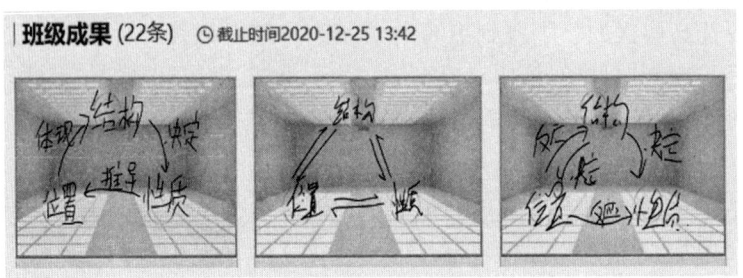

图4 中层组学生建构"位、构、型"模型

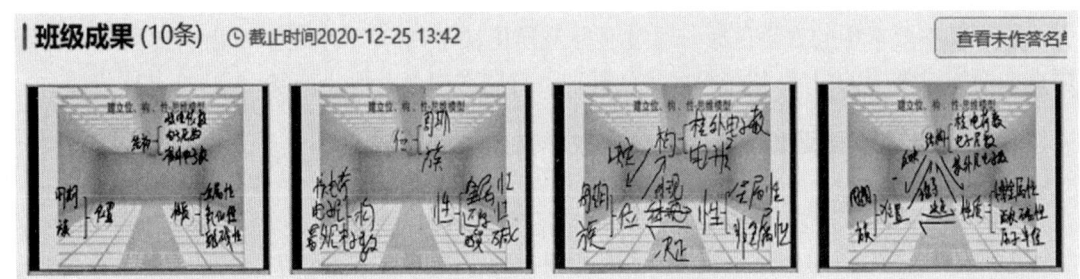

图5 高层组学生建构"位、构、型"模型

2. 课堂练习分层

在知识被学生接受之后,立马进行分层练习,通过平台教师端依次向基层、中层和高层学生推送练习(课后会把课堂练习推送给全体学生,学生自主选择做),从题量既少又易到题量略多,再到题量又多又难(课堂上基层学生完成之后教师可以继续推送中层组作业,中层组完成任务后教师可继续推送高层组作业)。教师能够依托平台快速地获取学生的作答数据,统计出每道题的正确率情况,并能及时地依托原题作现场讲解。笔者在此环节中,先让课堂实体小组高层组和中层组学生按座位就近交流错题;再依次请中层组的学生分享基层组的错题做法,帮助基础组的学生理解知识概念;高层组的学生分享中层组学生的做题思路;对于高层做中层作业难题,学生无法解决的时候,笔者再来讲解。这样就形成以点带面、以优带良的差异化教学(高层带中层,中层带基层,教师带全班)。这样既激发了基础学生学习化学的热情;也让中层组思维活跃学生在挑战中收获成就感;又无形之中肯定高层学生在班级中的学科地位和层次,激励他们再创佳绩。图6和图7是笔者在课前一周通过"一起学"平台发布的练习,图8、图9和图10是"再识氧化还原反应"内容分层练习数据。其题目与"一起学"平台练习题目几乎一致。

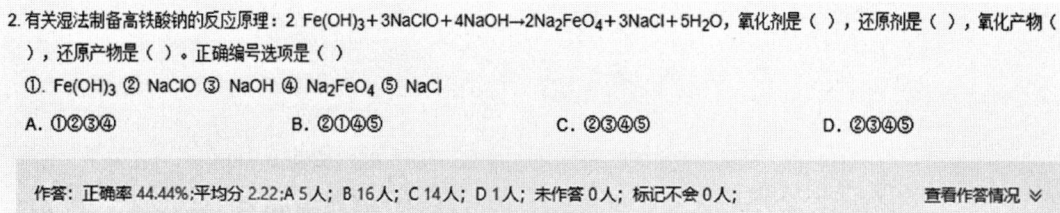

图 6　课前 2 周练习第二题作答数据

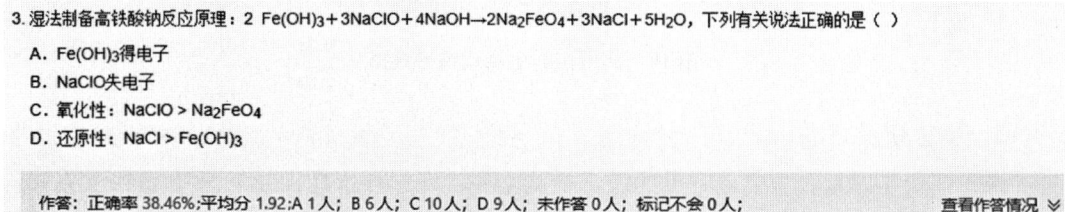

图 7　课前 2 周练习第三题学生练习数据

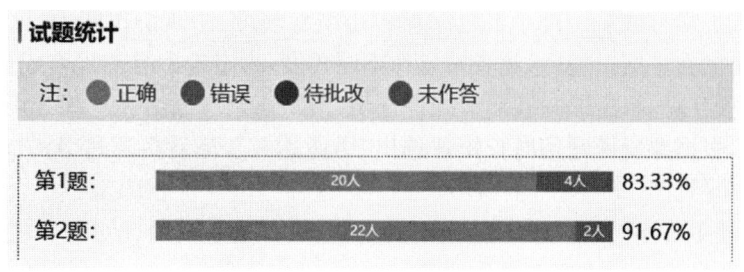

图 8　基层组学生课堂练习数据

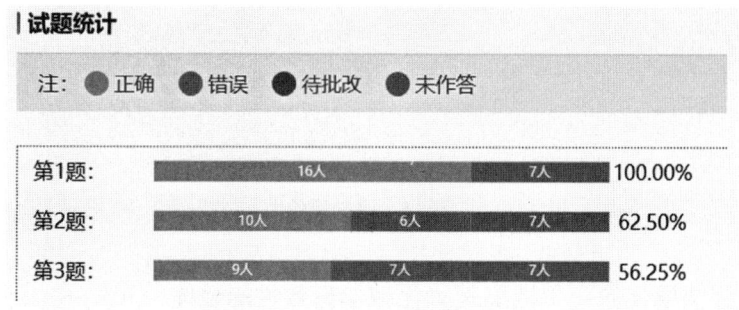

图 9　中层组学生课堂练习数据

通过课前与课后的作答数据正确率对比分析,通过课堂差异化教学,学生作答的正确率得到极大提升。

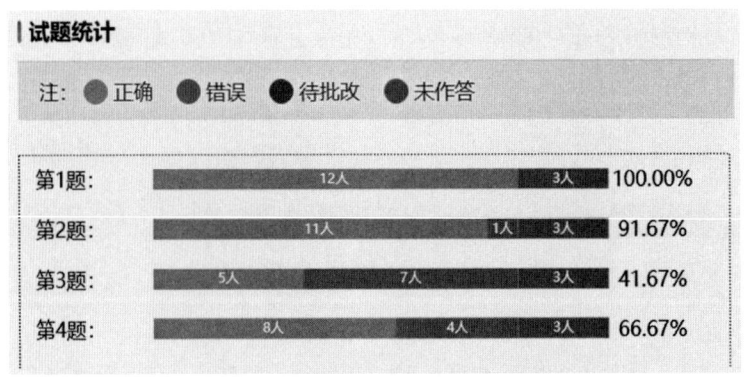

图10 高层组学生课堂练习数据

3. 课堂分层评价

课堂评价是课堂教学中最常见的教学措施之一。课堂评价在课堂教学中起到至关重要的作用,而运用分层评价更能体现出面向全体学生、以学生发展为中心,促进学生身心健康发展的教学理念。

笔者在课堂中引导学生先在小组内就知识概念理解、课堂互动、课堂练习能力互相评价,肯定小组成员学习成果。再小组之间就各小组参与度、团队协作能力、课堂练习数据互相评价,并选出优秀小组。最后,笔者站立在不同角度,肯定各小组的优秀成员和小组,表扬大家的课堂积极互动,根据课堂互动情况评选出"活跃达人",根据课堂练习正确率数据评选出"做题达人",根据课堂做题用时长短评选出"手速达人",最后再通过 AiClass 端进行教师评分与学生评分(见图11),选出全场"人气王"。这种分层评价在课堂小组合作学习中就是教师在课堂教学中对不同层次的学生作出的具体评价,也是教师针对各个组内成员之间思维水平存在的差异作出的恰当有效的评价。

排名	姓名	教师评分	自评分	学生评分	意见数
①	李家乐	A+(1次)		A+(2次)	1
②	吴筱乐	A+(1次)		A+(1次)	1
③	陆景行	A+(1次)			1

图11 课堂评价

(四)加强情境化教育是提高差异化教学有效性的载体

在高中化学学习过程中,学生常因知识掌握得不扎实,知识点记忆困难,概念抽象而感到苦恼。但实际上,化学学科与人类的生活密切相关,如日常用的巴氏消毒液、醋酸等。正如陶行知先生说的"生活即教育",笔者提出的"再识氧化还原反应"教学设计流程如图12所示,把江南美景、江南美食、苹果汁变色、苏州河之美四个真实情境寓教于乐地贯穿于课堂教学之中。在以情境为载体教学的同时又依次提出四个核心问题：① 砖瓦为何分青红？② 氧化性谁强谁弱？③ 还原性谁强谁弱？④ 如何进行污水处理？再以核心问题为主线设置课堂活动线，从讨论交流到小组实验探究再到在线作答，学生体验从氧化还原反应角度解决真实情境问题，在问题解决的过程中分析归纳氧化还原反应的基本规律，理解并建立有关氧化还原反应的认知模型。在教学知识的同时也在培养学生宏观与微观结合、证据推理、模型认知、社会责任的化学核心素养。

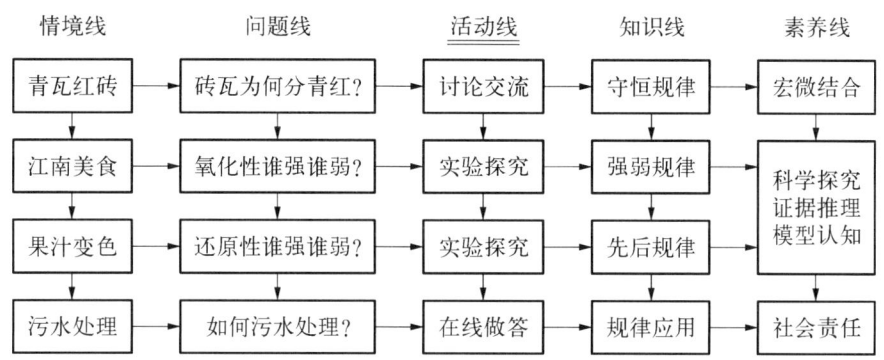

图 12 "再识氧化还原反应"设计流程

（五）课后分层追踪教学是提高差异化教学有效性的催化剂

课上的习得是热闹的，但是在课下教师要将热闹的课堂气氛下的产物变成冷静的思维沉淀的积累。因此，课下笔者采取以下几种方式，首先在 AiClass 教学平台发布课上作业讲解（文字、语音、视频皆可）。课堂时间有限，学生之间的分享可能不是那么周全，笔者发布作业讲解有助于学生针对自己知识点进行查漏补缺。每个学生都有适合自己的学习任务和速度。

学生发现自己有错题之后，可在平台学生端错题本自主订正错题。笔者可以通过平台教师端，实时跟踪学生的错题订正情况，在线给予奖励。部分学生可能还会碰到一些题目依靠自己的学习能力无法解决，这时笔者利用平台教师端发布错题研讨，每名学生都可以针对这些题目发表自己的见解，从而产生思维火花的碰撞，使疑难点讨论得更透彻，进而拓宽了课堂学习的广度和深度。也有原先被认为是基础的知识点，学生没有掌握，但是通过参与课余时间的线上错题研讨活动，学生又掌握了这些知识点。对于这类学生，笔者鼓励他们将所学成果制作成微课，与班级学生共享。在观看这些微课后，笔者会根据其中涉及的知识点作补充和拓展。通过平台进行课后的及时跟踪，不仅能满足学生多样化的学习需求，还能满足学生差异化学习的目标，提供多种学习方式和灵活的教学活动组织。

二、结语

2.0 版教学模式正在走来，少教多学，精教善学。基于大数据点对点的投射精准化教学已经成为教育大势，需要我们发现差异、尊重差异、改造差异。路漫漫其修远兮，吾将上下而求索。

技术赋能智慧课堂,打造生物教研新样态

张 甜

教研是教师专业发展的有效途径。《教育部关于加强新时代教育科学研究工作的意见》提出,将人工智能、大数据等技术运用在教育科学研究中,拓展教育研究的深度和广度。2021年,《上海市教育数字化转型实施方案(2021—2023)》构筑了教育数字化转型的蓝图。上海市教育委员会明确以教学为中心,通过优化信息环境、教学平台、智能算法,探索基于学习数据分析的教学应用,进一步推动教学方式变革。教学发展之本在教师,教师成长之根在教研。结合我校信息化特色,生物组日常的教研理念和方式也发生了转变和创新。教师的学科知识和教学策略知识是教师专业知识体系中不可或缺的两翼。数字时代教研的转型,不仅要遵循教师的成长规律,更要优化教研内容,持续开展智能技术赋能的研修模式,让组内教师更好地积累学科知识和教学策略知识,获得快速成长。

一、平台助力,资源共建共享

学科知识的发展需要经历熟悉教材内容、把握学科知识结构、深刻理解学科本质三个阶段。立足课程教学真实情境中的教研,才是真实有效的教研。"双新"政策实施后,教师们明显感受到新教材的变革力度较大,对教材内容和教学课时的把握能力欠佳,教学压力比较大。面对这一共性问题,教研组团结合作,通过团队力量破冰解疑。由于组员人数不多、年龄相仿,教学经验均比较欠缺,但是年轻有活力、有想法敢尝试,所以采取"AA制"共建模式,营造"平等、合作、对话、理解"的文化氛围。

组内教师根据自己的特长,选择精读教材的不同单元,并负责设计相应单元的教学安排。设计好后,全组教师开展交流研讨活动,再根据修改意见完善设计、形成样板。最后每位教师参照样板进行了个性化修改,考虑不同班级、不同层次学生的需求,对教案作优化设计。

共建资源库是教研组一笔丰厚的财富,它的建立不仅丰富了日常的教育教研活动,也很好地实现了资源共享和智慧共生。随着信息技术的发展,云获取、云记录和云共享使得资源的积累和传承更加便捷,能够实现备课趋优化,共享优质教学资源,提升教师的备课能力。借力"上海微校"、学科网等平台获取的高质量的学科资源,开拓了教师的教学思路,充实课堂设计,也方便了教师备课,为提高课堂教学效果起到了重要的作用。同时,基于智慧课堂的生成性教学视频又被切片化运用于教学教研活动,形成了动态、多元的教学辅导资源。利用校园网的"数智空间"板块,分门别类地建立教研组活动文件、课件、练习题、微课等学科课程资源。一些原本保存在教师电脑中的资源得以公开,能够让教师和学生自由获取并使用,促进和满足教育数字化转型背景下学习者多元化的学习方式和个性化的学习需求。而这些资源在使用中也会不断被改进和完善,并供下一个年级的备课组参考。

实施作业分层是推动"双减"政策有效落地的重要举措,探索作业分层是教师必须深入探讨的教科研主题。正所谓"十个手指有长短,荷花出水有高低",学生的学力存在差异是不争的事实。步调统一的作业往往检测不出学生真实的思维水平,也难以使学生得到个性化培养。教师要沉下心研究符合学生特质的分层作业,让每个学生得到充分的发展。在高三等级考备考阶段,为了减轻学生负担,做题不走弯路,教研组教师自愿给自己"加码",集体备课,精选精练,指向素养,满足不同学生提升学业水平的需求。先将习题作专题分类,如细胞的物质与结构、微生物、植物生理与代谢、生物工程等,再根据题目难易度划分成基础知识、易错突破、拓展提高等系列,做到循序渐进式地拔高和提升,创建多层次的线上题库。在创建题库时,教师利用"云讲解"功能,针对每一个题目录制语音或者视频解析,确保学生在做作业时碰到困难都能够及时得到有效指导,同时也避免教师针对同一道题作反复讲解,降低教师的工作量,做到事半功倍。

智慧教育环境下的教学资源必然从单向、静态的模式走向开放、协作共创的模式。基于智慧平台融合,教师在"智慧云"教育教学工作中运用各类资源的同时,又优化形成了新的资源,这些生成性资源经过汇总和梳理,再次充实、优化了教研组资源库,由此形成了基于学科实践的动态循环新库源,让教师的学科知识厚起来、多起来。

二、数据驱动,探索智慧课堂

课堂教学能力是教师能力结构的主体,是教师运用教学理论知识完成教学任务的一种能力。教师教学策略知识的发展需要经历把握教学方法、灵活运用教学策略、形成教学风格、形成自身教学主张四个阶段。结合学校信息化特色,开展教学与新技术、新媒体的融合创新研究,构建基于大数据的精准教学模式,加强数据驱动的教学研究,提升教师的教学能力,探索智慧课堂。

对教师的教学指导最常用的方式是听课、评课,但传统的听课指导以定性评价为主。智能技术的兴起和应用,使各类教学数据产生和汇聚,形成"教学大数据"。通过 AiClass、"闵智作业"和 Classin 等智能教学平台对课堂教学数据、学习数据作动态采集、抓取、筛选和分析,利用人工智能分析课堂架构,作智能学情分析,将定量的课堂观察与定性的经验型评价相结合,形成教师专业发展画像,生成专业详尽的教学行为分析报告,实现对在线课堂的智能测评,精准聚焦教学问题,形成"大数据分析—问题梳理—教研聚焦—策略形成"的实践路径。平台的云录制功能还能够实况记录课堂,教师可反复观摩和学习,更加了解自己和组内其他教师的课堂教学情况,发现自己的不足,汲取他人的优点,增强教师专业发展内驱力,提升教师专业素养,把握教学方法和教学策略,形成自己的教学风格和教学主张,从而提高教研活动的有效性。

课堂教学中,学生才是学习的主体。在信息技术的支持下,学生的学习方式也发生了转变。智慧平台的运用能够盘活课堂中师生、生生的互动。教师在进行基于核心素养的课堂教学设计时,关注互动工具的融合运用,让更多的学生参与其中。基于平台多元化的互动任务,学生的学习逐渐突破传统课堂的限制,融合多元化的学习方式,使学习变得更为自主。

例如,基于"计时器""答题统计"等功能的竞赛类任务,使原本枯燥的学习任务变得更具有趣味性,学生在参与学习的过程中更加积极,更具热情;基于"拍照上传"等功能,学生可以更加直观地参与学习,积累丰富的学习活动经验;基于"点赞"功能,教师和学生都能够参与评价,积极的自评和他评提高了学生课堂参与的积极性,可促进学生的深度学习,使得学科核心素养得到进一步落实。

日常教学中,习题讲评课是非常重要的一环。作业可以分层,但是最终的等级考是不分层的,所以在常规教学中我们一定会组织学生做综合卷的练习。在集体讲评时,教师应该做到在平衡的情况下因材施教。由于生物题目的情境性,每一个情境材料下都有简单题和难题,无法完全按照题目的正答率排序讲解,所以教研组尝试全年级的"云走班",利用现在直播教学平台,在全年级内进行统一授课,每个教师负责试卷中的一部分,合力讲好一份综合卷(见图1)。试卷讲评前组内老师作研讨分工,精心备课,课前将每个教师直播间的主题告知学生,学生根据自己的答题情况选择适合自己的主题,而其他直播间的内容可以在课后选择性地观看回放进行补充学习。分层讲评能够尽量保证每一个学生的课堂学习更加具有针对性,确保学习成效,而课外的时间则更加充裕和自由,给了学生充分拓展和拔高的空间。

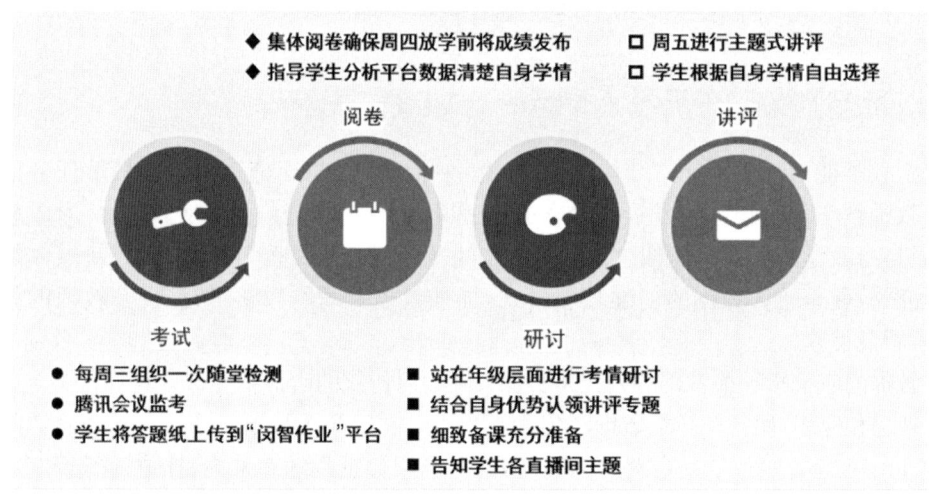

图1 生物组"云走班"实施方案

在教学实践中,教师还会对不同教学平台的功能作比较,尝试挖掘各平台优势,提炼多平台融合的实践应用,通过优优相辅、多平台助力,形成数字环境融合运用服务学科教学的新经验。

三、技术赋能,促进教研创新

教研组作为教师群体专业发展的主阵地,是开展教学交流活动的场所,也是开展教学研究的平台。教研组在设计活动主题时,要很好地将当前课程教学改革的方向、学校教育教学改革中拟重点攻关的课题、学科教师在日常教学中遇到的难题,以及学生存在的问题有效地整合到一起,进而梳理并提炼出课题进行重点攻关。通过日常的教研活动能够促发教师更好地理解日常教育教学现象,有效反思自己的教育教学行为,重构自己的内在知识结构并调整教学行为。

学科教研组的研究主要围绕课例和课题展开。将课堂改进作为研究重点开展课例教研,推动组内教师立足课堂、立足常态、立足合作,反思课堂,开展教研,从而提升教师的课堂教学能力。如针对大家都觉得比较难的教学内容进行"微格教研",每个教师先按照自己的设计组织教学并录制课堂实况,然后开展组内教研,对其教学视频进行局部、定格的分析讨论,博采众长,帮助教师从原来盲目、混乱的教学中,提炼出有针对的策略和方法等。此外,随着技术的深度使用,课题研究的主题也发生了迭代变化,不再局限于学科课程的实施研究,而是结合学校的信息化特色,开展数智赋能教学的研究。

每学年教研组会结合学校的研修主题,围绕"智慧教育"开展由浅入深的研究,如学科虚拟实验室的建设、双师课堂的探索、分层作业设计和实施、大数据下的因材施教、数据赋能的精准教学等。教研组内教师每年至少申报一个区级智慧项目课题(见表1),一方面能够通过课题来激活和督促教师的教研,进一步促进教师的深度思考和总结,另一方面也使得不同时期教研组的教研活动具有更强的针对性,在为课题负责教师出谋划策的同时,也能够学习彼此的智慧,研修成效明显。

表1　教研组教师申请区级的部分智慧项目课题

申请人	申请年份	课 题 名 称
张艳芳	2023	高中生物基于数智平台指向科学思维的精准教学模式研究
张 甜	2023	优化组合"闵智作业"、Classin等教学平台提升生物学科课堂教学效果的策略研究
任志红	2022	"双新"背景下基于数智教学平台的高中生物单元教学设计的实践研究
张艳芳	2022	数据支持下高中生物分层教学的案例研究
张 甜	2021	基于数据分析的作业分层对学生生物单元化复习效果的促进性研究

通过学校的智慧平台赋能和项目学习引领,生物教研组围绕学科开展教材解读、教学研讨,组织备课、上课、课题研究等日常教研活动,实现了共研、共思、共成长,使得教研有质、实施有效、反思有度、改进有方,真正促进教师个人专业知识和教学策略知识的发展。

智慧笔助力高中思想政治课精准教学

刘 霞

智慧笔是一种利用红外识别技术,以及铺有点阵码点的纸张和红外高速摄像头捕捉技术,在纸张上书写之后将信息纸屏同步的智能笔,应用领域极其广泛。

在高中思想政治课的教学中,智慧笔也有着广泛的应用空间和价值。高中思想政治课程是落实立德树人根本任务、培养学生思想政治核心素养的重要学科,也是实施素质教育和教育评价改革的重要课程。在落实"双新""双减"以及探索数据驱动大规模因材施教、践行教育数字化转型的大背景下,如何坚持以评促学、以评促教、以评促研,提升教学实效,落实立德树人根本任务,是高中思想政治课教学面临的重要课题。而智慧笔作为一种智能化的教学工具,可以有效地解决传统思想政治课教学中的一些不足,如教学形式作业形式单一、评价缺乏针对性、反馈低效和滞后等,从而促进"教、学、评"一体化,推进思想政治课程与作业的改革,在激发学生的学习兴趣和主动性的同时,更加精准科学地赋能教学和教育管理,提高教学质量与效率,助力师生共成长。

一、智慧笔的技术原理和功能特点

智慧笔的技术原理是利用红外高速摄像头捕捉技术,通过在普通的纸张上印上一层不可见的点阵图案,提供给数码笔一个坐标参数信息,保证数码笔在纸上书写时,能够准确地记录书写的笔迹。这些信息包括纸张类型、来源、页码、位置、笔迹坐标、运动轨迹、笔尖压力、笔画顺序、运笔时间、运笔速度等。

智慧笔通过蓝牙或 WiFi 将数据传输到 APP 上,之后通过数据同步、实时呈现、智能评价等多种应用功能,实现思维的可视化、可追溯化,帮助师生提高课堂效率。

(1)数据同步。智慧笔可以将纸上的书写内容实时同步到电子设备上,如手机、平板、电脑、电子白板等,实现纸屏一体化,方便教师和学生查看、保存、分享、编辑等。

(2)实时呈现。智慧笔可以将学生的书写过程实时呈现在大屏幕上,再现学生的思维过程,帮助教师及时了解并精准分析学生的学习状况,迅速采取有针对性的教学策略与方法,提升课堂的教学实效。

(3)智能评价。智慧笔可以利用人工智能技术,对学生的书写内容作智能评价,如自动批改、生成报告、分析错题、推送资源等,实现客观题自动批改,随堂测评与数据结果统计,错题本生成等功能,减轻教师的评价负担,提高评价的效率和质量,促进学生的自我评价和互相评价,激发学生的学习兴趣和主动性。

二、智慧笔在高中思想政治课教学中的应用实践形式

（1）利用"课堂教学互动卡"完成单选题、多选题、判断题等课堂小练习。

这种方式不需要提前印制铺码的纸质学案或者小练习，而是将题目呈现在 PPT 上。在课堂上，教师通过发布"答题"任务的方式，让学生利用"课堂教学互动卡"完成作答。操作简单，可在课堂中随时发起"答题"任务。答题结束之后，所有的作答结果可以立刻呈现出来。教师可以在课堂教学中的各个环节发起答题，实时检测学生对所学知识的掌握情况，有利于教师及时跟进讲评，实现精准化教学和个性化教学。示例如图 1 多选题答题反馈与图 2 判断题答题反馈。

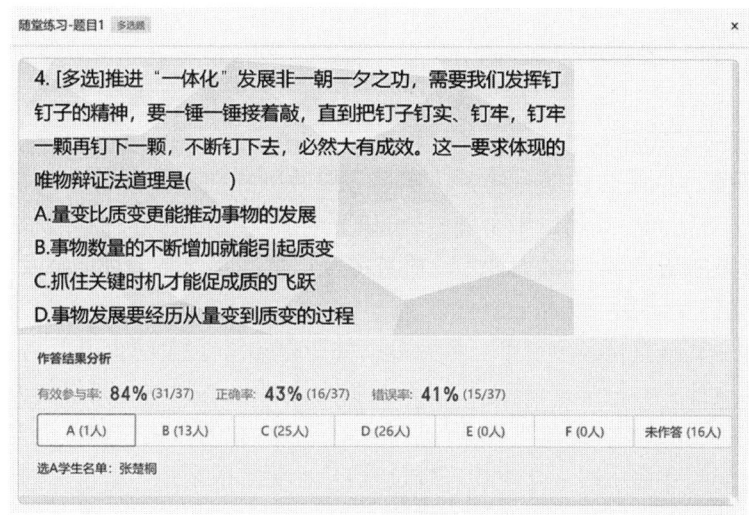

图 1　多选题答题反馈

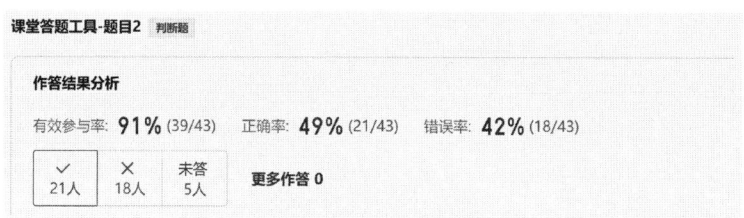

图 2　判断题答题反馈

（2）利用练习本完成课堂讨论、默写、知识梳理等。这种方式同样也不需要提前印制专门铺码的学案或者小练习，可以在课堂上临时布置，也可以将问题、任务呈现在 PPT 上，通过发布"答题"任务选择"练习本"的方式布置，学生就可以在专门的点阵练习本上完成回答，操作简单方便。教师可以根据教学需要在课堂教学的各个环节发起任务，通过学生的书面回答及时了解其思维情况，根据学生的反馈及时调整教学内容，提高课堂教学针对性与实效性。

例如，在讲到“社会历史的主体”时，想让学生深入理解“人民群众”的内涵与外延，就临时布置了一个任务，请学生在练习本上用智慧笔以自己喜欢的方式写出或画出“公民、人民群众与劳动群众”三者的关系。图 3 是部分学生的作答。通过学生的回答可以看出他们确实掌握了“人民群众”的概念。

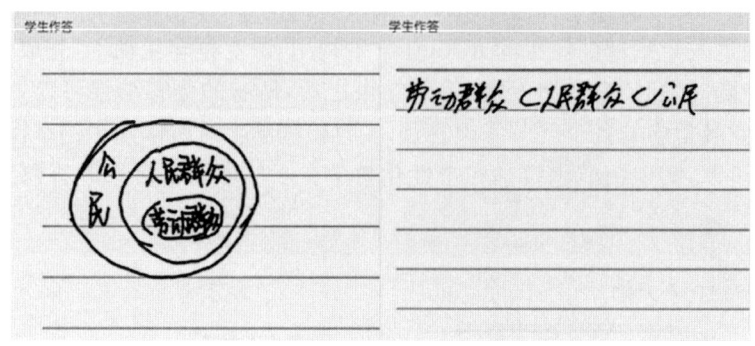

图 3　公民、人民群众、劳动群众三者的关系

(3) 利用学案完成综合性学习任务。学案需要教师提前制作并打印出来，在课堂上使用。学案中的学习任务形式可以丰富多样，可以是各种类型的题目，也可以是材料的分析、问题的讨论、方案的制作、小报的设计等。所有的完成情况在课堂上都能够及时生成并展示反馈。

例如，教师在复习教材必修三第一单元中国共产党的领导相关知识时，考虑到复习的效率与效果，提前设计了一份学案，将近代以来的重大事件以时间轴和表格的方式呈现出来，要求学生在课堂上完成相关的学习任务(见图 4)。如此，教师既能在课堂上对比、评析学生的作答情况，也能够在课后再现学生的思维过程，从而更加清晰地了解学生的学习状况。

时间	事件	影响
1840 年	鸦片战争	使中国成为半殖民地半封建社会.
1919 年	五四运动	工人阶级成为反帝反封建的新民主主义革命
1921 年	中国共产党成立.	中国革命有了主心骨.
1949 年	中华人民共和国成立.	实现了中国从封建专制政治向人民民主的伟大飞跃
1956 年	三大改造完成	实现了我国历史上最深刻最伟大的社会变革.
1978 年	改革开放 十一届三中全会.	为实现中华民族伟大复兴提供了充满新的活力的
2012 年	十八大.	保证和快速发展的物质条件.
2021 年	中国共产党成立100周年	
2035 年	基本建成社会主义现代化强国.	
21 世纪中叶	中华人民共和国成立100周年.	

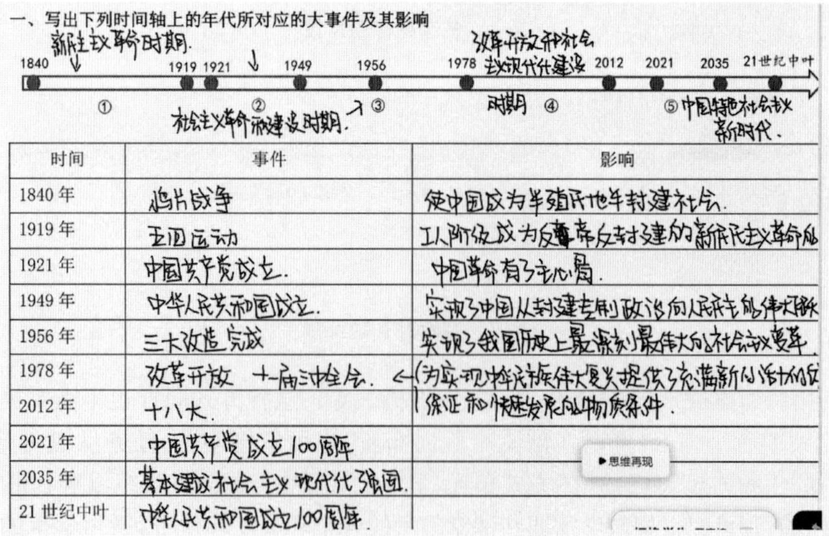

图 4　学案

(4)通过试卷、练习完成课堂检测或课后作业。教师按照智慧笔使用的要求制作试卷或课后练习,打印出来之后让学生用智慧笔在课堂完成考试或作为家庭作业课后完成。学生的完成情况可以同步到教师的 APP 上,方便教师及时了解学生的完成时间、书写过程、思维过程、回答正确率等情况。教师用智慧笔线下批改,学生可以在线上及时了解,这样既方便学生也方便教师,有利于个性化教学的开展与实施。

三、智慧笔在高中思想政治课上的应用效果和价值

智慧笔在高中思想政治课的教学中,可以发挥其技术优势和功能特点,实现教学设计、教学评价、教学反馈等方面的创新和改进。

(1)在教学设计方面,智慧笔可以帮助教师设计更加丰富多样的教学活动,如案例分析、小组讨论、知识梳理、辩论赛等,调动学生的思维,提高学生的参与度和互动性,培养学生的理论思维能力、政治认同度,价值判断力等。

例如,教师在讲授"社会主义民主"时,用学生感兴趣的剧本杀游戏活动创设教学情境,引导学生阅读学案中的材料,用智慧笔总结概括剧本杀内容管理政策出台的过程,分析其背后体现的民主的特点;引导学生分析当下相关的管理条例内容以及剧本杀游戏中存在的问题,尝试用智慧笔写出解决方案等活动任务,引导学生关注社会问题,积极参与民主实践活动,从中感悟社会主义民主的力量。

(2)在教学评价方面,智慧笔可以帮助教师实现更加及时和精准的教学评价,如即时性评价、针对性评价、多维度评价等,以提高评价的效率和质量,促进学生的自我评价和互相评价,激发学生的学习兴趣和主动性。

用智慧笔完成的客观题部分(选择题、判断题等)都可以即时反馈,及时给予评价(参见图1、图2)。其他形式的回答可以有多种多样的评价方式,教师可以给予评价,学生自己可以进行评价,同学相互之间也可以给予评价。

例如,在以中国工业合成氨发展史为例进行的主题为"伟大民族精神是中国发展进步的强大动力"的公开课教学的最后,教师设计了一个开放式的活动任务,要求学生在学案上用自己喜欢的方式(画、诗歌等)讴歌伟大的民族精神。学生完成之后在教室电脑大屏上展示学生创作并让大家选出最喜欢的两到三份作品,作为班级板报的部分内容。喜欢绘画的学生绘制了反映民族团结、航天精神、长征精神等的漫画,其绘画和构思惊艳了众人;喜欢文学的学生现场创作了小诗致敬民族精神,有学生写到"代有理想众志合,升空探月会嫦娥。独秀禀赋竹昂扬,游及九天映长江",虽然不完美却得到大家的一致赞扬。这一活动过程既展示了学生的个性,调动了其兴趣和积极性,又渗透了德育,寓教于乐,事半功倍。

(3)在教学反馈方面,智慧笔可以帮助教师实现更加有效和及时的教学反馈,如个性化反馈、动态反馈、多元反馈等,提高反馈的针对性和实用性,促进教师和学生的双向交流和互动,提升教学质量和效果。

例如,教师在讲授高质量发展时,从身边的地摊经济入手,以"地摊经济与高质量发展"

重 塑

为主题,通过对地摊经济利弊的调查分析,聚焦泗泾夜市及其未来发展方向,以问题"如何在高质量发展理念指导下发展新型地摊经济,请从以下主体的角度出发,探讨他们各自要作出哪些努力?(1.政府;2.经营者;3.消费者;4.周边居民)"引导学生分组讨论,并用智慧笔整理意见和建议。

然后将分析和解决方案同步到大屏上,让其他小组作评论和补充,最后由教师总结和反馈,引导学生从不同的角度运用法治思维和法律手段解决社会问题。教师可以综合学生的分析和解决方案给予相关智能评价和反馈,如进行线上的评价、打分、奖励等。

同时"闵智作业"平台也可以实现对教师教学的反馈,生成课堂报告,给出课堂有效互动率、学生课堂投入度、课堂掌握程度等方面的反馈,如图5所示,帮助教师和学生实现教学反馈的闭环,提升教学质量和效果。

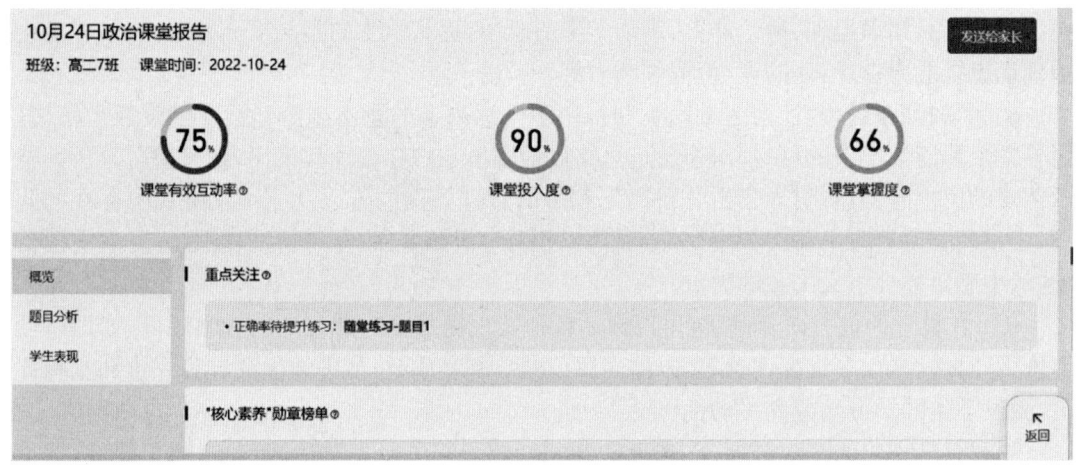

图5 课堂报告

综上所述,智慧笔在高中思想政治课的教学中,可以产生以下几个方面的应用效果和价值。

对于教师而言,智慧笔可以提高其教学能力和水平,如教学设计能力、教学评价能力、教学反馈能力等,使教师能够更好地实现教学目标和教学效果,提升教学质量和效率,减轻教学负担和压力,增强教学信心和满意度,促进教师的专业发展和成长。

对于学生而言,智慧笔可以提高其学习能力和水平,如学习兴趣和主动性、学习方法和策略、学习效果和成绩等,使学生能够更好地实现学习目标和学习效果,提升学习质量和效率,减轻学习负担和压力,增强学习信心和满意度,促进学生的个性发展和成长。

对于思想政治教育而言,智慧笔可以提高思想政治教育的效果和质量,如思想政治素养和核心素养、思想政治认同和自豪感、思想政治参与和贡献等,使思想政治教育能够更好地实现教育目标和教育效果,提升教育质量和效率,减轻教育难度和挑战,增强教育信任和支持,促进教育创新和发展。

智能时代促进智慧教研
——高中历史组的教研转型与教研组建设

刘 美

一、高中历史教研的传统与背景

历史学科作为一门传统学科,在普通高中教育阶段,从教学内容上来讲,与20年前并没有太大的变化,新增加的内容也只是随着时代变迁,增加了进入21世纪以后的一段当代史,但是20年后的课堂却发生了天翻地覆的变化。在线教育,各种教育技术与平台纷纷涌现。最传统的历史课与最前沿的智能时代相遇了。与此同时,以历史课堂教学为研究对象的历史教研活动也在急剧转型。

随着智能时代的到来,智慧教研应运而生。智慧教研是基于弗兰德斯交互分析、S-T分析、课堂参与度、布鲁姆的教育目标分类学理论等传统课堂研究的理论成果,利用录音、录像、二维码、人脸识别、自然语言处理以及大数据分析等手段,快速采集数据,实时统计分析并生成评价报告等的教研活动。智慧教研在高中历史教研形式上、对大数据的应用上、教学评价等方面都与传统教研有着巨大的区别,也是历史教研转型的表现。

二、高中历史教研转型的表现

(一)历史教研方式的转变——从线下到线上线下融合教研

传统的组内教研途径很多,主要通过开设各种不同级别和类型的公开课,然后进行说课、听评课、写教学反思,也可以参加教学的优质课评比,可以申请课题作研究和教学论文写作等方式对课堂教学展开研究,但其共同点都是线下教研活动。

线下教研固然有着自己的优点,可以面对面地交流,更清晰地表达意见与看法,但是线下教研要有统一的时间和地点。而线上交流则非常便捷,效率很高,随时随地展开教研,简单到甚至就是用微信多人视频或语音即可。

特别是遇到特殊情况的时候,线上线下融合教研就显示出了优越性。上学期历史组内一位教师感染了甲流,我们组师资力量紧张,排不出代课教师,因此他只能居家上网课,他本人的课是用Classin平台给学生直播的,恰逢组内进行精准教研的培训。因此,笔者也用Classin平台,事先将培训资料上传,约好教研时间,居家的教师线上参与,其他在校的教师则继续在线下教研,利用线上线下融合教研顺利完成了教务处安排的培训任务。

(二)历史精准教研的践行

智能时代为高中历史精准教研提供了更多的可能性。例如,通过大数据分析和人工智能技术，教师可以更准确地了解学生的学习情况和需求，进而进行更有针对性的教学。同时，智能技术还可以为教师提供丰富的教学资源和手段，使教学更加生动有趣。智能时代还带来了大量的教育数据，如何有效地利用这些数据指导教学也是精准教研的重要方向。通过对学生的学习数据作分析，教师可以更准确地把握学生的学习进度和难点，从而进行更有针对性的指导和帮助。

传统的教研组活动，我们通常是听完一节课，凭借着听课时做的笔记，课后与授课教师一起评课，但这些笔记不可能关注到很多方面，通常是关注自己感兴趣的部分或者授课教师处理得很精彩抑或处理不当的部分，但是借助线上教学平台，对着课堂回放，可以很清楚地确切到任何一分钟的教学。而且平台自身也具有评课功能，如我校数智平台的直播课都有课堂记录，师生互评功能支持学生课后评价教师，教师也可以给学生过程性的评价；平台也可生成课堂报告，如图1所示。可以清晰地显示出勤、互动情况，使用哪些教学工具如小黑板、答题器等。这些精准的课堂数据给我们的教研活动提供了大量的数据支撑，可以直观了解授课教师的技术能力以及教学中的薄弱环节和教学亮点。通过观课议课，案例点评或主题研究、同课异构或切片教研的方式可以全面评价一位教师和特定的一节课，帮助教师专业成长。

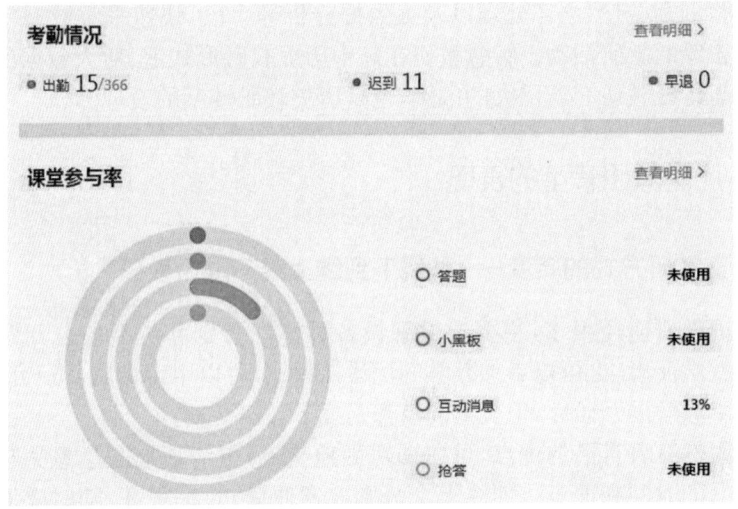

图1 线上平台课堂报告

其次，对于任课教师的成绩表达，每次的月考、期中、期末考试在各种平台上都有精确的数据，既可以关注到学生的长期发展变化，也可以清晰地看到授课教师在团队里的成绩对比情况，甚至可以将教师之间的知识点得分情况进行对比，清楚了解每个知识模块各个教师的成绩表达。这些精准的数据对于授课教师作自我分析以及组内研讨都具有十分重要的意义。另外这些数据还可以生成新的教研成果，进一步进行课题立项、专题培训、集体备课。

总之，智能时代为高中历史精准教研提供了更多的机遇和挑战，我们应该积极探索和实践，不断提升历史教学的质量和水平。

（三）智慧评课的展开

随着教育技术的不断进步，教学评价工具也得到了创新和优化，智慧评课是其中的一个重要方面。智慧评课是基于网络和技术的教学评价系统，旨在提高教学评价的客观性和准确性。智慧评课的对象更丰富，从仅仅聚焦某老师的某一节课到评价某老师的一类课，还利用信息技术手段，通过收集和分析课堂教学数据，为教师提供更全面、客观、准确的课堂评价服务。智慧评课不仅关注授课教师，对教师的教学过程、教学内容、教学方法等方面作出评价，还可以对学生的学习情况、课堂互动、教学效果等方面作分析和评估，更加关注整体化的课堂。各个教学平台自身也带着评课功能，如Classin的直播课都有课堂记录，师生互评功能支持学生上完课可以评价教师，教师也可以给予学生过程性的评价；还有课堂报告，可以清晰地显示出勤、互动情况，使用哪些教学工具如小黑板、答题器等。这些精准的课堂数据给我们的评课活动提供了大量的数据支撑，了解授课教师的技术能力以及教学中的薄弱环节和教学亮点。

从评课效果上来看，通过智慧评课，教师可以更加深入地了解自己的教学表现，发现存在的问题和不足之处，并及时作出调整和改进。同时，智慧评课也可以为学生提供更加个性化的学习服务，帮助他们更好地掌握知识、提高学习效率。

因此，随着技术的不断发展，智慧评课将会越来越普及和成熟，为教育教学提供更加智能化、高效化的支持和服务。

三、教研组建设

（一）凸显青年教师的作用

作为智能时代"原住民"的青年教师接受能力强，技术水平高，很多新的教学技术他们一学就会。办公室今年新进的一位95后教师，最喜欢在哔哩哔哩网站上听课，她说自己不知道怎么讲的课就会在网站上先听听别人是怎么讲的。这与习惯了传统公开课学习，最多也就是用区公开课平台云录播听听课的我们有着极大的代沟。青年教师凸显自己的作用可以通过多种方式。他们可以利用智能技术改进教学方法，比如使用虚拟现实（VR）、增强现实（AR）等技术为学生提供更生动真实的学习体验；利用智能工具进行个性化教学，既能满足不同学生的需求也能形成自己的授课风格；利用自己的技术优势对组里的中老年教师进行技术帮扶，帮助组内教师一起进步。

此外，青年教师还可以利用自己的技术优势，积极参与教育科研工作，探索智能技术在教育中的应用和发展趋势。他们可以参加闵行区和上海市乃至全国的"教育数字化转型"和"技术赋能精准教学"等主题的案例评比和课例评比，探索智能时代的课堂改革，也可以加强与其他教师、学者、专家等的合作，共同研究智能时代的教育变革和创新。

总之，青年教师可以通过学习、创新和实践，不断提升自己的专业素养和教学能力，为智能时代的教育事业贡献自己的力量，推动历史教研组应时而变，与时俱进。

（二）关注教研组资源库建设

智能时代的到来，使高中历史教研组资源库的建设越发重要。以教研组资源库建设带动历史教学质量和效率的提升，促进学生历史学科素养的提高，成为新时代历史教研组建设的重要内容。在资源库建设过程中，首先，我们可以根据教学目标确定资源库的内容，比如历史教学资料、教学视频、教学课件、历史文献、图片、地图等。其次，我们要对收集到的资源进行分类。我们把通过各种途径收集到的历史教学资源，包括从网络、图书馆、档案馆以及各种教学平台、公众号等获取的相关资料按照教材目录整理和分类，方便教师和学生查找和使用。

除此之外，我们还需要定期更新和维护历史教学资源库。可以通过定期更新教学资源、增加新的历史文献和图片等方式来保持资源库的活力和实用性。通过不断更新和维护资源库，以保证资源的时效性和准确性。最后，为了提高教师的信息素养和教学能力，也需要教研组加强对教师的培训，让教师熟悉资源库的使用和管理；同时，鼓励教师互相分享优质的教学资源，加强资源共享，从而提高教学质量。

总之，历史教研组资源库建设既需要充分利用信息技术手段，又需要整合和优化历史教学资源，进而推动历史教学的创新和发展。

（三）提升教师的专业素养

智能时代呼吁专业的智慧型教师。做一个专业的智慧型教师，需要不断更新和拓宽自己的知识体系，深入学习历史专业知识，学习并应用现代教育理论，如教育学、心理学等，更好地理解学生和教学规律。在教学中找到自己感兴趣的方向与擅长的技能并不断深耕，培养自己的专长。

做一个专业的智慧型教师，需要关注历史学科的前沿动态和研究成果，保持对学科发展的敏感度和好奇心。在课堂教学过程中勇于探索多样化的教学方法和策略，应用多种教学平台，掌握最新的教育技术，尝试各种教学方法，不断反思自己的教学实践，总结成功经验和不足之处，不断改进和提升教学质量。

做一个专业的智慧型教师，需要保持对新知识、新技能的探索和学习热情，不断提升自己的专业素养和综合能力。阅读历史学科相关的书籍、期刊和报纸，了解最新的研究成果和学术动态。利用互联网、公众号等现代信息技术手段，获取更多的学习资源和信息，持续丰富自己的知识体系和教学手段。坚持参加历史学科相关的学术研讨会、讲座和培训，与同行交流经验和心得。甚至可以试着与其他学科教师合作，开展跨学科的教学和研究活动，拓展自己的学术视野。参与学校或地区的教学研讨活动，分享自己的教学经验和成果，推动教育教学改革的深入发展。

做一个专业的智慧型教师，还需要深入了解学生的历史学习情况和兴趣点，制定符合学生实际的教学计划和策略。关注学生的个体差异和学习困难，鼓励学生参与历史学科相关的课外活动和实践，为学生提供个性化的指导和帮助，促进学生的全面发展。

智慧型教师既要有永不忘却的教育初心，也要有高尚的职业道德，能够公平公正地对待每一个学生，积极参与学校和社会公益活动，为社会的和谐稳定和发展贡献自己的力量！

融合创新,实践发力
——华理科中地理教研组教育信息化建设

顾 英

当今社会,信息技术正以惊人的速度融入学校的教育教学当中。《中共中央 国务院关于深化教育教学改革全面提高义务教育质量的意见》指出应积极"促进信息技术与教育教学融合应用"。上海发布的《上海市教育信息化2.0行动计划》明确,教育信息化2.0的本质是着力于以信息化推进教学方式的深度变革,适应数字时代的人才培养和教育发展需求。

我校是上海市科技教育特色学校(示范学校)。校长乔长虹表示,学校将以创建上海市特色高中和市级示范性高中为契机,以立德树人、促进学生终身发展为主要职责,以"特色化、优质化、国际化"为办学目标,打造一所高起点、高规格、高品质的一流品牌科技高中。

教学是学校的中心工作,教研是推动教学高质量发展的关键,教研组是校本教研的主题。教研组的根本任务是研究和改进课堂教学,促进成员教学水平的提高。随着教育改革信息化的不断深化,教师们面临着越来越艰巨的挑战。根据《华理科中教师信息技术应用能力提升工程2.0推进方案》的相关要求,地理教研组将组内教师组织起来,根据教学中的问题,开展教研组活动,通过对课堂教学的大胆创新和实践,不断研究教育信息化,最大限度地发挥教师的集体力量,从而提升教学质量。

一、解读地理核心素养

地理核心素养是指学习者通过高中地理课程的学习,形成具有地理学科特征的必备品格和关键能力,是更加关注个体适应未来社会生活和个人终身发展所必备的关键素养。在日常生活中,我们面对"为什么新加坡缺乏石油却是世界第三大炼油中心?为什么俄罗斯的军工业如此发达令美国忌惮,而轻工业较落后?为什么我们在巴基斯坦承建瓜达尔港口?为什么2020年的梅雨量远超1998年但造成的损失没有1998年严重?为什么上海重点发展高端制造业和高端服务业而内蒙古是以第二产业为主导?我们去青藏高原要带哪些防护装备?"等一系列问题,这些问题与高中地理核心素养:区域认知、综合思维、地理实践力、人地协调观密切相关。小至生活点滴,大至全球现象,都与地理相关,所以我们如果从地理的核心素养上去考虑就可以帮我们解惑不少。

教研组将通过教研活动,组织学习《普通高中地理课程标准(2017年版2020年修订)》,强调在日常教学中以课程内容为载体,以教学目标的方式呈现每课时的核心素养。归根结底,我们研究的不是地理,而是我们人类自己以及整个全球可持续发展的未来。

二、钻研教育信息化平台

我校是上海市教育信息化应用标杆培育学校,多年的实践使得学校教师一直处于信息化教学改革的浪潮上。目前学校主要使用的平台有"闵智平台"、"上海微校空中课堂"和"数智空间"。

(1) 课前:教师可以使用上述平台中已有的目录体系,也可以根据自己意愿创建新目录体系;不论是教师还是学生的相关资料如PPT、视频、课前预习检测单等都可传送至相应的目录中。教师通过平台上学生上传的资料,及时了解学习者在某课时或某单元的初始学情,为教师的教学资料调整和课堂教学的精准化提供了方向,为课堂"少教精教"提供了依据。

(2) 课中:我们在使用上述平台时,将一些信息技术"切片"成随时随地的"知识传递",如屏幕复制、超链接、白板功能、双屏播放、在线测试、多屏互动、智慧笔等。教师可以在课堂上生动形象地同时呈现多方位的资料同时生动形象地呈现,帮助学生更好地理解和掌握,实时看到学生的表现如任务参与率、正确率、作答情况等,甚至还可以通过"思维再现"动态观看学生的作答步骤,让学习过程可视化;可以基于不断变化的学情及时调整课堂教学策略和进度,为课堂教学的精准化提供依据。

(3) 课后:可通过数据生成报告,了解到活动任务中没有积极参与的"异常"学生,通过课后的及时干预帮助其克服课堂学习困难;课堂报告可直观显示题目的正确率、学生的参与情况以及错因分析,异常情况也能很直观地体现出来,帮助教师根据学生测试结果在有针对地调整教学安排的同时达成数据驱动下因材施教的精准教学目标;教师也可通过生成的报告了解自己的授课情况,避免"一言堂";教师根据数据报告作教学反思,改进教学过程,进而实现教学的精准化。

那么,在上述平台里是否还有一些我们不是很常用或者说不知道的功能呢?除了学校组织的培训,教研组还将通过摸索、挖掘、请专家指导等方式,进一步挖掘平台功能,使之更好地服务于教学。

三、精准分析班级整体学情

在教育界有一个口号:"对于学生,我们知道得太少。"信息技术与学科的融合帮助我们更了解学生,通过数据的收集、分析、统计对课堂教学作全方位观察,比传统的课堂观察量表更省事,也更精准。

以闵智平台为例,我们设计了一份课堂教学量表,如表1所示。组内教师就自己任教的班级以教学单元为例,根据平台数据的采集、分析,诊断分析在这个教学单元里班级学生整体核心素养的落实情况。

表1 课堂教学量表

教学内容	区域认知			综合思维			地理实践力			人地协调观		
	某班	某班	某班	某班	某班	某班	某班	某班	某班	某班	某班	某班
…												

由此可见,信息技术的应用给教师提供更加客观、全面、精准的学情分析与服务,为教师实施精准教学提供了科学依据。

四、诊断分析学生个体差异

从平台上我们获取班级之间的数据,分析班与班之间的差异。那么班级内学生的个体情况呢?德国哲学家莱布尼茨说:"世界上没有两片完全相同的树叶。"人也是各式各样的,每一个个体都是独一无二的,我们要尊重这一事实。"关注学生的个体差异",这就要求我们因材施教。

我们将应用"一起作业""数智空间"等相关信息技术平台发布练习,根据其反馈及时性、连续性特征帮助教师更全面、清晰了解学生个体。我们将以多次得分在80%及以上的为领头羊,60%—80%的为基础生,60%以下的为教师心里时刻记挂的学生。这为课堂差异化教学和课后分层作业提供依据,为实现每个学生在原有基础上的"充分发展"和"最佳发展"提供了数据支撑。这与我校"成就每个学生生命的精彩"的理念是一致的。

五、分工协作信息技术融合下的学科核心素养

现代科技的飞速发展使信息技术被广泛应用在高中地理核心素养培养中。如何发挥出信息技术在高中地理教学中的实践效果,帮助学生更加全面地掌握地理核心素养,值得每一位地理教师深入探究。地理组采用分工协作来落实核心素养,在日常教学中有侧重地推进信息技术促学科核心素养的落实,并以表格形式的方式及时记录,如表2所示,期末形成文本档案。

表2 信息技术促核心素养表

核心素养	主要负责人	具体活动1（例子＋使用的技术）	具体活动2（例子＋使用的技术）	…
区域认知	李萍、宋桂琴			
综合思维	顾英			
地理实践力	胡晓婷			
人地协调观	杨中秀			

重 塑

六、数据支持下的因材施教和地理学科核心素养落实的教学实践

课堂实践是教与学的主阵地。学校着力创建特色高中,深入挖掘"新柠檬课堂"内涵,打造教与学智慧课堂。

(一)实践智慧课堂

地理组以"海洋"为例开展教学实践,经过组内研讨,协作分工教学内容,具体如表3所示。

表3 海水运动单元教学安排

课 时	主 题	课本页码	授课教师
第一课时	海水的运动——波浪	必修一:第82页	李 萍
第二课时	海水的运动——潮汐	必修一:第83页	宋桂琴
第三课时	海水的运动——洋流(成因、分布、名称)	选必一:第89页至第91页	顾 英
第四课时	洋流对地理环境和人类活动的影响	选必一:第92页至第95页	胡晓婷
第五课时	海-气相互作用及其影响 厄尔尼诺和拉尼娜	选必一:第96页至第100页	杨中秀

(二)精心设计教学

教学设计一般包括教学目标、教学重难点、教学方法、教学步骤与时间分配等环节。强调教学设计要呈现"为什么学""学什么""如何学",其中为什么学就是学科的核心素养。这与"双新"的会议内容和相关精神是一致的,强调以学科核心素养为指导梳理学什么、怎么学、怎么评价等问题,回归学习本质。

(三)因材设计作业

作业是学生巩固所学,掌握学科技能,最终促进学科核心素养落实的手段。根据信息技术平台如 Aischool 提供的数据,从学生的学习基础出发,结合地理情境和社会实际问题,或温故知新、或启发理解、或比较综合、或引导创新,多角度切入展开设计。设计时以表4为依据并完成相应填写。

(四)汇总教学资源

教师参照表5汇总"海水运动"单元的教学资源,相应资源如微课上传至我校数智空间中的"视频微课"模块中,形成系统的资源库用于学生自学,从而增强学生的自主学习能力,

更好地满足学生对学科知识点的个性化学习、按需选择学习,同时兼顾知识查缺补漏与强化巩固,是对传统课堂学习的一种重要补充和资源拓展。

表4 作业设计

作业结构	1.落实学科核心素养的题组		2.相关题型的作业题组			3.相关难度的作业题组			6.作业预估总时间
	核心素养	对应作业的序号	题型	题量	占比	难度	题量	占比	
	人地协调观		选择题			易			
	综合思维		综合题			中等			
	区域认知		…			难			
	地理实践力		4.相关水平作业题组			5.相关内容的作业题组			
			水平	题量	占比	内容	题量	占比	
	题量	共___题	识记			重点			
			理解						
	作业目标覆盖度	___%	应用			难点			
			综合						

表5 教学资源汇总表

资源分类	第一课时	第二课时	第三课时	第四课时
纸媒及实物				
数字资源(包括自制微课)				
环境条件(使用平台)				

　　随着信息技术与学科的融合,精细化的诊断、分析使得一线教师面临的教学问题逐渐增多,这时候,教研的主题更多倾向于如何精准教学的问题研究。教研活动的重心由教学案设计转变为问题研讨,研讨的主题由关注教学结果到关注教学过程,由关注教学过程到关注教学问题,由关注教学问题到关注学生主体。

　　加强教研组建设是提升教师个人素养和实现学校可持续发展的重要基石。地理教研组以信息技术与地理学科融合为抓手,朝着学校"常规工作特色化,特色工作品牌化"的目标不断迈进! 坐而论道,起而践之行之。教育没有终点,学习没有结点。让地理教研组的教师们真正能够技术赋能、精准教学!

信息助力,体育增辉
——体育学科应用信息技术提升课堂教学实效

孙志平

当今社会,信息技术正以惊人的速度融入学校的教育教学中。《中共中央国务院关于深化教育教学改革全面提高义务教育质量的意见》指出:"促进信息技术与教育教学融合应用。"上海发布了《上海市教育信息化2.0行动计划》。教育信息化的本质是着力于以信息化推进教学方式的深度变革,适应数字时代的人才培养和教育发展需求。

我校是上海市科技教育特色学校(示范学校)。校长乔长虹表示,学校将以创建上海市特色高中和市级示范性高中为契机,以立德树人、促进学生终身发展为主要职责,以"特色化、优质化、国际化"为办学目标,打造一所高起点、高规格、高品质的一流品牌科技高中。

学校经过多年的课程现代化技术的飞速发展,信息化逐渐深入教师和学生内心并达成共识。熟练应用信息技术成为现代教师必备的教学技能之一,少教多学、精教细学、柠檬课堂、"三步五环"、智慧笔、数智空间等教学模式和理念已经基本形成,并在区域内形成了一定的辐射和影响,电子书包项目、小组合作学习、智慧课堂、云平台的使用正在逐步发挥作用并呈现良好效果。

学校体育作为五育并举、全面发展学生综合素养重要的课程之一,由于体育学科的课堂更为开放,内容多集中在以技能形成和体能练习为主要目标的课程项目中,使得体育课堂的创新在信息化特征方面屡受瓶颈制约。但作为未来学校特征的华理科中的智慧课堂的创设中,体育学科肯定是不会置身事外的。经过多年信息化手段和数据利用与分析在体育课堂中的运用,虽然没有跨越式的改变,但从实践和运用中收获的启示和成效还是可喜的。

一、信息化技术在体育课堂教学的意义

(1) 信息技术与技能课紧密结合,提高专项技能课的质量。体育教学中有很多如篮球中的跳跃、跳远、跳高等腾空动作,短跑中的高速跑动,羽毛球、乒乓球等快速挥臂、退挡、击打等动作技巧,学生很难把这些瞬间完成的动作看清楚,很难快速建立一个完整的动作的感性认识。以助跑跳远的教学为例,传统的教学常采用"讲解+示范"的形式讲授,虽然讲解和示范时强调了重点,但由于动作瞬间完成,学生很难模仿掌握。于是,教师只能反复示范、重复讲解,最终的结果往往事倍功半。综合分析,笔者认为,在平时的传统体育教学中,以下三个难以解决的教学问题尤为突出:① 有些体育技术动作难示范,不能慢慢地示范或很难多次重复示范,如跳远中的腾空步技术动作;② 教师的年龄、喜好与特长影响体育课堂教学内容的选择,如教师因年龄、体力、性别等差异影响体育课堂教材的选择;③ 室内体育课单调、乏味,在教学中应用不多,且学生不爱听,尤其面对下雨天,常常只能在室内上课等(学校室

内体育场容纳的班级不多)。

而把信息化融入体育学科,可以让学生通过观看网上的一些资料和图片,了解肌肉构造和动作的生理原理,了解在动作过程中关节的最佳运动角度是多少,为什么这样的角度才是最佳角度,需要运用哪些肌肉群,它在整个技术动作中起到了什么样的作用。体育运动是最讲究体位感觉的科目。当明白了整个动作的来龙去脉,在上技能课时,学生就能够自觉地理解和体会教师的动作讲解,而不是单纯地模仿,体位感觉能力也会得到提高,整个专项技能课的授课也会得到质的突破。

(2)激发学习学生体育专项技能的兴趣。学习的前提是兴趣,通过信息技术的声音、图片、听觉、视觉手段,创设一种教学或学习情境,激发学生的学习激情,促进学生个性化发展,使学生成为学习的主人。利用信息技术可以将体育知识、技能的表达多媒体化,图文并茂、丰富多彩的知识技能表现形式,不仅可以有效地激发学生的学习兴趣,使其产生浓厚的学习动机,同时也可以提供多种感官的综合刺激,增加获取信息的数量,延长知识的保持时间。利用信息技术,既可以构建个性化学习环境,也可以营造合作式学习氛围。既可以满足不同认知水平和认知风格的学习者,也可以实施协作学习策略,为学习者提供相对问题的多种不同观点的比较、分析和思考的条件,深化知识技能的理解和掌握,更有课堂运动生理数据采集和分析后的课堂及时评价和分析,便于教师课堂环节和内容、手段、课后学生评价等要素的及时调整和优化。因此要真正做到活跃课堂气氛,彻底改变传统的"教师讲、学生练"的教学模式,就必须把先进的信息技术手段融入体育教学中。而通过信息技术强大功能和声、光、色、形、灯对学生心理产生的影响,满足他们强烈的求知欲和猎奇心理,从而形成学习动机。

(3)借助信息化辅助地位,促进体育理论知识的掌握。学生学习体育习得运动技能,还要学习一些生理、心理、卫生知识和体育竞赛知识。这些内容是非常适合在多媒体课堂里上的。互联网排除了时空及人为因素的限制,这使得学生能够获得大量的知识。这不仅扩大了学生的知识面,还从根本上改变了学生认为体育课只是掌握运动技能的课程的看法,提高了学生学习体育的兴趣,也符合目前对学生进行素质教育的实质。

(4)大数据运用过程中,我们的评价更直观、更精确。对于体育课堂的技能和体能评价我们往往依赖教师或者考核人员的主观评定,这必然存在依经验和评定偏好等主观因素。

随着信息化手段和数字化课堂数据采集手段的丰富和成熟,课中数据面更为丰富,评价内容更全面,多维的评价对学生体育技能和体能数据的综合评价更为合理,数据面评价的精确更为学生和教师分析学习难点、教学重点提供了更为精确的依据,并为学生和教师提供诊断和分析,成就指导性结果。学生能及时掌握各项素质的强弱差异,有针对性地自我加强和学习,提高效率和练习导向的准确性。

当然,教无定法,贵在得法,教学中注重以学生为主体,以操作技能培养为主线,充分发挥学生的想象力和创造力,使学生在实践中尝到成功的快乐,这是信息技术教学的关键所在。我们要从教学的实际出发,做到恰到好处,真正发挥多媒体的有效作用,达到其辅助教学的真正目的。

未来的体育课堂必将呈现更多智能化的学习和评价手段。我们可以预见,每做一个动作,智能教学系统直接可视化地提供动作效果和改进意见,通过辅助设备帮助协助动作形成和规范的效果,信息化的体育课堂必将更为精彩!

二、结语

在信息化教学的大潮中,信息技术与体育学科的融合,可以提高体育教学质量,促进学生全面发展。既能满足学生学习需求,又符合学生身心发展特点,有利于促进体育教学可持续发展。体育教师应顺应信息化的大潮改良教学方式、构建课堂环境、整合教学资源,为学生提供高质量的体育专项化教学服务,促进体育教学现代化发展。

信息技术的应用在体育的教学中解决了平时教学内容单一、枯燥,讲解语言空洞、抽象,教师很难吸引学生,技术动作难示范等问题。它以学生为主体,把学生紧紧地吸引到充满活力的课堂中来,使学生在艺术体育课堂中"易学、乐学、善学",提高了体育课的教学质量和效果。

信息技术与体育课堂教学相结合,是两个完全不同的行业和学科进行交叉渗透。这有利于改变传统的教学思想,使得教学方式和教学环境、体育训练上更多样化,对于艺术尤其是新媒体艺术、数字音乐、动漫制作等相关作品数不胜数。但是信息技术不能完全代替教师的课堂主导性。教师的示范和讲解、本身的良好基本功是学生信服体育教师的基础。教师一个漂亮优美的示范动作,能起到意想不到的效果,在学生中树立威信,并能潜移默化地感染学生,助其树立起要学好这个技术动作的信心。这是再好、再美的影音效果和信息技术平台都不能替代的。

师生成长

数智四维评价助推学生成长精彩

钱慧青

我校是一所教育信息化特色高中,借助学校信息化优势,以信息化改革评价,以"四维"引领结果评价、在五育中变革过程评价、在数智空间中作增值评价、在赋能的 PST 数智校园体系中作综合评价,探索解决当前教育发展中结果评价、过程评价、增值评价与综合评价等老大难问题。以"问题导向"推动评价改革,以"全面发展"指引评价转变。

一、构建关注学生全面而有个性发展的四维评价体系

从高中学生终身发展的角度出发,提出了聚焦核心素养的育人观,研制了由"学业表现、信息素养、核心能力、职业倾向"组成的"四维评价"系统,以支持和帮助所有学生实现"身心健康、学力合格、充满人文、富有个性"的发展目标。

维度一:学业表现

依据《上海市深化高等学校考试招生综合改革实施方案》,记录语文、数学、英语等 11 门学科成绩,依托全新的 AiClass 互动课堂系统,记录学生课堂学习行为,运用学生学习过程和结果表达的数据,提供精细化学习分析和个性化学习辅导。

每学期录入语数英四次考试成绩,含期中、期末及两次阶段测试,理化生政史地等各科录入两次成绩,即期中、期末成绩。以卷面分数录入,语数英满分 150 分,其他学科满分 100 分。在每次考试结束后一周内由任课教师录入系统。

每次成绩按照年级名次排序,年级前 20% 为 A 等,20%—50% 为 B 等,50%—90% 为 C 等,其余为 D 等。每学期取所有数据均分排序后生成等第。

维度二:信息素养

依据国际上公认的信息素养八大能力,结合学校、学生的实际,确立信息运用、交流协作、技术应用、创新变革能力和数字公民意识五大评价指标,对学生三个层次的能力水平,通过学校设置的特色课程的学习及各类相关活动中表现情况进行评价。

维度三:核心能力

依据国家颁布的《中国学生发展核心素养》六大素养,18 个基本要点,确立人文丰富、科技创新、体育健身、艺术审美、实践体验等校本化指标。学生在各类课程、社会实践、展示活动中得到评价。

维度四:职业倾向

采用"霍兰德职业兴趣倾向测试""卡特尔 16 种人格因素倾向测试"等测试量表,从内在因素,人格、兴趣的角度出发,在职业能力、职业性格、职业兴趣三个方面探索生涯发展方向,为学生提供方向性指导与建议。

四项维度,按照一定比例赋分,再转换成等第,以雷达图呈现。纵向横向对比、近期远期对比,形成一棵枝叶繁茂的"生涯发展树",可视化的评价结果,形成学生的综合评价报告,如图1所示。

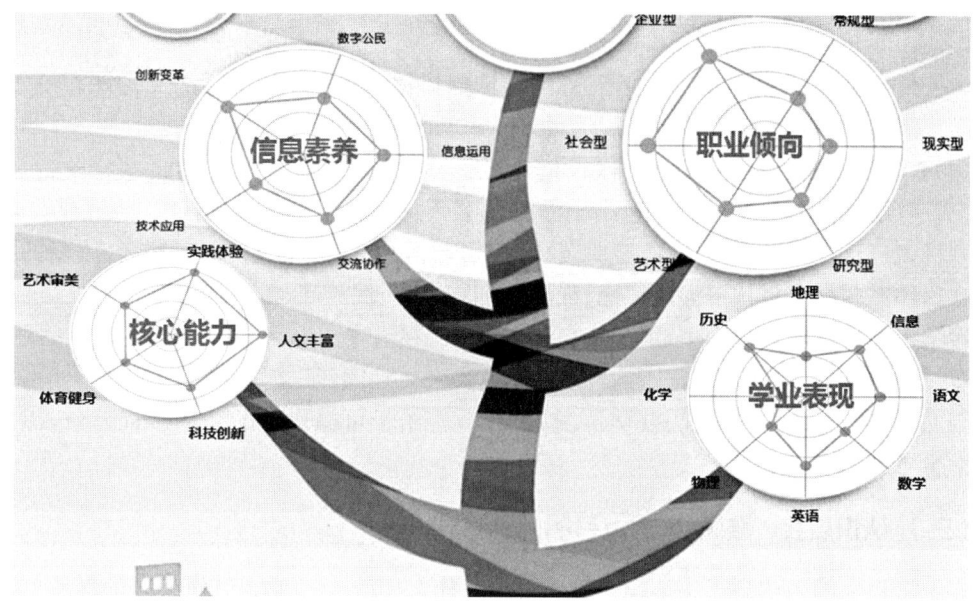

图1 四维评价雷达图

四维评价增强了学生评价的过程性、真实性、全面性和发展性;让学生培养从"单一"走向"综合",从"结果"走向"过程与结果"兼顾,从"一统性全面发展"走向"个性化健康成长"。

二、技术与教育的深度融合助力用评价撬动高中育人之变

(一) AI 赋能柠檬课堂,实时有效评价,提升教学质量

学校形成柠檬课堂(LEMON)的教学理念,集中体现了课堂教学的个性化学习(Less-standardization)、在线学习(E-learning)、更多的互动(More-interaction)、开放的空间(Open-interspace)、新的教学模式(New-pattern)五大核心理念。

借助人工智能等信息技术,依托学校的 OPS 纳米黑板以及 CD-CAT 认知诊断辅导、知识管理平台、互动家园、自建的数字化教学资源、笔记本电脑、平板电脑等数字化学习环境,开展基于四维评价的"数智空间"建设及应用。

自"数智空间"投入使用以来,虚拟走班、在线学习、互动课堂、学习评价、学习辅导、综合评价、分析诊断等借助大数据得以进一步实现。已经积累了包括学生学习、课堂教学、校园管理、校本资源、教师评价、学生评价等类别,共计1.67亿条约39T的数据量,其中从2019年9月到2020年5月,新增应用数据约1.26亿条、约16T。

全程记录学生的学习过程和学习结果,利用数据分析对学生的学习优劣势和教学过程

重　塑

作精准的分析,师生可以根据分析结果调整教与学的策略,同时综合评价模块可以对学生在校的学习状况作统计和分析,为其学涯规划提供帮助。

实时有效评价使大规模因材施教成为可能,大大提升了教学质量。

（二）五育并举,过程性评价,提升综合素养

学校根据学生校园生活制定了指标体系,依据指标体系配套了丰富的五育课程资源,包括数字化课程。学校围绕指标来开展活动。

例如,学校建立了"叁三"课程体系,包括"三一"课程：参加一个社团、争取一次全校亮相、完成一项研究课题;"三十"课程：阅读10本名人传记、聆听10场报告或讲座、观赏10部经典剧目;"三百课程"：欣赏百首名曲名、鉴赏百幅名画、了解百位名人。学生体验的社会实践课程体系包括南京抹不去的记忆、大明山拥抱自然、民族魂-鲁迅故里行等。

在学生核心素养量化表中,评价指标设计细致,在人文丰富、科技创新等5个一级指标下设有二级指标,如在人文丰富下有"三十"课程、人文社团、征文演讲、经典阅读、读书节系列5个二级指标。从参与情况、获奖情况、赋分值等给予可操作性的活动过程评价,以评价促进学生参与活动。

（三）认识自我,准确作自我评价,面向未来

高中生最大的困惑是无法认识自己：想成为什么样的人？想接受什么样的教育？我的人生价值为何而实现？

四维评价体系详细记录了学生的成长轨迹,对学生的数据作记录和评价,使原本孤立和零散的成长数据被整合到一起。学生不仅可以看到一个个完整的、鲜活的自我,更可以看到自己在群体中的位置。通过数据的深度挖掘、精准诊断分析、精细数字画像,教师、家长、学生都能根据个性特长量体裁衣,定制一条科学可信的未来成长路径。

支持实践、伴随记录、数据贯通、方向引领的四维评价体系,面向全体学生、面向学生未来,关注全面发展、关注个性特长。

以信息技术为桨,向教学更深处漫溯

李星霖

随着现代科技的发展,信息技术在教育教学中的应用赋予了课堂多元化的色彩,丰富的课堂内容依托信息技术展现在学生眼前,能给学生以丰富的感受和深刻的启发。作为教师,我也在不断的学习和实践中,从对信息技术单一、静态的认识发展成多样、动态的理解,借助信息技术的优势,探索信息化背景下教与学方式的转变,释放语文教学的无限可能。

一、借助多媒体激发学习兴趣,强化形象思维

(一)多媒体的静态使用

刚开始我接触的信息技术就是多媒体技术。多媒体技术一般指文字、图形、图像、声音、视频等处理技术,具有强大的载体功能。语文教学中,利用好这一功能可以有效改善教师的教学方式、提高课程实施的灵活性,同时能激发学生的学习兴趣,增强学生的理解能力和认知水平,引发共鸣,增强审美体验。如在语文教学中,学生经常会遇到有隔阂的文本,如果不打破隔阂,那么学生便无法走进文本。这时,教师便可以借助强大的多媒体技术,通过相关的图片、影视资料,尽可能地弥补历史隔阂或是调动学生的情感体验,使其与作者产生共鸣,为后面的文本学习打下基础。

(二)多媒体的动态使用

除了单一的使用图片、影像资料等载体外,我们同样也可以借助一些游戏等高阶载体帮助学生愉快地进入某些知识痛点的学习,比如文言文的学习。以学习文言断句为例,文言断句是高考文言文阅读必考题型,目的是考查学生对文言文本的理解,检测学生的文白转换能力。断句是读懂文言文的基础,对于学生而言,往往是一个难点。断不好句实际上就是不理解文意,在练习中不得章法,在考试中就容易失分。而一般的教学方法又比较枯燥,学生往往会产生畏难的心理,因此我仿照"王者荣耀"的游戏模式,将游戏技能的进阶与文言断句知识点的难易程度相匹配。学生面对的不再是枯燥乏味的文言题目,而是一级一级的能力进阶,由此获得了学习的满足感和成就感。课堂伊始,通过语音"欢迎来到王者荣耀文言断句大峡谷",引起学生注意,然后让学生参与情境游戏,即根据不同的身份对"无鸡鸭亦可无鱼肉亦可青菜一碟足矣"进行断句。教师通过这个小游戏既能激发学生兴趣,又能引导学生重视断句这一看似微不足道实则意义重大的学习内容,继而进入正式的断句技能的修炼。课堂中心环节仿照游戏设置了三个晋级阶段:阶段一——倔强青铜之必备技能·明词性;阶段二——不屈白银之必备技能·辨句式;阶段三——尊贵铂金之必备技能·识修辞。教学

时,教师将例题置于相应的技能修炼下。当学生分析、归纳后,教师给出技能的补充和出装建议。在例题的选择上,教师遵循由浅入深的基本规律,逐级递增题目难度。学生先是通过对课内文本的断句训练,调动已知知识,分析归纳例题的特点,再去挑战课外的断句,由此来修炼断句的技能。在学习过程中,教师注重评价的融入,关注教学评的一致性,教师借鉴游戏吸引玩家的特点之一——及时性奖励,在每一个技能的修炼后配以阶段胜利的音频进行感官刺激,增强了学生对游戏的体验感和学习带来的成就感。

二、借助微课优化教学模式,突破学习重难点

在"双新"背景下,高中语文教师要"落实新课程教学理念,优化课堂教学策略",不断提升高中语文课堂教学质量。简单地使用多媒介已经不能满足当下的教学模式,教师可以借助信息技术优化教学模式,促进实现以学生为主的先学后教模式。微课的出现与发展为高中语文教学课堂提供了新的教学方式来提升学生自主学习的能力,让学生真正成为课堂的主人。

(一)巧用微课,优化整本书阅读的教与学

"整本书阅读"被正式纳入新教材中,引起广泛关注。推行"整本书阅读"教学面临着学生学习兴趣低、时间紧、任务重等困难,教师必须采用丰富的教学策略来克服,如可以借助微课等技术手段来优化整本书阅读的教学方法。《大卫·科波菲尔》是高中选择性必修教材上册第三单元"外国作家作品研习"里面的第一篇小说,内容上时间、空间跨度大,反映的社会内容与学生当下的生活距离较远,这些对学生阅读鉴赏能力提出了较高要求,对理解小说人物的性格特征及典型意义、作品丰富内涵以及反映的民族心理都设下了层层关卡。因此,在教学的具体实施中,需要为学生的学习提供相关辅助。而微课就是一个很好的教学辅助工具,利用5—10分钟的小视频,或是融合教学重点,或是呈现学习资源,从而辅助学生掌握课堂重点,通过视听画音,为学生营造轻松愉快的氛围。上课伊始,教师从作者狄更斯切入,播放了一个2分钟"趣说狄更斯"的微课。这个微课特点在于以非常幽默的语言介绍了狄更斯的生平经历,他和大卫都有相同的童工经历,所以这部作品带有"自传"性质。学生在开始就能够了解这点。之后,教师播放制作的小说情节的微课。《大卫·科波菲尔》是作者耗费心血最多也是篇幅最长的一部作品,它是作者亲身经历、观察所得和丰富想象的伟大结晶,其思想和艺术价值不言而喻。然而学生没有足够的时间去阅读整本书,所以借助微课可以快速地了解小说梗概。这些只是整本书阅读借助微课教学的一些角度,还有更多的内容等待我们挖掘。

(二)微课导学,夯实高中文言基础

文言文阅读一直是大多数高中生学习的重点和难点,传统的文言文教学模式往往是教师逐字逐句讲解、翻译,这种稍显被动的学习方式往往收效甚微,学生兴趣不高,无法真正提升自己的文言文阅读能力。其实我们可以尝试用微课导学,激发学生兴趣,培养学生自主学

习文言文的习惯,打下坚实的文言基础。只有文言文基础打好,才能更好地理解思想内容和艺术手法。

教师可以运用"微课1+1导学模式",引导学生进行自主学习文言文。所谓的"微课1+1模式",即基于一个文言知识点、一套习题等分别对应一个微课的教学策略制作微课。教师根据教学的重难点制订学案进行任务驱动,搭建微课学习支架。教师可以合作制作一套文言文知识点系列微课,如词类活用、特殊句式(判断句、被动句、省略句、倒装句)等学生掌握起来比较困难的知识点。制作好之后,教师可以根据课文进行个性化推荐资源,或者学生自主选择学习资源,实现个性化学习。自主学习完文言知识后,由学生完成一起学平台上发布的文言文知识测试,及时检测自主学习的效果。学生根据自己的得分情况可以自行选择微课资源进行巩固,教师在了解学情后,课堂上可以重点关注错误率较高的知识难点。

三、借助数据诊断分析,提升学生理性思维

(一)运用多样的线上评价方式

以往教师利用学生测试数据调整自己的教学活动,其实教师要有意识地利用评价过程与结果,促使学生对过程性学习作反思、调整、完善。随着线上教学的频繁化,各种线上教学平台的功能不断完善,教学反馈更为及时、更具有针对性,特别是数据的实时反馈。学生可以通过数据平台的"易错题""高频错题""错题本",对这些题目作分析研究,了解自己在学习过程中的疑难点。教师可以充分运用这点,课堂上让学生自己去讲解。另外,教师可以综合运用多种平台的不同功能,调动学生学习的积极性。比如面对语文早读的默写,教师可以利用腾讯智影平台进行,应用智影数字人播报功能通过提前预设题目、控制默写时间,在保证学习重点内容的前提下,趣味提升学生参与线上课堂默写的积极性,也让自己能够更加有效地检验学生的复习掌握情况。

(二)借助智慧纸笔实时评测

教学评价是完成教学的重要一环,那么如何检测学生是否掌握知识点?随着闵智作业APP、智慧纸笔的推行,教师可以清楚地根据学生的作答数据,有效分析学生的掌握情况,同时也可以灵活地调整知识点。在教学中,教师可以按照这样的教学模式上课:一是课前检测,在课堂导入环节,利用小蓝本做选择题或判断题,激发学生学习热情,且根据学生作答过程和情况的数据反馈,进一步推进课堂教学,调整教学目标,以精确数据为支撑了解学情,促进教学决策有效、精准。二是课中同步,发挥练习本作用,培养学生自主学习探究能力,使思维得到发展。三是课中讲评,利用智慧笔练习册集中答题后,教师根据数据即时反馈,作针对性讲解,同时调整后续教学内容。

比如在教授《林教头风雪山神庙》一文中,教师以分析小说中道具的作用作为写作教学的基础。首先通过学习课文,找出文中尖刀、葫芦等道具,并分析其作用。在这个环节,学生用智慧笔在学案上完成表格(见图1),形成本小组的讨论成果,由小组代表分享。这个环节

教师借助智慧笔的书写采集功能，实时收集学生的讨论结果，锻炼学生的筛选信息、概括提炼的能力。相较以前，利用智慧笔呈现小组结果，对教师来说能够快速捕捉信息点，有针对性地点评，对学生来讲，能够及时比对、修正、补充，从而促进教师精准地教，学生精准地学。

何思泽

现在需要为林冲展厅陈列一些道具，你觉得文中哪些道具是必要的，阐述原因。

道具	自然段	分析
毡笠子	第7、8、12段.	①暗示环境背景——"风雪交加". ②展现出林冲的豪爽侠客形象.
尖刀	第5、7、12段	
葫芦	第7~12段.	
火盆	第7、8、10段.	①展现出了林冲的小心谨慎 ②推动情节发展.

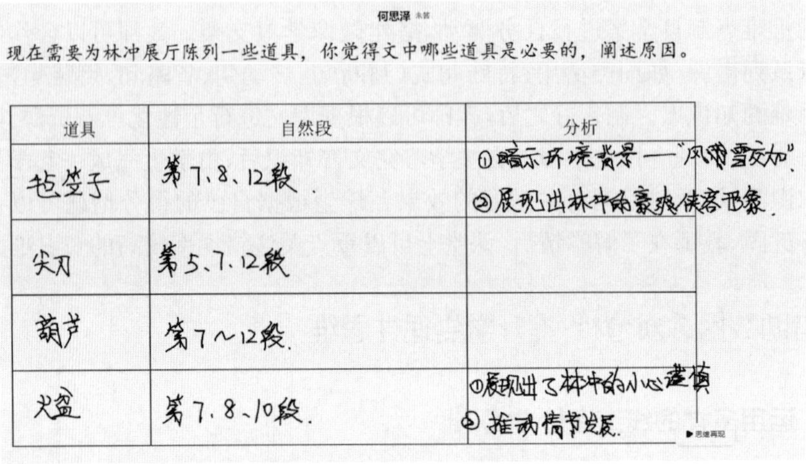

图 1　学生答题呈现

之后，教师布置课堂写作任务，学生在智慧笔学案上完成并分享自己的小练笔。这个环节将道具运用于写作中，不但可以强化本堂课的教学重点，而且由阅读走向写作。教师利用智慧笔实时呈现学生作品，通过勾选学生姓名，单人展示等界面诊断学生的学习过程，调用"笔迹"及时反馈，从而更好地促进了学生表达、展示，加强互动与交流。相较以往，智慧笔记录了学生的写作过程给他们带来实实在在的思维呈现，促进他们语言能力的发展。有了学习证据的支持，教师能更好地做到教学评一致。

智慧纸笔作为一种智能教学工具，能够将学生在课堂上的学习过程、学习情况、学习效果可视化、数据化，从而为教师提供更准确的教学反馈，以便更好地指导学生的学习。它具有实时互动、个性化教学等特点。学生也可以在教师反馈中及时发现学习漏洞，及时做好查漏补缺，在不断地修正中提升自己的理性思维。

正如《普通高中语文课程标准(2017 年版 2020 年修订)》所言："要改变因循守旧的语文教学习惯，也要打破唯技术至上的观念，把握好技术与语文的关系，合理利用信息技术。要创设运用语言文字的真实情境，形成有意义的互动学习环境，帮助学生有效投入语文实践；要借助信息技术优化整合课堂教学，引导学生经历多样化的学习过程，促进学生在更广阔的语言环境中主动学习，实现知识的迁移与运用"。

我们需要在信息技术与教育"全面深度融合"理念的引领下运用技术，不应当为了迎合潮流去使用技术。信息技术应该完全服务于高中语文教学，最大限度地发挥技术优势，不断创新，促进信息技术与语文教学的深度融合。

智慧笔助力微写作项目:跨越选题、实践、反思的个人发展之旅

李 敏

课题研究对于教师专业成长具有重要的意义,它不仅是提高教师专业素养、提升教师教学效果和研究能力的途径,也是实现教育信息化时代要求的学习型、研究型教师成长的必由之路。以笔者区级项目"基于单元主题的高中英语微写作教学实践研究"为例,从项目最初的选题、学情把握到项目实施的素材准备、课堂实践等环节,探讨智慧笔用于微写作的教学研究过程对个人在业务水平、智能技术以及个人成长方面的推动作用。

一、敏锐洞察教学需求,精准定位课题选题

(一)研读课标,立足学情,发现问题

《普通高中英语课程标准(2017年版2020年修订)》明确要求:学生能够围绕教材所涉及的相关主题语境,使用所学语言知识和文化知识,综合运用学习策略,理解语篇所表达的意义、意图和情感态度,理解语篇中不同的文化元素及其内涵,分析不同语篇类型的结构特征和语言特点;能在书面表达中根据表达目的需要选择词汇和语法结构,借助连接性词语、指示代词、词汇衔接等手段建立逻辑关系,有条理地描述自己或他人的经历,阐述观点,表达情感态度。

由此可见,英语写作是英语教学中非常重要的一个部分,且英语写作水平直接反映了英语学科四大核心素养当中的语言能力。上海高考英语试卷中,写作部分的占比高达25/150,根据本人所带过的几届学生的情况来看,可以达到17分以上的学生比例很低,而能达到19分以上的更是凤毛麟角,究竟原因何在?

(二)理清思路,查阅文献,确立选题

本人借助于西蒙·西奈克(Simon Sinek)提出的黄金圈思维模式(见图1),从内向外给自己列了一个思路清单。

(1)从课程、学生和教师多维角度观察,现在的写作教学现状和深层次原因是什么?

(2)应对这些问题,我们应该如何去做?

(3)在实践中,我们具体应该做什么,预期要达到一个什么样的效果?

问题1:本人对本校及兄弟学校的一些英语教师针对这一

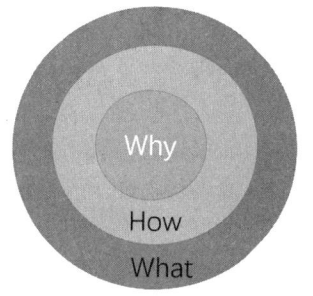

图1 黄金圈思维模式

问题进行访谈,大家的共识是:在传统的高中英语课程设置中,没有专门的写作课程,教师对于写作教学没有系统的规划,更不要提课堂实践了。往往是在没有任何铺垫的情况下就进入一篇高难度的高考作文的练笔中,这像极了让一个没有参加过训练的人直接参加马拉松比赛,赛后再对其品头论足。利用问卷星对学生进行匿名调查问卷发现,学生普遍是谈写作色变,要么写不出,要么写不好。具体来说就是对于写作话题,学生无话可说,内容空洞。此外即使肚里有话,动笔写出来的习作要么结构松散,要么语言表达贫乏,无法有意识地将新学的词汇和句式、语法等运用到自己的写作中。由于无法从写作中获得成就感,很多学生对写作存有畏惧心理,更别提写作兴趣了。

总结下来,根本原因是:① 学生缺乏足够多的话题相关联的输入性语料,导致库存贫瘠,无话可说;② 学生缺乏循序渐进,实操性强的短语、句子或者段落的写作指导和训练;③ 学生练习写作的频次低,导致对写作具有陌生感。

问题2:理清以上三个根本原因之后,本人梳理了自己的研究思路(见图2)。

图 2　解决写作现状的思路梳理

问题3:根据以上研究思路,本人的脑海中出现了"微型写作"这一想法,于是以"微写作"为关键词查阅了相关文献。国内外对于微写作的研究在"微"这一层面上基本表达一致,强调文章篇幅短小、易于操作,在"写作教学"这一层面上,却做法不一,各有千秋。结合图2中的思路,本人确定了最终选题的三个关键词:单元主题背景、微写作、智慧笔助力。

二、深入挖掘教学素材,创新试水 AI 助力

(一)深入研读教材,构建知识框架

在对于写作学情调查分析确定选题后,启动项目的两大任务是:制作单元主题下的写作微技能细目表,以及设计微写作的具体教学流程。

为了使得细目表更具操作性、更易于推广使用,另外,从增加写作频次的角度出发,本人希望不仅将写作作为一项作业,也能够将其穿插在课堂中的各个板块。基于此,本人初步设定细目表包含单元主题语境、单元板块、话题、写作技能、写作任务、单元主题语境参考词汇几个条目。制作细目表最大的挑战为:既需要确保微写作技能的细目表具有循序渐进的特点,使学生能够逐步掌握写作技能,同时还要考虑到技能目标的合理性、延续性和实用性。

在最初的1.0版本,本人依靠自己对于单元主题研读和对于写作技能的重新梳理,按照难度从低到高初步制作了细目表。如图3所示。微写作任务以单元为单位,贯穿到单元的各个

板块,这包括从单元导入开始的以说促写、阅读板块的以读促写、听说部分的以视/听促写以及说写融合部分的综合写作等。

Unit	主题语境	板块	话题	写作技能	写作任务	单元主题语境参考词汇
前测	School life		some suggestions about senior school life		write a letter to your cousin to share your senior school life and offer some suggestions to him	
1	School life	Getting started	How did you feel on the first day of your senior high school?	用精确的形容词来表述自己的感受	Write at least 1 sentece to describe your feelings on the first day of senior high school, you may add 1-2 sentences to explain the reasons.	positive feelings: excited; eager, delighted; curious; confident; proud; motivated negative feelings: nervous; anxious; worried; insecure; hesitant; uncertain
		Listening and Viewing	How to have a great first year in senior high school	用example或者reasons来支撑主题句	write at least 2 sentences on the topic "How to have a great first year in senior high school"	start a regular study plan, get involved in activities; concentrate on work, be more independent and organised; hand in
		Listening and Viewing	My biggest concern about seniro high school life	用when引导的状语从句引出具体情境来补充说明主题句	write at least 3 sentences on the topic " my biggest concern about senior high school" with the help of the following format: I felt ___ on the first day of my senior high school life. My biggest concern about senior high school is ___. I will feel great pressure when	feel under great pressure; school facilities, academic performance; peer pressure; interpersonal relationships; time management; mental health; future uncertainty
		critical thinking	benefits of joining school clubs	通过头脑风暴,用example或者reasons来支撑主题句	write a paragraph on the toic "the benefits of school clubs", taking the example of poetry club. You may make reference to the following reasons: ①激发兴趣及潜能;②培养团队合作精神;③结交志同道合的朋友。	extracurricular activities; arouse our interest and potential; cooperate with others; enhance our communication skills; make like-minded friends

图 3 微写作细目表样例

(二)利用 AI 技术,提高备课效率

在初步实践的过程中,可以明显地感觉到这种微写作的润物细无声。学生对于写作的恐惧感大大降低了,毕竟写作任务只是一两句话,又有提供词汇和句式方面的脚手架,易于下手。但有的时候,教师基于教材所提供的话题参考词汇并不能够完全满足学生的需求。例如,在 Food and Culture 这一主题的微写作任务中,要求学生能够从食物产地、食物特色以及文化涵义三个方面来描述某一特定食物。学生在操作过程中,会出现一些与食物口感相关的词汇表达问题,如:肉质鲜嫩、很有嚼劲等,这些词汇表达不包含在主题词汇列表中,因此对于单元主题词汇作必要的拓展和补充显得尤为必要。此外,从教师端出发,本人也感觉到了巨大的备课压力。如何让自己的准备过程更加轻松?这是实践过程中需要面对的一个挑战。以前是有事问百度,现在是有事问 AI。

AI 是这两年的年度流行词。如何运用 AI 备课的文章也有很多,通过阅读相关网络文章,本人尝试着与 AI 进行对话,寻找备课新思路。通过提问与反复追问,使得 AI 可以完全理解诉求,并确实给到了很多非常好的意见和建议。如对于写作微技能的分解,AI 建议可以从主题理解与选题、提纲构建、开头和结尾、段落展开、句式多样性、过渡与连贯等方面展开,并针对某一技能提供句式范例,如图 4 所示。

AI 的介入大大减轻了教师的备课工作量,且拓宽了思路。此外,AI 的辅助不仅仅局限于文字,还包括图片、声视频等,这可以大大增加辅助材料的生动性和直观性。例如,在备课的过程中,就 the benefits of sports,我们可以从 AI 中获得补充拓展词汇。为了更直观,还可以利用 AI 网站,根据自己的需求生成视频,供学生个性化学习。当然 AI 还只是一个工

重 塑

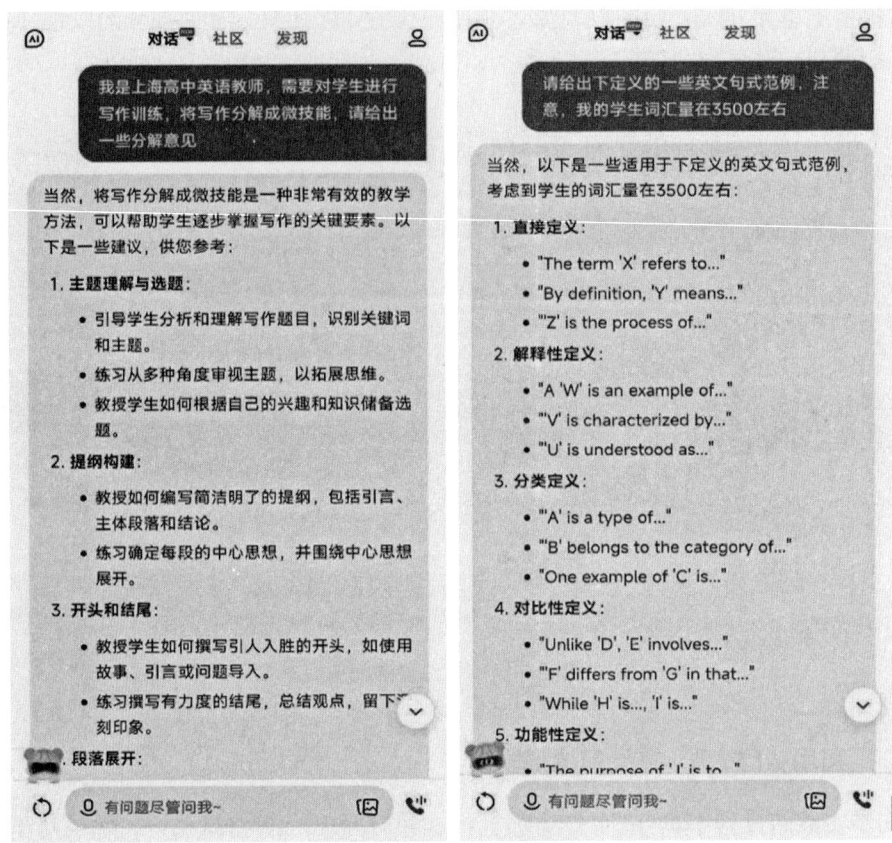

图 4　运用 AI 助力备课

具,教师心中必须有一个最基本的想法,并能够合理地与 AI 对话,才能够与 AI 产生积极互动,使其发挥出最大的辅助作用。

三、教学评一体指导实践,智慧笔助力高效反馈

(一) 运用 5E 教学法,实践闭环教学

任何一种教学都不能只局限于课堂上的讲授,而要贯穿课上课下,考虑到教学评的各个方面。在反复的思考和阅读中,我在微写作教学中借鉴了匹克·哈登的 5E 教学法,包括五个步骤,分别为激发(Engagement)、探究(Exploration)、解释(Explanation)、拓展延伸(Elaboration)和评价(Evaluation)。其中在起始的激发环节,教师要尝试激发学生的兴趣和好奇心,引入微写作主题。这一阶段可以通过提出问题、发布任务、播放视频等来实现。探究、解释、拓展环节则体现了教与学的互动与深入,最后评价环节强调了学生和教师一起评估学习成果,关注学生对于知识技能的掌握情况。

以一堂主题为"喂养流浪猫的利或弊"的说写融合课为例。课前,教师展示流浪猫的视

频,引出这一话题后,学生立刻饶有兴趣地跃跃欲试。为了更好地收集素材表达自己的观点,学生按照要求以民间采访、调查问卷等形式对大家的态度和背后原因进行了统计,在课堂中通过头脑风暴、正反方辩论等形式进一步探究,教师则起到穿针引线的作用,将如何报告自己的调查结果、如何清晰地表达自己的观点、如何用各种论证方式去支撑自己的观点等写作微技能穿插其中进行解释,最后学生当堂落笔完成观点-论证段落的写作。最后的评估环节则是借助于智慧笔当堂呈现出典型样本,进行学生自评、互评和师评全方位评价。

(二)借助智慧纸笔,加强互动反馈

在5E教学法中,最难的是评估环节。如何在短时间内作高效全面的评价?在项目选题之初,结合本校的信息化特色以及正在本区推广的智慧纸笔系统,希望能够借助于智慧笔的实时显示功能,缩短写作的反馈时间,加强习作的展示与互动评价。在实施过程初始,课堂上智慧笔的使用主要以智慧本和课堂学案为主,课后智慧笔的使用载体为智慧作业纸。课堂上可以展示学生的作品,并按照评价标准对其进行客观到位的评价,以期待被评价学生可以当堂订正错误,改进作品,期待其他学生可以从中有所借鉴,润色自己的作品。

上述说写融合课的课堂实践证明,通过智慧笔与5E教学法的结合运用,可以提供一个互动性强、参与度高的微写作教学环境。学生不仅可以通过探索和实践提升写作微技能,还可以通过智慧笔记录和分享思考,促进彼此之间的交流和合作。但一阶段的连续实践下来,也发现了评价环节的一个主要问题:课堂上展示的作品有限,学生的自觉性有限,所以无法保证没有被展示的学生会主动进行自我修改。一轮反馈评价显然覆盖面不够广,修改度不够深。显然我们需要二次反馈,它不仅是初次评价的延续,也是一次师生之间的积极互动。在具体的实践中,如何高效地推进二次反馈?这也是在接下来的实践当中需要继续探索的。

四、总结

本人在项目推进过程中,通过对所遇到的问题进行思考,想出应对策略。需要研究者参阅文献、改变思维方式并研究合理利用信息化手段。在此过程中,研究者本身得到了极大的成长。

(1)在作课题研究的过程中,本人深入探索教学方法,如5E教学法,从而提升自己的教学技能。此外,研究过程会锻炼自己的研究能力,包括数据分析、批判性思维和问题解决等。

(2)在课题研究过程中,为了解决研究的效率问题,本人发现和利用AI辅助研究的素材搜集和细目表的制作,利用智慧纸笔实现快速反馈,为学生提供更丰富的学习体验。在此过程中,教师本身也提升了信息素养能力。

(3)课题研究鼓励教师进行自我反思,识别自己教学中的强项和改进空间,促进个人教学风格的成熟。培养了教师的终身学习能力,促使自己不断探索新的知识和技能,适应教育领域的不断变化。

依托四维评价,做智慧型师长

张艳芳

随着教育现代化、信息化的不断深入发展,智慧教育成为教育信息化的必然选择,而智慧教育的实现要依赖于智慧教师。同时,随着社会的发展,人的素质不断提高,家庭教育逐渐呈现出更加重要的作用。作为教师,怎样实现教育教学向智慧型教师转型发展,并为家庭教育助力,提升家长们家庭教育的工作能力,共同促进学生全面而又有个性的成长是值得我们研究的问题。

我校是一所以信息化和科技化为特色、面向未来的特色鲜明的优质高中。我校依托大数据开发的四维评价系统在教育教学和家校合作方面发挥着越来越重要的作用。下面是我依托该系统实施家校合作教育的案例。

一、四维评价系统帮助小S同学确立人生目标

小S同学是一个活泼开朗、乐观向上的小姑娘,喜欢唱歌和跳舞,担任班里的文艺委员,责任心和组织能力都很强,关键还很善于发现同学们的潜能,与人沟通的能力很强,班里的活动更是组织得有声有色,成绩也不错。

但这样的一名学生,进入高二不久后,学习成绩却迅速下滑,作业也不够认真,整日心事重重的样子,上课也提不起劲,更别说组织学生活动了。成绩的下滑和状态的转变引起了我的注意,细问下来,才发现是我的一节关于生涯规划的班会课惹的祸。

那节课上,我让学生拿出一张白纸,随心所欲、天马行空地写一写"五年后的我"。看他们一副不情愿的样子,我还"调戏"他们说实在写不出来就"瞎编乱造"。他们因此哄堂大笑,情绪被调动起来。但很快,教室里就安静下来了,孩子们不由自主地陷入了思考。15分钟的"现场作文",同学们都写了大半页。但仔细看下来,我却发现小S同学还真是在"瞎编乱造",因为她的"作文"里不仅东一句西一句地默写了诗词歌赋,还把数学、物理公式穿插进去,甚至还默写了细胞器的功能。毫无逻辑,纯粹凑字数,真是一锅大杂烩。问她原因,她说不知道自己未来要做什么,也不知道该选什么专业。因此,关于未来的生涯规划,5年后不知道是什么样,20年后更是不敢想象。和她聊天发现,她原本打算未来从事心理咨询的工作,专业也选好了,在高一的人生规划里,她定下了"华东师范大学播音心理学专业"这样的目标,这是她和家长商量之后的结果。但是,从高一下学期后,通过学校的各项活动,她越来越发现自己并不是特别喜欢这方面。

于是,我调出她的四维评价报告,首先对比了高一和高二的成绩(见图1),发现她的学习等第由C降为D,甚至高一时一些表现为A的科目也掉到了D档。

但是观察其思维评价系统的其他方面,发现她的信息素养与核心能力都表现得不错

师 生 成 长

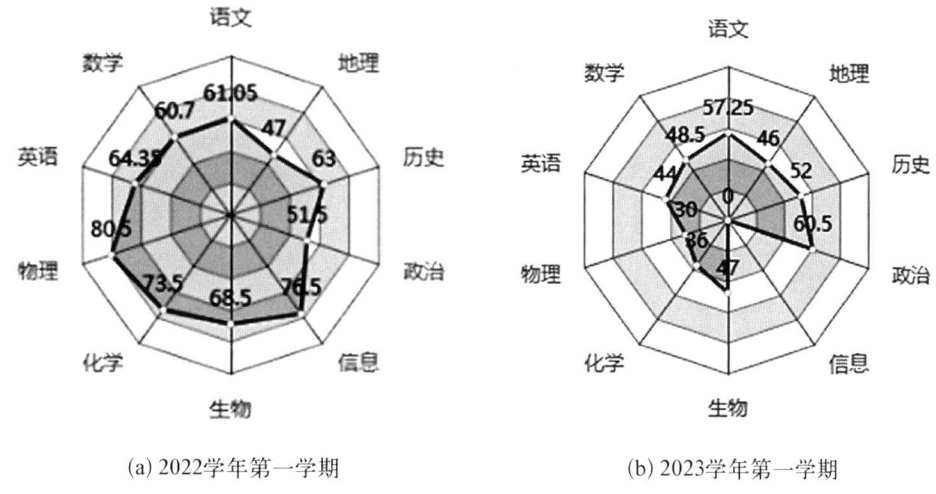

(a) 2022学年第一学期　　　　　　　　(b) 2023学年第一学期

图1　学业表现

（见图2和图3），而职业倾向显示为教导型，这一类职业性格的人通常表现为富有责任感、同情心和理解力，愿意培养和支持他人。他们能很好地理解别人，有责任感和关心他人，非常关注别人的情绪、需要和动机。并且善于发现他人的潜能，并希望能帮助他们实现。能够成为个人或群体成长和进步的催化剂。忠诚，对赞美和批评都能作出积极的回应。友善好社交，在团体中能很好地帮助他人，并有鼓舞他人的领导能力。

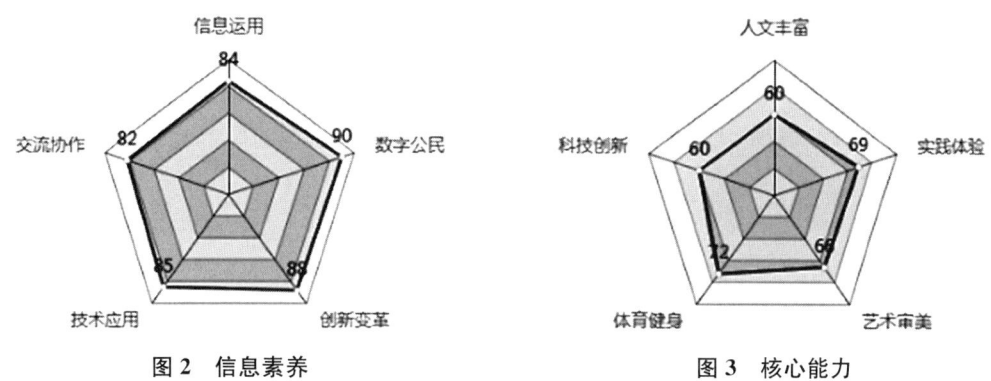

图2　信息素养　　　　　　　　　　图3　核心能力

如图4所示，观察她的职业倾向雷达图，可以发现，她的职业能力方面在音乐智能、身体运动和人际关系方面表现较为优秀，擅长于艺术型和企业型的职业兴趣，在职业性格上偏重于态度倾向和处理信息方面。

从平时的家校沟通中我了解到，虽然孩子的父母都是比较开明的，但孩子从小接受到的观点都是一旦确立目标，就要坚持下去，所以小姑娘很是疑惑，无所适从。于是我为此进行了一次家访，把她的四维评价雷达图拿给家长看，经过三方的面对面交流后，小姑娘表达了自己的想法，她本身能歌善舞、精力充沛、满腔热情、富有责任感，很喜欢学校的生活，从小是个"孩子王"，擅长并喜欢和小孩子打交道，一直很羡慕幼儿园的教师。因此，她未来想做一

269

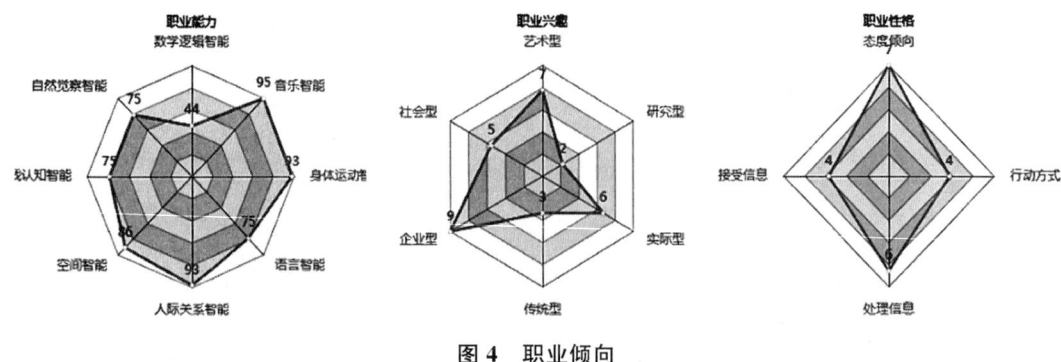

图 4 职业倾向

名幼师。家长在数据面前,也支持她作这样的规划变更。在这之后,小姑娘有了心仪的目标,又回到了原来那个爱说爱笑、认真学习的状态,成绩表达也有了很大提升。家长反映说,原来在家都是催着她专心学习写作业,现在反倒担心她那么努力,会把身体累坏了。

二、四维评价系统助力小 Z 得到家长的支持

小 Z 同学生活在一个单亲家庭,很小的时候父母就离异了,一直跟着妈妈生活。小 Z 的妈妈对她的期望值很高,培养她各方面的兴趣爱好,音乐、舞蹈、书法都有涉猎。孩子深知母亲不易,不仅艺术特长方面造诣颇深,在文化课的学习上也很是争气,经常考班里的前 5 名。她也是妈妈名副其实的掌上明珠,俩人的关系非常好,朋友圈经常看到母女俩互晒。

但从小 Z 同学选科开始,和她妈妈就逐渐有了矛盾和冲突。起因是她妈妈虽然支持她学习书法、舞蹈等,但一直认为那些仅限于自娱自乐,都不是"正业",她最终还是希望高中阶段女儿能把心思全都集中到学习上来,认为只有认真学习文化课考高分,将来有一个稳定的工作、有安稳的生活才是正道。而小 Z 同学则希望未来自己能做一名服装设计师,进而成立自己的工作室。但要想从事这方面的工作,就要有绘画功底才行。她书法虽然不错,自己闲暇时也喜欢绘画创作,但除了学校的课程外,从未接受过系统的训练。她希望妈妈能支持她学美术,但她妈妈无论从经济上还是态度上都坚决不支持,还打电话求助于我,让我帮她打消掉小 Z 同学的想法。

我和小 Z 聊天,了解到她对设计是真的喜欢,她还拿出了自己平时的画作给我看,虽然说不上很好,但非常有新意。为此,我告诉小 Z,周末时和她妈妈深入交谈一次,把自己所擅长的、喜欢的以及自己对未来的规划平心静气地和妈妈交谈一次,让妈妈理解女儿是怎么想的,想要的未来是什么样的,将来会不会因为艰难而放弃梦想。

另一方面,我在电话里给她妈妈出选择题:"您想让孩子成为一个什么样的人?是让积极乐观地为自己的梦想打拼,享受成功及美满的人生,过上适合自身特点的美满的生活?还是按照您的意愿,心不甘情不愿、中规中矩地过完这一生?"在妈妈陷入沉默后,我把小 Z 同学的四维评价雷达图(见图 5)发给她妈妈。图上清晰了然地显示:她的职业性格显示为表演者型,她希望通过自己的努力获得他人的关注,孩子的艺术天分很高,空间智能很强,接受

信息的能力也很好。因为有了之前孩子和家长的长谈,此时再给出"证据",我提示小Z妈妈,虽然作为家长希望孩子一世安稳,但如果因此埋没了孩子的才华,导致孩子未来不能按照自己的意愿生活,这更是家长不愿意看到的。这之后,我就看到小Z同学在学习上更加认真了,说到将来她更是眼里有光。也了解到,她妈妈已经在帮她寻找靠谱的美术培训班了。小Z同学能得到家长的支持,我校的四维评价系统功不可没。

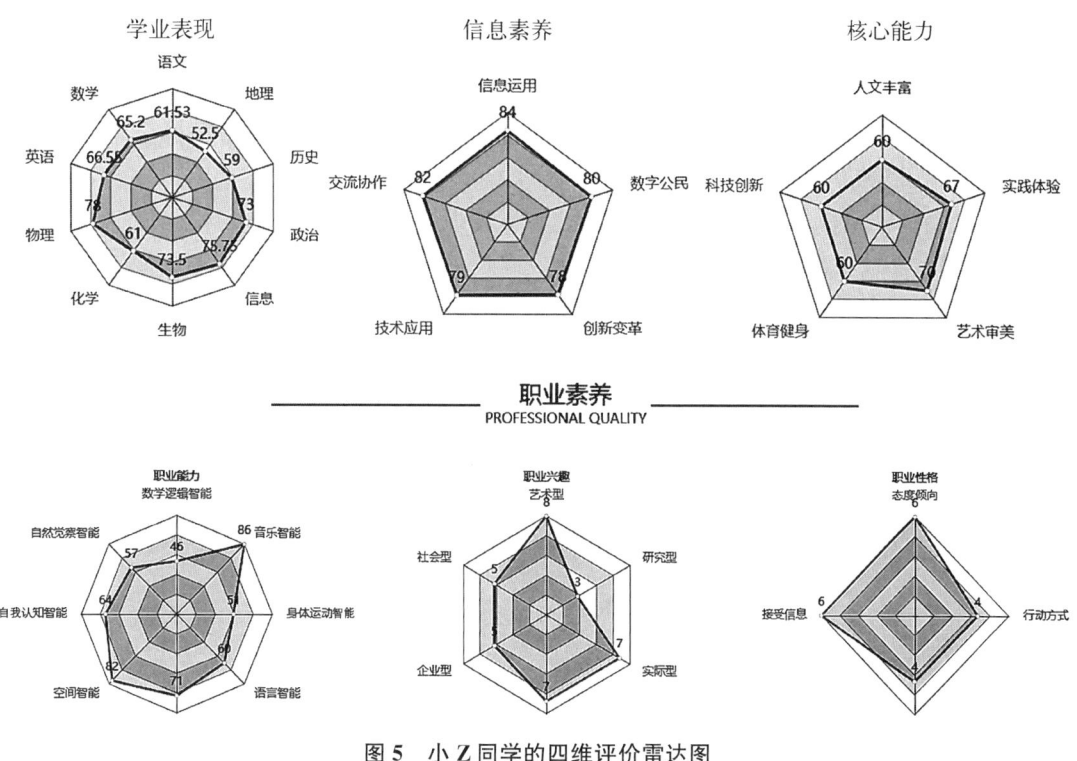

图 5　小 Z 同学的四维评价雷达图

三、收获和反思

父母之爱子,则为之计深远。但在实际生活中,常常是关注了孩子的衣食住行,关注了成绩表达,却对他们内心的需求是什么并不在意,对他们擅长的、在乎的也不了解。很多家长还打着为孩子好的名义,从自己的成长经历出发,专制地让孩子按照自己的意愿生活,结果往往会适得其反,甚至会激化亲子矛盾。但社会在发展,对家长的要求也越来越高。每一位家长在教育孩子时,应朝着更科学、更人性化的方向去努力,扬长避短,着眼于孩子的全面而有个性的发展。

我校的四维评价系统,详细记录学生的成长轨迹,对学生的数据进行记录和评价,通过数据深度的挖掘,根据个性特长量体裁衣,定制一条未来成长的路径。在数据的支持下,帮助教师和家长在实施教育时对孩子有了更深入的了解,向智慧型师长转变。

借数字之力,做智慧之师

胡晓婷

教育兴则国家兴,教育强则国家强。数字教育是建设教育强国的重要支撑力量。习近平总书记指出:"教育数字化是我国开辟教育发展新赛道和塑造教育发展新优势的重要突破口"。党的二十大报告提出:"推进教育数字化,建设全民终身学习的学习型社会、学习型大国"。《"十四五"数字经济发展规划》也明确提出了深入推进智慧教育的要求。因此,加快推进教育数字化转型,发展智慧教育,将成为我国教育改革与发展的战略选择。面向未来,面向新时代教育数字化的号召,作为教育工作者,我们要不断更新教育理念,提高数字素养,积极探索利用数字技术破解教育教学难题,以数字化赋能教育教学。

一、教育数字化概念解读

教育数字化是教育信息化的特殊阶段,是指利用信息技术和互联网手段,对传统教育模式进行深度改革,实现教学内容、教学方法、教学资源的数字化和网络化,以提高教学效率、提供更广泛的学习机会和优化教育质量。教育数字化的本质是把数据作为驱动教育创新发展的动力,通过数字化促进构成教育系统各要素变革创新,并通过各要素的相互作用,进行系统优化或推动系统升级改造,以树立数字化意识和思维进而构建教育系统新生态。教育数字化更强调以人为本,围绕"立德树人"构建数字化、科学化、终身化教育体系;更加注重服务差异化教学、个性化学习和精细化管理;更加凸显技术赋能,促进新兴技术与教育的深度融合,助力实现"人人皆学、处处能学、时时可学"的学习型社会。

二、数字化平台在教育教学中的应用——以高中地理为例

(一)数智教学平台

我校是一所科技特色示范高中,信息技术应用贯穿于日常教学的各方面。从最初的双屏软件、数智平台到现在的互动平台、智慧笔等,我校勇于引进各种教学平台去打造更智慧、更高效、更个性化的课堂以及课前课后服务,构建智慧型学习环境,满足校内校外、线上线下不同的学习需求,强调让学习真正地发生,凸显学生的主体学习地位,以此来促进不同基础的学生均能获得全面而有个性的发展,最大化地助力每一名学生的成长。

以智慧笔为例。智慧笔是一款可以课上、课下采集学生学习行为数据的设备,书写与正常工具笔无异,学生用其参与课堂活动或完成课后作业的过程,都会被后台实时记录下数据。课中教师根据作答详情即可了解课上每名学生的学习行为,及时对行为异常学生进行

关注和干预;课后根据作业诊断了解学情,便于开展差异化教学;还可以根据整个课堂记录作教学反思,改进教学过程。在地理教学中,智慧笔中的"思维再现"功能就具有很好的教学效果和使用价值,它如视频一般通过播放能展示学生的作答过程,对于一些具有逻辑思维的地理问题或地理发生过程就能很好地复原学生的思考过程,及时发现学生的逻辑错误,而不是只关注到结果的正确性。

(二) 数字化教学环境

近年来,我国中小学数字化教学条件全面升级。根据国家教育部发布的数据,目前全国中小学联网率已达100%,99.5%的学校拥有了多媒体教室。

我校依托华东理工大学的专业指导团队,开展课程建设、师资培养、特色项目发展等工作,形成以科创为主的教育教学特色。目前,学校全面建设了先进的数字化学习环境,如学校拥有2间未来教室、8间创新实验室、24间智慧教室、7间实验室等,每间教室都配备了纳米黑板、智能录播系统、平板电脑、电子班牌、智慧笔等智能设备。

(三) 学科相关平台

作为一名地理教师,在地理教学中必不可少地会用到一些地理专业信息平台,以获取更丰富的教学素材或便于开展教育实践研究等,如GIS、谷歌地球、遥感、各类官方地理信息平台、聚焦某方面的地理网站或APP等。通过众多专业平台或工具的辅助,促进了信息技术与地理教育教学的深度融合。

1. 制图

笔者在以农业区位条件为背景设计的"仁兆白菜之光"一课中,青岛市仁兆镇的地理位置简图就是利用GIS软件制作的,可根据需要呈现出相关地理区位条件。同样,我组教师宋桂琴老师在"洛川苹果的产业发展"一课中,也利用GIS制作了洛川县的地形和主要交通路线图。在试卷命制过程中,经常会用到GIS、PPT、AI或CorelDRAW等软件制作或修改地图,以获得满足出题要求的、清晰的地图。一些官方地理信息平台也可以根据自身需求DIY所需地图并下载使用。

2. 教学展示

在地理教学中,经常要用到地图展示区域地理位置。与传统地图相比,3D虚拟地球仪、VR全景地图、AR技术等可以更全面、直观、生动地呈现地图信息、场景,提高人们对于地图信息的记忆和认知度。一些地理原理、机制也可以通过地理软件的模拟而更易于理解,如图1所示的等高线地形图的三维立体演示、Solar Walk太阳系模拟器等。教育数字化极大地丰富了教育资源。

(四) 学习交流平台

如今,随着教育数字化的推进,教师的学习途径更加多元化、形式更加多样化、获取渠道更加简单化,教师数字教育的意识和水平也不断提升。除了传统的线下面对面交流学习模

重 塑

图 1　AR 技术演示等高线地形图形成

式,教师现在可以随时在线参加新教材教师培训、寒暑假网络研修、"十四五"教师培训等,线上观看空中课堂,开展跨区或跨省联合教研,也可以网站搜索相关教育教学资源观看学习,通过论坛、blog 等平台实现和外界教师的相互指导学习和资源共享。借助信息化平台,教师的培训、交流学习更加便捷化,更具时效性,能更好地促进教师专业化发展。此外,互动式平台的建立如微信、QQ、钉钉等也极大地推动了线上互动式学习。

三、教育数字化赋能教师高质量发展

（一）夯实学科知识，增长教学技能

数字化学习环境的建设和数智教学平台的推广应用,重构了课堂教学范式,使教师能够从传统的师讲生听教学模式中解放出来,开始注重以人为本,课堂教学转变为以学生为主体,课堂上更加关注学生的共性问题、个体差异、师生交互等,能更加全面、客观地评价每个学生,实现精准高效教学。在这一过程中,教师学习了许多新的信息技术和教学技能。如在线教学、云课堂初兴起时,教师不仅需要掌握教学平台的各项功能,还要融合教学内容、教学环节进行课堂设计;课后,教师还要分析后台教学数据,诊断学情,反思教学环节的合理性、教学内容的有效落实性,使课堂能够更加精准和高效。在数字化技术和学科知识有机融合的过程中,教师也深化了对学科知识、学科核心素养的理解和掌握。

（二）提升信息素养，深化数字意识

教师作为教育发展的支撑性力量,教育数字化对教师的数字素养也提出了高要求。越来越多的教师顺应时代发展,积极学习新平台、新技术,发挥教师在教育数字化中的主角作用,促进教学升级的同时促进自身专业发展,进而撬动教育整体变革。

（三）创新协同育人，提高管理效能

教育部部长怀进鹏在世界数字教育大会上的主旨演讲中提出："强化数据赋能，提升教书育人效力。"目前，数字化已成为了推动校园建设和管理的重要力量，为学校提高教书育人效力创造了条件和平台。

我校通过建立四维评价体系（见图2），从学业表现、职业倾向、信息素养和核心能力四个方面完成对学生的综合素质评价，促进学生全面发展；运用电子班牌管理班级、呈现班级特色；使用录播管理软件、人脸识别系统监管学生动态；利用校园管理平台发布校园官方信息；通过互动家园平台促进家校交流互动；应用数智空间平台集成学习数据资源、提高教学效率。育人系统的数字化管理，让学校内部的各种教育资源统一管理和配置，大大地提高了校园管理效能，使育人管理走向科学化、数字化和集约化，助推立德树人根本任务的落实。

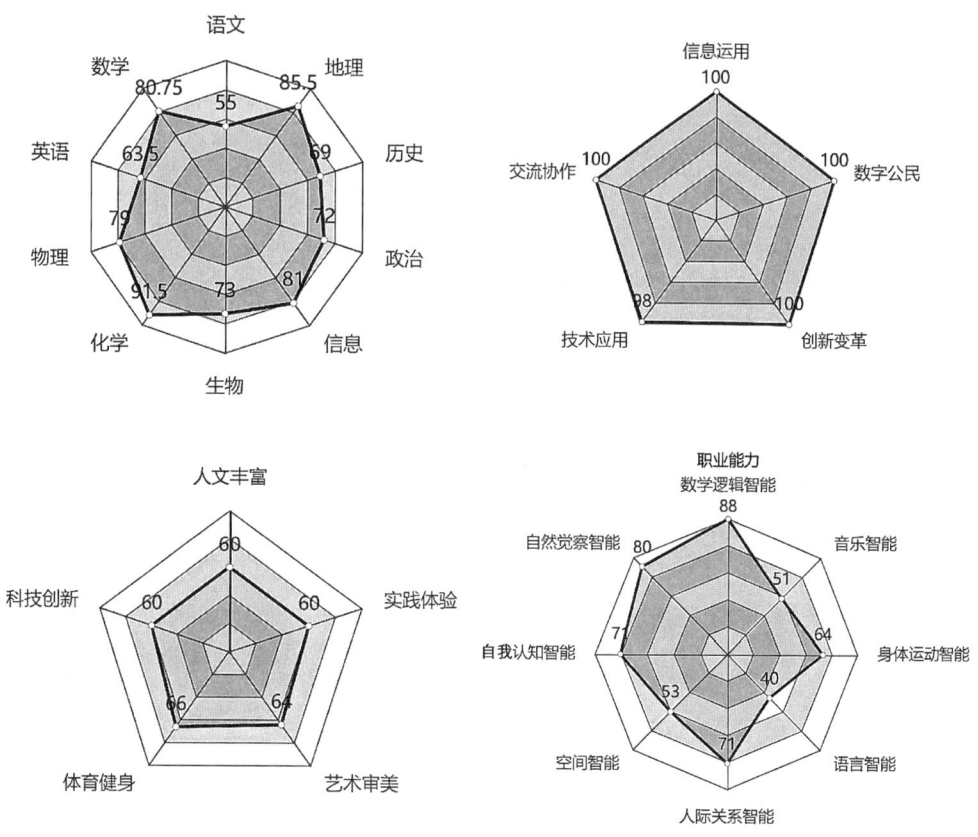

图 2 四维评价体系

信息技术助力体育教师专业成长

李 艳

《中国教育现代化2035》提出了推进教育现代化的八大基本理念：更加注重以德为先，更加注重全面发展，更加注重面向人人，更加注重终身学习，更加注重因材施教，更加注重知行合一，更加注重融合发展，更加注重共建共享。中国教育现代化发展的具体要求当中也提到了要加快信息化时代教育变革，比如建设智能化校园，统筹建设一体化智能化教学、管理与服务平台；利用现代技术加快推动人才培养模式改革，实现规模化教育与个性化培养的有机结合等。

文件的颁布对教育信息化的健康发展提供了重要的保障和支持。新时代背景下，信息化教学手段既是学生成长和提升的重要途径，又是青年教师成长的必经之路。在平时的学习过程中，我们知道信息化手段能帮助学生建立正确的动作概念、提升课堂的趣味性等，那么如何更深入地利用好更多、更好、更适合的信息化技术手段和平台，来提升体育教师的教育教学水平，助力教师专业成长？以下是笔者多年实践总结的几点经验。

一、手环应用增强课堂实效

运动手环是现在常见的便携穿戴式电子设备。因此，如何利用好运动手环提升课堂实效一直是我们在实践探索的问题。在实践过程中，笔者利用某种具备检测学生运动心率和显示课堂密度、学生在练习环节的参与程度以及运动达成度等功能的运动手环进行教学实践。它既能为教师保证课堂教学的安全性和科学性，同时也为学生提供数据，了解自己的运动能力和学习积极性等。

（一）问卷调查，了解学情

我们通过发放的问卷调查手环的使用情况，调查结果如图1所示，学生在课堂上会去关注自己课堂练习时的表现数据占比为86%。但是有接近一半的学生不会去主动了解，更加依赖于教师的课堂公布，这跟高中繁忙的学习生活有很大的联系，不愿意花费过多的时间主动了解跟高考不相关的内容。但是还有14%的学生不会去关注自己的练习数据。

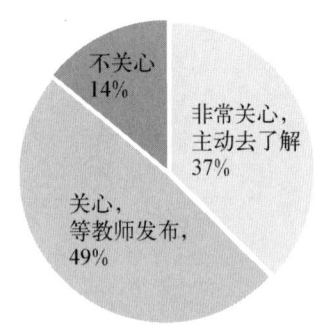

图1　调查结果

（二）榜单竞争，激发热情

在实践的课堂当中，系统通过对数据的解读和对比，产生课堂优秀运动的榜单，以此来刺激学生课堂上的练习积极性。通过调查，得出图2的数据，有34.62%的学生希望自己出现在榜单上,或通过积极练习使自己的数据超过同伴,有52.56%的学生希望能保持自己的练习数据。其实这对学生的练习也是一种鞭策和监督。当然也还有一部分学生说影响不大,具体包含两个方面:一方面,原本对于课堂体育活动就非常积极的学生影响不大;另一方面,对于本来不爱积极参与的学生,还是无法督促他积极参与课堂活动。但从整体的效果上来讲,运动手环的佩戴、运动数据的监测对班级接近90%的学生有不同程度的促进作用。

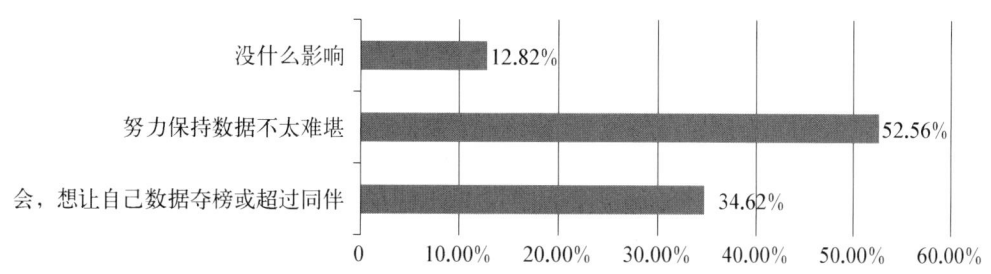

图2 运动榜单对自己课堂表现的影响

(三) 数据对比,验证成效

运动手环对实际课堂心率影响对比如图3所示,这是两堂教学内容和教学环节一样的随堂专项课的心率记录情况。通过两堂课上的四个环节的心率比较,我们可以看出,在前三个环节中两者的差距并不明显,只有在基础部分的时候才出现了比较明显的差距。首先,基础心率的差异不大,准备部分的活动是跑步练习,且这一阶段的持续时间较短,因此差距也不大,结束部分的心率意味着恢复能力差异不大。但是,基础部分还是有一定差异的,未佩戴运动手环的班级在基础部分的平均心率比佩戴手环的班级少了9.8次。说明运动手环榜单的作用和学生想保持好自己的运动幅度的心理可以增加体育课堂练习活动的效果。

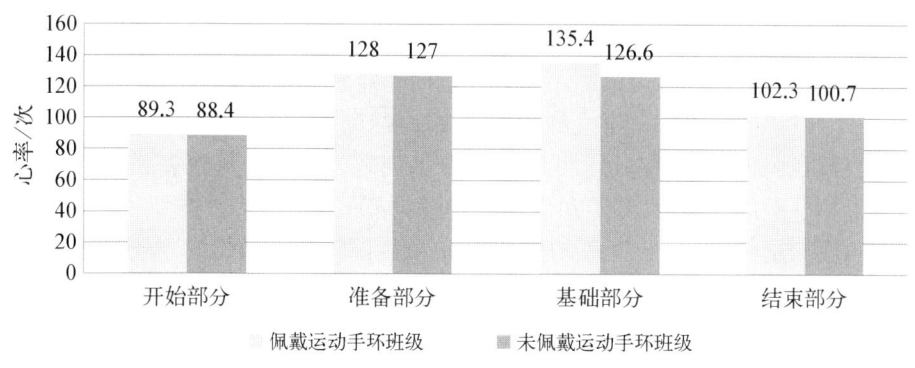

图3 运动手环对实际课堂心率影响对比

综上可知,运动手环的佩戴对学生的课堂关注度、对运动数据的关注情况以及课堂的平均心率都有积极的影响。

二、多样化应用提升训练水平

体育教师的专业能力除了课堂教学,还有学校运动队训练,同时还要求有更专业的技术讲解、原理解析、战术配合等。因此,如何运用助力信息技术提升运动训练水平,也是笔者在不断探索的问题之一。

(一)感应灯助力教师提升训练精准性

以啦啦操训练为例,在我们常规的手位练习中,可以利用感应灯对训练效果作检测和加强,比如高V、长T、低V、上H等,通过感应灯颜色的变化来判断学生动作是否到位,通过反应时长可以判断学生动作的力度、动作速度、反应速度、熟悉程度等;在进行踢腿训练时,利用感应灯记录学生踢腿的高度数据,提醒学生的动作到位情况,有助于训练效果的提升。足球、篮球、乒乓球等都可以用感应灯进行训练,利用APP获得的精准数据对学生的动作、体能进行分析,帮助教师精准了解学生掌握情况,为后续训练制订合适的计划,提升运动水平。

(二)Choreography助力教师提升训练效率

Choreography软件是一款队形编排软件。在健美操项目中,学生核心素养的发展包含编排创作、团队表演等能力。传统的图纸不能清晰直观地表达队形变化、分批分层。因此,Choreography软件的使用能帮助教师表达以上元素。该软件能提供一个虚拟舞台,设置运动员数量和名称,记录每一次队形变化和流动方向,有俯视图和平视图两种视角。俯视图可以帮助运动员迅速找到自己的流动路线;平视图可以帮助教师预览队形编排效果,及时对编排的效果作调整。因此这个专业软件的使用,既能提升在编排实施过程的效率,还能提升教师的编排水平,帮助记录编排的结果。

(三)多种APP融合助力教师解决训练难点

在动作学习训练过程中,可以利用非体育运动专业软件来提升运动训练的效果。例如,在侧手翻教学中,我们可以根据学生的动作完成视频,利用角度测量仪分析学生的动作。以往的动作过程,我们根据肉眼判断,可以指出学生问题。在没有训练基础和经验的学生当中,学生对于侧手翻的肩角、髋部等角度没有准确的感知和认知。因此,在视频和照片的基础上,利用角度测量仪,可以让学生清晰地看见自己在练习过程中出现肩角没打开、屈髋等问题,还能根据测量出的数据分析学生的进步程度,让学生对自己的学习情况有一个可视的结果,提升学生的练习积极性和科学性。

以上只是举例进行说明。在众多的体育项目中都会有跟项目相关的专业或非专业的运动APP使用,这些信息技术为教师提供了更加科学、客观的评估工具。这些评估结果不仅为教师提供了宝贵的反馈信息,帮助他们了解学生的学习状况和进步程度,还为学生提供了个性化的学习建议和指导,帮助他们更好地认识自己的优点和不足,制订合适的学习计划。

三、实践反思

教师的专业成长离不开区域的政策保障,离不开学校的悉心栽培,离不开前辈的耐心指导,更离不开自己终身学习的意识,以及对行动的研究探索。在信息技术背景下,通过创新教学方法、优化学生管理与评估、实现个性化教学等方面的应用,为体育教师提供了强大的支持和帮助。这不仅激发了学生的学习兴趣和动力,提高了教学质量和效果,还为教师的专业成长和职业发展奠定了坚实的基础。但是在使用过程中,教师也需要注意以下问题。

(1) 信息化应该服务于教学,而不是为了"信息化"而"信息化"。我们经常会看到课堂融入信息技术的牵强,比如一个非常简单的问题,可以让学生举手了解学情,然后非要利用信息化手段作统计和分析,导致课堂的效率和连续性被破坏。因此,我们要注意,信息技术手段的使用要以服务课堂为主。同时也应该有一种观念,信息技术的反馈应该不止于课堂,还可以有课后。

(2) 信息化的手段应该是多样的、全方位的,不拘泥于信息化技术和手段本身。在多样化的信息技术中,如果发现某 APP 功能可以很好地解决教学中、训练中的疑难杂症,那这就是好手段,就是信息化助力教师和学生成长。同样,这要求我们平时在生活中要注意观察,积极学习、体验和思考,注意融合。

合理、科学的利用好信息技术,一定可以为教师成长、终身学习提供载体,为教师行动研究提供便利,为教师的专业发展保驾护航。

迷茫时的指路明灯
——数智"四维","评价"助推

任志红

作为学校的导师之一,我每周都会与学生进行一次师生活动来了解他们近期的学习生活以及情感上的困惑,做学生们的好朋友、好导师。在沟通中我尽力为学生排忧解难,他们也很乐意与我沟通和交流,从中我也收获颇多。在帮助学生解决问题的过程中,我发现学校的四维评价系统是一个有利的工具,值得学生和教师去运用。

一、失去自信的她

"任老师,我最近有些迷惑。"在某一次的导师活动中,我班的陶同学这样对我说。陶同学在班级中是一名学习成绩优异,深受老师和同学们喜爱的学生,是什么样的问题使她产生困惑呢?

经过我的询问,原来是她对自己的将来产生了困惑。虽然在班级中她是公认的勤学好问的典范,是同学们心中的榜样,但是她存在严重的偏科现象,尤其是数学,虽然一直在想方设法地改进,但是始终没有太大的进步,她有点心灰意冷,因为目前的成绩和自己理想的大学距离还很远。在得知她的想法之后,我和她说:"有这样的困惑是很正常的,很高兴你能够和我袒露心声。不管什么,凡事尽力就好,这个路行不通,我们换个路试试。虽然你在学习上有偏科现象,但这是可以改变的,不要因此而丧失对自己的信心,你在老师和同学眼里依然是很优秀的。"我一时难以说服她,她看起来依然闷闷不乐,觉得学习成绩很重要。

这时,我想到了学校的四维评价系统。该系统是基于学生的考试成绩以及在各项活动中的表现等真实数据为每一名学生量身打造的评价系统,呈现出的雷达图直观清晰地展示了学生的优势和不足,可以帮助学生更全面地了解自己,从而作出适合自己的人生规划。教师亦可从中认识到学生的优势,发挥学生的长处,做到因材施教。

二、四维评价中的她

我向陶同学介绍了学校的四维评价系统,通过它来展示了学生的综合素质。学校运用这一系统,自动根据学生的在校表现得出一个个雷达图,帮助学生认清自己的不足之处,发现自己的闪光点,从而更好地选择将来的发展方向。目前已有成功的案例,可信度还是可以的。我带领她通过四维评价图(见图1)从学习成绩、信息素养、核心素养与能力以及职业素养四个维度清晰地认识了自己。她对自己的优势学科和薄弱学科有了更详细的了解,对自己的性格以及擅长的职业也有了初步的认识,结合自己的亲身体验进行了分析。

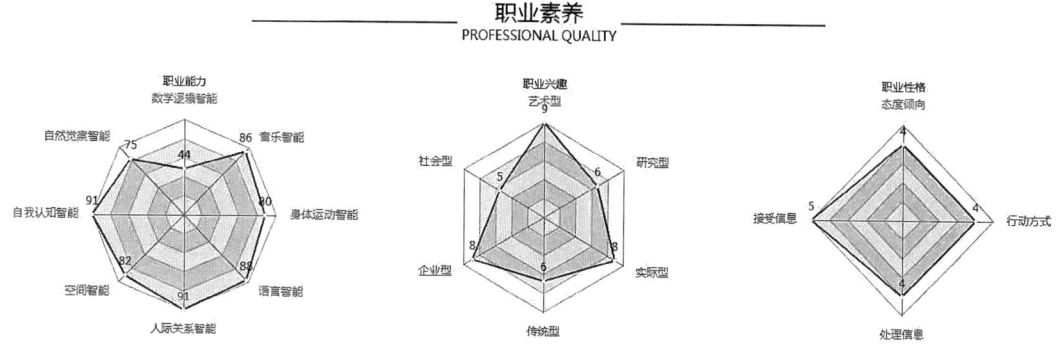

图1 四维评价结果

综合了高一、高二的四维评价数据,她自己发现在学习成绩方面,确实是以文科见长,理科相对薄弱;在职业素养方面,她的人际关系智能得分最高,占到了91分;在职业兴趣上,她对艺术型职业的兴趣最高,达到了9分;在职业性格上,她的性格类型为ESFP,为表演者型。在荣格十六人格测试当中,她的自身性格又为ENTJ,即管理者型。她自己也认为这个结果确实和自己比较符合,会认真思考分析,结合自身选择合适的学习方法或者选择合适的目标去发挥自己的长处。

我向她展示了她的四维雷达图,让她发现自己的闪光点,把关注点放在自己擅长的地方,而不是短板的地方,并鼓励她把自己的优势最大化,做到取长补短。每个人都有擅长和不擅长的地方,没有完美无缺的人,关键是如何更好地发挥好自己的价值,拥有自信,重新焕发生机。

三、闪闪发光的她

经过这次沟通和交流,在后面的活动中,我经常观察陶同学,发现她的行为发生了好的转变。她会主动与我交流她的想法,她现在坦然接受了自己偏科的现象,但是不会放弃继续努力,会尽自己最大的努力做到最好。经过一段时间的努力,她的数学也有所好转,虽然不是最优秀的,但是进步还是很明显的。并且最重要的是,她对自己的未来有了更清晰的规划,她决定学习编导。这是她擅长的领域也是她感兴趣的地方。四维评价更是给了她足够的信心去作这个决定以及在未来遇到各种困难时的勇气和自信。在后面的学校生活中,陶同学积极面对自己的薄弱科目,学习上更进了一步,还积极参加学校以及班级的各项活动,发挥自己的长处,展现自己的优势,在辩论赛场上、运动会上、艺术节上都有她的身影,她变得更加开朗,对自己的人生规划越来越清晰,并为之努力奋斗。

因材施教，精准定位

陈秋波

随着"双减""五项管理""全员导师制"等教育方案的落实，基于我校信息化科技特色，借助大数据创新对学生开展"四维评价"。"四维评价"体系以促进学生全面成长为目的，从学业表现、核心能力、信息素养、职业倾向四个维度，形成"四维"雷达图，详细记录学生的成长轨迹，对学生的数据进行记录和评价。旨在通过数据深度的挖掘，教师、家长、学生都能根据个性特长量体裁衣，定制一条未来成长的路径，让每位学生都能够找到一条适合自己的发展路径。

一、学业表现：重过程、促成长

学生在校期间，通过学习获得基本知识、基本技能、学习习惯、学习能力等方面的综合能力。学业表现是学生全面发展、可持续发展的基础。通过记录学生考试结果表达，包括卷面成绩、进步幅度、达标率等方面，对教师而言，一方面促进教与学的过程不断优化，关注学生学科素养提升，另一方面可以促进各学科课堂教学质量的提升；对学生而言，有利于学生自我激励和自我矫正，有助于避免教师和家长简单说教造成的学生消极情绪，同时提供精细化学习分析和个性化学习辅导。

二、核心能力：重实践、促发展

核心能力包括人文素养、科技创新、体育健身、艺术审美、体验实践等方面。学生在学校各类课程、社会实践、展示活动中培养展现自己的才能。依据国家颁布的《中国学生发展核心素养》六大素养、十八个基本要点，确立人文情怀、科技创新、体育健身、艺术审美、实践探究等校本化指标。学生可在各类课程、社会实践、展示活动中得到评价。

三、信息素养：重个性、促成才

信息素养是当今社会和未来社会必备的能力。在这个大数据时代，培养良好的信息素养对学生大有裨益。学生的信息素养培养主要为主动地从生活实践中不断地查找、探究新信息，并对获得的信息进行辨别和分析，正确地加以评估、有效地利用信息、表达个人的思想和观念，运用各类信息解决问题，有较强的创新意识和进取精神，有效提升了整个过程的自育效果，培养了学生自控自育的能力。

信息素养不仅需要学生寻找、获取、使用和创建数字内容，也需要学生学会与他人沟通协作和解决问题,让学生更好地适应数字化环境,掌握数字技术,合理负责地使用和创建数字资源。结合我校的特色,突出信息运用能力、交流协作能力、技术应用能力、创新变革能力、数字公民意识培养。学校围绕"信息素养培养目标"设置特色课程,学生在课程学习中获得评价。

四、职业倾向：重发展、促培育

通过职业倾向了解学生对某种职业类型的崇拜、追求、盼望及偏好,指导学生完善个人发展的路线。对学生而言,通过对自身问题的分析、对样本的比较,可以通过导师的引导和分析帮助学生将未来的职业倾向变得可视、可触、可感等。

这学期我担任高一两个班的数学教学,作为学生的生涯导师,我将对比两个性格、能力、心理完全不同的课代表小 A 同学和小 B 同学,讨论如何因材施教,让他们在成长过程中,不断认识自我,完善自我。通过四维评价可以很好地了解学生,我就从这方面开展学生的学涯指导研究。

1. 对比发现

小 A 同学和小 B 同学的学业表现如图 1 所示。

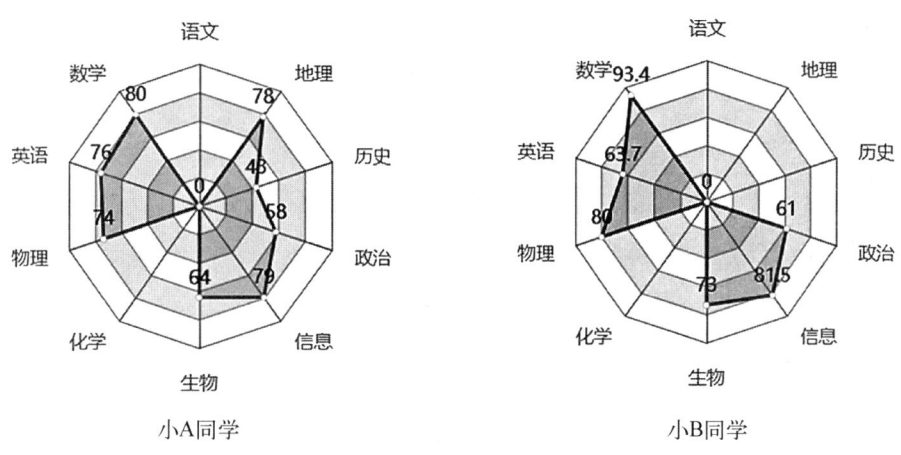

图 1

小 A 和小 B 同学的核心能力如图 2 所示。
小 A 同学和小 B 同学的职业倾向如图 3 所示。

2. 分析四维评价

在学业表现方面,两名学生理科思维较强,文科相对较弱,表现一致性较强;在核心能力方面,小 A 同学的科技创新更加突出,小 B 同学的体育健身更加突出,这与他们平时的行为表现是一致的;在职业倾向方面,小 A 同学更趋向于企业家类型,小 B 同学更倾向于研究型,这与我对他们的沟通预判是比较吻合的。

重 塑

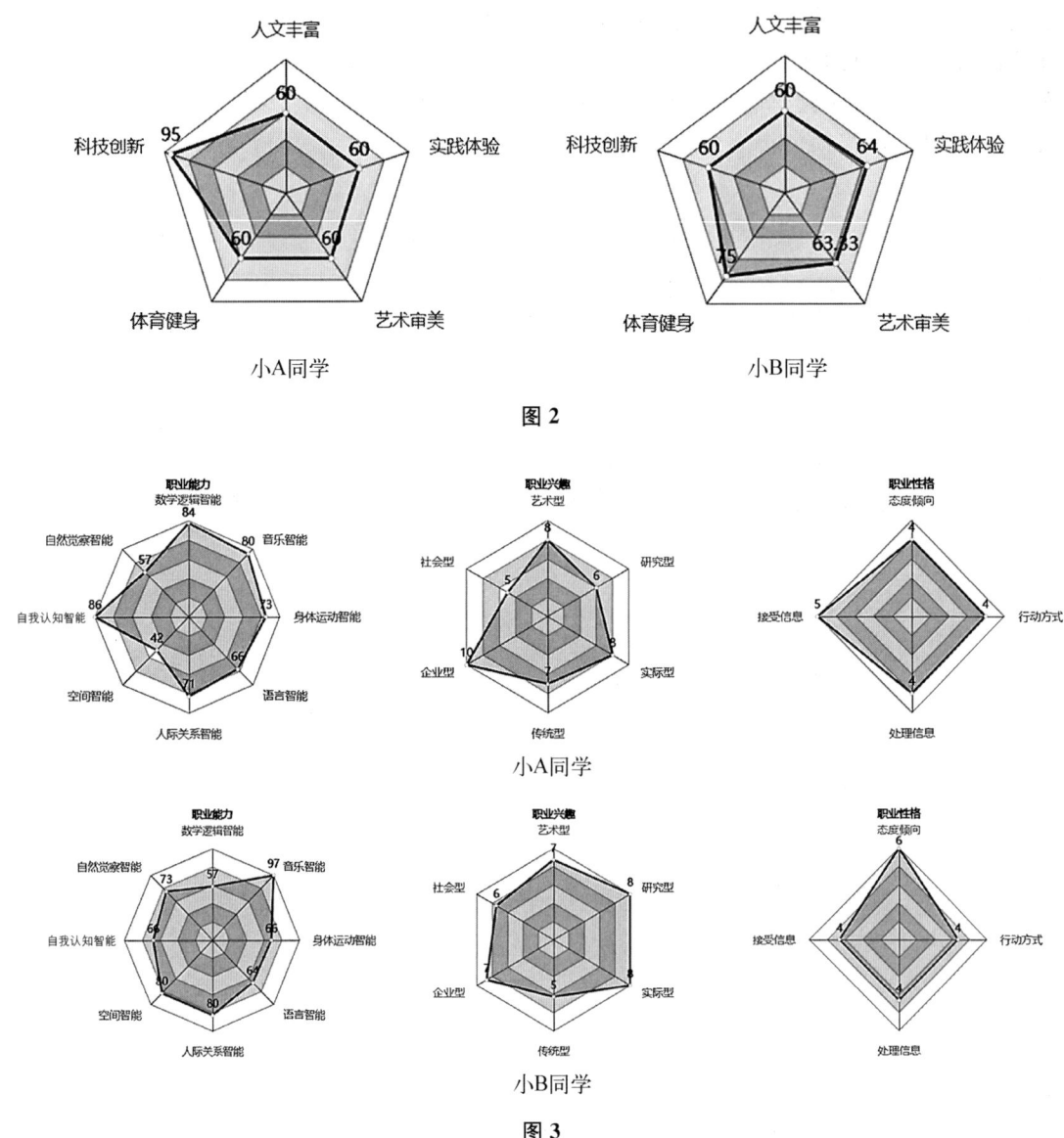

图 2

图 3

3. 家庭环境

从家庭教育了解,小 A 同学的父母非常民主,对孩子的教育感恩意识非常强,重在交流合作,缺乏执行力的约束;小 B 同学的父母对孩子的成绩要求比较高,重在思考独立,严格要求,不能有一丝马虎。

五、基于数据、指导发展

基于以上四维评价可视化的评价结果,导师在指导的过程中可以更加全面充分地了解学生,增强学生过程性、真实性、全面性和发展性的评价,延展导师与学生的互动空间,帮助导师在培养学生方面从"单一"走向"综合",从"结果"走向"过程与结果"兼顾,从"一统性全面发展"走向"个性化健康成长",能让教师、家长、学生能根据实际情况和个性特长量体裁衣,规划最佳发展路径。

1. 制订方案

从两人学业表现上来看差不多,所以要根据每一次考试的成绩情况,制定目标和奖励机制。从职业倾向中可以发现两人的差异较大,为了相互弥补,共同进步,一起参加学校的科创社团,这样两个人的气质和性格能够有机互补。在家庭教育上,让家长能换个角度欣赏和发现自己孩子的闪光点与不足。

2. 与孩子沟通,达成共识

随着对两名课代表的了解,我把对两名课代表的培养方案与他们进行沟通。他们也很喜欢这样的方式,想看看过一段时间会有什么效果。在学习上,他们上课更加认真,课下与教师讨论问题的次数更多了。在社团活动中,小 A 同学的领导力发挥得更好,也意识到自己的执行力在不断提升;小 B 同学也逐渐重视团队合作,发现有些问题不是一个人就可以解决的。

3. 家校互动,初见成效

对于家长来说,由于接触时间有限,想改变他们的教育观更难。所以对于家长的观念转变,我希望第一步,先从认同开始,然后通过孩子的变化,逐步改变自己的原有认知理论。

六、收获与反思

(1)高中生生涯规划是顺应世界各国教育改革和发展的需要,更是适应中国新一轮高考改革的需求。因此,通过教育实践,深切感受到在这个过程中可以充分尊重学生的个性化发展,让他们认清自我,不断完善。

(2)高中生涯规划是满足高中生身心发展特点的需求。高中阶段学生兴趣爱好趋于稳定,对于职业的喜好和价值观逐渐变得现实和具体,并拥有独立的意识和价值观。这一时期实行生涯规划并进行正确引导,能够提高学生生涯规划能力,减少未来职业选择的迷茫。这就要求重视学生自我认识、职业探索、生涯规划和决策能力的培养。

(3)四维雷达图将学生的学习过程、学习成果、兴趣爱好等转化为可视化的评价结果,教师、家长甚至是学生自己,看到的不再是冷冰冰的成绩数据、文字记录,而是一个个被还原的、立体鲜活的生命形态。在每个学生可视化的评价结果基础上,教育视角从宏观群体走入微观个体,为学生定制专属的成长路径,也使生涯发展有了更加科学客观的依据。

(4)高中生涯规划是实现高中生自我价值的关键。对于高中生而言,高中阶段是每个人成长的关键时期,这一阶段的学生个体与价值观基本形成,同时也处于人生道路的十字路口,面临着对职业、人生的重大抉择。实施生涯规划,不仅有利于即将步入社会的学生选择一份适合自己的工作,而且还能促使继续升学的学生,科学理智地选择适合自己的志愿和专业,提高在学校里学习的动机和兴趣,使自己的潜能得到最大限度地发挥。

四维评价助推学生个性化成长的实践探究

胡利平

随着教育改革的不断深入,个性化教育越来越受到重视。四维评价作为一种综合性的评价方式,在培养学生个性发展方面起着至关重要的作用。本研究以班级管理中的学生成长为例,通过分析学生个性化成长的案例,以四维评价为主的多元评价机制助推了学生个性化成长,增强了学生的认同感,优化了学生的自我认知和自我管理能力提升的教育实效。

在教育实践中,如何在学生成长过程中给予合适的评价,这是一个需要不断探索思考的问题。传统的评价方式主要由教师主导,评价主体单一,评价标准过于单一,缺乏针对性和多元参与,学生参与度不高,这不利于助推学生的个性化成长。不同的学生有不同的特点和优势,单一的评价标准难以全面反映学生的个性化差异。有些评价方式过于注重良好指标,忽视了学生的主观感受和情感体验,忽视了学生缺乏对评价的认同感,影响了他们的积极性。四维评价从四个维度对学生进行多元评价,即学业表现、核心素养、信息素养和职业倾向,这种多样化的评价方式能够更全面地了解学生的表现,在过程性评价中精准定位,给予学生合适的指导,激发了学生的学习热情和潜力,促进他们的个性化发展。

【案例】班级曾经有一名学生小潘,他对学习全然没有兴趣,课上课下、放学回到家都离不开手机,因手机问题多次跟父母吵架。谈及他的作业和上课问题,所有的教师对此摇头,父母也叹气。但他在班上很有人缘,因为他的经济头脑意识很强,经常有同学托他在网上购买东西。

小潘同学课上课下行规散漫,面对教师的提醒充耳不闻,班主任的感恩与责任教育也丝毫发挥不了任何作用。当面对这样的孩子时,学生的四维评价雷达图给了我灵感。小潘的雷达图(见图1、图2)显示:他的学习成绩几乎都摆尾,尤其是数学、地理成绩表达最弱,但信息运用能力比较强。

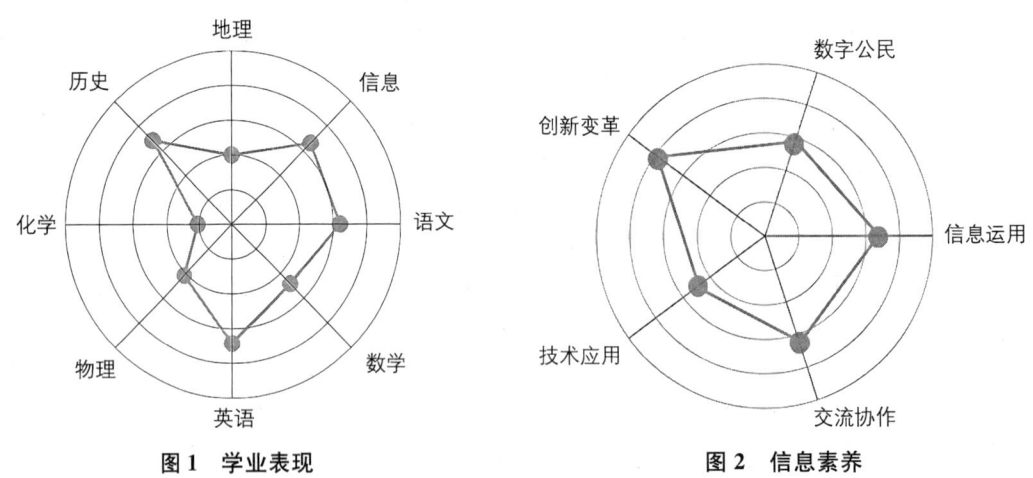

图1　学业表现　　　　　　　　图2　信息素养

于是,我让他做班级网管员,将班级网站建设的任务交给了他。他起初拒绝说:"我只会网上购购物什么的,简单打发时间而已,信息技术也不怎么会。尤其是网站建设需要哪些技术,我都不会。"我当时就说:"相信你行的,信息老师,我和同学们都是你的后盾。"他迟疑了一下,答应试一试。接下来他熬夜奋力建设班级网站,他告诉我说都没有时间玩手机了,也很着迷研究网站建设的信息技术。一天晚上,小潘的妈妈打来电话:"胡老师,我这几天打电话给小潘,他都是匆匆说一两句话,就说没有时间多聊了。似乎他在忙着什么网站建设,这不更耽误他的学习时间了吗?"我跟小潘妈妈描述了小潘近期的表现,并让她拭目以待,一起看看孩子的进展。一个星期不到,他展示了班级网站,给了我和同学一个大大的惊喜。看来,只要他投入一件事情,事情会做得很好。家长得到这个消息后,开心地说看到了孩子对一件事情的投入,也倍感欣慰。

学生小潘的行规让其他教师头疼,分析其背后原因,我发现小潘的父母因为忙于赚钱而一直在外地,初中起小潘就一日三餐都在学校食堂解决,回家后也是一个人做作业,这样的生活环境让他一直处于缺乏至亲的关爱中。他感觉自己被人忽略了,于是在班级里他自然而然地"不断制造问题","证明"他自己的存在感。我留心观察了他的课上课下具体表现,上课不睡觉的时候就爱说话,而且声音很大,课后和同学吵吵闹闹,经常讲粗话,值日的时候总是不见人影,作业不交的现象严重。

班级人人有岗,轮到小潘同学做值日班长的头一天,有学生主动找我提醒我需不需要换下一个同学做值日班长,是啊,像他这样的学生能做好值日班长吗?我摇头说不要换其他同学,我想这正是一个教育契机。罗森塔尔效应告诉我,把学生当什么样的人看待,就等于暗示他应该成为什么样的人。积极的心理暗示会使学生从教师的信任和期待中体验到尊严,从而激励自己不断进取。我在班级大声地宣布明天该轮到小潘同学做值日班长了。自从小潘同学做值日班长起,他的个人行为就有所改善,如班级上课说话现象、课后打闹、不文明言语现象明显减少,因为小潘在管理同学的同时,也在无意识中管理自己。当日他总结一天的自主管理情况,我主动点评了他个人的进步,并表扬了班级改进的现象归功于他的管理,同时指出了还需改进的地方。最终学生互评和教师评价都给予了他好评。当轮到他第二次做值日班长的时候,我发现他几乎不影响课堂纪律了,手机也不出现在课堂里了,只是会出现课上犯困的情况。他也不再随意旷课,偶尔会迟到。

时间到了学期中期了,小潘的四维评价雷达图(见图3、图4)显示出他的科技创新、艺术倾向明显。

雷达图显示的艺术倾向提醒了我,学习美术可能是促使小潘成长的助动力。学生小潘告诉我他以前学过动漫,和现在学的素描、水粉什么的画画技能没有任何联系。我给出建议让他跟着美术教师好好学,给自己一个机会去尝试一下,看看自己到底行不行。我和他一起分析了他目前的学习状况,谈谈将来升学有何设想。于是小潘下定决心开始了美术学习。

时光在流逝,接下来的量表显示小潘学习成绩仍然不理想,尤其是数学,英语有了一点进步,及格了。但他对美术的兴趣变得浓厚了,美术教师说小潘学习画画时态度是认真的,这一点让我欣慰。再次和小潘谈及人生规划的时候,他说大学的目标是上海师范大学美术学院。就着上师大美术学院这个话题,我和他一起分析了该学院的录取情况和就业情况。

重 塑

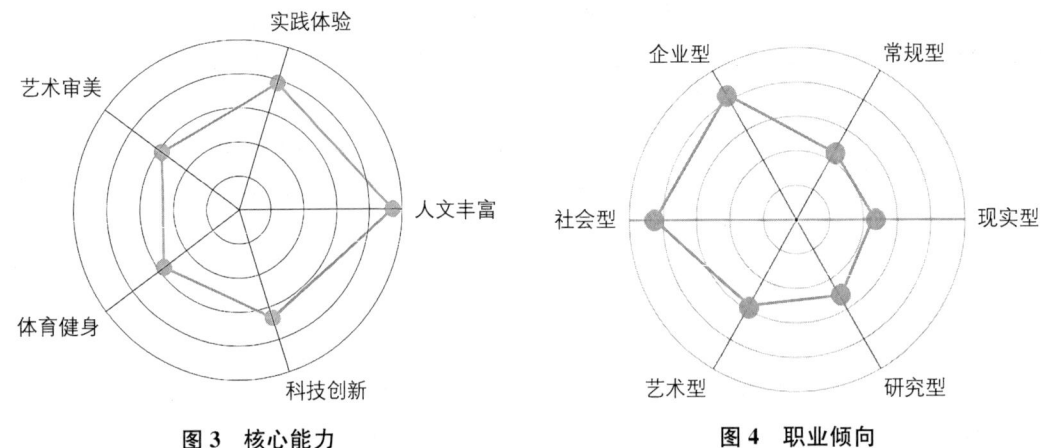

图 3　核心能力　　　　　　图 4　职业倾向

小潘变得更加努力了。因为他明白作为高考美术生，美术专业和文化成绩要达到如何水平，而且他原先的散漫行为是因为成绩摆尾而自己认为没有"金榜题名"之日，现在美术特长为他的理想添了一双希翼的翅膀。小潘努力学习美术的时候，他对待文化课程的学习认真了许多，课上课下十分努力，课上睡觉大声说话、课后打闹、作业不做的现象早已经消失得无影无踪了。在老师和同学的眼中，小潘已经是一个努力上进、行为规范的学生了。前几天，小潘的母亲打来电话高兴地说："当时不愿读书的他，现在热爱读书了，都是一切源于老师您激发了他的潜能啊！"

小潘同学的案例告诉我们在面对有问题的学生时，教师依托雷达图及时有效地关注学生的学习弱项以及兴趣点、潜能点，并有的放矢地帮助他在建立学习的信心、提高学业成绩的同时完成职业规划，终而促成学生个性化成长。

在依托四维评价对学生进行个性化成长助力的实践过程中，班主任在教育引导学生中可以做到以下几点。

第一，通过四维评价雷达图真正走近学生。阶段性了解学生的动态，首先用一颗爱心对待学生，真正走近学生、了解学生。教师尽可能地尊重、理解、帮助学生，教师并不是只限于生活学习上的关心，更重要的是对学生心灵的了解。比如案例中教师通过四维评价雷达图阶段性了解学生，在和学生的相处中，学生能感受到教师对自己的了解，就会愿意和教师谈心，愿意听从教师的建议，这是成功引导学生成长关键的第一步。阶段性及时发现学生动态发展，学生会"亲其师，信其道"，学生才能亲近老师，信赖老师，愿意和老师交流，容易接受老师的意见，为成长导航提供一个正确的方向标。

第二，利用四维评价激发学生的自我教育。"只有能激发学生去进行自我教育的教育，才是真正的教育"。信任学生是激发学生作自我教育的前提。"教育者的技巧就在于能够机智、敏锐地看到孩子那种要求上进的心理，给予信任，加以适当的引导"。学生往往从教师的信任和期待中体验到人的尊严，激励自己不断进取。当教师通过四维评价雷达图发现学生科创能力强，在班级中的人人有岗管理中，推荐该生当了班级网管员，让学生参与自主管理，唤起人实现自我教育，这样班级的温馨自主管理自我教育环境、和谐的同学人际关系、积极向上的班级整体氛围在润物细无声中悄然形成。案例中小潘同学通过参加自主管理提升了自我教育意识,约束自己的学习行为意识,让自己终归成为一个"行规示范员"的学生形象,这就是促成学生个性化成长最有力的证明。

第三,四维评价雷达图实现了对学生个性化评价。在不同阶段不同学生的过程性成长中,学生让教师发现了闪光点,在师生互动中不断获得信心,有效地促进了学习。案例中的小潘同学一直因为成绩摆尾而"自暴自弃",不断制造问题,让教师"关注"。当教师发现他的潜能并让他接受了班级网站建设任务时,他感受着老师的激励和信任;当教师让他当值日班长时,他再次感受着信任和激励,为他的努力上进给了助推力。他的艺术倾向让他意识到自己的喜好和特长,教师激发了他的潜能,让他在踏过大学这个门槛前,不觉得自己什么希望都没有。艺术特长不仅为他实现目标提供可能,更多的是有了信心和动力,行规学业的进步是并举的。陪着小潘一路走过迷茫,走过质疑徘徊,最终师生一起走向了春暖花开的季节。走出迷茫的小潘,正朝着那片希翼的曙光迈进。

在实践中,班主任需要注重评价的客观性和公正性,尊重学生的个体差异,关注学生的全面发展,以实现有效的育人工作。同时,班主任还需要不断学习和探索新的评价方法和手段,以适应教育改革的发展趋势。

合理运用四维评价,应对学生心理多重变化

陈 艳

早在2012年,上海市教育委员会就印发《上海市学生职业(生涯)发展教育"十二五"行动计划》的通知,同样作为首批新高考改革试点的浙江也紧随其后,出台政策,将学生的生涯教育提上日程。《上海市中长期教育改革和发展规划纲要(2010—2020年)》将"为了每一个学生的终身发展"作为教育改革和发展的核心理念,职业生涯是个体人生历程的主体,职业生涯发展是终身发展的核心。学生职业(生涯)发展教育是以职业生涯规划为主线的有目的、有计划、有组织的综合性教育活动,是学生提高自我职业生涯规划的意识与技能、顺利实现从学校生活向社会、职业生活过渡的基本途径,也是学校素质教育的重要组成部分。实施学生职业(生涯)发展教育的根本目标就是让每一个学生获得最佳的职业选择,并在这一过程中最大限度地实现自己职业规划与事业愿景的统一,最大限度地实现人生理想和社会价值。目前在双新课程的选科模式之下,学生在成长过程中学会选择,主动适应变化的能力越发重要,学校和家庭在其中势必会起到很重要的作用。根据《关于加强中小学生涯教育的指导意见》,学校不仅需要开设生涯课程,还需要建立学生的成长档案,通过每个学生的成长档案和综合素质评价,为持续进行的生涯教育提供一个长期的参考。

然而,教育尤其是生涯教育不仅仅是学校和教师的职责所在。学生的生涯教育,更重要的核心部分更可能发生在学生各自所在的家庭中。因而,生涯教育的开展对学生的家庭教育提出了更高、更科学的要求。对于家长来说,亟须转换一下固有的家庭教育思维模式,从完全给孩子做决策,到认同孩子的个性发展,并积极发现、鼓励孩子的兴趣,引导孩子的职业选择,形成家校共育的生涯教育,双方合力,给学生以更大的助力。基于学生发展规律的需求,家长家庭教育的更新需求和家校合力的需求,教师对于学生的生涯教育不应仅仅局限于师生之间,教师更应有意识地对学生的家庭教育进行一定的关注和建议。

基于这样的趋势,我校将职业素养纳入学生的综合评价体系中。在我校,学生三年内的学业表现、信息素养、核心能力以及职业倾向合并为更符合现代学生发展规律的四维评价体系。生涯导师利用四维评价,能够比较直观、真实地了解学生高中阶段的综合发展趋势,并结合学生具体情况,作出有针对性、科学可靠的职业生涯建议和指导。同时,四维评价的存在,也利于家长了解学生的当前学业发展和人格养成趋势,有利于家长全面、真实地了解自己的孩子,从而与生涯导师、学校支持形成更好的合力,共同推动学生明晰目标,向更适合自己性格特长兴趣的方向发展。

以我校翁同学为例,他虽然处于年级中学业成绩较优秀的班级,班级整体学习氛围好、平均学业水平表现较佳,但依据学生本人四维评价的评估雷达图(见图1)结果来看,学业成绩不够理想,低于年级平均水平,尤其是在理科学习表现上稍显薄弱,有比较明显的偏科倾向;在职业素养的评估中,也反映出数学逻辑智能方面稍显薄弱,学业水平的发展与职业素

养评估结果吻合度较高,真实科学地表现出学生整体的发展倾向,而在信息素养和核心能力中有明显优势,在人际关系及自然察觉智能方面有较大的优势,这两点也与在职业兴趣上与传统型和艺术型匹配度较高。从四维评价的数据表现上来看,各项数据基本真实符合逻辑,各项能力与职业倾向和兴趣比较吻合。基于他的职业能力和职业兴趣倾向,并结合高中阶段该同学积极参加各项校社团拓展课的类型以及综合表现,最终教师和家长共同建议该同学选择以艺术特长作为主要发展方向。艺考的时间在高三年级,可以预计将会占据高三学生很大一部分精力,希望能够在预留充足的美术集训时间和精力的前提下,综合考虑到后续大学专业选择以及学生本人的学业水平发展倾向的前提下,在加三学科中就选择参加能够提前完成的生物和地理的等级考试。地理在高中阶段属于文科,比较适合该同学在学业发展水平上的倾向和兴趣;而生物虽然作为理科,既可以适当增加学生专业选择范围,又相对物理、化学两门理科知识点体量和难度较低,能更容易获得较理想的等第。

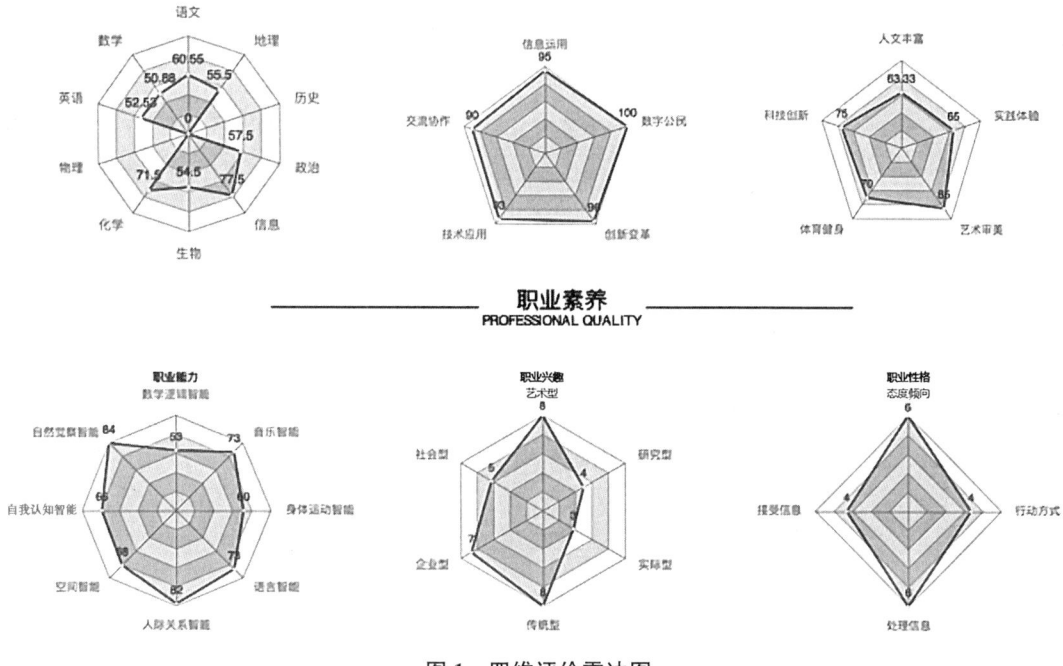

图1 四维评价雷达图

在高二生命科学的学习过程中,我与翁同学进行了进一步的沟通了解,得知在上学期,该同学父母有了二胎。对于这名同学的家庭而言,一方面是翁同学要参加两门等级考试,正处于高中比较重要的时期;另一方面,父母本身精力有限,新生儿的照料势必会占据大部分的时间。不仅如此,对于翁同学本人来说,一方面依据现有数据,在数学逻辑能力上有所欠缺,预计在理科的学习上存在一定的困难;另一方面,从职业兴趣及性格上观察也能发现,学生更倾向于艺术型及态度倾向型,而在实际型及行动方式的欠缺,表明学生自身性格存在自律性不强、执行力不足等缺点,加之家长暂时分身乏术,可能也无法及时监督和开解。故而在综合因素的影响下,该同学一开始在学业上有明显的落后趋势。

重　塑

据此，这个寒假对于该同学，我首先并不以其较弱项的学业成绩作为突破，转而向其了解从独身子女转变为哥哥的心态变化。一方面通过谈话能够或多或少了解他的想法，另一方面也可以从他的表述中知道家长的一些教育手段和变化。在假期的谈话中，翁同学逐渐与我交流了自己的心态变化，对于绘画的假期训练也由开始的自信满满逐渐转变为信心不足。谈话间对我大吐苦水，原本以为参加自己更擅长、更有兴趣的绘画艺考会比高考要轻松，但没想到会这么辛苦。

首先，我对该同学进行了疏导，对于他的辛苦和疲惫先表示了认同，尽量安抚住该学生比较焦虑不安的情绪，给予充分的情感支持，保证他感受到教师能够认可、看到他的压力和疲惫。在认同和支持他的感受之余，作为教师和成年人，我也引导他正面面对兴趣和考试压力之间的变化。无论是学习还是绘画，如果要取得较之前更大的突破和成就感，势必要克服自己的惰性，付出相应的努力和汗水。因为现阶段的汗水，换来的是将来更多的可能性和选择空间。不仅如此，花时间和精力在自己有兴趣的方面始终是要比在不擅长或者不喜欢的领域下功夫要来得快乐。在将来走入社会之后，哪怕面对更高强度的工作和生活压力，只要有自身兴趣作为支持，就能以好的状态迎接挑战。

其次，在翁同学的家庭教育上，我也认为家长应当在这个关键时期给予他相应的关注度和引导。从家庭整体的角度上，我建议家长首先以身作则，营造一种开明、积极的家庭氛围，比如在孩子的选择上能够给予他充分的表达空间；认同孩子在学业上、生活上遇到的困难和付出等。

除此以外，我在与翁同学交流过程中还了解到，家长基本不让该同学参与家庭生活的基本事务。从家长的角度而言，即便在自己压力较大、照顾新生儿比较辛苦的时候也想体贴翁同学，想要给他留下充足的精力和空间应付学习的出发点是好的，但对翁同学本人而言，这往往造成了他对家庭生活参与度较低的直观感受，反而不利于他对家庭成员变化的接受和融入。因此，我建议该同学的母亲可以在照料新生儿的同时让他适当地参与其中，可以交流一些该同学小时候的事情，这个过程可以增加翁同学对新成员的接受程度，也能够充分感受到母亲对自己的关注，提升其对于家庭的参与感。而对于父亲，我则建议一方面要以身作则，积极参与家庭生活，让该同学感受到父母之牢固的情感纽带，另一方面父亲可以主动与该同学交流，了解孩子在学业和生活上的压力和困惑，但在该过程中要做到不妄下结论，或给予简单粗暴的建议。这样即便不给予建议，或者孩子不愿采取家长的建议，交流的过程本身即可以缓解孩子的压力，让他不仅有倾诉的空间，也能够拉近父子之间的距离，让孩子能够充分感受到家长对自己的关心。有了家庭成员的支持，学生才能够在面临学业、兴趣和家庭变化中以更好的状态迎接挑战。

学生在发展过程中，其心理往往会因周遭环境变化而不断变化。对于教师而言，能够利用四维评价及时了解学生的发展倾向，更好地给出适合学生能力、匹配学生兴趣爱好的生涯规划和建议，也能结合学生的具体发展阶段有前瞻性的预判或关注到学生可能遇到的困难与困扰，及时或提前对学生进行疏导和引导。

四维评价助推学生成长之路

顾鸿渊

一、案例背景

随着教育的深化改革,我们愈发意识到单纯依赖考试分数已经无法满足现代社会对人才的需求。为了更全面地培养学生的综合素质,落实《国务院关于深化考试招生制度改革的实施意见》和《上海市深化高等学校考试招生综合改革实施方案》的精神,我校致力于四维评价体系的建设与实践,以期在利用信息技术支持的评价体系中,更多地关注学生的学习过程和教学有效性,进而实现师生共同成长。

四维评价体系从学业表现、核心能力、信息素养、职业倾向四个维度出发,详细记录学生的成长轨迹,为学生的全面发展提供了有力的数据支撑。通过这一体系,教师、家长和学生都能更加清晰地了解学生的个性特长,从而为其未来成长之路提供精准的指导。

二、四维评价体系的构建与实践

(一)学业表现

学业表现是四维评价体系中的基础维度。在传统教育中,学业成绩往往被视为衡量一个学生是否优秀的唯一标准。然而,我校更注重学生的全面发展。因此,在学业表现这一维度,我们不仅关注学生的考试成绩,还通过课堂系统对学生的学习状况、课堂行为、学习风格等进行全面分析。

例如,该案例利用学校广泛运用的某课堂系统的数据分析,我们可以发现哪些学生在某些学科上表现出色,哪些学生需要额外的辅导。这些数据不仅为教师提供了针对性的教学建议,还为学生提供了个性化的学习方案。

(二)核心能力

核心能力是四维评价体系中的关键维度。在现代社会,单纯的知识积累已经无法满足人才的需求。因此,我们更加注重培养学生的核心能力,如沟通能力、协作能力、创新能力等。这些能力不仅有助于学生更好地适应未来的社会生活,还有助于他们在未来的职业生涯中脱颖而出。

为了培养学生的核心能力,我校开展了丰富多彩的课外活动,如社团活动、志愿者服务等。这些活动不仅锻炼了学生的组织能力、领导能力,还让他们在实践中学会了如何与他人合作、如何解决问题。

（三）信息素养

信息素养是四维评价体系中的重要维度。在信息化时代，信息素养已经成为每个人必备的基本素质。因此，我们注重培养学生的信息素养，使他们能够熟练地运用信息技术获取信息、处理信息、应用信息。

我校开设了信息技术课程，教授学生基本的计算机操作技能和网络知识。此外，我们还鼓励学生利用课余时间自学各种编程语言、设计软件等，以提升自己的信息素养。这些努力不仅让学生在信息技术方面取得了优异的成绩，还为他们未来的职业发展奠定了坚实的基础。

（四）职业倾向

职业倾向是四维评价体系中的特色维度。我们认为，每个学生都有自己的兴趣和擅长的领域，只有找到适合自己的职业方向，才能在未来的职业生涯中获得成功。因此，我们注重培养学生的职业意识，帮助他们了解自己的兴趣、特长和价值观，从而作出明智的职业选择。

为了帮助学生了解自己的职业倾向，我校开展了多种职业体验活动，如企业参观、职业讲座等。这些活动让学生有机会亲身感受各种职业的工作环境和工作内容，从而对自己的未来有更清晰的规划。

三、案例介绍：王同学的成长之路

王同学是我校体育篮球专项班的一名女生。她活泼开朗的性格以及在学习过程中表现出的努力和执着精神，让我深感她是一个有潜力的学生。然而，如何更好地了解她的相关信息，为她提供个性化的辅导，成为我面临的一个挑战。幸运的是，四维评价体系为我提供了一个有力的工具。

通过学业表现维度的评价，我发现王同学在多个学科上的表现都比较平均，没有明显的偏科现象（见图1）。这说明她在文理方面都有一定的基础，具备进一步发展的潜力。同时，她在信息素养方面也表现出色，拥有良好的交流协作能力、信息运用能力和创新变革意识（见图2）。这些能力在现代社会中具有重要的价值，也是她未来发展的主要资本。

在核心能力方面，王同学同样表现出色。她不仅在科技、艺术、体育等方面具备一定的基础，还拥有广泛的兴趣爱好（见图3）。这说明她是一个全面发展、多才多艺的学生。然而，她在某些方面还没有达到术业专攻的水平。这意味着她需要在未来的学习过程中更加专注于某一方面的学习和发展。

让我惊喜的是，通过职业倾向维度的评价，我看到了助推王同学更好发展的方向。在职业性格方面，她的态度倾向较高，表现出较高的接受和处理信息的能力（见

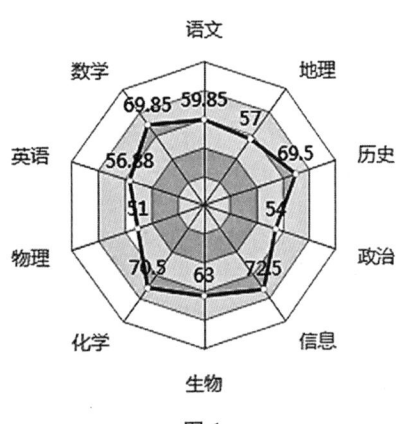

图1

图4)。这意味着她一旦选择了某个职业方向,就会全身心地投入其中并取得成功。同时,她在职业能力方面也表现出色,拥有处理人际关系智能指标的优异成绩(见图5)。这表明她具备良好的人际交往能力和团队合作精神,在未来的职业生涯中将具有领导核心能力。

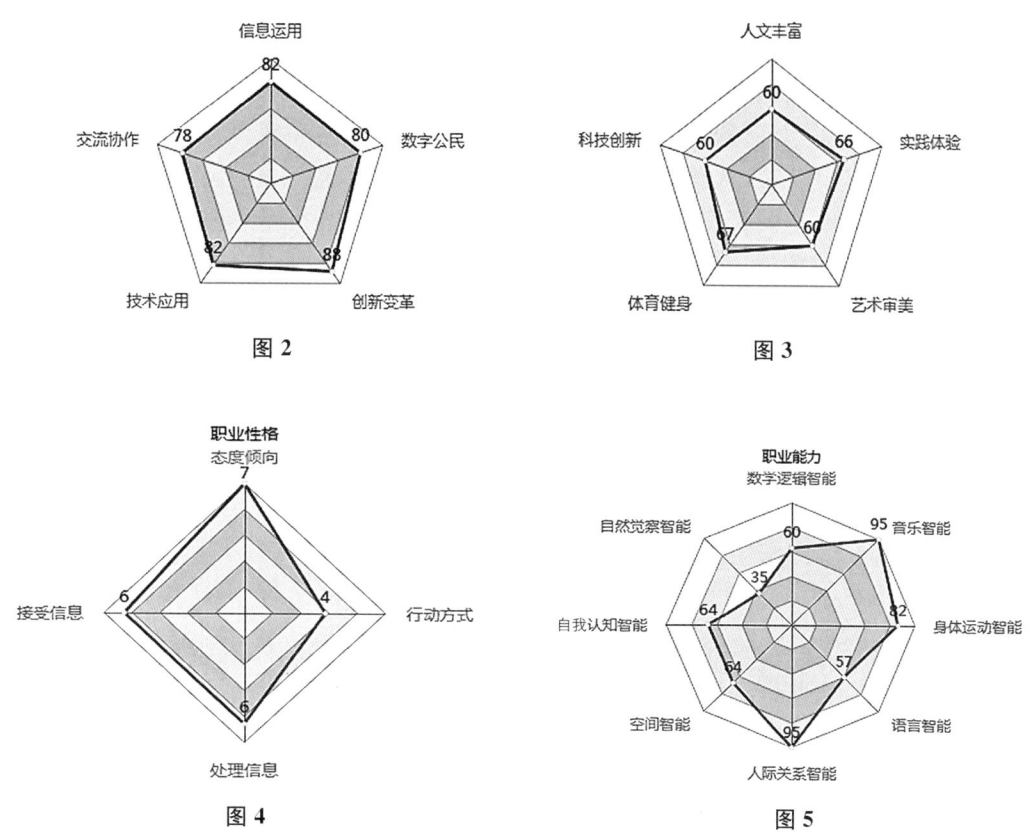

图2　图3　图4　图5

根据四维评价的结果,我决定利用王同学在人际关系和处理能力方面的优势,让她协助教师进行教学管理。果然,她不仅成为女篮班的班长,还成为我优秀的教学助手。在与其家长的共同分析下,我们一致认为应该根据王同学的信息素养雷达图指标将她纳入学校科技特长生培育队伍。很快她的信息能力、运用能力和创新意识在科技领域内得到了充分的体现和认可。她在学校机器人科技组内迅速崭露头角并成为中坚力量,在市区各级机器人比赛中屡获大奖;同时,她还积极参与学校对外展示机器人项目以及社区活动大手牵小手的志愿者活动,成为主要演示人员和积极分子。

值得一提的是,在王同学的职业能力和职业兴趣中还有音乐智能和艺术型特征两项优异的能力尚未得到更好地运用和发挥。因此,在市里举行科技艺术综合展演和DI创新大赛时,我们大胆鼓励她参与各个环节并发挥她的艺术特长,同时结合科技信息素养进行大胆创新和实践。最终她凭借出色的表现获得了比赛奖项和认可。这些成绩和荣誉不仅让她在科技教育特长生成长之路上获得了更好、更快的推动与发展,也让她更加坚定了自己未来发展的方向和目标。

好风凭借力,助尔上青云

余淑琴

近年来,面对人工智能的浪潮,国家教育积极推进"互联网+教育",树立科学人才观。我校依托教育信息化优势,从高中学生终身发展的角度出发,聚焦"核心素养"的育人观,重构学生发展评价。根据国家、上海市深化考试招生制度改革、加强和改进普通高中学生综合素质评价等相关文件精神,在闵行区创建智慧教育示范区、区生涯教育一体化项目的引领下,研制了由学业表现、核心能力、信息素养、职业倾向组成的四维评价体系,利用学校数智空间平台大数据助力学生全面而有个性的成长,实现大规模的因材施教。

四维评价从学业表现、核心能力、信息素养、职业倾向四个维度,形成四张雷达图,详细记录学生的成长轨迹,对学生的数据进行记录和评价,旨在通过数据深度的挖掘,让教师、家长、学生都能根据兴趣、个性、特长量体裁衣,定制一条未来成长的路径。

一、基本情况分析——认清庐山真面目

下面就以 2022 级高一(1)班陆同学为例,谈谈我是如何围绕学校四维评价体系,指导该生家庭开展学生生涯规划的。

(一)平台分析四维指标

陆同学在 2022—2023 学年第一学期的综合表现如图 1 所示。

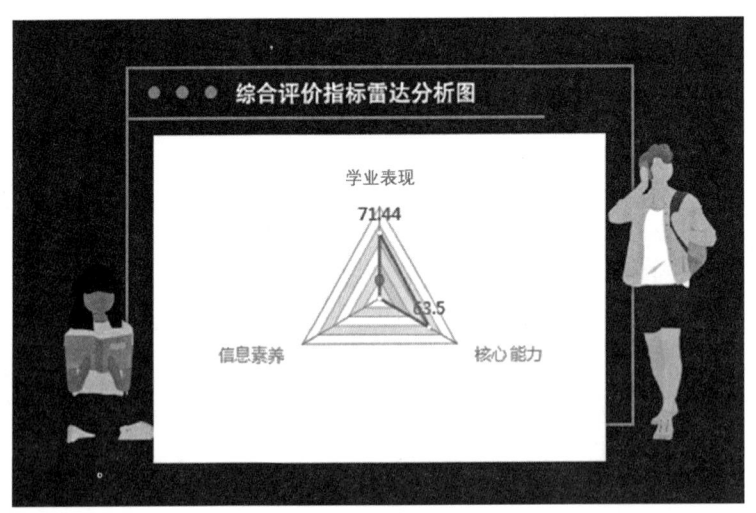

图 1　陆同学综合评价指标

在学业表现方面表现突出,成绩优秀 A 等级,如图 2 所示。

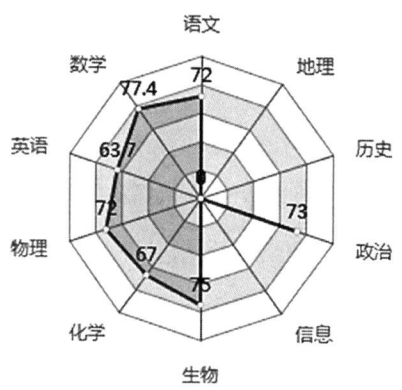

图 2　陆同学学业表现

与学习过程相关分析如图 3 所示。

图 3　陆同学学习过程相关分析

在核心能力方面表现良好,如图 4 所示,陆同学积极参与各项活动,有兴趣爱好,有一定特长 B 等级。

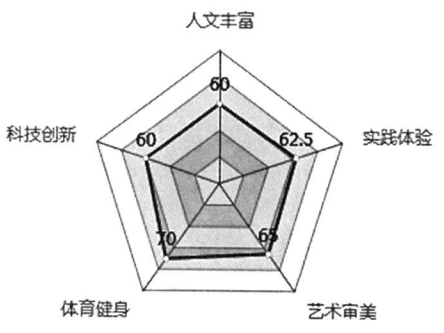

图 4　陆同学核心能力

297

职业素养及性格类型如图5所示。

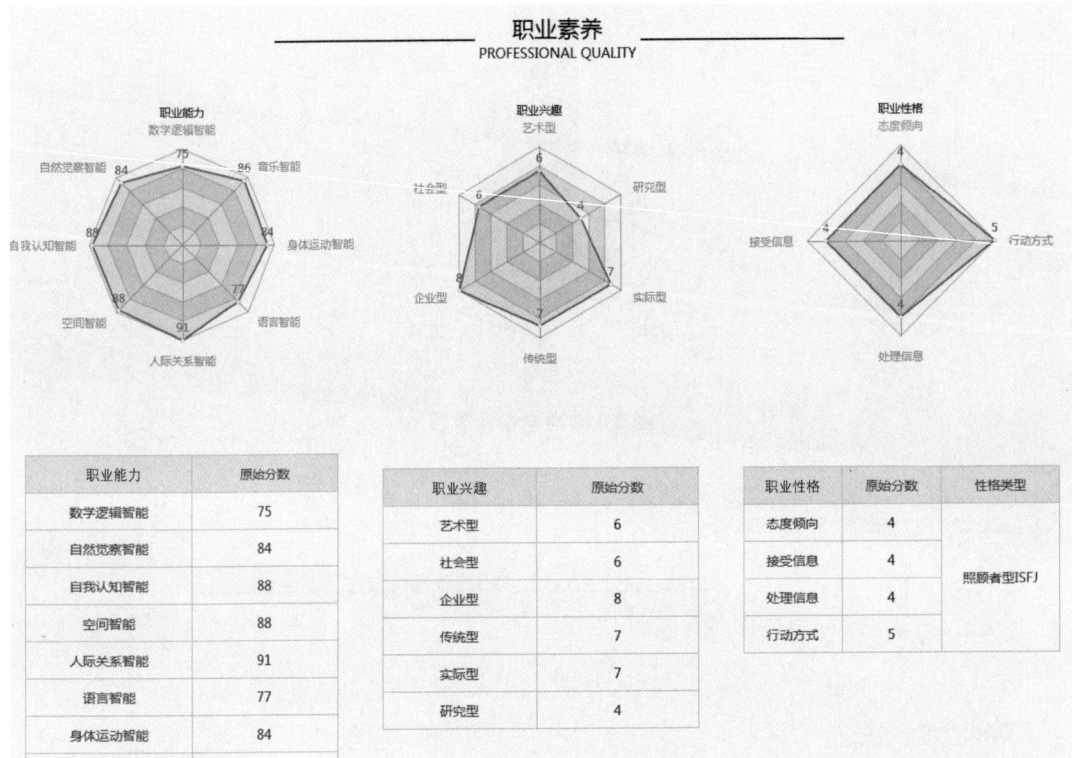

图5　陆同学职业素养与性格类型

（二）了解该生情况

通过观察、接触和交流,该生性格开朗、为人热情,能与同学和睦相处。自幼学习画画,也很喜欢画画。未来的职业倾向是教育行业,梦想的大学是上海师范大学,学习中文系专业,将来想和她的太爷爷一样,成为一名优秀的教师。该生在学习上能脚踏实地认真学习,担任语文科代表一职,工作尽职尽责,只要是老师交代的任务从不拖延,从不马虎。她性格乖巧温顺,讨人喜欢,容易亲近,与之沟通交流能够坦诚地打开心扉,谈到自己及家庭情况也毫不避讳。但是从开学第一周负责语文早读任务开始,我就发现她读书声音太微弱,少激情,在课堂上发言也不积极,尤其在面对很多人说话作演讲,当大家的目光都聚集在她身上时,她会很紧张、不自信,声音有气无力,有时甚至会出现语无伦次的现象。

（三）了解该生家长情况、家庭教育情况

通过家访,了解到该生父亲的职业是司机,母亲的职业是保育员,受教育程度都是中专。虽然父母文化程度都不高,但希望孩子能好好学习,顺利考上大学。家庭的亲子关系很亲密

融洽,父母认同并且很支持孩子的职业目标,支持孩子想当老师的理想。

二、辅导过程——立脚点上求平等,于出头处谋自由

(一)方案制订

该生在学业表现方面突出,各科均衡发展,成绩表现优秀,尤其是语文成绩,在班级乃至年级更是名列前茅。但还需要在自己相对薄弱的数学上多下功夫,这样才能将自己整体的水平往上提,尽自己最大努力逐渐缩小梦想与现实的距离,百尺竿头更进一步!

四维目标的核心能力、职业能力中显示该生人文丰富、语言智能方面较为薄弱,长于行动,拙于言辞,属于照顾者型。该生的理想是成为一名语文教师,对此作为语文老师的我甚感欣慰。作为语文教师的基本功和基本素养无非是听、说、读、写。语文教师要善于倾听、乐于倾听,在听中增加才思、提高能力、丰富学养。该生平时听讲习惯很好,对老师的教诲也能虚心接受。

"语文"二字,顾名思义,口头为语,书面为文。语文教师作为一种培养学生母语能力的特殊人员,尤其需要有超强的语言表达能力,既能运用课堂语言讲解,清楚地表情达意,在准确地运用语言完成教学内容的过程中,使学生身心得以灌溉与滋养;也能对教材进行朗读,做到声情并茂,有效传递出文章的情感,为静止的文字赋予生命的热情与活力。而该生羞于在人前朗读说话,这是她要努力跨越的一大障碍。因此我有意识地在课上及课下给她提供在全班学生面前发言或演讲的机会,鼓励她每周去学校朗读亭锻炼,多选择朗诵抒情味浓厚的作品,比如《荷塘月色》《沁园春》等。对她上传的朗读作品随时给予指导,比如语速、换气、停顿、感情,与背景音乐的配合等,循序渐进,熟能生巧,让自己的口头表达逐步从最初的准确明了,有连贯性、逻辑性到富有感情、有感染力,进而富有个性,展现自己的语言魅力。

读与写是密不可分的,在语文教师的能力结构中,会写是基础,是前提。该生的书面语言表达能力还是较强的,参加"田园杯"现场作文竞赛获区二等奖、民防征文获三等奖、闵行区"古诗文大赛"获三等奖。而读书永远是语文教师专业成长的必备之需,是满足内心渴求的最佳途径,也是写作表达的源泉活水。在检查高一寒假期间的读书任务的完成情况时,我发现布置的名著阅读她都看完了,但阅读的方式大多是看电影。《红楼梦》的整本书阅读读了一遍却没细读,她觉得这是一部恋爱悲剧。因此我马上给她提出了更高的要求,要进行纸质阅读,读原汁原味的作品,不动笔墨、不读书,要在积累本上完成摘要、心得或随笔。希望她能更好地从阅读里汲取营养,温润自己的语言表达,丰富自己的人文素养。

(二)与孩子沟通,达成共识

我与该生的沟通非常顺畅。因为她有目标、有追求,能正确认知自己,明确职业兴趣及方向,了解自己的优点与不足,所以在作生涯规划指导一开始就达成了共识。

(三)为实现你和孩子共同的目标,与家长形成合力指导孩子

我一开始就和家长达成一致,他们很尊重孩子的意愿,能认识到基于兴趣爱好基础上的

生涯发展比较重要。

三、收获反思——学然后知不足

为适应世界教育和社会日新月异的发展实际,我校借鉴大数据管理的理念,依托信息化特色,开发了四维评价系统,形成开发大数据时代下的校本化学生综合素质评价数据及其处理系统,用以有效指导学生生涯的发展,开展生涯教育。

以往我总是以为生涯发展教育是心理教师和班主任的事,并不是很了解和支持生涯教育。但是自2014年以来,学校提出"人人都是德育者"的口号,要求每一位教师都要承担学生生涯规划导师的职责。两年来,在对陆同学进行生涯发展辅导过程中,通过交谈、共情、专注、倾听等方式,我了解了个案性格、学习、家庭、理想等情况,对个案主要问题作评估与诊断,帮助个案明确自己的价值取向、兴趣爱好和优劣势等,进行自我认知和职业认知等方面的分析,进而对自己的职业规划发展形成完整的体系,对目标高校和目标专业有更深入的了解。如今,她信心满满,有条不紊地朝着自己理想的大学迈进。在这一过程中,作为老师,我收获的不仅是"桃李满天下"的满足感和幸福感,而且更深刻地认识到生涯发展教育是一个长期的,关系学生未来、关乎中国梦实现的大工程。

教育的真谛是"一个肩膀挑着学生的现在,另一个肩膀挑着祖国的未来",而教师的职责是在每个学生人生成长成熟的黄金期埋下幸运的种子,使其萌芽、开花,"成为他们良好素质的基因"。运用四维评价雷达图来指导学生作生涯规划,将学生的学习情况、课外活动、兴趣爱好等转化为可视化的评价结果,使呈现在教师、家长、学生面前的不再是一张张孤立的成绩单、证书、图表,而是一个可视化的综合分析评价体系,助力学生去粗取精、取长补短,客观准确地认知自我、发展自我、完善自我;通过四维雷达图,每一个学生的优势和短板也更加清楚直观地呈现在教师面前。在每个学生可视化的评价结果基础上,教师可以更专业地利用自己的教育教学经验和社会生活阅历,助力学生科学定制专属的成长路径,去成就每一个学生生命的精彩。

好风凭借力,助尔上青云。四维评价作为我校生涯发展教育的一项品牌特色已显成效。为了更好地履行教书育人的职责,不负学生、家庭、学校乃至社会的厚望,我要更加努力地学习理解生涯教育的课程知识、掌握相关的指导策略、加强与家长的沟通交流,从而形成教育合力,助力学生成就美好未来。

四维评价助力学生发展

殷国平

不是所有人都是天才,记得有位名人说过:"把孩子放对了地方,他就是天才!"我非常认同这句话,并把它作为我指导学生生涯规划的座右铭。生涯在英文中是"Career",意思是从事某种活动或职业的生活。中学生涯规划工作中,包含两部分的内容,一部分是学业规划,另一部分是未来职业规划。作为一名有多年经验的班主任深知生涯规划对学生的重要性。接下来我通过案例的方式来分享我校四维评价对学生生涯的积极影响。

一、学生情况分析

图1是小王同学的四维评价指标。

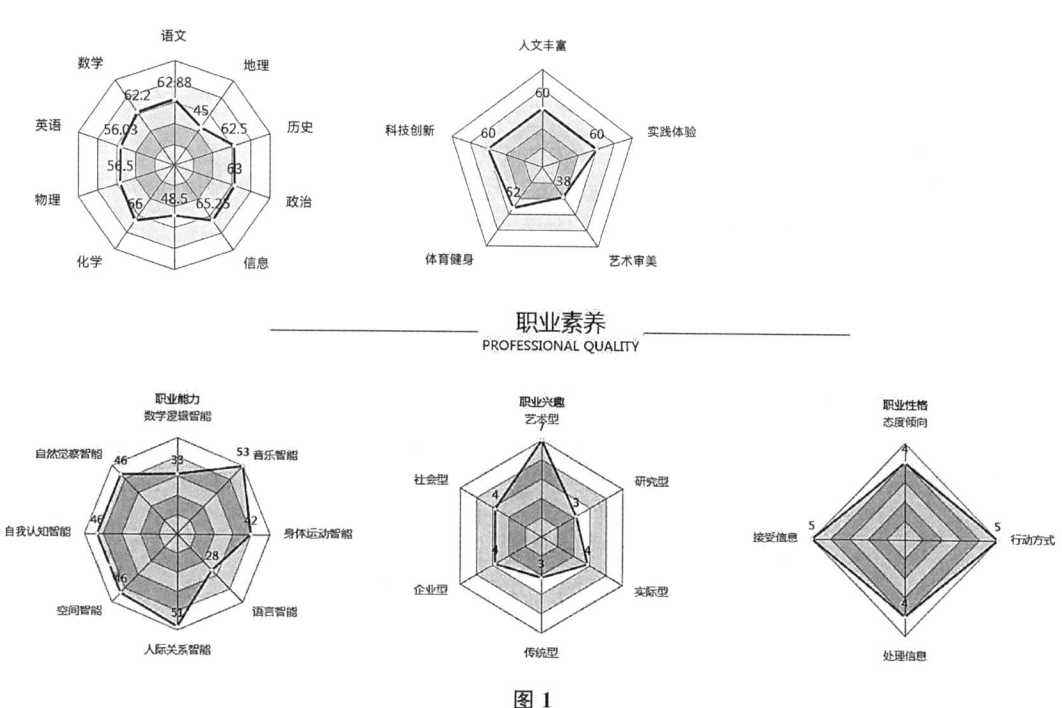

图1

从图1可以看出,小王同学的学业表现很一般,但是核心能力表现不错,在职业兴趣方面偏向很明显,表现为艺术型。在老师眼中,小王是个乖乖女,在校与同学关系和睦,从未与同学发生争执,性格偏内向,尊敬老师,上课态度端正,作业都能及时完成,能积极参与学校的一些活动,自高一开始学业成绩表现不尽如人意。我总是积极鼓励她,坚持学习,改变一

重 塑

些原来的学习方法,有问题就积极向老师和同学们请教;但是成绩始终没有起色。

通过平时的电话沟通和家访了解到,她父母虽未离异但是平时长期只有妈妈在身边,爸爸长期在外地工作,只是提供一些经济支持。也就是在平时的教育中,只有妈妈一人在支撑。她妈妈做点小生意,家庭经济条件一般;受教育程度不高,但对老师非常尊敬,在家庭教育上缺少一定方法。

我平时会在班级里通过班会课或者平时的聊天以及学校里的正面宣传的形式去辅导学生作生涯规划,也会通过家长群和家长会的形式向家长宣传人生规划和生涯规划的重要性,让家长配合学校使自己的孩子能积极主动地去思考自己未来发展的方向。正是在这样的大环境下,一部分学生慢慢开始根据自己的兴趣爱好和自身的特长去考虑高中面临的加三选科,加试美术、艺术、体育等各方面。在这样大环境的影响下,小王跟我说:"老师,我喜欢摄影,我能不能以后加试摄影专业呢?"我没有直接回复她,而是去了解高三以后考摄影的要求以及去调看她相应的职业素养数据,发现她的职业兴趣趋向度较高的是艺术型,这和她的想法是有些吻合的。

二、剧情的变化

目前,高中生进入大学的录取方式是多样的。有春考录取,有提前批录取,有自主招生,有综合素质评价,还有经过体育、艺术、美术等各方面录取的。对自己的未来有想法这是好事情,说明她已经在积极思考以后人生的发展。另外,作人生规划对学生来说有个非常大的好处就是目标引领。有一些学生学习比较盲目,随大溜,没有自己的想法,一些考上名校的学生也说不出自己将来想做什么。而另一些学生成绩暂时不理想,但如果有了目标,就会有学习的动力,也能考取她心中理想的大学。现在上海的普通高中学生更多的是缺乏学习的目标和动力。

我了解到以后考摄影专业不像以前只考一些摄影相关的知识,必须学美术,通过美术考试再加摄影专业。我把这些情况反馈给她,并告诉她想法很好,但是要和家长沟通好,争取得到父母的同意。一个星期后的深夜我收到她妈妈发给我的一个求助信息,次日早晨看到信息我立刻回了一个电话,大致事由是孩子想学美术而妈妈不同意,因此就发生了矛盾冲突甚至发生了伤害自身的过激行为。听到这个消息我马上意识到学生和家长由于生涯规划沟通不畅而产生了情绪失控,于是立刻到家家访;在与孩子母亲沟通的过程中,我发现孩子与她妈妈之间的沟通是不顺畅的,孩子也没有和母亲商量,只是告知家长一定要这样。我于是一面单独与孩子母亲作生涯方面知识的教育,并告知一些如何与孩子进行良好沟通的方法;一面也对小王作心理疏导,暂缓她的心理情绪,她也意识到自身的过激行为,应学会如何与妈妈沟通。当然最重要的是,我把小王的思维评价测试告知她妈妈,小王的学业成绩虽然表现不佳,但是核心能力表现很不错,同时她的职业兴趣倾向艺术型,与她自身的需求是一致的,在家庭经济能力允许的情况下可以适当支持孩子自身的特色发展。小王妈妈认同了我的观点,对孩子的特色发展给予了支持,事后还及时了解了上课辅导地点。

后期我持续关注了小王在校的表现,以及与家长沟通了解到孩子在家的表现情况都非常不错,在校偶尔对她进行激励和鼓励,表扬她有进步的地方。通过生涯规划确定自身的发展方向之后,小王的学业表现也有了一定的进步,在家与妈妈的关系也更好了。

三、收获与反思

中学阶段,高一年级就要面临选科,选科的过程中可能会出现一系列问题,解决这些问题的过程也是学生生涯规划的过程。高中生的家长应该帮助学生完成规划。学生在升入高中那一刻开始,就要考虑科目选择问题。学生十几年来一直被安排,从来没有选择过。这时的他们,心智发展是不成熟的,很难独立完成选择。学校会进行辅导,家长也要积极参与进来。他们不知道在本科阶段学数学、物理、化学,对未来发展也会帮助很大。所以,应该让学生和家长从高一就了解生涯规划的目标与未来大学专业的辩证关系。

四维评价的大数据能帮助教师更加精准地指导学生的生涯规划,梳理学生的心理障碍,为教师的教育工作提供强有力的保障,助力学生成就自身生命的精彩。

新高考背景下四维评价系统在高中生涯规划中的实践与应用

李雪丽

目前很多高中生对于专业选择和高考填报志愿存在困惑。有的学生由于对专业和自我认识不足而盲目选择,导致进入大学之后,发现所选专业并非自己喜欢或擅长的。高中阶段尽管有的学校开展职业生涯规划教育,但并没有达到良好的效果,存在教育内容不规范、方法单一、资源匮乏等现象,没有合理引导学生形成自我认知和培养自身职业生涯规划能力。本文基于生涯规划教育的四维评价体系是一种以考虑学生自身价值实现,帮助学生认识自我,形成正确的职业认知与生涯规划的评价体系。学生可以一目了然地发现自身发展情况和个性特长中的优势和短板,继而在教师的帮助下开展职业生涯规划,进行有针对性的自我提升;根据系统提供的学生信息数据,进行观察、比较、分析,寻找适合自己的专业与院校。

一、研究背景

在古希腊的奥林匹斯山上有一块石碑,上面写着"认识你自己"。这已成为千百年来最为知名的一个教育之问。作为一名高中生最难的不是学习,而是认识自我。当学生开始自己的高中生涯,当面对走向社会进行专业与职业的人生选择时,他们最大的困惑是无法认识自己,"想成为什么样的人?想接受什么样的教育?我的人生价值为何而实现?"等这些都是困在他们内心的问题。同时《国家中长期教育改革和发展规划纲要(2010—2020年)》中提出"改革教育质量评价和人才评价制度。改进教育教学评价。根据培养目标和人才理念,建立科学、多样的评价标准""完善学生成长记录,做好综合素质评价。探索促进学生发展的多种评价方式,激励学生乐观向上、自主自立、努力成才"的要求,上海市教育委员会制定了《上海市普通高中学生综合素质评价实施办法(试行)》。

为了让学生能够准确地自我评价,实现学生的科学生涯规划,重构学生发展评价,上海出台了《上海市深化高等学校考试招生综合改革实施方案》,开发建立了"上海市高中学生综合素质评价信息管理系统"。该评价系统最终还是为考试和排序所用,重结果而非过程,只作为大学录取的参考,学生并没有获得实实在在的指导和发展。2015年4月,上海市教委制定了《上海市普通高中学生综合素质评价实施办法(试行)》,评价内容包括品德发展与公民素质、修习课程与学业成绩、身心健康与艺术素养以及创新能力与实践能力四个方面,引导学生积极主动发展,促进普通高中学校积极开展素质教育。

我校作为一所信息化特色学校,改变了传统的学生评价体系,开发了由学业表现、核心能力、信息素养、职业倾向四个维度组成的四维评价体系,形成四张雷达图。在这个体系中详细记录了学生的成长轨迹,对学生的数据作记录和评价。由此,通过数据的深度挖掘,教师、家长、学生都能根据个性特长量体裁衣,定制一条科学可信的未来成长路径,用以有效指导学生生涯的发展,以促进高中生的健康成长。

二、思维评价系统在高中生涯规划中的应用实践

四维雷达图是反映学生综合素养的一张图,每个维度分别都有各自的雷达图。通过每个维度的雷达图,能比较准确清晰地分析学生在该维度每一个指标的情况,从而让学生充分清楚地了解自身的优势和不足,并对自己在班级、年级中所处的水平有一个清晰的认识,使之明确努力方向、确定奋斗目标。下面分别从四个方面作案例分析。

(一)学业表现

1. 全科分析

如图 1 所示,雷达图各坐标轴分别表示 A 同学期末考试各学科成绩标准化转化后的数值。该雷达图可用于分析学生各学科是否均衡发展,分析其优势学科或短腿学科。通过分析该生的学业表现雷达图可以发现,她对化学学科较为擅长,而数学和物理学科较为薄弱,特别是数学学科,结合该生的平时表现,说明她数学学习是困难的。

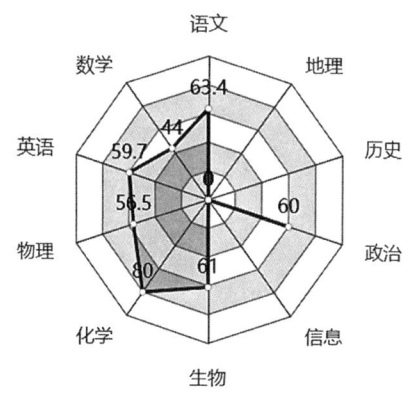

图 1　2019 级 A 同学 2019—2020 学年第一学期学业表现雷达图

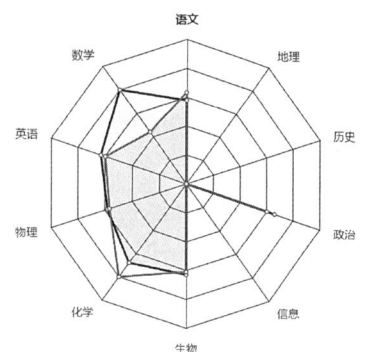

图 2　学生学业表现对比图

2. 对比分析

如图 2 所示,在同一张雷达图上分别生成两名学生(最多 5 人)的雷达图,这样可以清楚直观地对这两名学生的情况作对比。其中一名学生的外圈面积比较大,表示该生整体水平在另一名学生之上。而且有的学科比如数学半径明显较大,表示该科目在这两人中优势明显,而半径较短则表示该科目相对于这几人中处于劣势,从图中可以清楚看见数学是两人拉开差距的重要学科,可为以后的学习和指导提供帮助。

重　塑

（二）核心能力

图 3 是 A 同学的核心能力雷达图。

从图 3 可以看出，A 同学的兴趣爱好较为广泛，但是科技创新方面相比处于优势，这也与上面学业成绩中的优势科目相对应，对于上面的弱势科目该生是有能力赶上并转化成优势科目的。因为在上学期的 12 月份以前，A 同学的学习态度并不够端正，出于一种侥幸心理，觉得不学也能考好，但是 12 月份由于家庭原因该生明显转变了学习态度，班主任和其他任课教师都觉得这个学生从"不要"转变成了"我要学习"，在后来的期末考试中进步也比较大。其实从上面的这个图也可以看出她是理科型思维，说明学习成绩图和核心能力雷达图是一致的。

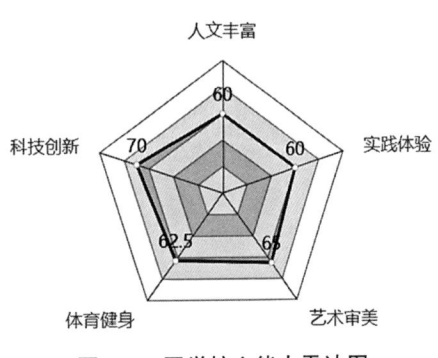

图 3　A 同学核心能力雷达图

（三）信息素养

信息素养主要从信息运用、交流协作、技术应用、创新变革、数字公民四个方面进行分析。

图 4 是我们班一名已经毕业的学生信息素养雷达图。这名学生平时在科学学习上不够专心，作业潦草，成绩在班级中排名中下，但是特别喜欢研究电脑等信息技术。由于文化课成绩表达不够优秀，他对于未来也没有明确的计划。为了能够激发他学习的动力，于是我就把四维雷达图打开和他一起分析。通过信息素养和职业能力展示图，我告诉他未来可以往信息技术方向发展，但是现在需要在文化课上努把力。这次谈话犹如一把钥匙一下子打开了他的学习之门，在接下来的学习中，为了考上自己理想的大学与专业，他的学习态度非常端正，文化课成绩也突飞猛进，在高考中如愿考上了自己理想的大学和专业。

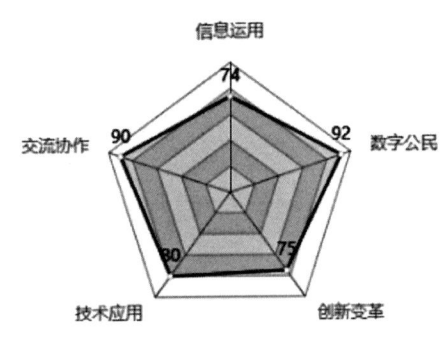

图 4　学生信息素养雷达图

（四）职业倾向

我和我们班几个学生讨论心中的理想职业是什么，有的是医生，有的是科研人员，有的是警察。其中一个女生难过地跟我说，她不知道自己以后能做什么，因为她各科成绩都很平平，也没有什么特长，感觉自己很迷茫，别人都很清楚想做什么，自己却什么想法都没有。我听她这样说，也挺惊讶，因为这个女生在我们班是一个很不起眼的存在，每门学科几乎都处于下游状态，于是我打开她的思维系统。系统如图 5 所示，分别呈现出她的职业能力、职业兴趣和职业性格的雷达图，我惊讶地发现这名女生很少参加活动，研究型、企业型和社会型的分数较低，但是它偏向艺术型和传统型。的确对于传统型，在平时的学习过程中也能看出来,这名女生平时的作业特别认真,一板一眼,交代的事情会特别上心,教师对作为课代表的她也特别满意,这正好符合她的传统型气质。而且她也不像自己描述的那样,一无所长,她很喜欢漫画之类的书籍。我这样跟她一说,她恍然大悟。是啊,原来这也是自己的一种能力呢! 但是,就像她问我的一样,她的出路在哪里? 我觉得艺术包括美术,可以成为她高二学习的一种选择,在高二可以选择加选美术。不管怎样,她又多了一个选择,希望在未来学习的道路上,家长和她可以多关注这方面的发展。我不知道她未来如何,但是我相信道路若是正确,终会到达终点。

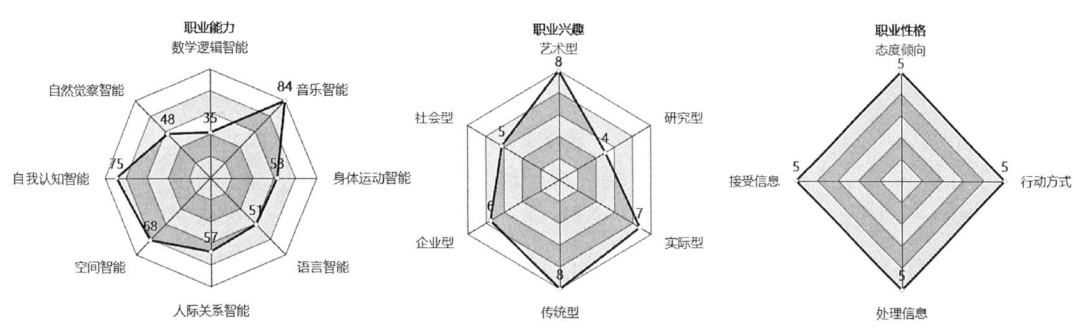

图 5　学生职业倾向雷达图

三、结语

在现如今的新高考背景下进行高中生职业生涯规划教育,对于学校来说一直处于探索与尝试阶段,需要有健全的教育体系来支撑。笔者认为,高中学校非常有必要对高中生开展职业生涯规划教育,这不仅有利于学生未来的发展,还有利于社会乃至国家的发展。接下来,笔者将坚持结合四维评价体系开展高中生职业生涯规划教育,继续深入研究,不断完善教育方法,提高学生的职业生涯规划能力,同时帮助学生更好地适应更高层次的学习,促进他们全面发展。

利用数智空间进行高三毕业生生涯指导的实践研究

王艳红

一、现实问题

高三学生,面临着升学的压力,接二连三的考试如一模、二模、春考、等级考、高考;面临着以怎样的价值观去选择专业的困惑;面临着各种各样的心理问题如成绩不如意压力增大的问题,如何协调爱好与学习之间的关系、与家长相处时的情绪控制……

班主任应激发学生的非智力因素,敏锐地感知学生的情绪,调动学生的学习状态,及时发现班级和学生个体存在的问题如情绪管理、手机有效利用、焦虑忧郁心理、学习与兴趣合理安排等等。营造良好的班级学习氛围、人际关系氛围,帮助学生家庭建立积极向上的氛围,需要一系列的措施。尝试用我校的数智空间对大数据进行科学分析,有理有据、科学有效、有针对性地解决各类问题。

二、核心技术及其应用目标

(一) 主要应用技术平台及工具

1. 数智空间

校园网数智空间(见图1)是师生成长发展的园地,其中诊断分析—学生综合评价—综合评价报告,对学生的学业成绩、参加活动、信息素养进行了完整的过程性记录和跟踪。高一

图1 学校数智空间界面

入学进行的职业倾向测试,对学生的职业能力、倾向、人格有了初步了解。

2. 四维评价

依托我校信息化特色,依据四维评价系统,从学业表现、核心能力、信息素养、职业倾向四个维度,详细记录学生的成长轨迹,形成四张雷达图,通过对数据的深度分析,教师、家长、学生能根据个性特长量体裁衣,定制未来成长的路径。

3. "追梦"校本课程资源

本人主持的工作室研发的校本班会课生涯手册,是整合了班主任和心理教师在日常工作中发现的学生问题而编写的。针对我校学情,从高一的适应到高三的志愿填报,再到大学的创业之路,从学生自我、学生与环境、学生与他人等几组关系,可以直接上班会课参考,也可以在辅导学生心理时借鉴,促进学生生涯觉醒,实现学涯与职涯的链接。

(二)应用对象及范围

这一系统应用于全校师生、家长,在校园网内可以使用。记录了学生的三年学习生活过程,便于班主任、任课教师、学生本人、家长及时了解学生动态。

(三)应用目标

运用数智空间的四维评价雷达图,可以直观地了解学生的学业成绩,呈现变化,教师及时辅导,学生及时自主发现问题解决问题。学生可以扬长避短,取长补短,全面发展。教师可以引导学生激发潜能,改变自我,完善自我。

三、探索过程及其发现

(一)辅导特长学生

小何同学想加美术,但是理工科出身的父母坚决反对。到了高三,她的成绩一路下滑,书本上页页插画,回家玩游戏,作业敷衍完成,上课打瞌睡,前景令人担忧。从雷达图(见图2)可以看出,她艺术突出,又渴望加美术,于是我和家长进行多次沟通。家长认同了考学、兴趣和专业是学生自己的事,由她决定人生方向。于是高三开始她正式进入高考美术培训。因为热爱有了前进的动力,加上刻苦和功底良好,她很快崭露头角,最终以专业384.5分获得了全校第一名。而且促进了文化课学习,美术休息时,她回学校上课或者回看网课,最终如愿地考上了心仪的上海海事大学油画专业。

(二)春考生志愿填报指导

春考,小周(女),小黄(女),小刘考了有史以来自己的最高分。看成绩雷达图(见图3),3人的共同点是小科目成绩不理想,最高是C+。小黄几乎放弃小科目一门心思想走春考;小周心理压力大,家长期望高,对民办大学偏见大;小刘加了理化生,生物成绩不理想,物理和化学考C+以上等第非常困难,再加上大三门,苦不堪言。

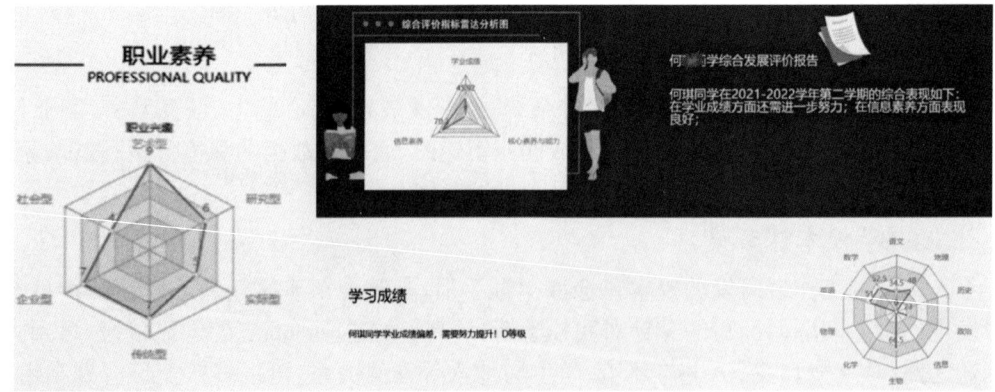

图 2 小何同学四维评价数据

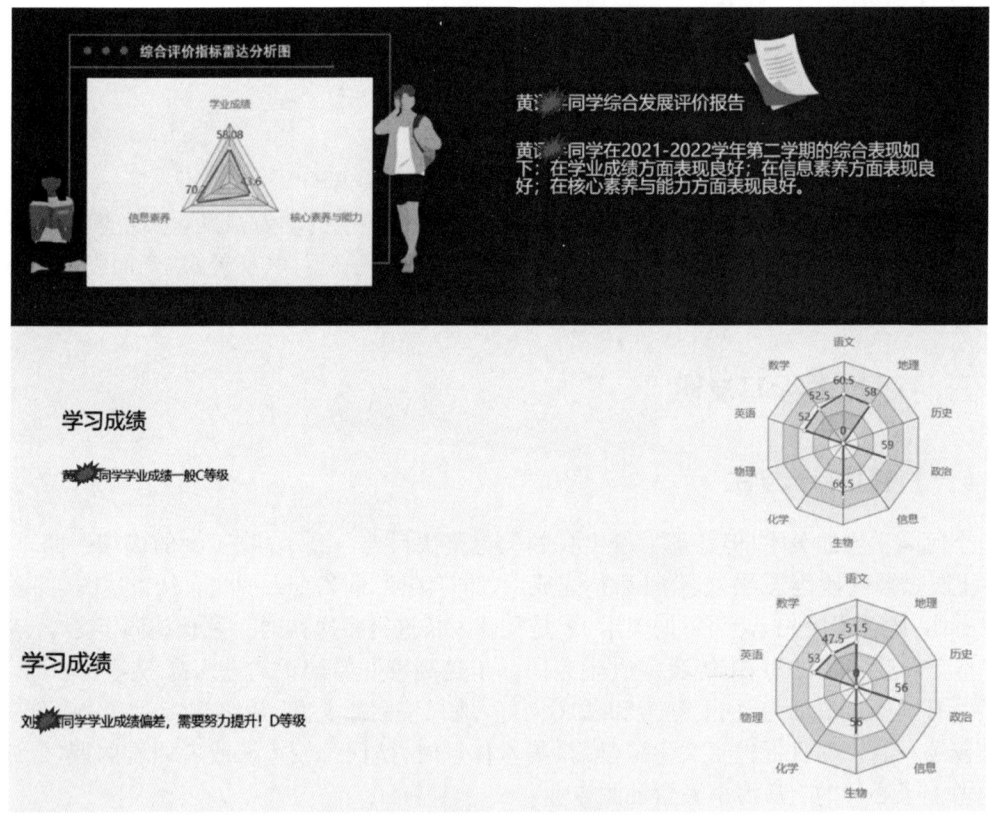

图 3 小黄、小刘同学四维评价数据

我于是跟上述几名学生和家长进行了沟通,首先明确了是否填报志愿,接着询问报考学校。最终小刘被上海海事大学录取,超出预期;小黄入围两所学校,最终选择了立信金融,心愿达成;小周入围两所学校,最终被上师天华录取。这几名学生中,我对小周的工作做得比较多,主要是跟家长沟通,首先估量孩子成绩上升空间的可能性,更重要的是结合她的情绪和学习状态,还要考虑剑拔弩张的亲子关系,以及志愿当中孩子有非常喜欢的专业,民办大学的分数要求、专业性和前景,最终家长同意了。

(三)班会课职业价值观引导

利用我校的校本课程资源"追梦"班会课生涯课程资源章,进行系列职业价值观的引导,我帮助学生树立正确的人生观,将核心价值观的"爱国"放在首位。

在学生对自己的职业进行排序并说明理由这个环节,可以观察学生的价值观,比如把经济赚钱放在首位的学生,对他们的价值观进行肯定是重要的,但不能是唯一的;对有志于振兴中医的学生治病救人的理想进行肯定,对有志于从教的学生进行表扬,对于做企业高管的职业加以赞赏。不管他们职业如何,鼓励他们提升能力,加强品质的修行,以语文课程资源中的仁人志士为楷模,胸怀天下,兼济天下,做一个合格的国家公民。

四、取得的成果成效

(一)学生更注重发展自己

着眼于大数据,立足数智空间中学生个体综合发展,从学业表现、核心能力(包含爱好与能力)、信息素养三个方面对自己有一个过程性的认知,可以通过数据直观、客观地看出自己的发展变化。如内向的小成同学,在担任学习委员和语文课代表后,在多次公共场合的课前领读、演讲发言、表演节目中得到提升。在年级组学习经验介绍中,他发言分享,有点紧张;在无人机课题答辩,已经沉稳许多;在我校特色高中展示活动中,他负责接待来宾,主动热情。经过一系列的锻炼,核心能力得到了纵向长足的发展,在前不久上海市科技实践站活动中,他被选中作为高中生的四个代表之一作了分享和交流,大方自信。在职业倾向方面,结合自己的职业倾向雷达图,经过了研究课、拓展课、实践站等项目和课题研究,除了获得大大小小的奖项外,他发现自己擅长研究,最终被上海经贸大学人工智能专业录取。

(二)学生制定发展之路

2020届学生小潘同学在数智空间四维评价雷达图的数据分析下,找到了适合自己的路,培养了良好的自主管理习惯,发展了自己的核心能力、取长补短。最终,由原来高一时喜欢当数学老师,经过三年发现自己其实喜欢的是计算机科学,因此毫不犹豫地报考了这一专业。

家校携手，成就梦想

陈 然

小樊同学从高一年级开始就是一个信息科技学科表现很突出的孩子，从课堂学习表现到考试的成绩表达，经常都是班级第一，尤其在算法和编程方面往往做得又快又好，因此我也比较关注他。虽然高一的学生社团，他并没有选择我负责的物联网智能家居社团，但是我却鼓励他参加了与物联网相关的比赛，之后他也就成了我这边创新实验室的常客。可是，今年寒假，在我让他为下学期比赛做准备的时候，他却提出不再参加的想法。因此，我研究了小樊同学四维评价的数据，在此基础上和他沟通，再和其家长沟通，终于消除了他的顾虑，激发了他为高考目标努力的热情。

一、发现特质"有意"培养

（一）四维指标现端倪

高一的时候，我看过小樊同学的四维雷达图，如图1所示。

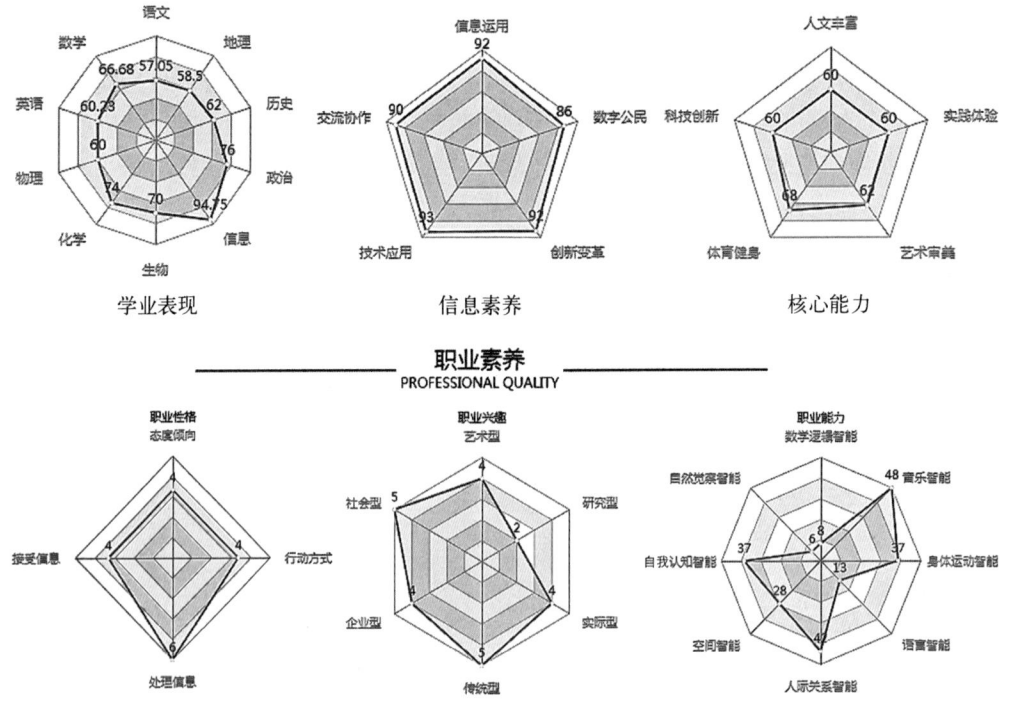

图1 高一时小樊的四维雷达图

可以看出，当时的小樊同学是个信息科技成绩突出，信息素养高的学生。校内活动表现一般，研究方面偏弱。

根据图2所示的小樊同学职业倾向显示的ENFP型人的特点，他充满热情和新思想，乐观、自然、富有创造性和自信，具有独创性的思想和对可能性的强烈感受。他具有洞察力，是热情的观察者，注意常规以外的任何事物。

图2　小樊职业倾向的人格类型

（二）顺应特质，助推成长

小樊同学的这些特点，更增加了我对他的"留意"。我认为他可以做的其实有很多。

高一下学期的劳技竞赛有个项目是用Inventor三维设计软件设计发明创新。我邀请他参加，他爽快地答应了。小樊同学从学生日常的刚需入手，设计了笔墨自动检测器。这个设备可以实时显示笔的现存墨水量。用户可根据使用的需要，选择有合适笔墨的笔使用。当时，我觉得他的想法特别好，这个真的是人们日常实际存在的问题。果然小樊同学的这个设计获得了区二等奖，他也取得了参加市劳技竞赛的资格。这是难得的好成绩了。

之后不久我又邀请小樊参加全国人工智能竞赛，他欣然答应。他做组长，带着另外三名同学一起，短时间内就自学了物联网图形化编程，了解了比赛实验器材中各传感器的功能。他们再次从生活实际入手，设计制作了一款协助老年人和行动不变者管理物品的设备，最终获得表演展示银奖。

升到高二后，尽管没有信息科技课程了，但是小樊选了我作为研究课的导师，于是我们又继续在物联网创新实验室做课题研究。我在他们课题刚开题的时候提了一下现在使用较多的开源硬件Arduino，没想到小樊就记下了，他后来对我说想自己研究Arduino的使用。我正好暑假里买了一套实验材料，就借给他在创新实验里研究。由于上海市创新大赛就要开始了，虽然时间很紧张，但我还是鼓励小樊他们组赶紧完成研究报告，有机会还是要尽可能抓住去试一试。

那段时间，小樊全身心投入他们组的设计中，不仅自学了Arduino硬件，还结合了家里的树莓派设备，尝试了百度云的文字识别功能，一有空就带着笔记本到物联网创新实验室调试程序，终于基本实现了他们组设计的纸质资料自动分类机的功能。开始他们的报告写得很简单，在我给了他一些建议之后，他开始回忆梳理整个设计制作实现的全过程，在报告中呈现了很多细节，并在规定时间内完成了报告。有时我会问他，回家晚了父母有没有说什么。他说和爸妈说过的，父母还都挺支持的，于是，我就放心了。后来了解到，小樊的爸爸也是搞科研的，妈妈是公司里做管理工作的，对他一直是尊重和鼓励的态度。我明白了小樊父母对他的教育也是很不错的。

我见证了小樊在整个过程中的钻研精神，随后又推荐他参加了上海市明日科技之星的评选。报名，网络测试，提交资料，补充很多过程性资料，小樊都一一按要求完成了。

二、面对消极情绪，积极探索解决方式

忙碌的高二上学期结束了。寒假前我正好得知一项比赛，也是要自己研究机器人编程

的,自然就想到了小樊。可是,小樊却提出,不参加接下来的比赛了。我问他,是父母不同意吗?他说不是,是他自己的决定,此事并未告知父母。我问他,为什么不想参加了?他说,想好好准备等级考试。小樊想要专注于等级考试的想法也是对的。然而,是否能有更好的协调和消除他顾虑的办法呢?

(一)研究四维评价,寻找突破口

我再次打开小樊的四维评价,看到他最新的数据,果然有所发现:小樊整体上除了物理学科,高二年级第一学期比高一年级同期的各科成绩都有所退步,如图3、图4所示。

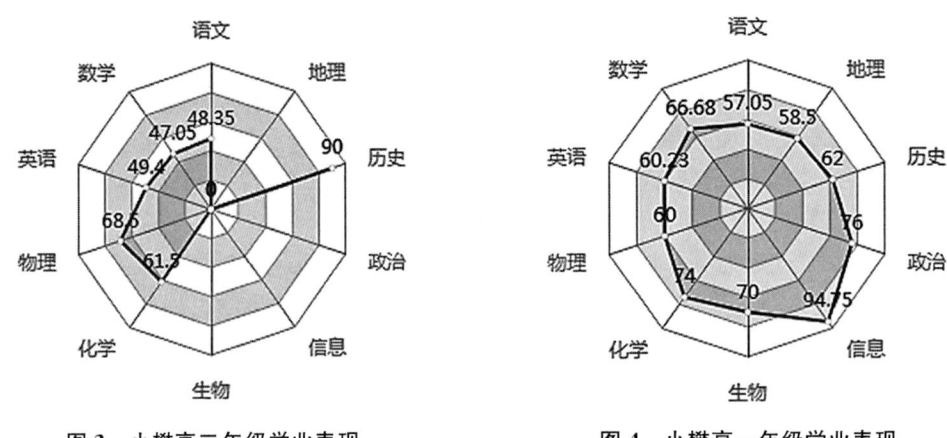

图3 小樊高二年级学业表现　　图4 小樊高一年级学业表现

整体上高二年级第一学期比高一年级同期的核心能力都有所进步,尤其在科技创新方面,如图5、图6所示。小樊确实在高二时参加的校内活动比高一多,表现得也比高一积极。

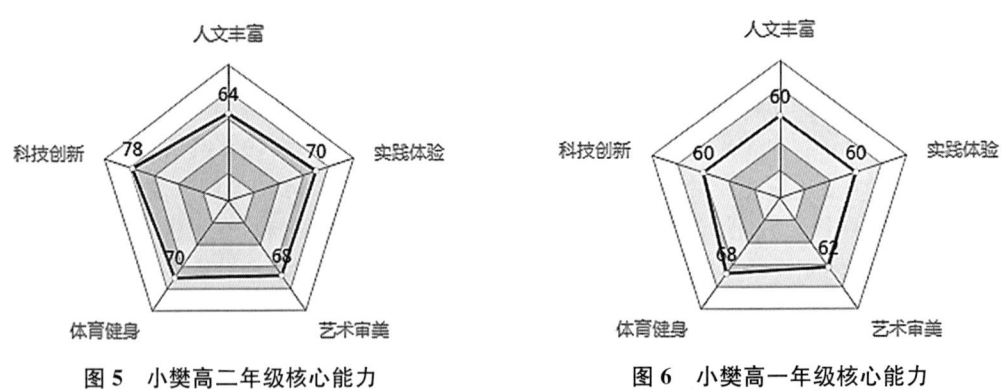

图5 小樊高二年级核心能力　　图6 小樊高一年级核心能力

数据背后对应着的具体行为变化乃至思想的变化,还需要通过沟通来进一步确认。

(二)多方沟通,化解症结

我首先联系了小樊的班主任,了解到小樊的三门主科课堂表现都不错,但成绩表现一般,数学不太好。主科学习的主动性不是很好,尤其是数学。我不解道:他可以自学完成很复杂的计算机编程,数理逻辑不应该不好的。班主任分析可能是因为他学起来觉得累,于是动力不足,不能坚持;思想上知道要好好学,但行动上无法深入;有时间会去深入钻研自己擅长的,却不会主动去学语数外。

初步了解了小樊学习上存在的问题后,我又约谈了他。交流中,他坦言:决定下学期不参加所有比赛,主要是因为感觉自己对这方面的兴趣过于浓厚了,已经影响到了学习,所以想先让这方面的事情减少一些,把精力尽可能花到学习上去。

之后,我就这个问题对他进行了引导:我从小樊同学对未来想考的专业和学校的准备入手,了解到他是准备考计算机专业的,三门主科不好让他对高考明显信心不足;他也知道自己对三科的投入是不够的,原因是兴趣不足以引发他产生那么大的动力;在面对克服自身心理,为了高考目标努力投入学习三门主科成绩,还是继续遵从本心,但可能要接受无法达到目标的选择时,小樊同学选了前者。于是,我接着鼓励他好好利用假期,做好查漏补缺的工作。

基于前面的沟通,我联系了小樊同学的妈妈。电话里,我了解到,小樊的高考目标是很确定的,就是计算机专业。为此,他选了加物理学科。我明白了小樊高二的物理成绩有所提升的原因了。樊妈妈表示,作为家长,相对于成绩而言,他们更看重的是孩子能否有一技之长,能否有立足社会的能力。因此,一直也都是很支持他参加竞赛,做些课题研究的。樊妈妈也鼓励小樊学习 Python 编程,目前小樊也考过了 Python 编程一级。对于高考,他们目前了解来看,小樊是想考华东理工大学,但是目前三门主科的成绩不得不让他把目标调整为上海大学。她和孩子也不止一次聊过,虽然道理孩子都懂,但就是无法真正体现在行动上。我和樊妈妈说,已经和孩子沟通过了,在三门主科上要积极投入已经和孩子达成共识。从四维评价数据上看,小樊同学是一个综合素养不错的孩子,就他自己钻研编程的成效看,他的能力其实是有条件学习好三门主科的,关键是要改变心态,提升动力。我表示希望家长继续鼓励孩子,用高考目标激励他做出最大努力,我也会积极配合他们,持续关注小樊的学习情况,家校共同努力。没想到在我沟通之后没两天,樊妈妈就告诉了我好消息:她和孩子再次交谈后,小樊同学开始有了行动上的转变。关于参加竞赛一事,我们也再次达成一致意见。

三、充分利用四维评价,家校合作实现学生梦想

此次基于四维评价数据,找到突破口,家校合作促进学生行为改变的经历,让我在四维评价对学生精准定位方面有了深刻认识。

今后我将继续关注学生四维评价数据,留意数据反映出的学生行为的变化,再通过沟通,了解学生思想上的变化,从而进行有针对性的引导。

作为小学科的教师,直接和学生家长联系还是很少的。此次经历,让我觉得即使不是班主任或者主科教师,但还是可以帮助学生解除困惑,理清思路,与家长找到共识,携手努力,为促使学生实现最终的梦想贡献自己的一份力量。

为了让自己在有效引导沟通方面进一步提升,我需要加强教育学、心理学的学习,与时俱进,同时积极掌握最新的教育资讯,为家长、学生的需要提供更多有价值的参考建议。

四维评价体系在促进有效家庭教育中的应用研究

苏小青

在 21 世纪信息爆炸和知识经济的背景下,家庭教育的重要性日益凸显,其目标也由单一的学业成绩转变为对学生综合素质的培养。为了适应这一变化,需要构建一个更为科学全面的评价体系来指导家庭教育实践。本研究提出的四维评价体系正是在这样的背景下应运而生的,它不仅关注学生的学业表现,还包括信息素养、核心能力和职业倾向等多维度的能力评估,以期为家庭教育提供更加全面的指导和支持。我校是一所教育信息化特色高中,在"敦品励学、以品养慧"的校训指引下,坚持"成就每个师生生命精彩"的办学宗旨,努力创建"面向未来特色鲜明的优质高中"。

面对人工智能的浪潮,学校积极推进"互联网+教育",树立科学人才观,依托教育信息化优势,重构学生发展评价,根据国家、上海市深化考试招生制度改革、加强和改进普通高中学生综合素质评价等相关文件精神,在闵行区创建智慧教育示范区、区生涯教育一体化项目的引领下,研制了由"学业表现、核心能力、信息素养、职业倾向"组成的四维评价体系,利用大数据助力学生全面而有个性的成长,实现大规模的因材施教。

一、四维评价,呈现学生立体画像

支持实践、伴随记录、数据贯通、方向引领的四维评价体系,面向全体学生、面向学生未来、关注全面发展、关注个性特长。

(一)学业表现

依据《上海市深化高等学校考试招生综合改革实施方案》,记录语文、数学、英语等 10 门学科成绩,依托全新的互动课堂系统,记录学生课堂学习行为,运用学生学习过程和结果表达的数据,提供精细化学习分析和个性化学习辅导。

(二)信息素养

依据国际上公认的信息素养八大能力,结合我校信息化建设水平、学生实际发展水平,确立信息运用、交流协作、技术应用、创新变革和数字公民五大评价指标,三个层次能力水平的信息素养培养目标。学生在学校设置的特色课程学习中获得评价。

(三)核心能力

依据国家颁布的《中国学生发展核心素养》六大素养、十八个基本要点,确立人文情怀、科技创新、体育健身、艺术审美、实践探究等校本化指标。学生在各类课程、社会实践、展示活动中得到评价。

（四）职业倾向

采用"霍兰德职业兴趣倾向测试""卡特尔16种人格因素倾向测试"等测试量表,从内在因素、人格、兴趣的角度出发,探索生涯发展方向,为学生提供方向性指导与建议。四个维度,通过一定比例的赋分,最终呈现为四张雷达图,形成一棵枝叶繁茂的"生涯发展树"。可视化的评价结果自动呈现于学生个人门户,增强了学生过程性、真实性、全面性和发展性的评价;让学生培养从"单一"走向"综合",从"结果"走向"过程与结果"兼顾,从"一统性全面发展"走向"个性化健康成长";让教师、家长、学生能根据实际情况和个性特长量体裁衣,规划最佳发展路径。

二、四维评价,助学生深入冰山识真我

生涯规划的第一步是了解自我。"周哈里窗"模式把人的内在分成四个部分:开放我、盲目我、隐藏我、未知我。如何做到"知己"?我知,同学知,老师知,他知,在我校还有四维评价的数据知。四维雷达图,印证"不同的自我"。

（一）老师眼中的她

从高一入校前家访的第一次见面到高一上半学年的结束,老师眼中的小李同学性格内向、不善言辞;学习上足够用心,但成绩并不突出;班级活动中能做好自己的事,但并不是活跃分子。半学年下来,教师们都觉得她是一个默默无闻的乖孩子。

（二）家长眼中的她

通过家访、家长会跟她父母的交流发现,家长眼中的她懂事、孝顺。父母工作忙碌时,她不仅能够照顾自己,还可以帮助父母照顾年幼的弟弟,回家作业也从来没有让父母操心过。除了这些,交流之中笔者更多地感受到父母对她学业的重视,上初中后为了学业,父母让她放弃了练习多年的舞蹈。但高一上半年的成绩与她父母的期待相去甚远。

（三）四维评价体系中的她

"四维"当中的一维是学业表现,小李得到的评价是"一般C等级";二维是信息素养,小李得到的评价是"能力突出A等级";三维是核心能力,小李得到的评价是"参与活动,表现一般C等级";四维是职业倾向,小李的职业能力在自我认知和空间智能上表现突出,职业兴趣表现得更偏向艺术型、社会型、研究型。

小李未来发展之路和其父母为她设计的路线相吻合,大学毕业后从事了一个传统型的较为稳定的职业。老师、家长眼中与四维评价体系中的她,哪个才是真正的她?

三、成就真正的她

老师、家长眼中与四维评价体系中不同的小李引发了班主任的思考。这种不同是如何产生的,老师和家长对小李的认识是不是不够全面?由此,决定根据四维评价重新认识小李同学。

(一)老师重新认识的她

老师、家长眼中与四维评价体系中最不同的主要是小李的职业兴趣。四维评价体系中小李的职业兴趣是偏艺术型。当笔者仔细回顾自己所认识的小李同学时,发现小李平常已经表现出一些艺术特长。在艺术节、教师节、家长会等活动中,小李同学都会帮助班级宣传委员设计文化墙背景,每次呈现的效果也都很棒。这展现了小李在美术设计方面的能力。基于此,班主任找她进行聊天交流,小李同学表示自己对于设计很感兴趣,有将来从事这方面工作的想法,所以想走美术生之路。

(二)不断成长的她

当家长同意小李走美术生之路后,家长、老师和四维评价体系中的小李逐渐统一。但这时家长有了新的担忧:专业课的学习会不会耽误她的文化课?为此,笔者跟家长进行了再次的交流沟通。对于现在的很多学生来说,厌学或者成绩差很重要的原因是自己的学习没有目标。家长担心成绩下滑,那是不是应该给小李一个为之奋斗的目标?笔者将此前小李同学在《二十年后的我》的生涯规划中写道,自己想从事美术设计这一职业的想法告诉了家长,建议家长和孩子一起翻阅往届《高考报考指南》,看一下各高校舞台设计专业对于专业课和文化课的要求,帮助孩子订立一个目标。有了目标的小李同学学习更加有劲头了。

四、成就每一个"他"

如何提升学生的综合素养,四维评价体系给了我们一个很好的框架。学业表现、信息素养、核心能力、职业倾向这四个维度,可以让我们全面地认识学生,进而便于学校教育和家庭教育的开展。在这个基础上,家校合力共同成就学生生命的精彩。未来已来,信息化、网络化、智能化已扑面而来,智慧教育、因材施教是教育的大趋势,不管是何种教育、何种课堂、何种学习,我们生涯教育的最终目的都是学生的成长,为每名学生提供更适合的教育。

本研究通过构建和实施四维评价体系,为家庭教育提供了一种新的评价视角和方法。研究表明,四维评价能够有效帮助家长全面了解和指导学生的成长,促进学生在各个维度上的均衡发展。未来的研究可以进一步探索四维评价在不同文化和社会经济背景下的适用性和调整策略,以及如何更好地整合资源,为家庭教育提供更有力的支持。